普通高等教育"十三五"规划教材
会 计 精 品 系 列

成本会计学

周丽丽／主编

傅建设 田传礼 袁长明／副主编

立信会计出版社
LIXIN ACCOUNTING PUBLISHING HOUSE

图书在版编目(CIP)数据

成本会计学 / 周丽丽主编. —上海：立信会计出版社, 2018.10(2021.7 重印)
普通高等教育"十三五"规划教材. 会计精品系列
ISBN 978-7-5429-5992-8

Ⅰ.①成⋯ Ⅱ.①周⋯ Ⅲ.①成本会计—高等学校—教材 Ⅳ.①F234.2

中国版本图书馆 CIP 数据核字(2018)第 238315 号

策划编辑　余　榕
责任编辑　余　榕

成本会计学
CHENGBEN KUAIJIXUE

出版发行	立信会计出版社		
地　　址	上海市中山西路 2230 号	邮政编码	200235
电　　话	(021)64411389	传　　真	(021)64411325
网　　址	www.lixinaph.com	电子邮箱	lixinaph2019@126.com
网上书店	http://lixin.jd.com		http://lxkjcbs.tmall.com
经　　销	各地新华书店		
印　　刷	常熟市华顺印刷有限公司		
开　　本	710 毫米×960 毫米	1/16	
印　　张	24.25		
字　　数	473 千字		
版　　次	2018 年 10 月第 1 版		
印　　次	2021 年 7 月第 2 次		
印　　数	3 101—6 200		
书　　号	ISBN 978-7-5429-5992-8/F		
定　　价	49.00 元		

如有印订差错,请与本社联系调换

前　言

近年来，我国企业财务会计规范方面发生了许多变化。众所周知，我国经济经历了突飞猛进的发展，经济越发展会计越重要。面对不断发生的新变化，企业会计准则体系也一直处在不断的修改完善之中。成本会计作为财务会计的一个分支，在核算原则和核算方法上也面临着极大的改革和挑战，例如《企业会计准则——基本准则》和存货、固定资产、无形资产、职工薪酬、借款费用等具体准则的变化均对企业成本核算产生着重要的影响。尤其是，2013 年 8 月，财政部颁布了《企业产品成本核算制度（试行）》，这标志着成本核算制度迈上了一个新台阶。

为了适应我国经济环境和科学技术的新变化，结合现行财务会计、管理会计的新规范，我们编写了本书，希望使用本书的读者朋友们能够掌握最新的成本管理理念与成本核算方法，能够更好地学以致用。

本书突出了成本会计在管理上的决策有用性。多年来，我国财政部门通过一系列会计改革，基本建成了与国际会计准则趋同的企业会计准则体系，然而在管理会计的规范方面仍然没有形成一套统一的标准。例如，学者对管理会计认识不一，普遍存在重财务会计、轻管理会计的思想，企业管理层缺乏对管理会计的重视，管理会计方法与企业实务相脱节。其表现在成本会计上，则是突出了成本会计为外部服务的核算职能，忽略了成本会计为内部服务的管理职能。因此，本书从加强成本信息的管理职能入手，强化对产品成本事前、事中、事后的全方位控制，在内容上则引入了作业成本法及多维度、多层次成本核算对象等管理方面的理念、工具和方法，也更加注重了成本会计的实践性。

本书既可以作为普通高等院校会计学、财务管理等专业的教学用书，也可以作为各类经济管理实务人员及自学者的学习用书。

本书共分九章,由天津商业大学周丽丽任主编;由天津商业大学傅建设、枣庄学院田传礼、山东大学袁长明任副主编。全书由周丽丽进行总纂并定稿。

本书在出版过程中,得到了立信会计出版社余榕编辑的大力支持,在此深表谢意!

由于时间、能力所限,虽然我们已经尽了最大努力,但本书仍难免存在错漏之处,恳请您的批评指正,并期待您与我们联系。

编　者

2018 年 10 月

目　　录

第一章　总论 ·· 1
　第一节　成本的经济实质 ·· 1
　第二节　成本会计的形成与发展 ·· 4
　第三节　成本会计的对象 ·· 7
　第四节　成本会计的职能与目标 ·· 9
　第五节　成本会计的体系与组织 ··· 15
　本章小结 ·· 17
　知识链接 ·· 18
　复习思考题 ·· 18
　练习题 ·· 19

第二章　成本核算的基本原理 ·· 21
　第一节　成本核算的假设与原则 ··· 21
　第二节　成本核算的要求 ··· 24
　第三节　生产费用的分类 ··· 28
　第四节　成本核算的账户设置及一般程序 ··································· 32
　本章小结 ·· 36
　知识链接 ·· 37
　复习思考题 ·· 37
　练习题 ·· 38

第三章　生产费用的核算 ·· 40
　第一节　要素费用的核算 ··· 40

第二节	跨期摊提费用的核算 ……………………………	63
第三节	辅助生产费用的核算 ……………………………	66
第四节	制造费用的核算 …………………………………	79
第五节	生产损失的核算 …………………………………	86
第六节	产成品成本的核算 ………………………………	93
第七节	期间费用的核算 …………………………………	112
本章小结	……………………………………………………	115
知识链接	……………………………………………………	116
复习思考题	…………………………………………………	117
练习题	………………………………………………………	118

第四章 产品成本计算的基本方法 ………………………… 125

第一节	产品成本计算方法概述 …………………………	125
第二节	产品成本计算的品种法 …………………………	130
第三节	产品成本计算的分批法 …………………………	141
第四节	产品成本计算的分步法 …………………………	152
本章小结	……………………………………………………	173
知识链接	……………………………………………………	174
复习思考题	…………………………………………………	175
练习题	………………………………………………………	175

第五章 产品成本计算的辅助方法 ………………………… 183

第一节	产品成本计算的分类法 …………………………	183
第二节	产品成本计算的定额法 …………………………	193
第三节	各种产品成本计算方法的实际应用 ……………	206
本章小结	……………………………………………………	208
知识链接	……………………………………………………	208

目 录

复习思考题 ·· 209
练习题 ·· 210

第六章 其他行业的成本核算 ·· 214

第一节 商品流通企业的成本核算 ·· 214
第二节 农业企业的成本核算 ·· 222
第三节 交通运输企业的成本核算 ·· 234
第四节 建筑施工企业的成本核算 ·· 243
本章小结 ·· 257
知识链接 ·· 257
复习思考题 ·· 259
练习题 ·· 260

第七章 成本报表 ·· 262

第一节 成本报表概述 ··· 262
第二节 成本报表的编制 ·· 264
第三节 成本分析 ·· 274
本章小结 ·· 296
知识链接 ·· 297
复习思考题 ·· 298
练习题 ·· 298

第八章 作业成本法 ··· 301

第一节 作业成本法概述 ·· 301
第二节 作业成本法的应用 ··· 307
本章小结 ·· 314
知识链接 ·· 315
复习思考题 ·· 317

练习题 ·· 317

第九章 其他现代成本核算理念与方法 ·· 320
第一节 战略成本管理 ·· 320
第二节 全生命周期成本管理 ··· 328
第三节 质量成本管理 ·· 333
第四节 环境成本管理 ·· 338
本章小结 ·· 343
知识链接 ·· 344
复习思考题 ·· 344
练习题 ·· 344

练习题参考答案 ·· 346

主要参考文献 ·· 380

第一章 总　　论

学习目的与要求　通过本章学习,学生应充分理解成本的含义,包括成本的经济实质,理论成本与应用成本的关系,成本、费用与支出三者之间的联系及区别等。从不同的角度、不同的职能来看,成本的含义就有不同的解释。此外,学生还应了解成本会计的一些基本内容,包括成本会计的产生与发展,成本会计的对象、职能和目标,成本会计与财务会计、管理会计的关系。

难点
1. 理解成本的内涵与外延。
2. 正确区分成本与费用之间的关系。

第一节　成本的经济实质

一、成本的本质

成本,按照经济学的定义,是指企业在生产商品和提供劳务过程中所耗费的物化劳动和活劳动中必要劳动部分的货币表现。企业的再生产过程,一方面是产品实体及其价值的形成过程;另一方面是劳动的耗费过程,其中物化劳动的耗费表现为生产资料价值的转移,活劳动的耗费表现为劳动者为自身劳动创造的新价值及超过这个部分的剩余价值。正如马克思所指出的:"按照资本主义方式生产的每一个商品 W 的价值,用公式来表示是 $W=c+v+m$。如果我们从这个价值中减去剩余价值 m,那么,在商品中剩下的,只是一个在生产要素上耗费的资本价值 $c+v$ 的等价物或补偿价值。""商品价值的这个部分,即补偿所消耗的生产资料价格和所使用的劳动力价格的部分,只是补偿商品使资本家耗费的东西,所以对资本家来说,这就是商品的成本价格。"[①]"商品使资本家耗费的东西和商品的生产本身所耗费的东西,无疑是两个完全不同的量。"[②] 前者指的是 $c+v$,即成本价格;后者指的是 $c+v+m$,即商品的价值。

---

①② 马克思. 资本论(第三卷)[M]. 北京:人民出版社,1975.

商品的生产耗费仅仅是成本价格,这一价格得到实物上与价值上的补偿,才能保证简单再生产的顺利进行。因此,成本价格作为一种价值补偿尺度,具有一切社会生产的一般性质,在我国实行社会主义市场经济的今天,仍具有不可替代的经济意义:成本是补偿企业生产消耗的尺度,是制定产品价格的基础,是进行经营决策的重要依据,也是反映企业管理水平的重要标志。

二、理论成本与应用成本

(一)理论成本

上述所讲的由 $c+v$ 这一成本价格组成的成本,指的是理论成本。这一成本从理论上反映了企业在产品生产过程中所发生的物化劳动消耗与活劳动消耗的货币表现,界定了再生产过程的价值补偿尺度,是正常生产经营条件下的社会平均成本,具体到某个企业则表现为个别成本。个别成本低于社会成本时,企业可以获得高于社会平均利润率的超额利润;个别成本高于社会平均成本时,则获得低于社会平均利润率的利润,如果高于产品的社会价值则将发生亏损。这同样是一种理论上的推论。

(二)应用成本

在现实生活中,企业的个别成本是依据现行成本核算制度中成本的开支范围确定的,是实际操作、实际应用的成本,也称为制度成本或财务成本,是成本计算中所应用的成本。不同的成本核算制度,产品成本的开支范围也有所不同。1992年以前,我国成本会计采用全部成本法来核算产品成本。全部成本法是将制造成本和非制造成本中的管理费用和财务费用都计入产品成本,而只将非制造成本中的销售费用作为期间成本的成本核算方法,也称为完全成本法。1992年,我国对会计进行了一次具有历史意义的改革,其中一项重要内容就是依据国际惯例采用制造成本法核算产品成本,即产品成本等于制造成本,只包含直接材料、直接人工和制造费用,而将非制造成本,即管理费用、销售费用和财务费用直接从当前损益中扣除。制造成本法作为一种普遍使用的方法,一直使用至今。

(三)理论成本与应用成本的关系

按照制造成本法所计算的产品成本,其开支范围以理论成本为基础,但并非与理论成本完全一致。其差异表现为两个方面:一是将某些不形成产品价值的非生产性支出计入产品成本,如废品损失、停工损失;二是将某些属于利润分配的支出计入产品成本,如企业生产单位应负担的财产保险费通过制造费用计入成本;借款利息的资本化,通过制造费用中的折旧费用计入成本。这些非生产性支出之所以计入成本,主要是出于企业经济管理的要求,拉长价值补偿尺度,使之从价值上和实物上得到补偿,保证企业再生产的顺利进行。

三、成本概念的外延

上述所讲的制度成本,只是企业实际应用成本之一,是一种狭义的成本概念。随着社会经济的发展，企业管理要求的提高，成本概念和内涵在不断地发展、变化，人们所能感受到的成本范围在逐渐地扩大。

1951年，美国会计学会（American Accounting Association，AAA）所属的"成本与标准委员会"提出："成本是为了特定目的而付出的或应付出的用货币计量的价值牺牲。"这个概念突破了马克思所说的商品产品成本的范畴，外延相当广泛。

1957年，美国注册会计师协会（American Institute of Certified Public Accountants，AICPA）发布的《第4号会计师名词公报》对成本的定义为："成本是指为获得货物或劳务而支付的现金或转移其他资产、发行股票、提供劳务或发生负债，而以货币衡量的数额。成本可以分为未耗成本和已耗成本。未耗成本可由未来的收入负担，如存货、预付费用、厂房、投资等；已耗成本不能由未来的收入负担，而应作为当期收益的减项。"这个概念将成本外延到了存货、厂房等资产上面，突破了狭义的产品存货，同时将成本分成已耗和未耗两部分，即从资产和费用两个会计要素来认识成本，在广度上有了进一步的突破。

《日本成本计算标准》中将成本定义为："成本的实质是经营者为获得一定的经营成果而消耗的物资资料和劳务的价值。"它具有以下特点：成本是消耗的价值；成本是经营过程中转移到一定产品中的价值；成本是与经营目的相联系的；成本是指在正常经营条件下形成的成本。这个概念强调了成本与经营管理的结合。

可见，随着市场经济的发展，竞争的加剧以及科技水平和管理手段的进步，人们对成本的认识早已跨越了产品生产成本的范畴，在广度和深度上都有了进一步的升华和拓展。从其过程结构上看，它不仅仅只是局限于生产过程的成本，而是伴随着产品的设计、开发、生产、销售和使用的全过程。从其内容结构上看，它已不仅仅只是考虑与生产、销售和售后服务相关的直接消耗的物化劳动和活劳动的价值，而是对事前、事中、事后成本的一种全面考虑。就所涉及的对象而言，成本已是一个含义既广又深的综合性概念。如，随着会计管理职能的逐渐扩大所引入的诸如质量成本、差别成本、边际成本、机会成本等概念；随着战略管理思想的深入所引入的诸如战略成本、环境成本、学习成本和智力成本等概念；随着竞争的日益加剧所引入的供应链成本、价值链成本和作业成本等众多新型的成本概念。

本书所指的成本是狭义的成本，即仅指企业为生产产品（或提供劳务）而发生的制造成本。值得注意的是，传统的制造成本概念已经不能满足当前社会可持续发展的需求。我国《企业会计准则》发布后，产品成本核算从理念、内含到具体内容都发生了较大变化。例如，对固定资产进行初始确认时要考虑弃置费用因素，从而通过折旧将环保责任引入了产品成本。

四、费用、成本与支出

费用、成本以及支出是一组既有紧密联系又有一定区别的概念。正确区分三者之间的关系具有非常重要的意义。我国现行《企业会计准则》将费用定义为:"费用是指企业在日常活动中发生的、会导致所有者权益减少的、与向所有者分配利润无关的经济利益的总流出。"可见,从财务会计的角度,费用是指企业在获得当期收入的过程中,对企业所拥有或控制的资产的耗费,是会计期间与收入相配比的成本。从成本会计的角度而言,费用是指企业在一定会计期间内的生产经营过程中为取得营业收入所耗费的物化劳动和必要劳动的货币表现,分为计入生产成本的费用和计入营业损益的费用,其中计入生产成本的费用称为生产费用;计入营业损益的费用称为期间费用。成本代表经济资源的牺牲,而费用是会计期间为获得收益而发生的成本。

成本有广义和狭义之分。广义成本是指为了取得资产或达到特定目的而发生或应发生的价值牺牲。广义成本的含义相当广泛,既包括财务会计的成本概念,也包含管理会计的各种成本概念。狭义成本是指为了生产产品或提供劳务而发生的各项生产费用。成本会计所指的成本是狭义的成本,即产品生产成本。

支出也有广义与狭义之分。广义的支出是指经济主体在一定会计期间内,因生产经营、投资、非常损失和向投资者分配利润等原因所发生的一切经济利益流出,包括货币支付和非货币支付。狭义的支出是指企业所发生的所有货币支付。支出包括生产经营性支出和非生产经营性支出,生产经营性支出即指收益性支出,非生产经营性支出主要包括资本性支出、营业外支出、向投资者分配利润和所得税支出等。

第二节 成本会计的形成与发展

一、成本会计的形成与发展

成本会计是会计学科中的一个重要分支,是基于生产发展的需要而逐步形成和发展起来的。一般认为,成本会计的发展大致经历了早期成本会计、近代成本会计和现代成本会计三个阶段。不同阶段的成本会计,其理论基础和记账方式各不相同。

(一) 早期成本会计阶段(1880—1920 年)

19 世纪中后期,工场手工业的发展及英国产业革命的完成促进了早期成本会计的产生。起初人们是在会计账簿之外,用统计的方法来计算成本。这是早期成本会计的萌芽。后来,随着企业规模逐渐扩大,企业之间出现了竞争,生产成本得到了普遍重视。为了满足有关各方面对成本信息资料的需要和企业管理上的需要,提高成本计算的准确性,成本计算由统计核算逐步纳入复式账簿系统,将成本计算与会计核算结合起来,使成本记录与会计账簿一体化,从而形成了真正的成本会计。

早期研究成本会计的专家劳伦斯(Lawrence)对成本会计作过如下的定义:"成本会计就是应用普通会计的原理、原则,系统地记录某一工厂生产和销售成品时所发生的一切费用,并确定各种产品或服务的单位成本和总成本,以供工厂管理当局决定经济的、有效的和有利的产销政策时参考。"在早期成本会计阶段,成本会计从方法来看,主要是采用分批法或分步法计算成本;成本会计从目的来看,主要是计算产品成本以确定存货成本及销售成本。所以,该阶段的成本会计也称为记录型成本会计。

(二) 近代成本会计阶段(1921—1945 年)

随着科学技术的迅猛发展,企业生存的外部环境日趋复杂,对企业管理的要求也越来越高。19 世纪末、20 世纪初在制造业中发展起来的以泰勒为代表的科学管理,对成本会计的发展产生了深刻的影响。尤其是标准成本制度的应用,为生产过程成本控制提供了条件。在此之前,企业不重视有效的成本控制,对于生产中的实际耗费情况,只有通过事后的实际成本计算才知道。标准成本法的出现使成本管理方法和成本计算方法发生了巨大的变化,导致成本会计进入了一个新的发展阶段。实施标准成本制度后,成本会计不只是事后计算产品的生产成本和销售成本,还要事前制定标准成本,并据以控制日常的生产耗费与定期分析成本。这样,成本会计的职能扩大了,发展成为管理成本和降低成本的手段,从而成本会计的理论和方法有了进一步的完善和发展,形成管理成本会计的雏形。

在这一时期,成本会计的应用范围也从原来的工业企业扩大到各种行业,并深入应用到一个企业内部的各个主要部门,特别是应用到企业经营的销售方面。它不仅将会计核算与成本相结合,而且还包含了成本预算、成本控制、成本差异分析和考核。美国尼尔森(Nicholson)和罗尔巴克(Rohrback)合著的《成本会计》,以及陀身(Dohr)著的《成本会计原理和实务》等,使成本会计理论和方法进一步完善和发展,形成了独立的学科。

英国会计学家杰·贝蒂(J. Batty)将这一时期的成本会计表述如下:"成本会计是用来详细地描述企业在预算和控制它的资源(指资产、设备、人员及所耗的各种材料和劳动)利用情况方面的原理、惯例、技术和制度的一种综合术语。"因此,近代成本会计主要采用标准成本制度和成本预测,为生产过程的成本控制提供条件。以标准成本系统为基础的责任成本控制系统的形成和发展,是成本会计的第二次革命。

(三) 现代成本会计阶段(1946 年以后)

从 20 世纪 50 年代起,西方国家的社会经济进入了新的发展时期。社会资本高度集中,跨国公司大量出现,企业规模日益扩大,生产经营日趋多元化。在激烈的市场竞争面前,为了适应社会化大生产的客观要求,企业管理也要求现代化。随着管理的现代化,运筹学、系统工程和电子计算机等各种科学技术成就在成本会计中得到了广泛应用,从而成本会计发展到一个新的阶段,即成本会计发展的重点已由成本的事中控制、事后计算和分析转移到如何预测、决策和规划成本,从而形成了新型的以管理为主的现代成本会计,这是成本会计的一个重大变革。

与传统的成本会计相比,现代成本会计更重视成本发生的前因后果,通过作业成本计算和有效控制,使成本计算与成本控制有机地结合起来。成本控制与责任会计相辅相成,它随着责任会计系统的产生而产生,又随着作业会计系统的形成而发展。这种以作业为基础的现代成本会计系统的形成和发展,是成本会计的第三次革命,是一场真正的成本会计革命。

综上所述,现代成本会计是成本会计与管理的直接结合,它以成本核算为基础,结合其他数据、资料,采用现代数学和数理统计的原理和方法,建立起数量化的管理技术,促使人们按照成本最优化的要求,对企业的生产经营活动进行预测、决策、控制、分析、考核,促使企业生产经营实现最优化运转,以提高企业的市场适应和竞争能力。因此,现代成本会计是广义上的成本会计,实际上也就是成本管理。

二、成本会计与财务会计、管理会计的关系

从成本会计的发展过程可以看出,早期的成本会计仅限于成本计算,现代成本会计不仅包括成本的核算,还包括成本预测、决策、控制、分析等职能,而且这些职能还会随着经济的发展而不断地发展变化。因此,现代成本会计实质上已发展成为成本管理。从会计学学科体系的角度来看,成本会计与财务会计和管理会计存在着密切的关系。按职能及使用者的不同,现代会计系统大体可分为财务会计和管理会计两个子系统。财务会计主要是为投资者、债权人、政府机构以及其他的企业外部使用者提供经营成果、财务状况及其变动信息,其主要目的是发挥会计信息的社会职能;财务会计关注过去发生的事情,为满足客观性、可验证性以及一致性的要求,必须受制于"公认会计原则"(GAAP)。而管理会计则主要为企业内部各阶层管理人员提供各种相关的管理信息,其主要目的是协助实现组织目标,一般不受限于公认会计原则;管理会计强调未来,除了提供历史报告外,还提供预算和其他预测信息。成本会计是运用财务会计的原理,记录、分类、汇总、计算并提供成本信息的一种会计。作为财务会计的一部分,成本的形成、归集和结转程序也要纳入以复式记账法为基础的财务会计总框架中,因此,成本数据往往被企业外部信息使用者用于对企业管理当局业绩的评价,并据此作出投资决策。同样,成本会计所提供的成本数据,往往被企业管理当局作为决策的依据或用于对企业内部管理人员的业绩评价。可见,成本会计提供的成本信息既可以为财务会计编制财务报表之用,也可满足企业内部管理人员进行决策或业绩评价的需要,两者都必须依赖于成本会计系统所提供的信息。成本会计、管理会计与财务会计的关系如图 1-1 所示。

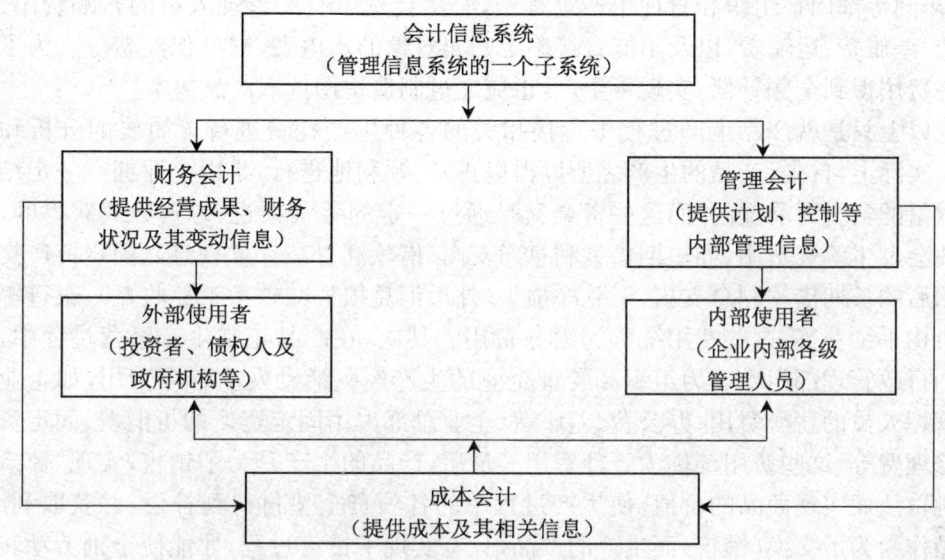

图 1-1 成本会计、管理会计与财务会计的关系

第三节 成本会计的对象

一门学科之所以能够独立存在,是由于其具有独特的研究对象。明确成本会计的对象,对于充分认识成本会计的本质、确定成本会计的目标、假设、原则及其职能、任务,无疑具有十分重要的意义。

成本作为企业资金的耗费,在不同的生产要素、生产部门间存在着不同的耗费内容。任何产品的生产,都是产品实体的形成过程与劳动耗费过程的统一。首先,在生产过程中,劳动者借助于劳动工具对原材料进行加工、改制,形成新的具有特定使用价值的产品。这期间,原材料等劳动对象改变了原有的实物形态,其价值全部、一次地转移到新产品的价值中,一方面构成产品的实体(如原料、主要材料)或作为产品形成的辅助性消耗(如燃料、动力);另一方面以直接材料费计入产品生产成本。其次,劳动者在产品生产过程中,其具体劳动形成了新的特定种类和数量的产品,其抽象劳动则创造出新的价值,其中劳动者为自己劳动创造的价值以工资形式支付给劳动者,作为直接人工费计入产品生产成本。再次,产品生产过程所占用的房屋及建筑物,使用的机器设备等固定资产,可以多次参加生产过程而不改变其实物形态,为了及时反映其磨损情况,足额补偿其价值损耗,并贯彻权责发生制原则和配比性原则,应将其价值于每个会计期间以折旧方式通过制造费用计入产品生产成本。最后,企业的工厂、车间等部门在组织和管理生产过程中，必然会发生有关管理人员的薪酬费用、办公费、差旅费、运输费，以及不能直接确定归属对象的水电费、财产保险费等。为了使这些费用得到全额补偿，实现再生产，也应通过制造费用计入产品成本。

以上只是就产品生产过程中直接相关的各种生产耗费进行了简要的分析和说明。实际上，首先，产品的生产之所以得以正常、顺利地进行，是以企业拥有一定结构和数量的资金为前提的，而这些资金又是通过一定的筹资渠道、筹资方式获得的，由此便会发生筹资费用，如短期借款利息净支出（借款利息减存款利息）、固定资产交付使用后的长期借款利息支出、汇兑净损失（外币汇兑损失减外币汇兑收益）、银行等金融机构手续费等，这些费用统称为财务费用。其次，在产品正常生产经营过程中，企业的行政管理部门也要为组织和管理企业的生产经营活动发生各项费用，如企业总部管理人员的薪酬费用、办公费、差旅费、企业总部占用固定资产的折旧费、固定资产的修理费等，这些费用统称为管理费用。最后，产品的生产是为了销售，实现"惊险的一跳"，从而实现商品的价值，使生产过程中的各项资金垫付得到补偿，并获取利润。商品作为为了交换（销售）而生产的产品，只有实现了销售过程，才能使个别劳动转化为社会劳动，才能实现商品的价值和使用价值，才能使产品的生产具有社会意义，才能实现简单再生产和扩大再生产。产品的销售过程，既是产品向货币的转化过程，也是一部分资金的耗费过程，如产品销售过程中由企业负担的包装费、装卸费、保险费、广告费、展销费等统称为销售费用。

财务费用、管理费用和销售费用，虽然与产品生产没有直接关系，但都是围绕产品生产而发生的。财务费用是保证产品生产的资金需要而发生的资金使用费；管理费用是生产过程中发生的组织管理费用；销售费用是为了实现所生产产品的价值而发生的促销费用。此三项费用的发生是企业一定会计期间实现特定销售收入的前提，是与该会计期间相联系并只与该会计期间相关，因而应一次、全额计入当期损益。因此这三项费用统称为期间费用。

综上所述，产品生产经营过程中的资金耗费由产品生产成本和期间费用两部分组成。在资产、负债、所有者权益、收入、费用和利润六项会计要素中，费用作为资产的减少或负债的增加，与收入具有特定的配比关系，是利润与所有者权益的减项，费用的高低与其他五项要素具有深刻的内在联系。成本会计正是以费用这一会计要素为对象，对企业再生产过程中的资金耗费进行分类、计量、分配，从而确定有关成本计算对象的总成本和单位成本，为成本预测、决策、控制、分析与考核提供客观依据的一门分支会计。

不难看出，成本会计对象具有明确的界定范围。从本质上讲，同一般会计对象一样，成本会计对象仍在于企业再生产过程中的资金运动，所不同的只是限于资金耗费方面的资金运动，如生产过程中原材料的耗费是储备资金向生产资金的转化，支付生产工人工资,提取固定资产折旧是货币资金与固定资产净值向生产资金的转化;产品生产完工转入产成品,是生产资金向成品资金的转化,即主要是"$W\cdots P\cdots W'$"过程中的资金运动,$G—W$ 与 $W—G'$ 过程中的资金运动主要在财务会计中予以揭示(通过其他五项会计要素的核算体现)。当然,财务费用、管理费用与销售费用的发生,同样是资金运动的体现,是与产品的生产经营相关联的资金耗费。

为了进一步认识成本会计对象,理解成本会计的内容,有必要对成本会计对象进行进一步的细分类,使之具体化,为有关成本会计科目的设置、编制成本会计报表提供理论依据。对此,我们认为,应建立成本会计要素概念。

根据以上分析,"费用"这一成本会计对象由产品生产成本和期间费用两部分构成,具体可分为直接材料、直接人工、制造费用、财务费用、管理费用与销售费用六项要素,这是六个既相互独立又密切相关的项目。前三个要素反映产品生产过程中料、工、费的直接消耗情况,构成产品生产成本或工厂成本,是设置"生产成本""制造费用"科目和编制"全部商品产品成本表""主要产品单位成本表""制造费用明细表"的依据;后三个要素反映为产品生产服务而发生的筹资费用、组织与管理费用及销售费用的消耗情况,是设置"财务费用""管理费用""销售费用"科目和编制"财务费用明细表""管理费用明细表""销售费用明细表"的依据。

当然,企业一定时期所发生的耗费,除上述所讲"费用"之外,还有营业外支出、投资损失等,由此产生了支出、费用、成本、损失等概念。前面已经对支出、成本与费用之间的关系进行了阐述,这里只介绍损失。损失是指不能给企业带来经济利益的支出。通常要根据损失的发生地点和原因确定其性质,并确定相应的归属。如,坏账损失系由生产经营活动所引起,在产品销售环节发生,应计入资产减值损失;而自然灾害等非常损失则由生产经营活动以外的不可抗力或意外事故所引起,应计入营业外支出。同理,投资损失作为供产销过程以外资金运筹的亏损,应作为利润的减项计入当期损益。由于课程分工的需要,资产减值损失、营业外支出和投资损失已在"财务会计"课程中讲授,以下着重介绍的是产品生产成本与期间费用的核算问题。

第四节 成本会计的职能与目标

一、成本会计的职能

成本会计的职能是指成本会计具有的功能。其功能如何,主要受以下四个因素的影响:一是成本会计所具有的能力,即成本信息内容、数量、质量及其组合情况的提供能力;二是企业内部环境对成本会计的约束力,即内部管理制度所赋予成本会计的权利范围的大小,这一权利范围越大,成本会计所具有的相关能力将越强,反之,亦然;三是社会经济发展水平与经济管理体制对成本会计的约束力,如简单商品生产条件下不可能产生和存在现代化的成本会计方法,计划经济体制下不必要也不可能允许成本会计参与预测、决策;四是会计的整体社会地位及其职能的约束。

关于会计的职能,目前尚有争议,但反映与监督(控制)是公认的两项基本职能。与财务会计不同,成本会计主要是为企业内部管理当局及有关人员的成本管理提供决策所需的成本信息,并参与有关成本管理活动,具有独特的工作目标。其主要职能有:成本预测、成本决策、成本计划、成本控制、成本核算、成本分析与成本考核七个方面。

(一)成本预测

管理的重心在经营,经营的重心在决策,而决策的基础在预测。成本预测的科学性、正确性、准确性,直接关系到成本决策的正确性及其他成本管理环节的有效性。成本预测是指根据成本性态及其有关数据,结合宏观与微观经济环境和条件的变化,运用特定方法对未来的成本水平及其发展趋势做出科学、客观的估计。其程序一般是:确定预测目标,明确预测范围;界定预测期限,选择预测方法;收集历史成本数据,分析各项影响因素;建立成本预测模型,进行有关成本预测。通过成本预测,可以帮助企业管理当局了解目前成本水平及其发展方向,把握成本管理的重心,消除成本管理的盲目性,增强成本管理的主动性和目的性,为正确的成本决策提供科学依据。

(二)成本决策

它是指根据各个成本预测方案,结合具体情况,进行某种方案的抉择,从中确定目标成本。成本决策的内容十分广泛,如某零部件是自制还是外购?某项机器设备是自制、外购还是租赁?某大型设备是采用经营租赁还是融资租赁?某项订货是接受还是放弃?某半成品是继续加工还是直接出售?等等。成本决策的失误,会引起成本计划的失败,甚至造成不可弥补的损失。因此,成本决策的科学性与正确性对成本管理的有效性具有至关重要的作用,具有牵一发而动全身的辐射力。决策后的节约是最大的节约,决策后的浪费是最大的浪费。

(三)成本计划

它是指根据成本决策所确定的目标成本,具体确定为完成计划期各项生产任务所需要支出的各项生产费用,以及各种产品的成本结构和金额,提出保证计划完成的有关措施。成本计划的编制,首先,以目标成本为依据,收集所需要的生产资料、技术资料、价格资料等,并进行可靠性、真实性的分析、筛选;其次,结合历史成本资料和相关因素的变动情况,进行成本目标的试算平衡;最后,根据试算后的基本方案,编制具体成本计划。成本计划的科学性与周密性,是衡量企业计划水平高低的重要标志,关系到成本控制的有效性。

(四)成本控制

它是指在生产经营活动过程中,以目前成本与计划成本为依据,对实际发生的各项费用进行严格的审查监督,及时揭示和分析差异,采取有效措施,保证目标成本和各项计划指标的实现。其实施手段主要是通过成本分类控制与责任落实实现的。如变动成本与固定成本的划分、直接成本与间接成本的划分、可控成本与不可控成本的划分以及责任成本的确定、分解和实施等。成本控制要求企业管理当局的重视与支持,具有健全的成本责任制度,科学合理地划分成本中心,明确其权利、责任和奖惩办法,树立全员、全过程的成本节约观念,并正确处理好产量、质量与成本的关系,向"高产、高效、优质、低耗"的方向努力。

（五）成本核算

它是指对企业一定时期内所发生的各项生产费用,按照一定的成本计算对象进行归集和分配,以确定各该对象的总成本和单位成本。成本核算具有各种生产费用的审核与产品成本的计算双重含义,原始凭证真实性、合法性、合理性与有效性的审核,是保证成本计算真实性的前提和成本信息可靠性的保证,对于明确经济责任、减少和杜绝损失浪费,具有不可忽视的警示作用。成本核算虽然是一种事后的反映与监督,但在成本管理上具有耳目、喉舌的作用,对于后续的成本分析与成本考核起着业绩评价依据的作用,并对下一个会计期间的成本预测、成本决策、成本计划、成本控制等产生一系列的撞击反应。因此,成本核算在成本管理中是一种承上启下的核心环节。

（六）成本分析

它是指利用成本核算及其他有关资料,采用专门的方法,通过与目标成本的比较、剖析,了解成本的变动情况,找出影响成本升降的原因,寻求降低成本的途径。其内容主要包括：成本计划执行情况的分析、主要技术经济指标变动对成本的影响分析、技术经济措施对成本的影响分析等。通过成本分析,企业可以把握成本变动的规律性,找到成本管理的薄弱环节,评价成本计划的执行情况,为下一会计期间的成本预测、成本决策和成本计划提供重要参考依据,指明未来工作的努力方向。

（七）成本考核

它是指对企业内部各部门、各单位的成本费用指标进行的考查、审核。其原则是以计划为标准,以责任为范围,以实际为依据,对其成本费用职责的完成情况进行审核,以评价其工作业绩,据以进行奖惩。通过分析明确产生差异的主客观原因,对可控成本费用的执行情况进行全面评价。

上述七项职能是一个有机的整体,贯穿于成本费用的事前、事中、事后全过程。成本预测、成本决策和成本计划是事前成本会计管理,成本控制是事中成本会计管理,成本核算、成本分析与成本考核是事后成本会计管理。上述职能的成本会计是一种广义的成本会计(如表1-1所示),狭义的成本会计仅指成本核算而言。由于课程分工的关系,本书重点阐述成本核算问题,其他职能已分散于相关课程中,在此不再

表 1-1

广义的成本会计

成本管理环节	成本会计职能	归属课程名称
事前成本管理	成本预测	管理会计
	成本决策	
	成本计划	
事中成本管理	成本控制	
事后成本管理	成本核算	成本会计
	成本分析	经济活动分析
	成本考核	审计

重复。

二、成本会计的目标

成本会计目标是指成本会计工作应达到的目的和要求。成本会计目标是一定政治、经济和社会环境的产物,具有历史性、时代性,反映特定环境对成本会计的要求。不同历史时期、不同经济发展水平和不同的社会制度下,成本会计的目标亦有所不同。这是由特定环境下成本会计的对象、内容、性质及其职能作用所决定的,尤其是成本会计职能的制约。简言之,成本会计目标是其职能的具体化,并以其职能为最宽边界。因此成本会计目标的实现程度是衡量其职能发挥状况的基本尺度。一般来讲,成本会计目标应与其职能相适应,在职能范围内制定科学、可行、先进的目标,在目标的实施过程中体现其功能作用。当然,职能与目标是有所区别的:前者在一定历史时期具有相对稳定性,后者则随着客观环境的变化而有所调整。

如前所述,这里仅探讨成本核算这一狭义的成本会计目标。

(一) 成本会计的基本目标

成本会计的基本目标是指成本会计的长期性、根本性、终极性目标,公认的观点是经济效益。关于经济效益的概念,主要有两种不同意见:一是指劳动所得与劳动所费的对比关系,体现为以尽可能少的劳动耗费取得尽可能多的劳动成果;二是指劳动所得大于劳动所费的差额,亏损不应称为经济效益。但无论哪种意见,其核心均在于少费多得,在于创造社会剩余产品,增加社会积累。

从会计意义上讲,所得与所费体现为收入与费用,经济效益即表现为利润。产品的销售收入受到销售数量、销售价格的制约,而这两个因素又是市场条件下多方面作用的结果,是企业不易把握的。而费用成本的高低则属于企业内部的事。因此我们历来强调减少浪费损失、降低产品成本的重要性,这也是从"$W = c+v+m$"与"$c+v$"

的关系式中所得出的结论,是提高经济效益的重要途径之一。成本会计正是从费用成本的计量、记录、计算及控制等方面,为提高经济效益服务,并以经济效益为最高目标。成本会计的产生、发展,正是基于对费用成本的计量、监控,基于对经济效益的计量、管理和追求,与经济效益具有密不可分的血缘关系。

(二) 成本会计的具体目标

它是指成本会计实践所提供的会计信息。具体涉及向谁提供会计信息、提供哪些会计信息以及怎样提供会计信息三个方面。

1. 成本会计信息的服务对象

我们知道,财务会计是一种对外报告会计,其服务对象主要是企业所有者、债权人及国家政府有关部门。成本会计是一种对内报告会计,这是由社会主义的市场经济环境所决定的。过去的计划经济体制下,企业作为政府的附属物,产权不清,政企不分,党政不分,企业不具备独立的商品生产者的地位,不允许存在商业秘密,企业的成本费用对内外都应公开报告,以至于企业之间、行业之间互通成本会计信息,并进行同行业内部的企业之间、行业之间的成本费用比较。而在市场经济条件下,企业的成本费用是企业员工素质、技术水平、管理水平、机器设备的先进程度以及地理位置、交通通信状况等诸多因素的集中反映,尤其是企业所拥有专有技术、专利的反映。所有这些都是企业内部的事,有的属于企业合法的商业秘密,没有义务、也不可能对外报告。因此成本会计的服务对象主要是企业内部的有关部门和人员。其具体包括以下六个方面:

(1) 企业行政管理部门。企业经济效益的高低是考核其工作业绩的主要尺度之一,而经济效益的主要制约因素在于成本费用。一方面,企业的行政管理部门要了解各产品的生产耗费金额及其结构,从中检测各项技术改造措施、专有技术与专利权的应用效果,考核各项降低成本措施的落实和执行情况,分析评价成本费用的升降对当期利润的影响,为实施工作奖惩提供客观依据。另一方面,企业行政管理部门还要掌握期间费用的支出情况,尤其是管理费用的支出金额及支出结构,了解其发展趋势,为加强人员管理、节约经费开支提供参考依据。此外,财务费用的利息支出、汇兑损失,销售费用的广告费、包装费等也是行政管理部门关心的重要内容。

(2) 企业生产管理部门。企业生产管理部门包括工厂、车间等组织和管理生产过程的部门。这些部门处于产品生产的具体组织、指挥、协调和控制的第一线,对产品的生产耗费内容、耗费方式最为了解,并对产品的制造成本具有控制能力,是企业最高层的责任成本中心。因此企业生产管理部门对本部门的直接材料、直接人工及制造费用的耗费最为关注,对所属班组、工段的生产耗费具有考核、评价、奖惩的权利。向企业生产管理部门提供制造成本的详细信息,也是成本会计重要的工作目标之一。

(3) 企业基层生产单位。班组、工段是产品生产的最基层单位,是直接材料费、直接人工费的发生地,是最基本的成本责任中心。企业的班组核算内容主要是成本核算,班组、工段也是成本考核对象之一,成本会计也应向这些单位提供有关成本会计信息。

(4) 企业内部有关员工。首先,在经济责任制的约束下,职工必然关心其生产耗费情况。其次,企业的经济效益直接关系到职工的切身利益,因此职工也必然会关心企业的成本费用情况,以便明确成本费用开支状况和奋斗目标。因此成本会计有义务向职工报告成本会计信息(一般通过职工代表大会报告)。

(5) 其他有关会计分支。财务会计虽然向成本会计提供资产价值负债状况等资料,以便于成本会计核算,但在计量资产价值时,需要成本会计为其提供在产品成本、半成品成本、产成品成本等资料,以便编制财务会计报告。此外,在管理会计进行成本预测、决策、控制过程中,也需要成本会计为之提供基础成本会计信息。当然,编制成本计划,也离不开成本会计的支持。

(6) 企业所有者及政府有关部门。为了验证成本会计记录的真实性,鉴别利润的真实性及纳税的合法性,企业所有者将委托社会中介机构(如注册会计师事务所)进行查账,税务机关也要进行类似的审核。对此,成本会计都应予以周密的服务。

2. 成本会计信息的服务内容

成本会计信息的服务对象不同,所需求的会计信息也有所不同。首先,服务对象的层次越高,所需求的成本会计信息越具综合性、全面性;反之,亦然。其次,在企业内部管理过程中,有关管理部门可能随时要求成本会计提供特定的成本费用信息,其内容具有一定的不确定性。客观地讲,成本会计所提供的日常成本信息,从不同角度进行重新组合、分类后,可以形成浑然不同的成本信息,以满足不同目的之需要。对此可从成本费用分类和成本会计报表中做进一步了解。

3. 成本会计信息的服务方式

它是指提供成本会计信息时所采用的方法和形式。一是通过凭证、账簿、报表,提供直接材料、直接人工、制造费用、期间费用及其细节的账内成本会计信息,责任成本如纳入账内核算,也可以通过账簿加以反映。这些信息一般是定期、定向提供的。二是通过账外的统计、计算提供,如变动成本、固定成本、加工成本、付现成本、沉没成本、边际成本等。这些信息一般是在管理决策时不定期、不定向提供的。三是通过专题报告方式向特定对象提供有关成本信息,如某工程预测信息,半成品是否继续加工的成本预测信息,某产品阶段性成本信息等。四是通过口头汇报方式向有关方面提供成本信息,如年终决算后对职代会的成本费用报告,回答有关政府机构、企业所有者的成本费用咨询及职工有关问题的解答等。总之,由于成本会计的对内服务特性,其成本信息的提供方式也是灵活多样的,具有提供方法、内容、对象及时等方面的可变性。

成本会计目标是会计学中的一个新课题,在市场经济环境下如何科学界定、塑造成本会计目标,值得我们深入研讨。因为成本会计目标是成本会计理论的最高层次,对其下层的成本会计假设、成本会计原则具有方向性、根本性的影响。

第五节 成本会计的体系与组织

一、成本会计体系

它是指各个相关的成本计算制度所形成的成本计算系统。不同的成本计算制度可以提供不同的成本会计信息,所依据的规章制度和采用的程序、方法也大不相同。具体由实际成本制度、变动成本制度和标准成本制度组成。

(一)实际成本制度

实际成本制度也称完全成本制度,是指以实际发生的经济业务为基础,按历史成本进行产品成本计算的一种成本计算制度。这是一种以财务会计制度为准绳计算产品生产成本的一种制度,其所依据的是现行财务会计制度,包括成本会计科目的设置、成本开支范围的确定、固定资产折旧等制度规定。在这一制度下,为了加强企业内部管理,也可以采用计划价格或定额成本进行日常成本核算,但在呈报成本信息时应调整为实际成本,其实质仍属实际成本制度。

(二)变动成本制度

变动成本制度也称直接成本制度,是指以变动成本作为产品生产成本的一种成本计算制度。在这一制度下,产品成本由直接材料、直接人工、变动制造费用三部分组成,固定制造费用作为期间费用计入当期损益。与完全成本制度不同,这里的期初和期末存货中不含有固定制造费用,两种制度下利润的差异在于期末存货中是否隐含固定制造费用及其数额的多少。变动成本制度对于成本预测、决策,确定保本销售量与销售额,编制弹性预算和零基预算,以及进行短期投资决策等可以提供重要甚至不可替代的成本会计信息。

(三)标准成本制度

标准成本制度是指在正常生产经营条件下,以标准消耗量和标准价格确定产品成本并结转当期损益的一种成本计算制度。在这一制度下,实际成本与标准成本的差异直接计入当期损益。标准成本制度是西方于20世纪20年代创造的一种成本计算制度,其主要作用在于进行事中控制,通过标准成本材料差异、标准成本人工差异和标准成本制造费用差异的分析,查找不利差异的原因,采取有效措施保证目标成本的实现。

上述成本计算制度,可以从事前(变动成本制度)、事中(标准成本制度)和事后

(实际成本制度)提供不同角度、满足不同需求的成本会计信息。其中变动成本制度与标准成本制度列于"管理会计"课程中,本书介绍实际成本制度。

二、成本会计组织

它是指从事成本会计工作而采取的组织措施,包括会计机构的设置、会计人员的配备、会计核算体制与会计规范等内容。

(一)成本会计机构和人员

成本会计机构是指专门处理成本会计事项的职能部门。成本会计机构的设置,受企业业务类型的复杂程度与企业规模的大小的影响。生产经营过程复杂、成本业务量大、规模大的企业,其成本会计机构应大一些,内部分工细一些;反之,亦反。较大型企业可单独设置成本会计机构,如成本会计科(部),规模较小的企业可以指定专人从事成本会计工作,在会计部门中称成本会计。为了充分发挥成本会计机构的职能作用,在独立的成本会计机构内,应根据业务繁简程度,进行合理分工,建立岗位责任制,明确每一会计人员的职责权限。具体可设置材料会计、工资会计、固定资产会计、综合成本会计等岗位。不同岗位应配备专职会计人员,认真履行其职责权限,为达到成本会计目标服务。

(二)成本会计核算体制

成本会计核算体制是指成本会计核算工作所采取的组织方式,有集中核算与分散核算两种形式。

1. 集中核算

集中核算是指企业成本核算集中在企业总部会计部门进行的一种组织核算形式。在这一形式下,各工厂、车间只对所发生的费用成本业务作原始记录,并定期送交企业会计部门,费用成本的明细分类核算和总分类核算以及成本报告的编制均集中于企业会计部门进行。这一核算形式有利于减少核算层次和会计人员,减少间接费用,但不利于各工厂、车间、班组及时了解各自费用成本状况,不利于日常费用管理和分析考核。因此本核算形式主要适用于业务量较少、企业规模较小的企业采用。

2. 分散核算

分散核算是指企业成本核算分散在企业总部会计部门和下属各部门进行的一种组织核算形式。其特点是:产品生产成本明细分类核算分散于各工厂、车间进行,产品成本的总分类核算与期间费用的核算集中于企业总部的会计部门进行,成本报告也由企业编报。其优缺点与集中核算制正好相反,主要适用于业务量较大、企业规模大的企业。

(三)成本会计制度

成本会计制度是指从事成本会计工作必须遵守的有关法规、制度、规程和办法等,是企业会计规范和制度的重要组成部分。企业应遵循《中华人民共和国会计法》

《企业会计准则》《企业会计制度》等有关规定,并结合企业生产经营的特点和管理的要求,制定企业内部成本会计制度,作为企业成本会计工作的依据。成本会计制度制定得是否科学、合理,会直接影响成本会计工作的成效。因此,成本会计制度的制定是一项复杂而细致的工作。在成本会计制度的制定过程中,有关人员不仅应熟悉国家有关法规、制度的规定,还应深入基层做广泛深入的调查和研究工作,在具备充分依据的基础上进行成本会计制度的制定工作。

由于各行业生产经营的特点和管理的要求不同,所制定的成本会计制度也有所不同,就工业企业来说,成本会计制度一般应包括以下几个方面的内容:

(1) 关于成本预测和决策的制度。
(2) 关于成本定额的制度和成本计划编制的制度。
(3) 关于成本核算的制度。
(4) 关于企业内部结算价格和内部结算办法的制度。
(5) 关于成本控制的制度。
(6) 关于责任成本的制度。
(7) 关于成本报表的制度。
(8) 其他有关成本会计的制度。

成本会计制度一经制定,就应认真贯彻执行。当然,随着经济形势的变化、科技的发展以及管理水平的提高,有必要对成本会计制度进行定期的修订和完善,以保证成本会计制度的正确执行。

本 章 小 结

马克思认为:"按照资本主义方式生产的每一个商品 W 的价值,用公式来表示是 $W=c+v+m$。如果我们从这个价值中减去剩余价值 m,那么,在商品中剩下的,只是一个在生产要素上耗费的资本价值 $c+v$ 的等价物或补偿价值。商品价值的这个部分,即补偿所消耗的生产资料价格和所使用的劳动力价格的部分,只是补偿商品使资本家耗费的东西,所以对资本家来说,这就是商品的成本价格。"$c+v$ 这一成本价格组成的成本,指的是理论成本。在现实生活中,企业的个别成本是依据现行成本核算制度中成本的开支范围确定的,是实际操作、实际应用的成本,是制度成本。理论成本是实际应用成本的理论依据,但是两者并不一致。

成本会计先后经历了早期、近代、现代和最新发展四个阶段,成本会计的理论体系和特点随着发展阶段的不同而有所不同。成本会计的对象就是成本会计反映和监督的内容,可以概括为各行业生产经营过程中的各种费用的支出以及业务成本和期间费用的形成。成本会计职能可以分为基本职能和派生职能,基本职能包括反映职能和监督职能;派生职能包括成本预测、成本决策、成本计划、成本核算、成本控制、成本分析和成本考核,成本核算是基础。

　　成本会计职能的实现和成本会计系统的有效运行,依赖于成本会计工作的有效组织。成本会计工作的组织包括成本会计机构的设置、成本会计人员的配备及成本会计制度的设计三个方面的内容。

> **知识链接**
>
> ### 成本管理观念的更新与成本控制新思路
>
> 　　传统的成本管理是以企业是否节约为依据,片面地从降低成本乃至力求避免某些费用的发生入手,强调节约和节省。其实这是片面的狭隘的成本观念。在市场经济环境下,经济效益始终是企业管理追求的首要目标,企业在成本管理工作中也应该树立成本效益观念,实现由传统的"节约、节省"观念向现代效益观念转变。
>
> 　　企业的一切成本管理活动应以成本效益观念作为支配思想,从"投入"与"产出"的对比分析来看待"投入"(成本)的必要性、合理性,即努力以尽可能少的成本付出,创造尽可能多的使用价值,为企业获取更多的经济效益。例如,在对市场需求进行调查分析的基础上,认识到假设在产品的原有功能基础上新增某一功能,会使产品的市场占有率大幅度提高,那么,尽管为实现产品的新增功能会相应地增加一部分成本,只要这部分成本的增加能提高企业产品在市场中的竞争力,最终为企业带来更大的经济效益,这种成本增加就是符合成本效益观念的。
>
> 资料来源:夏款云.战略成本管理[M].上海:立信会计出版社,2000.

复习思考题

1. 什么是成本?理论成本与实际运用成本有什么关系?
2. 成本与费用的关系是什么?
3. 生产费用与生产成本的关系是什么?
4. 成本会计的发展大致经历了哪几个阶段?各阶段的发展有什么特点?
5. 成本会计与财务会计、管理会计有什么关系?
6. 成本会计的对象是什么?
7. 成本会计的职能有哪些?它们之间的关系如何?
8. 成本会计的基本目标和具体目标各是什么?
9. 企业应如何设置成本会计机构、配备成本会计人员?
10. 成本会计制度是什么?工业企业成本会计制度有哪些?

第一章 总　　论

练 习 题

一、单选题

1. 成本会计最基本的职能是(　　)。
   A. 成本分析　　　　　　　　　B. 成本核算
   C. 成本控制　　　　　　　　　D. 成本决策
2. 成本会计的对象是(　　)。
   A. 成本核算与监督　　　　　　B. 期间费用
   C. 生产费用　　　　　　　　　D. 生产成本与期间费用
3. 产品成本是指企业生产一定种类、数量的产品所支出的各项(　　)之和。
   A. 生产费用　　　　　　　　　B. 期间费用
   C. 经营费用　　　　　　　　　D. 管理费用
4. 成本决策以(　　)为前提。
   A. 成本分析　　　　　　　　　B. 成本核算
   C. 成本控制　　　　　　　　　D. 成本预测
5. (　　)为财务会计提供信息。
   A. 成本分析　　　　　　　　　B. 成本核算
   C. 成本控制　　　　　　　　　D. 成本预测
6. (　　)属于事后控制。
   A. 变动成本制度　　　　　　　B. 目标成本制度
   C. 标准成本制度　　　　　　　D. 实际成本制度
7. 成本会计的核算体制为(　　)。
   A. 集中核算与分散核算　　　　B. 内部核算与外部核算
   C. 一级核算与二级核算　　　　D. 上级核算与下级核算
8. 按照马克思理论,产品成本构成中的"$c+v$"包括(　　)。
   A. 成本＋费用　　　　　　　　B. 物化劳动＋活劳动
   C. 材料＋工资　　　　　　　　D. 物化劳动＋剩余价值
9. 下列关于成本与费用的说法中,正确的是(　　)。
   A. 成本就是费用　　　　　　　B. 成本是费用的一部分
   C. 成本是对象化的费用　　　　D. 费用是成本的一部分
10. 工业企业中狭义的成本是指(　　)。
    A. 产品成本　　　　　　　　　B. 人工成本
    C. 原材料成本　　　　　　　　D. 制造费用

二、判断题

1. 成本的实质是生产过程中所耗费的生产资料的转移价值和劳动者为自己劳动所创造的价值的货币表现。（ ）
2. 理论成本与实际应用成本必须保持一致。（ ）
3. 财务费用、管理费用、销售费用也属于产品成本的一部分。（ ）
4. 费用是与会计期间相对应的概念。（ ）
5. 费用也称作生产费用，两者在概念上是一致的。（ ）
6. 狭义的成本会计就是成本核算。（ ）
7. 营业外支出不应该计入产品成本。（ ）
8. 成本是指企业在生产经营过程中发生的一切支出。（ ）
9. 废品损失不属于产品生产过程中的正常损失，所以不应该包括在产品成本中。（ ）
10. 成本会计的基本目标是计算产品成本。（ ）

第二章 成本核算的基本原理

学习目的与要求

通过本章学习,学生应掌握成本核算的基本要求、费用的分类及成本核算的一般程序。虽然本章内容主要是一些基本概念和简单程序,但是它对今后学习成本核算原理和各种成本计算方法至关重要。在成本核算的基本要求中,学生应重点掌握各种费用界限的划分原则以及进行成本核算需要做好哪些基础性工作;费用的分类是本章的重点,要深刻理解不同的分类标准形成的分类结果,各种分类之间的关系,尤其要理解费用按用途的分类;成本核算过程中要使用专门的会计科目,重点掌握"生产成本"账户的明细账户的设置;最后是成本核算的一般程序,要深刻理解这些核算程序的先后关系,为以后成本核算工作打下良好的基础。

难点

1. 划分各种费用支出的界限。
2. 理解费用的分类。

第一节 成本核算的假设与原则

一、成本核算的假设

财务会计中的会计主体、持续经营、会计分期和货币计量四项基本假设在成本会计中同样存在,但在具体内容及其影响对象上发生了一定的变化,有的应依据成本会计的特点加以改造。此外,由成本会计对象所决定,本书提出"公正分配"假设。

（一）会计主体

作为会计人员为之服务的特定单位,会计主体假设界定了成本会计的范围,体现为成本会计的对象是本企业生产经营活动中发生的费用成本,成本会计的目标主要是为企业内部有关单位和人员提供会计信息,并为提高本企业的经济效益服务。

（二）持续经营

在持续经营假设下,企业将按照既定目标不断经营下去,在可预见的未来不具有清算的可能性。在成本会计中,持续经营表现为各项资产以持续经营价值计价,资产的耗费以历史成本计价,各项费用成本体现已耗资产价值的货币反映。

（三）会计分期

很显然,持续经营确定了企业目前及将来的预期状态,但"长生不老"的企业是不可能存在的,终有一天会陷入破产清算或解散清算的境地,企业不可能等到这一天清算整个寿命期内所获得的损益,这是由各方面关系人的利益需要所决定的,因此需要人为地将持续不断的生产经营活动划分成各个相等间隔的期间,以分期反映企业的财务状况。这一期间的划分,使得成本会计在费用成本的计量方法和内容上具有了突出的特色。例如,成本计算期的确定及其与生产周期的关系;期初期末在产品成本与本期完工产品成本的概念;当期费用与当期收入相配比的概念;收益性支出与资本性支出的概念;本期费用与非本期费用的概念;固定资产折旧的提取、无形资产与周转材料的摊销以及成本费用报表的定期编报等。

（四）货币计量

这一假设的存在,使得成本会计的计量建立在历史成本基础上,使得折旧费表现为固定资产原值的分割,无形资产的摊销额也表现为无形资产账面余额的减少,原材料的耗费也是如此。在通货膨胀环境下,货币计量假设下提供的成本费用信息,缩短了商品的价值补偿尺度,使得资产,尤其是固定资产的实物更新变得更加困难,其实质是将本应属于成本费用的价值计入当期利润,并通过各种渠道分配掉,这对于保持成本会计信息的可靠性、维护所有者权益、保证资本的保增值显然是不利的,对此便产生了通货膨胀会计。会计中某些费用的计量方法虽然从一定程度上缓解了这一矛盾,但仍未脱离币值稳定假设,仍属历史成本计价范畴,如固定资产的加速折旧等。

（五）公正分配

费用的分配是成本会计中最为普遍、最为重要的问题之一,其分配的公正性直接关系到成本会计信息的可靠性。所谓公正,是指在间接费用分配标准的选择上,应选择与所分配费用的高低最密切的标准。要求尽可能减少主观因素的影响,保持分配方法的合理性。然而,分配标准与分配方法毕竟是通过人确定的,所谓公正,只是一种相对的概念,既是主观假设,也是成本会计呈报会计信息的一项基本前提。在这一前提下,才会产生和存在一系列间接费用的分配方法,如外购材料、外购燃料费用分配的消耗数量(长度、重量、体积、容积、面积等)比例法、定额消耗比例等,制造费用分配的生产工人工资比例法、生产工人工时比例法、机器工作小时比例法、直接成本比例法等。此外,辅助生产费用的分配、生产费用在完工产品与在产品之间的分配等,都隐含公正分配的假设。可见,这一假设对成本会计的影响也是十分广泛而深刻的。

二、成本核算的原则

为了规范成本会计工作,为成本会计信息的提供确定依据,应建立成本会计的一般原则。财务会计中的会计原则大部分适用于成本会计,并表现出成本会计的特色。此外,成本会计中费用成本的计量、确认具有很强的政策性,要求符合有关法规的规定,因此应建立合法性原则;而且,在公正分配前提下,应建立合理性原则。

(一) 合法性原则

它是指成本会计核算必须符合有关法律、法规和制度的规定,划分计入本期损益与非本期损益、产品成本与非产品成本的界限,严格遵守成本开支范围。例如,购建固定资产的支出应按照规定标准予以资本化,计入有关资产的价值,不允许计入当期损益;属于期间费用的各种支出也不能计入产品成本。计入期间费用与产品成本的支出,虽然都属于收益性支出,但前者直接冲减当期利润,后者可能由于在产品成本与完工产品成本的分配,将一部分支出沉淀于在产品成本之中,从而引起当期损益的变化。

(二) 合理性原则

它是指费用的分配(如各种要素费用的分配、辅助生产费用的分配等),应力求公正、合理,分配标准符合受益原则,即谁受益、谁负担,受益多的多负担,受益少的少负担。对于不能直接确定各受益对象及受益数量的,应选择与所分配费用密切相关的标准,其密切程度越高,分配的合理性表现得越突出,如,制造费用的分配。

(三) 可靠性原则

它是指成本会计的计量、记录及成本报告必须以企业实际发生的交易或事项为依据,如实地反映客观发生的各项费用支出,做到以真实的原始凭证为依据,正确、合理地进行费用成本的记录、计算和分配,在符合重要性和成本效益原则的前提下保证成本会计信息真实可靠、内容完整。

(四) 一贯性原则

它是指各个会计期间采用的成本会计方法应保持一致。如制造费用分配方法、辅助生产费用分配方法、在产品成本的确认方法等,某种方法一经确定,不能随意变更,如果确需变动的,应在成本报告中予以说明,注明变动的原因、变动后对当期损益的影响等。这一原则的确立,使得同一企业不同会计期间的成本会计信息具有前后期的可比性,有助于信息使用者对费用成本发展趋势及存在问题的分析评价。

(五) 及时性原则

它是指成本会计信息的提供应做到及时、有效。要求会计人员及时记录所发生的经济业务,及时进行各项费用的归集、分配,及时向有关关系人编报成本报告。及时性原则关系到成本信息的时效性,要像重视新闻一样重视成本信息的及时性,因为时过境迁的信息将失去其使用价值。

（六）权责发生制原则

企业会计准则规定，会计的确认、计量和报告应当以权责发生制为基础。权责发生制基础要求，凡是当期已实现的收入和已经发生或应当负担的费用，无论款项是否收付，都应当作为当期的收入和费用，计入利润表；凡是不属于当期的收入和费用，即使款项已在当期收付，也不应当作为当期的收入和费用。在实务中，企业交易或者事项的发生时间与货币收支时间有时并不完全一致。例如，款项已经收到，但销售并未实现；或者款项已经支付，但并不是为本期生产经营活动而发生的。为了更加真实公允地反映特定会计期间的财务状况和经营成果，基本准则明确规定，企业应采用权责发生制作为会计基础。对成本会计而言，为了正确归集本期的生产费用，更应严格执行权责发生制会计基础。凡属于本期的费用，无论款项是否已经支付，均应作为本期的费用；凡不属于本期的费用，虽然已经支付也不作为本期的费用。

（七）谨慎性原则

它是指企业应合理预计可能发生的费用或损失。这是由于市场经济环境下，企业的生产经营活动面临着许多风险和不确定性，如应收账款的可收回性、固定资产的使用寿命、售出可能发生的退货或者返修等。谨慎性原则要求企业在面临不确定因素的情况下做出职业判断时，应当保持应有的谨慎，充分估计到各种可能出现的风险，不低估任何可能发生的费用或损失。

（八）重要性原则

重要性与全面性是有区别的。全面性指成本会计应全面反映各项费用成本的发生情况，调整揭示各项成本会计信息。重要性原则指对重要的成本会计信息进行详细反映，如直接材料、直接人工，分别作为产品成本项目进行计量反映；对次要的成本会计信息可以简化核算或合并核算，如车间管理部门发生的办公费、邮电费等并入制造费用核算。成本会计在费用计量、反映上要面面俱到，做到全面性；而在信息提供上不可能也不必要事无巨细，应根据成本会计目标的要求，进行重点核算，提供决策者有用的信息。全面性强调了成本会计信息的范围，重要性则侧重于成本会计信息的有用性。

第二节　成本核算的要求

产品的生产过程，也是各项生产资源的耗费过程，其耗费的质与量是企业生产技术水平、设备先进程度与利用状况以及劳动生产率等诸多因素的集中反映，费用成本作为以货币形式表现的生产资源耗费，是考核企业经营管理水平的一项综合性价值指标。为了更好地发挥成本会计的职能作用，促进成本会计目标的实现，在成本核算中应满足以下四项要求。

一、严格成本管理制度,做好各项基础工作

治标先治本。成本会计信息的质量,在很大程度上取决于成本管理制度的严密性和成本核算基础工作的扎实性,即成本会计信息源的管理是保证成本核算质量的关键。其具体包括成本费用的原始记录制度、财产物资的计量验收制度、劳动耗费的定额管理制度和单位的内部价格制度等各个方面。

(一)成本费用的原始记录制度

原始记录是指最初记载费用成本发生情况的记录,体现为原始凭证,包括自制原始凭证和外来原始凭证。例如,记录材料领用、材料退库的领料单、退料单等原始记录;记录出勤情况的考勤卡片;记录工时消耗情况的工时记录卡片,记录工人产品生产数量和质量的产量报告单;记录半成品、产成品转移情况的检验报告单以及固定资产折旧计算表、工资发放明细表、各种发票等。成本会计部门应会同有关部门制定有关原始凭证的传递程序,建立健全原始记录制度,加强原始记录的审核监督,加强内部控制管理,做到原始记录的合法、真实、合理,保证成本信息源的可靠性。

(二)财产物资的计量验收制度

原始记录的可靠性有赖于计量验收的准确性。首先,财产物资的消耗,应建立严格的计量制度。要求具备完善、准确的计量器具,能检斤过秤的应尽量个别计量,各项消耗原始记录中应有计量人员的签章,生产中未耗用的材料等应办理"假退料"手续,以增加消耗数量的精确性。其次,应定期做好财产物资的盘点工作,准确计量实际结存数量,以便准确计算完工产品成本。再次,建立健全财产物资的验收制度,合理设计财产验收单的格式及其传递程序,提高验收人员的质量意识,严格质量检验制度,防止财产物资的损坏、变质、丢失甚至贪污盗窃,保护各项财产的安全完整。

(三)劳动耗费的定额管理制度

定额是指进行生产经营活动过程中对人力、物力、财力消耗应达到的标准,包括原材料、燃料、动力、工时等消耗定额。各项定额的制定应力求先进合理,并保持一定稳定性,否则不利于定额的考核和调动职工积极性。定额按其适用时间,分为计划定额和现行定额;按其制定方法有技术定额、统计定额和经验定额之分。建立健全定额管理制度,就是要求有条件的企业应尽量实行定额管理,确立定额制定方法,建立定额考核制度,明确定额职责分工,分析定额执行差异,落实定额奖惩制度,以推动企业厉行节约,降低费用成本。

(四)单位的内部价格制度

在规模较大、管理基础较好的企业,应建立健全内部价格制度,以计划成本进行

原材料、燃料、动力、半成品及产品的日常核算,如材料按计划成本计价的核算,辅助生产分配的计划成本法以及半成品、产成品的计划成本计价法等。当然,月末应将计划成本按一定差异率(如材料成本差异率、产成品成本差异率等)调整为实际成本。内部价格制度是建立健全内部责任制度的需要,有利于明确各部门、各人员的经济责任,考核分析其工作业绩,为责权利的结合提供必要手段,并有利于成本核算工作的简化。内部结算价格一经确定,应保持其相对稳定性,一般年内不变,其形式有成本价、成本加成计价、供需双方协商定价等,无论哪种形式,均应以满足成本管理要求为前提。

二、加强财产物资管理,合理确定计价方法

企业的财产物资如何计价,其价值如何转移到费用成本中去,对于当期费用成本水平的高低及当期损益具有很大的影响。其主要原因之一在于现行制度中规定了几种允许企业选择的计价方法。例如,固定资产折旧方法有直线法、工作量法、年数总和法及双倍余额递减法等;存货采用实际成本计价时,其发出价值的确定有先进先出法、全月一次加权平均法、移动加权平均法等;存货采用计划成本计价时,发出存货应负担的存货成本差异额,可以按个别差异率、分类差异率、综合差异率等确定;在制造费用的分配中,有生产工人工资比例法、生产工人工时比例法、机器小时比例法等可供选择,等等。不同的计价方法所产生的计价金额必然有所差异。为此,要求在确定资产转移价值时,应选择合理、简便的方法,并坚持一贯性原则,保持所选择方法的稳定性,以便保证成本会计信息的可比性和可靠性。

三、明确成本开支范围,划分各种费用支出的界限

成本开支范围是根据企业在生产过程中的生产费用的不同性质,根据成本的内容及加强经济核算的要求,由国家统一制定的。企业进行成本核算,首先,要根据国家有关的法规和制度,以及企业的成本计划和相应的消耗定额,对企业的各项费用进行审核,看是否应该开支;其次,对于已经开支的,应分清是计入产品成本,还是计入期间费用。企业应严格遵守国家规定的成本开支范围和费用开支标准,以保证产品成本计算的真实性、准确性及前后各期的可比性。

企业的经济活动是多方面的,除了生产经营活动以外,还有其他方面的经济活动,对应的支出也是多方面的,不尽相同。为了正确确定产品成本,加强费用的控制管理,成本核算应划分下列几个界限。

(一)划分资本性支出与收益性支出的界限

企业发生的各项支出一般都是要为企业带来一定收益的(不能带来收益的支出称作损失,不予讨论)。但各种支出给企业带来效益的时间长短是不一样的。能为企业若干会计年度(或几个营业周期)带来效益的支出称作资本性支出,如购建固定资产、无形资产等支出。这些支出按照现行会计准则的要求应予以资本化,即在支出发生时先计入资产,以后再根据受益情况摊销至各期成本、费用中。只能在某一会计年度(或一个营业周期)内为企业带来效益的支出称作收益性支出,如购买存货、支付职工薪酬、发生管理费用、财务费用、销售费用等。这些支出是为取得本年度收益而发生的,应于发生时计入当期的成本、费用中。

此外,企业还会发生股利支出、对外投资支出等,这些支出不属于生产经营活动,也不予讨论。

(二) 划分计入产品成本的费用与计入期间费用的界限

收益性支出,进一步划分为计入产品成本的费用与计入期间费用的费用。计入产品成本的费用是指直接用于产品生产的各项费用,首先包括产品生产过程中耗用的原材料、包装物、低值易耗品等直接材料;其次包括支付给生产工人的工资、奖金、津贴、福利费等直接人工;最后包括企业各生产单位为组织和管理生产而发生的各项制造费用。制造费用属于间接费用,需要采用一定标准分配计入有关产品成本。期间费用是指不构成产品生产成本,而由当期营业收入直接、全额扣减的各种费用,包括管理费用、财务费用和销售费用,统称为期间费用。

计入产品成本的费用与期间费用同属于收益性支出,但某项收益性支出是计入产品成本还是计入期间费用,对于当期损益具有不同的影响。属于产品成本的费用,应在发生时计入产品成本(对象化),并在产品销售后转入销售成本,计入当期损益;属于期间费用的费用,应在发生时直接计入当期损益。在实际工作中,应该防止混淆生产成本与期间费用的界限,人为地调节各期产品成本和各期损益的情况。例如,将本期属于生产成本的耗费作为期间费用,会虚增当期的期间费用,从而虚减当期利润;反之,则虚增当期利润。

(三) 划分各个月份的费用界限

计入产品成本的费用还要进一步划分各个月份的费用界限。本期实际支付的各项产品生产费用,不一定全部计入当期产品成本,有的应计入以后各期的产品成本中,其根源在于权责发生制的影响。本期已经支付、应由本期及以后各期负担的费用,称为预付账款;反之,有些费用本月虽未支付,但应由本月产品成本负担,应预先计入本月产品成本,这些费用称为其他应付款。这些跨期费用的合理界定,对于正确确定产品成本具有十分重要的意义。企业应严格地把握预付账款和其他应付款的摊提标准,防止任意摊提,人为地调节各个期间的成本费用和当期损益的错误做法。

(四) 划分不同产品之间的费用界限

对于计入本期产品成本的生产费用,应按照不同的成本计算对象,合理确定各种产品应负担的生产费用。凡是属于某成本计算对象单独发生,并能够直接计入该成本计算对象的费用,如直接材料费用、直接人工费用,应直接计入该对象的成本;凡是属于几种成本计算对象共同发生,不能直接计入某个成本计算对象的费用,如制造费用,应采用适当的方法,分配计入各成本计算对象的成本中。此外,还应注意划分盈利产品与亏损产品、可比产品与不可比产品之间的费用界限,防止人为随意地分配费用,调节各期产品成本的现象发生。

(五)划分完工产品成本与在产品成本的界限

某种产品如果没有期末在产品,则本期该产品所归集的各项生产费用之和就是该产品的完工产品成本;如果该产品本期没有完工产品,则本期该产品所归集的各项生产费用之和就是该产品的期末在产品成本;如果该产品本期既有完工产品、又有期末在产品,则本期该产品所归集的各项生产费用之和需要在完工产品与月末在产品之间进行分配,对此要求合理选择费用的分配方法。在选择分配方法时,我们还要结合考虑月末在产品数量、在产品的稳定程度、在产品的价值大小以及定额基础的好坏等诸多因素。此外,还应防止任意提高或降低月末在产品成本,人为地调节完工产品成本水平的现象发生。

上述各种费用界限的划分过程,也是产品成本的计算过程。几个费用界限的划分,存在着比较清晰的先后顺序和逻辑关系。值得注意的是,虽然这些划分表面上存在着这样的先后顺序,但是在实际业务处理中,往往前四个界限划分是在某项费用发生时同时确认的,而最后一个界限划分是在前四个界限全部划分完成后再确认的。

四、按照生产特点和管理要求,选择恰当的成本计算方法

产品成本计算方法的选择主要受生产特点和管理要求两方面的影响,前者又包括生产工艺特点和生产组织方式两个因素。正确、合理的成本计算方法,应同时满足生产特点与管理要求两个方面的约束条件。前者由生产过程本身的特点所决定,是一种客观的要求;后者由成本管理的规律所决定,是主观对客观的反映与抽象。为了满足成本管理的需要,提供客观的成本信息,企业应选择科学合理的成本计算方法。企业的生产特点和管理要求如何影响成本计算方法的选择,将在第四章进行详细介绍。

第三节 生产费用的分类

生产费用是指制造业企业在日常生产过程中发生的各种耗费,是企业全部费用中的一部分。制造企业的生产费用多种多样。生产费用的合理分类,是正确计算产品成本的重要条件。生产费用可以按照不同的标准进行分类,其中最基本的是按照生产费用的经济内容和经济用途分类。

一、生产费用按经济内容分类

生产费用按经济内容分类是指对企业一定时期内所发生的生产费用,按其原始形态所做的分类。从产品生产过程中发生的各项费用内容来看,生产费用不外乎劳动对象方面的费用、劳动手段方面的费用与活劳动方面的费用三大类,具体又分为若干项目。这些项目又称为要素费用。要素费用一般包括:

(1) 外购材料。是指企业为了生产产品和提供工业性劳务而耗用的一切从外部购入的各种原料、主要材料、辅助材料、半成品、包装物、修理用备件和低值易耗品等。

(2) 外购燃料。是指企业为了生产产品和提供工业性劳务而耗用的一切从外部购入的各种固体燃料(如煤炭)、液体燃料(如汽油、柴油等)和气体燃料(如天然气、煤气等)。

(3) 外购动力。是指企业为了生产产品和提供工业性劳务而耗用的一切从外部购入的各种动力,如电力、风力、热力等。

(4) 职工薪酬。是指企业为了生产产品和提供工业性劳务而发生的各类人员的薪酬,包括职工工资、福利费、各项社会保险费及住房公积金等。

(5) 折旧费。是指按照规定的固定资产折旧范围、折旧方法计算提取的用于生产产品和车间管理的各种固定资产的折旧费用。

(6) 其他生产费用。是指企业为了生产产品和提供工业性劳务而发生的不属于以上要素费用的各项支出,如车间的办公费、差旅费、保险费、水电费和租赁费等。

生产费用按经济内容所做的六项分类,首先,可以反映企业一定时期内所发生生产费用的内容与数额,分析不同时期各项生产费用的支出水平及其发展趋势。其次,通过外购材料、外购燃料的实际支出额,为储备资金计划的制订提供了基础依据。再次,通过工资费用,提取职工福利费等各项薪酬费用,可以为制定劳动工资计划、职工福利费开支计划等提供依据。最后,这种分类将物化劳动消耗与活劳动消耗分开反映,可以为计算国民收入、分析生产费用消耗结构提供依据。但是,生产费用的这种分类,未说明费用的具体用途,不能揭示产品成本的高低及费用支出的合理性。

二、生产费用按经济用途分类

生产费用按经济内容的分类是从生产费用投入的角度来分类的,为了弄清生产费用的去处,还要从产出的角度对生产费用进行分类,即生产费用按其经济用途进行分类。生产费用按经济用途分类是指对企业一定时期内所发生的生产费用,按其在生产产品或提供劳务过程中的实际用途所做的分类。生产费用按经济用途分类,能够反映出生产费用与产品成本的关系,揭示出产品成本的构成内容,便于进一步分析费用支出的合理性和结构水平,为挖掘企业降低成本的潜力创造了条件。生产费用按经济用途分类,通常称为成本项目,也就是构成产品生产成本的项目。成本项目的划分要根据管理上的要求来确定,其一般包括:

(1)直接材料或原材料。指直接用于产品生产的各种材料费用,包括构成产品实体的材料、主要材料与外购半成品,有助于产品形成的辅助材料、包装物以及其他直接材料。

(2)直接燃料及动力或燃料及动力。指直接用于产品生产的各种燃料和动力费用。制造企业在生产产品过程中,如果燃料及动力耗费较少或由于其他原因,也可以不单独设立此项目,而是在直接材料项目中核算。

(3)直接人工或薪酬费用。指直接从事产品制造过程的生产工人的工资、福利费以及各项社会保险、住房公积金等职工薪酬。

(4)制造费用。指企业各个生产部门(如分厂、车间)为组织和管理生产所发生的各项间接费用。制造费用包括生产部门为组织和管理生产所发生的间接费用,和一部分不便于直接计入产品成本,而没有专设成本项目的直接费用。如管理人员薪酬费用、固定资产折旧费、无形资产摊销费、机物料消耗费、低值易耗品摊销费、取暖费、水电费、办公费、劳保费、季节性或修理期间的停工损失、废品损失、运输费、保险费等。

在实际工作中,企业可根据其生产特点和管理要求,自行增设成本项目。例如,在废品较多且废品损失在产品成本中所占比重较大的情况下,为了单独计算和考核废品成本,企业可增设"废品损失"成本项目;在采用逐步结转分步法计算产品成本的企业,为了计算和考核半成品的成本,可增设"自制半成品"成本项目等。

值得注意的是,关于制造费用的范围是企业产品成本核算合规性的重点和难点。例如,季节性停工和修理期间的正常停工损失,计入制造费用;对于非正常的停工损失,计入营业外支出。正常范围内的废品损失,计入制造费用;对于超过正常范围的废品损失,计入管理费用。

前面从投入和产出的角度,分别将生产费用按照经济内容和经济用途进行了分类。生产费用的投入过程,也是产品成本的产出过程,生产费用是产品成本的基础,产品成本是对象化的生产费用。可见,生产费用与产品成本是一对极其相近的概念。但是两者也表现为一定的区别:生产费用是指某一期间为生产产品而发生的费用,它与一定的期间相联系,而不管它用在了哪里;产品成本是指为生产某产品而消耗的费用,它与具体的产品相联系,而不管它发生在哪个时期。本期发生的生产费用不一定全部形成本期的产品成本,如,一次性领用数额较大的生产用低值易耗品,由本期及以后各期负担;本期产品成本也可能包含多个期间的生产费用,如本期产品成本中包含的以前期间发生的按规定应由本期负担的低值易耗品成本。此外,某一时期投入生产的产品,当期不一定完工;而当期完工的产品,也不一定全部是当期投产的,因此,一般来讲,企业在一定时期内发生的生产费用总额不等于该期所有完工产品的总成本。

三、生产费用按与产品生产工艺的关系分类

（一）直接费用

直接费用也称基本费用,是指由生产工艺过程本身所引起的,消耗以后能够形成产品实体或有助于形成产品实体的各项费用。如直接材料,它是生产过程中劳动对象的耗费;直接人工,它是生产过程中活劳动的耗费;机器设备折旧费,它是有助于产品实体形成的耗费,这些费用是产品生产本身不可缺少的费用。

（二）间接费用

间接费用也称一般费用,是指生产单位为组织和管理生产以及为生产服务所发生的各项费用,消耗以后与产品的形成没有直接关系的费用。如生产单位管理人员的职工薪酬、办公费、取暖费、保险费等。

生产费用的这种分类,首先,有利于加强对各项生产费用的监督控制,如直接费用可依据消耗定额控制,间接费用可依据预算定额控制;其次,有利于考察企业的经营管理水平,管理水平的高低与间接费用的高低一般呈正比关系。

四、生产费用按计入产品成本的方式分类

（一）直接计入费用

直接计入费用是指只与某成本计算对象有关,可以直接计入该产品成本计算对象的费用。例如,只用于某种产品生产的原材料费用,可以根据领料单或限额领料单中材料的用途,直接计入该产品的生产成本。

（二）间接计入费用

间接计入费用也称分配计入费用,是指与多个成本计算对象相关,无法直接计入某产品成本计算对象,而需要采用一定方法进行分配的费用。例如,两种产品共同耗用一种原材料,则需要将该原材料费用按照一定的标准分配到两种产品成本中去。

生产费用的上述两种分类之间既有联系又有区别。它们之间的联系表现为:直接费用大多是直接计入费用,例如原料、主要材料费用大多能够分清属于哪种产品所耗用,可以直接计入某种产品成本;间接费用大多是间接计入费用,例如,机物料消耗,大多不能分清属于哪种产品所耗用,需要按照一定标准分配计入各种产品成本。但它们之间也是有区别的,例如,两种产品共同耗用同一种原材料,则该原材料费用（直接费用）需要按照一定标准分配计入两种产品成本,因而属于间接计入费用;在只生产一种产品的企业或车间中,间接费用也可以直接计入该种产品的成本,因而属于直接计入费用。

五、生产费用按在产品成本中的比重分类

（一）主要成本

主要成本是指产品成本的主要构成部分，一般包括直接材料和直接人工两部分。主要成本在产品成本中一般占到70％左右，是产品成本控制的重心所在。

（二）次要成本

次要成本是指产品成本中占次要地位的成本，一般由制造费用构成。在生产工艺过程和生产技术水平一定的情况下，产品成本的高低则主要取决于制造费用的高低。随着科技水平的发展和管理水平的提高，现代企业制造费用占产品成本的比重越来越高，因此主要成本和次要成本是相对的，不是一成不变的。

生产费用的这种分类，通过分清哪些成本是重要成本，哪些成本是次要成本，便于对重要成本加大力度进行成本控制。

六、生产费用按在产品成本中的性质分类

（一）原材料成本

原材料成本是指产品生产过程中耗用的各项材料费用，由产品成本中的直接材料构成，反映劳动对象的消耗情况。

（二）加工成本

加工成本是指对劳动对象进行加工改制过程中所发生的各项费用，由直接人工费用和制造费用构成。

生产费用的这种分类，便于分析产品的加工程度，有利于确定追加价值，评价产品附加值的高低，由于原材料成本是既定的，产品成本的高低则主要取决于加工成本的高低，因此这种费用分类对于寻求降低产品成本的途径，具有重要作用。

第四节　成本核算的账户设置及一般程序

一、成本核算的账户设置

企业在核算产品成本时，一般要设置"生产成本""制造费用"等一级账户。在有辅助生产车间的情况下，为了分别核算基本生产成本和辅助生产成本，还应在"生产成本"一级账户下，分别设置"基本生产成本""辅助生产成本"两个二级账户。在需要单独核算废品损失和停工损失的情况下，企业应设置"废品损失""停工损失"账户。企业根据需要，也可以将"生产成本"一级账户分设为"基本生产成本""辅助生产成本"两个一级账户。本书按分设"基本生产成本""辅助生产成本"两个一级账户进行阐述。

（一）"基本生产成本"账户

基本生产是指为完成企业主要生产目的而进行的商品产品生产。"基本生产成

本"账户核算生产各种产成品、自制半成品、自制材料、自制工具、自制设备等所发生的各项成本费用。企业在生产过程中发生的直接材料、直接人工等直接费用,直接计入该账户的借方及其有关明细账户。间接费用应先通过"制造费用"账户归集,月终按一定标准分配,记入该账户的借方及其有关明细账户。当产品完工验收入库时,应从"基本生产成本"账户的贷方转入"库存商品""自制半成品"账户的借方。"基本生产成本"账户的月末余额,就是基本生产车间在产品的成本。此外,该账户还应按产品品种等成本计算对象分设基本生产成本明细账,也称产品成本计算单。账中应按成本项目分设专栏或专行,登记各该产品、各该成本项目的月初在产品成本、本月发生的生产费用、本月完工产品成本和月末在产品成本。其一般格式如表 2-1 所示。

表 2-1

产品成本计算单(基本生产成本明细账)

车间名称:
产品名称:　　　　　　　　　20××年×月　　　　　　　　　　　　单位:

项　目	直接材料	直接人工	制造费用	合计
月初在产品成本				
本月生产费用				
生产费用合计				
本月完工产品成本				
完工产品单位成本				
月末在产品成本				

(二)"辅助生产成本"账户

辅助生产是指为基本生产服务而进行的产品生产和劳务供应。"辅助生产成本"账户核算为基本生产车间及其他部门提供产品、劳务所发生的各项费用。辅助生产发生的直接材料、直接人工应直接记入"辅助生产成本"账户的借方及其有关明细账户。间接费用可以先通过"制造费用"账户归集,然后再分配转入"辅助生产成本"账户的借方,或者直接记入"辅助生产成本"账户的借方。月终,完工验收入库产品的成本或分配转出的劳务费用,记入"辅助生产成本"账户的贷方,并按各受益部门应负担的费用记入有关账户的借方。该账户月末一般没有余额,如果有余额,就是辅助生产车间在产品的成本。此外,该账户还应按辅助生产车间和生产的产品、劳务分设辅助生产成本明细账。

(三)"制造费用"账户

"制造费用"账户核算为企业生产产品和提供劳务而发生的各项间接费用。制造费用在发生时,应记入"制造费用"账户的借方及其有关明细账户中;月终,再根据企业成本核算办法的规定,按一定标准分配计入有关成本计算对象,从"制造费用"账户的贷方转入"基本生产成本"账户的借方及其有关明细账户。"制造费用"账户应按不同车间、部门设置明细账。除采用年度计划分配率法分配制造费用外,该账户月末一般无余额。

(四)"废品损失"账户

"废品损失"账户核算企业在生产过程中发生的废品损失,包括不可修复废品的废品损失和可修复废品的废品损失。该账户的借方登记不可修复废品的生产成本和可修复废品的修复费用,贷方登记责任人赔款、废品残料价值、非常损失及转入基本生产成本的废品净损失。该账户还应按生产车间或产品品种设置明细账,月末一般无余额。如果企业的废品率较低,成本管理上不要求单独核算废品损失,则会计上也可以不单独设置"废品损失"账户,发生的废品损失与合格品成本混在一起,计入合格品成本,从而提高合格品的单位成本。

(五)"停工损失"账户

"停工损失"账户核算企业在生产过程中因季节性停工、计划减产、大修理、停电、待料等而发生的停工损失。该账户的借方登记停工期间发生的材料费、工资和制造费用等,贷方登记责任人赔款、非常损失及转入基本生产成本的停工净损失。该账户还应按生产车间设置明细账,月末一般无余额。同废品损失一样,成本管理上不要求单独核算停工损失,则会计上也可以不单独设置"停工损失"账户,发生的停工损失与正常情况下的成本混在一起,计入产品成本。

此外,成本核算还会涉及"原材料""应付职工薪酬""累计折旧""银行存款""预付账款""其他应付款""长期待摊费用""周转材料""财务费用""管理费用""销售费用"等账户。

二、成本核算的一般程序

严格地讲,不同成本计算方法的计算程序并非完全相同,但都包含着一套基本程序,这一基本程序是各种成本计算方法的基础,应注意掌握。其程序一般有以下八个步骤。

(一)确定成本计算对象

成本计算对象的确定是成本计算中要解决的首要问题,也是影响成本计算质量的关键步骤之一。成本计算对象的确定,受到生产工艺特点、生产组织方式及管理要求的影响。对于制造业企业,成本计算对象有产品品种、产品批别和产品生产步骤三种,企业应根据自身特点,选择适合本企业的成本计算对象。详细内容见第四章第一节。

(二) 分配各项要素费用

成本计算对象确定后,应根据成本核算的要求,划分各种费用界限,对本期发生的各项生产费用在各有关成本计算对象中进行分配,该计入产品成本的费用应计入产品成本,不该计入产品成本的费用应计入期间费用,防止乱挤乱摊成本或将成本内的费用转为成本外支出。

(三) 分配跨期费用

对于本期发生或前期发生应由本期产品负担的预付费用,应按规定摊入本期费用、成本。对于本期未发生但应计入本期的计提费用,企业应按规定合理预提,计入本期费用、成本。应防止随意摊提费用,借以调整损益的现象发生。

(四) 分配辅助生产费用

辅助生产单位本期发生的各项费用,应按一定方法在各受益对象之间进行分配,包括对基本生产服务、对生产单位管理部门及企业行政管理部门的服务等。对此应选择科学合理的分配方法。辅助生产费用的多少及分配方法对企业商品产品成本和当期损益具有很大影响。

(五) 分配制造费用

制造费用作为生产单位组织和管理生产经营活动而发生的各项耗费,最终要分配于各有关产品成本中,构成产品成本的组成部分。在分配方法的选择上,企业应力争科学合理,选择与分配对象密切相关的标准。

(六) 确认生产损失

生产损失是指与产品生产直接相关的损失,包括废品损失和停工损失两部分。对定额内的废品损失要分清不可修复废品的报废损失和可修复废品的修复费用,将此损失计入相关产品成本。停工损失也要区别停工原因,非常灾害造成的停工损失计入营业外支出,其他因季节性停工或大修理期间的停工损失应计入产品成本。

(七) 确认完工产品成本

通过上述步骤,各项有关生产费用已分配计入各有关成本计算对象之中。有的产品月末既有完工产品又有在产品,需要将生产费用在完工产品和在产品之间进行分配,以便确认完工产品成本与期末在产品成本。这里也应注意分配方法选择的合理性。对于完工的产成品还要及时办理入库手续,防止人为调节完工产品成本和在产品成本的情况发生。

(八) 结转各项期间费用

本期发生的管理费用、财务费用、销售费用应转入"本年利润"账户,以确定当期损益。

上述成本核算的一般程序及账户之间的关系如图2-1所示。

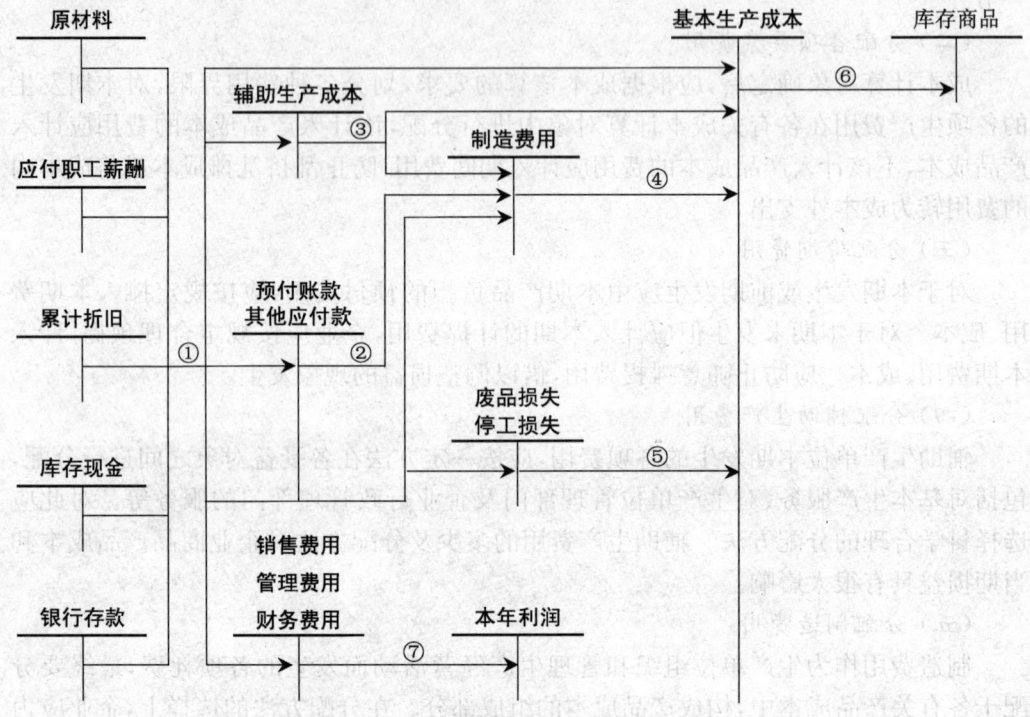

图2-1 成本核算的一般程序及账户之间的关系

注：图2-1的分配程序中，①为分配要素费用。②为分配跨期费用。③为分配辅助生产费用。④为分配制造费用。⑤为确认废品损失与停工损失。⑥为确认完工产品成本。⑦为结转各项期间费用。

本 章 小 结

成本核算是成本会计工作中的核心内容，也是企业加强管理、实行成本控制的重要手段。要正确核算产品成本，首先要满足成本核算的一般原则和基本假设。在成本核算的一般要求中包括：做好各项基础工作、正确确定财产物资的计价方法和价值结转方法、正确划分各种费用的界限，费用界限的划分过程，一定程度上也就是产品成本的计算过程，包括划分资本性支出与收益性支出的界限、划分生产费用与期间费用的界限、划分各个月份的费用界限、划分各种产品的费用界限、划分完工产品和在产品的费用界限等。

在生产过程中发生的各种费用,按其经济内容或经济性质进行分类,可以划分成外购材料、外购燃料、外购动力、职工薪酬、折旧费、其他支出等费用要素;按经济用途分类,可以划分成生产费用和期间费用,生产费用进一步按照经济用途划分成直接材料、直接燃料及动力、直接人工、制造费用等成本项目。

成本核算的一般程序是指将企业在生产经营过程中发生的各项生产费用和期间费用,按照成本核算的要求,逐步进行分配和归集,最后计算出各种产品的完工产品成本和各项期间费用的过程。成本核算必须设置相应成本核算账户或会计科目,明确成本核算的账务处理程序,从而进入企业的财务会计系统。

> **知识链接**
>
> 制造费用与管理费用的区别
>
> 为了正确地计算产品的生产成本,应严格区分制造费用与管理费用的界限。管理费用主要核算管理人员的工资、职工福利费、差旅费、办公费、折旧费、修理费、水电费等。从费用的经济内容看,管理费用包含的内容与制造费用基本相同,但是它与制造费用发生的地点及用途完全不同。管理费用是企业行政管理部门为组织和管理经营活动所发生的各项费用,而制造费用是企业生产单位为组织和管理生产活动所发生的各项费用;制造费用是产品制造成本的组成部分,形成资产的价值,而管理费用是一种期间费用,直接影响当期利润;如果将本应属于管理费用的开支作为制造费用处理,就必然会加大产品成本;反之,如果将本应属于制造费用的开支计入管理费用,当期的期间费用就会加大,而产品成本则会人为地被低估。在实际成本核算时,制造费用与管理费用的划分并不是一成不变的,例如,原先机器设备的修理费是计入制造费用的,现在会计准则规定计入管理费用;在采用变动成本法核算成本时,会把固定性制造费用分离出来作为当期的管理费用处理。
>
> 资料来源:王志红.成本会计学[M].2 版.北京:清华大学出版社,2017.

复习思考题

1. 成本核算应遵循的假设与原则是什么?
2. 成本核算应贯彻哪些基本要求?
3. 在成本核算过程中,应注意划清的费用界限有哪些?
4. 正确计算产品成本,需要做好哪些基础性工作?
5. 生产费用按经济内容分类,可分为哪些费用要素?
6. 生产费用按经济用途分类,可分为哪些成本项目?

7. 什么是直接计入费用和间接计入费用？什么是基本费用和一般费用？这两种分类有什么关系？
8. 成本核算中需要设置的账户有哪些？这些账户的作用是什么？
9. 成本核算的一般程序有哪些？

练 习 题

一、单选题

1. 下列费用中,应计入产品成本的是(　　)。
   A. 行政办公费　　　　　　　　　　B. 车间主管的工资
   C. 利息费用　　　　　　　　　　　D. 广告费用
2. 下列费用中,应计入制造费用的是(　　)。
   A. 利息　　　　B. 车船税　　　　C. 车间照明　　　　D. 差旅费
3. 产品成本核算的第一步是(　　)。
   A. 确定成本项目　　　　　　　　　B. 设置相应的会计账户
   C. 划分各种费用的界限　　　　　　D. 明确成本计算对象
4. 预付费用的核算,是为了正确划分(　　)之间的界限。
   A. 不同产品成本　　　　　　　　　B. 各个月份
   C. 制造费用与管理费用　　　　　　D. 不同部门
5. 直接用于产品生产工艺的燃料费用,应借记(　　)账户。
   A. "制造费用"　　　　　　　　　　B. "生产成本"
   C. "燃料与动力"　　　　　　　　　D. "生产费用"
6. 生产费用按计入产品成本的方式不同可分为(　　)。
   A. 制造费用和管理费用　　　　　　B. 直接材料和直接人工
   C. 直接计入费用和间接计入费用　　D. 重要费用和次要费用
7. 下列关于公正分配的理解中,正确的是(　　)。
   A. 在间接费用的分配标准选择上,应选择最简便的标准
   B. 在各个会计期间可以任意使用不同的分配标准
   C. 分配标准一经确定便不能改正
   D. 所谓公正只是一种相对的概念
8. 下列各项中,不属于材料发出成本计价方法的是(　　)。
   A. 后进先出　　　B. 个别辨认　　　C. 加权平均　　　D. 计划成本
9. 下列各项中,属于收益性支出的是(　　)。
   A. 捐赠支出　　　　　　　　　　　B. 固定资产安装费用
   C. 职工薪酬　　　　　　　　　　　D. 购入无形资产

10. 下列关于生产费用与产品成本之间的关系中,正确的是( )。
    A. 生产费用与产品成本没有区别
    B. 生产费用一定会形成产品成本
    C. 产品成本可能包含不同时期的生产费用
    D. 计入产品成本的一定都是生产费用

二、多选题

1. 下列关于费用界限划分的说法中,正确的有( )。
    A. 收益性支出应计入产品成本
    B. 制造费用应计入产品成本
    C. 凡是生产某产品发生的费用都应计入该产品的成本
    D. 生产车间为组织和管理生产经营活动而发生的费用应计入产品成本
2. 下列各项中,属于成本核算基础工作的有( )。
    A. 做好原始记录   B. 对材料物资进行计量盘点
    C. 制定、修订各项费用定额   D. 制定内部转移价格
3. 下列各项中,不应计入产品成本或期间费用的有( )。
    A. 废品损失   B. 捐赠支出
    C. 购入长期债券   D. 违反规定支付的罚款
4. 下列各项中,属于固定资产折旧计算的方法有( )。
    A. 直线法   B. 工作量法
    C. 年数总和法   D. 双倍余额递减法
5. 下列各项中,属于成本类账户的有( )。
    A. 基本生产成本   B. 辅助生产成本
    C. 废品损失   D. 制造费用

三、判断题

1. 销售活动属于产品的生产经营活动。   (   )
2. 本期产品成本越高,利润就越低。   (   )
3. 成本核算就是成本计算。   (   )
4. 成本项目的划分不是绝对的。   (   )
5. 折旧费应该计入产品成本。   (   )
6. 产品成本项目是生产费用按经济用途所做的分类。   (   )
7. 要素费用中的外购材料与成本项目中的直接材料在内容上是一致的。   (   )
8. 凡是不应计入产品成本的支出,都计入营业外支出。   (   )
9. 本期的生产费用可能计入不同时期的生产成本。   (   )
10. 费用界限的划分过程就是产品成本的计算过程。   (   )

第三章 生产费用的核算

学习目的与要求

通过本章学习,学生应掌握成本核算的基本原理及基本程序。本章内容从整体上看是有先后顺序的,连接起来就是成本核算的基本程序。本章的重点内容是要掌握各项费用要素、跨期摊提费用、辅助生产费用、制造费用、废品损失的核算,以及生产费用在完工产品与在产品之间的分配方法。其中,辅助生产费用的分配、制造费用的分配以及生产费用在完工产品和在产品之间的分配,分别都有几种方法可供选择,学生应深入理解每种方法的特点及适用条件。

难　点

1. 掌握辅助生产费用的分配方法,尤其是交互分配法。
2. 掌握生产费用在完工产品和在产品之间进行分配的方法。
3. 掌握约当产量的计算方法,理解完工率和投料率的含义。

第一节　要素费用的核算

制造企业的要素费用包括外购材料、外购燃料、外购动力、薪酬费用、折旧费用及其他费用。企业发生各项要素费用后,首先,应该对各项费用凭证进行审核,只有符合产品成本和期间费用开支范围的支出,才能计入产品成本或期间费用;其次,再根据各项费用发生的地点及用途,选择适当的方法对其进行分配。各项要素费用的核算一般包括归集与核算两个部分。

一、外购材料费用的核算

材料费用是指企业在生产经营过程中实际消耗的各种原材料、辅助材料、燃料、半成品、修理用备件、包装物和低值易耗品等发生的费用。材料费用一般在产品成本中所占比重较大,合理地组织材料费用的核算,对于降低产品成本、节约使用资金、加速资金周转等具有十分重要的作用。材料费用分为外购材料和自制材料两种情况,不论是外购材料,还是自制材料,其材料费用的核算方法相同。进行材料费用的核算,首先要进行材料发出的核算,其次根据发出材料的具体用途,分配材料费用,将其计入各种产品成本和期间费用等。

第三章　生产费用的核算

企业对生产经营过程中所耗用的各项材料,应严格履行领、退料手续,并对领退料凭证进行认真的审核、分类和整理。月末应将全部领退料凭证,按照耗用材料的地点和用途进行分类汇总,编制"材料费用分配表"进行材料费用分配的总分类核算,并据以登记有关的成本、费用明细账。材料费用的核算包括材料费用的归集和材料费用的分配两部分内容。

（一）外购材料费用的归集

材料费用的归集就是对本期发出材料的总成本进行核算。正确计算发出材料的数量、发出材料的单位成本、发出材料的总成本,是保证材料费用分配顺利进行的基础。

材料发出的核算应该根据领料单或领料登记表等发料凭证来进行。会计部门应该对发料凭证所列材料的种类、数量和用途进行审核,检查所领材料的种类和用途是否符合规定,数量有无超过定额或计划。只有经过审核、签章的发料凭证才能据以发料,并作为发料核算的原始凭证。

在实际工作中,对于材料的日常核算,可以采用按实际成本计价和按计划成本计价两种核算方式。在一般情况下,如果企业规模较大,材料品种、规格繁多,且收发比较频繁,材料应按计划成本计价;如果企业规模较小,材料品种、规格不多,且收发不太频繁,材料可按实际成本计价。

当材料的日常收发核算采用实际成本计价时,无论是发出材料的成本,还是收入材料的成本,都应按材料的实际成本计价,其实际成本即为外购材料的采购成本或自制完工入库材料的生产成本。如果同一种材料由于采购地点、采购时间、采购数量等原因造成的各批材料的实际单位成本不一致,发出材料的单位成本可按先进先出法、个别计价法、加权平均法、移动平均法等方法加以确定,然后再根据各种材料的发出数量计算本期发出材料的总成本。

在材料按实际成本计价的情况下,企业应设立"原材料""包装物""低值易耗品"等总账账户对材料的收入、发出进行核算。其中,原料及主要材料、辅助材料、外购半成品、修理用备件、包装材料、燃料等在"原材料"总账中核算;包装物和低值易耗品分别在"包装物""低值易耗品"总账中核算。这些账户的借方登记验收入库材料的实际成本;贷方登记发出材料的实际成本;期末余额在借方,表示库存材料的实际总成本。

在实际工作中,这些账户可以根据收发料凭证直接登记,也可以为了简化登记总账的工作,在月末（或定期）根据收、发料凭证分别汇总登记"收料凭证汇总表"和"发料凭证汇总表",再据以登记原材料总账。

当材料的日常收发核算采用计划成本计价时,材料的收入、发出及结存都按材料的计划单位成本计价。在这种方法下,企业首先应设置"原材料"等总账科目核算按计划成本反映的库存材料的增减变化及结存情况;其次还应设置"材料采购"账户和

"材料成本差异"账户,用来反映材料的实际成本以及实际成本与计划成本之间的差异。

"材料采购"账户的借方登记材料的实际采购成本和节约差异;贷方登记验收入库材料的计划成本和超支差异;期末余额在借方,表示尚未收到或验收入库材料的实际采购成本。

"材料成本差异"账户的借方登记材料成本的超支差异;贷方登记材料成本的节约差异;发出材料应负担的材料成本超支差异从该账户的贷方转出(节约差异用红字登记);期末借方余额表示库存材料实际成本大于计划成本的超支额;贷方余额表示库存材料实际成本小于计划成本的节约额。

在材料按计划成本计价的情况下,月末,为了正确归集本期发出材料的成本,应计算发出材料应负担的材料成本差异,以便把发出材料的计划成本调整为实际成本。具体计算公式如下:

$$发出材料的实际成本 = 发出材料的计划成本 \pm 发出材料应分摊的成本差异$$

$$发出材料应分摊的成本差异 = 发出材料的计划成本 \times 材料成本差异率$$

$$材料成本差异率 = \frac{月初结存材料的成本差异 + 本月购入材料的成本差异}{月初结存材料的计划成本 + 本月购入材料的计划成本}$$

无论是采用实际成本计价,还是采用计划成本计价,材料计价方法一经确定,不应经常变动。

(二)外购材料费用的分配

材料费用的分配,就是根据审核后的"领料单"(包括限额领料单)、"退料单"或"发出材料汇总表"等原始凭证,按照领用材料的地点及用途进行的分配和记录。

1. 外购原材料费用的分配

1)分配方法

基本生产车间领用的用于产品生产、构成产品实体(或有助于产品实体形成)的各种原材料,如果能够分清材料被哪些产品所耗用时,可以直接记入各产品"基本生产成本"账户的借方及所属明细账 的"直接材料"成本项目中;如果不能够分清材料被哪些产品所耗用时,即材料被多种产品共同耗用时,应采用适当的分配方法,将材料费用分配记入各产品"基本生产成本"账户的借方及所属明细账的"直接材料"成本项目中。

基本生产车间领用的为组织和管理生产所耗用(一般性消耗)的材料、辅助生产车间、企业行政管理部门以及专设销售机构领用的材料,应分别记入"制造费用""辅助生产成本""管理费用""销售费用"账户的借方及所属明细账的有关费用项目中。

在建工程、福利部门领用的材料,应分别记入"在建工程"账户和"应付职工薪酬——职工福利"账户的借方及所属明细账的有关费用项目中。

此外,应由多个期间的产品成本、期间费用分摊的材料费用,应采用适当的摊销方法计算应由本期产品成本和费用负担的部分,然后再分别转入相应的成本、费用账户中。

前已述及,几种产品共同耗用的某种材料费用,应采用适当的分配方法分配计入不同的产品成本中。这里提到的"适当的"分配方法是指分配所依据的标准要与分配对象有较密切的关系,而且分配标准的资料要比较容易取得,即采用的分配方法既要合理又要简便。常用的分配方法主要有以下几种:

(1) 定额耗用量比例分配法。定额耗用量比例法是以定额耗用量作为分配标准的一种费用分配方法。在几种产品都有消耗定额,且消耗定额比较准确的情况下,则可以按照各种产品材料定额耗用量的比例进行分配,其计算公式如下:

某种产品材料定额耗用量 = 该种产品的实际产量 × 单位产品材料消耗定额

$$材料耗用量分配率 = \frac{材料实际耗用总量}{各种产品材料定额耗用量之和}$$

某种产品材料实际耗用量 = 该种产品材料定额耗用量 × 材料耗用量分配率

某种产品应分配的材料费用 = 该种产品材料实际耗用量 × 材料单价

【例 3-1】 某企业生产甲、乙两种产品,共同耗用 A 种材料 12 000 千克,材料单价为 5 元。甲产品本月实际产量为 1 000 件,单位产品材料消耗定额为 4 千克。乙产品本月实际产量为 2 000 件,单位产品材料消耗定额为 3 千克。

根据以上资料,按定额耗用量比例分配法分配 A 种材料费用,计算过程如下:

甲产品材料定额耗用量 = 1 000 × 4 = 4 000(千克)

乙产品材料定额耗用量 = 2 000 × 3 = 6 000(千克)

$$材料耗用量分配率 = \frac{12\ 000}{4\ 000 + 6\ 000} = 1.2$$

甲产品材料实际耗用量 = 4 000 × 1.2 = 4 800(千克)

乙产品材料实际耗用量 = 6 000 × 1.2 = 7 200(千克)

甲产品应分配的材料费用 = 4 800 × 5 = 24 000(元)

乙产品应分配的材料费用 = 7 200 × 5 = 36 000(元)

上述分配方法,不但能计算出每种产品应分配的材料费用,而且还能计算出每种产品的材料实际耗用量。这样,可以考核材料消耗定额的执行情况,有利于加强企业的成本管理工作,但是,这种分配方法计算过程比较烦琐。为了简化计算,实际工作中也可以按定额耗用量的比例直接分配材料费用,其计算公式如下:

$$材料费用分配率 = \frac{待分配的材料费用总额}{各种产品材料定额耗用量之和}$$

某种产品应分配的材料费用 = 该种产品材料定额耗用量 × 材料费用分配率

【例3-2】 仍用[例3-1]资料,计算过程如下:

$$材料费用分配率 = \frac{12\ 000 \times 5}{4\ 000 + 6\ 000} = 6$$

甲产品应分配的材料费用 = $4\ 000 \times 6 = 24\ 000$(元)

乙产品应分配的材料费用 = $6\ 000 \times 6 = 36\ 000$(元)

可见,上述两种计算方法结果完全一致。但是后一种方法不能提供材料的实际耗用量资料,不能与其定额耗用量相比,因而不便于考核消耗定额的执行情况。

(2)定额费用比例分配法。定额费用比例分配法是以定额费用作为分配标准的一种费用分配方法。它一般是在几种产品共同耗用材料的种类较多的情况下采用,其计算公式如下:

某种产品某种材料的定额费用 = 该种产品的实际产量 × 单位产品该种材料费用定额

单位产品该种材料费用定额 = 单位产品该种材料消耗定额 × 该种材料计划单价

$$材料费用分配率 = \frac{各种材料实际费用总额}{各种产品各种材料定额费用之和}$$

某种产品应分配的材料费用 = 该种产品各种材料定额费用之和 × 材料费用分配率

【例3-3】 某企业生产甲、乙两种产品,领用A、B两种材料,共计52 140元。甲产品本月实际产量为140件,乙产品本月实际产量为80件。甲产品的消耗定额为:A材料3千克,B材料5千克;乙产品的消耗定额为:A材料4千克,B材料7千克。A、B两种材料的计划单价分别为30元和20元。

根据以上资料,按定额费用比例分配法分配材料费用,其计算过程如下:

甲产品A种材料定额费用=$140 \times 3 \times 30 = 12\ 600$(元)

甲产品B种材料定额费用=$140 \times 5 \times 20 = 14\ 000$(元)

甲产品材料定额费用=$12\ 600 + 14\ 000 = 26\ 600$(元)

乙产品A种材料定额费用=$80 \times 4 \times 30 = 9\ 600$(元)

乙产品B种材料定额费用=$80 \times 7 \times 20 = 11\ 200$(元)

乙产品材料定额费用=$9\ 600 + 11\ 200 = 20\ 800$(元)

$$材料费用分配率 = \frac{52\ 140}{26\ 600 + 20\ 800} = 1.1$$

甲产品应分配的材料费用=$26\ 600 \times 1.1 = 29\ 260$(元)

乙产品应分配的材料费用=$20\ 800 \times 1.1 = 22\ 880$(元)

在实际工作中,原材料费用按定额费用比例分配法,可以直接根据分配率的大小判断原材料费用的超支和节约情况,便于及时对原材料费用进行控制。

(3)产品重量比例分配法。产品重量比例分配法是按照各种产品的重量比例分

配材料费用的一种方法。这种方法一般在产品所耗用材料的多少与产品重量有直接关系的情况下采用,其计算公式如下:

$$材料费用分配率 = \frac{待分配的材料费用总额}{各种产品的重量之和}$$

某种产品应分配的材料费用 = 该种产品的重量 × 材料费用分配率

【例3-4】 某企业生产甲、乙、丙三种产品,共耗用原材料180 000元,产品甲的重量为3 000千克,产品乙的重量为2 000千克,产品丙的重量为1 000千克。

按产品重量比例分配法分配材料费用,计算过程如下:

$$材料费用分配率 = \frac{180\ 000}{3\ 000 + 2\ 000 + 1\ 000} = 30$$

甲产品应分配的材料费用 = 3 000 × 30 = 90 000(元)
乙产品应分配的材料费用 = 2 000 × 30 = 60 000(元)
丙产品应分配的材料费用 = 1 000 × 30 = 30 000(元)

此外,当产品所耗用材料的多少与产品体积、产量等因素直接相关时,还可以按产品体积、产量比例分配材料费用。

2) 账务处理

在实际工作中,材料费用的分配是通过编制"材料费用分配表"进行的,该表是按照各车间、部门领用材料的具体用途,根据归类后的领退料凭证等资料编制的。

【例3-5】 某企业20××年6月份的材料费用分配表如表3-1所示。

表3-1

材料费用分配表(按实际成本编制)

20××年6月　　　　　　　　　　　　　　　　　　　　　单位:元

应借科目		成本费用项目	直接计入金额	分配计入金额		材料费用合计
总账科目	明细科目			定额消耗量(千克)	分配金额(分配率:6)	
基本生产成本	A产品	直接材料	32 000	3 000	18 000	50 000
	B产品	直接材料	15 000	1 200	7 200	22 200
	小　计		47 000	4 200	25 200	72 200
辅助生产成本	供水车间	材料费	530			530
	供电车间	材料费	750			750
	小　计		1 280			1 280

— 45 —

(续表)

应借科目		成本费用项目	直接计入金额	分配计入金额		材料费用合计
总账科目	明细科目			定额消耗量（千克）	分配金额（分配率：6）	
制造费用	一车间	材料费	130			130
	二车间	材料费	100			100
	小 计		230			230
管理费用		材料费	340			340
销售费用		材料费	120			120
合 计			48 970		25 200	74 170

根据材料费用分配表，编制会计分录如下：

借：基本生产成本——A产品　　　　　　　　　　　　　　　50 000
　　　　　　　　——B产品　　　　　　　　　　　　　　　22 200
　　辅助生产成本——供水车间　　　　　　　　　　　　　　530
　　　　　　　　——供电车间　　　　　　　　　　　　　　750
　　制造费用——一车间　　　　　　　　　　　　　　　　　130
　　　　　　——二车间　　　　　　　　　　　　　　　　　100
　　管理费用　　　　　　　　　　　　　　　　　　　　　　340
　　销售费用　　　　　　　　　　　　　　　　　　　　　　120
　　贷：原材料　　　　　　　　　　　　　　　　　　　　　74 170

根据以上会计分录和材料费用分配表登记各总分类账和有关明细分类账。

以上原材料费用是按实际成本进行分配的，如果原材料费用按计划成本分配，则按上述方法分配计入产品成本和期间费用的原材料费用仅仅是计划成本，为了正确核算产品实际成本和实际期间费用，还应分配材料成本差异。在分配材料成本差异时，借方登记"基本生产成本""辅助生产成本""制造费用""管理费用""销售费用"等成本费用类账户，贷方登记"材料成本差异"账户，超支用蓝字，节约用红字。

【例 3-6】 某企业的材料按计划成本核算。该企业某月初"原材料"账户的借方余额为 20 000 元，"材料成本差异"账户借方余额为 200 元，本月购入材料的实际成本为 202 000 元，计划成本为 200 000 元。企业本月发出材料如下：基本生产车间生产产品领用 60 000 元，基本生产车间一般性耗用 50 000 元，辅助生产车间机修车间领用 20 000 元，厂部行政管理部门领用 40 000 元，专设销售机构领用 35 000 元。根据以上资料，计算材料成本差异率，编制材料费用分配表分配材料费用，并编制相应的会计分录。

a. 计算本月材料成本差异率。

$$材料成本差异率 = \frac{200 + (202\,000 - 200\,000)}{20\,000 + 200\,000} = 1\% (超支)$$

b. 编制材料费用分配表(如表3-2所示)。

表3-2

材料费用分配表(按计划成本编制)

20××年×月　　　　　　　　　　　　　　　单位：元

应借科目		成本费用项目	金　额	
总账科目	明细科目		计划成本	材料成本差异 (差异率：1%)
基本生产成本	甲产品	直接材料	60 000	600
辅助生产成本	机修车间	材料费	20 000	200
制造费用	基本生产车间	材料费	50 000	500
管理费用		材料费	40 000	400
销售费用		材料费	35 000	350
合　计			205 000	2 050

c. 根据材料费用分配表，编制会计分如下：

借：基本生产成本——甲产品　　　　　　　　　　　　　　　60 000
　　辅助生产成本——机修车间　　　　　　　　　　　　　　20 000
　　制造费用——基本生产车间　　　　　　　　　　　　　　50 000
　　管理费用　　　　　　　　　　　　　　　　　　　　　　40 000
　　销售费用　　　　　　　　　　　　　　　　　　　　　　35 000
　贷：原材料　　　　　　　　　　　　　　　　　　　　　　205 000
借：基本生产成本——甲产品　　　　　　　　　　　　　　　600
　　辅助生产成本——机修车间　　　　　　　　　　　　　　200
　　制造费用——基本生产车间　　　　　　　　　　　　　　500
　　管理费用　　　　　　　　　　　　　　　　　　　　　　400
　　销售费用　　　　　　　　　　　　　　　　　　　　　　350
　贷：材料成本差异　　　　　　　　　　　　　　　　　　　2 050

根据以上会计分录和材料费用分配表登记总分类账和各有关明细分类账。

2. 外购燃料费用的分配

制造企业生产产品时,除了消耗材料费用外,还可能消耗大量的燃料,如火电厂,此时,燃料费用一般与动力费用一起专设"燃料及动力"成本项目,同时增设"燃料"账户,并将燃料费用单独进行归集和分配,以便对其单独进行反映、控制和考核。但是,如果生产工艺上耗用的燃料和动力不多,为了简化核算,也可以将生产工艺用燃料费用并入"直接材料"成本项目,与原材料费用一起分配,并在"原材料"账户中设置"燃料"二级账户。

对于直接用于产品生产、专设成本项目的燃料费用,如果是分产品单独耗用的燃料费用,属于直接计入费用,应根据领退料单直接记入各该产品"基本生产成本"账户的借方及其明细账的"燃料及动力"成本项目中;如果是生产几种产品共同耗用的燃料费用,则应采用适当的分配方法,分配计入各有关产品成本的"基本生产成本"账户的借方及其明细账的"燃料及动力"成本项目中。分配的标准一般有产品的重量、体积、所耗原材料的数量或费用以及燃料的定额消耗量或定额费用等。直接用于辅助生产的燃料费用,应记入辅助生产成本账户的借方及其明细账的有关费用项目中;基本生产车间一般性耗用的燃料费用、企业行政管理部门、专设销售机构耗用的燃料费用,应分别记入"制造费用""管理费用""销售费用"等账户的借方及其明细账的有关费用项目中。

二、外购动力费用的核算

动力费用是指企业耗用的电力、热力、风力和蒸汽等。这些动力的来源有两个:一是企业直接向外单位购入的;二是由企业的辅助生产车间自行生产或加工的。这里只介绍外购动力费用的核算,自行生产或加工的动力费用将在"辅助生产费用的核算"中介绍。

(一)外购动力费用的归集

随着生产自动化程度的提高,直接用于产品生产的动力费用在产品成本中的比重越来越高,为了便于考核和降低能耗,企业产品成本明细账中应单独设置"动力"或"燃料及动力"成本项目。

实际工作中,由于企业支付外购动力费用的时间与成本费用计算的时间不一致,所以,支付外购动力费用和分配外购动力费用的核算一般都通过"应付账款"账户进行。即在付款时先作为暂付款处理,借记"应付账款"账户,贷记"银行存款"账户;月末按照外购动力的用途和数量分配费用时,再借记各成本、费用账户,贷记"应付账款"账户,冲销原来记入"应付账款"账户借方的暂付款。如果每月支付动力费用的日期基本固定,而且每月付款日到月末的应付动力费用相差不多,也可以不通过"应付账款"账户核算,而将每月支付的动力费用作为应分配的动力费用,在付款时直接借记各成本、费用账户,贷记"银行存款"账户,每月分配、登记一次动力费用。因为,在这种情况下,每月付款日到月末的应付动力费用可以互相抵销,不影响各月动力费用核算的正确性。

动力费用一般是根据电表、气表等计量仪器所显示的计量数据,按一定的计价标准计算而确定的,以动力供应单位所提供的费用账单上的数额为准。以电力为例,一般情况下,企业各内部单位都装有电表,可以直接根据电表所示的耗用数量和单价计算所耗外购电力费用。外购电力有的直接用于产品生产,如生产工艺用电;有的间接用于产品生产,如生产单位(车间或分厂)照明用电;有的则用于经营管理,如行政管理部门照明用电和取暖等。对于各车间、部门的动力用电和照明用电一般都分别装有电表,以方便计算不同用途所耗用的电费。

(二) 外购动力费用的分配

外购动力费用应按车间、部门及用途进行分配。

1. 分配方法

在各车间、部门以及车间内产品都安装了计量仪器仪表的情况下,各使用部门、车间及产品应负担的动力费用,可直接根据计量仪器仪表记录的耗用量及动力费用单价,按动力费用的用途分别进行分配。对于基本生产车间生产产品应负担的外购动力费用,应直接记入"基本生产成本"账户的借方及所属明细账的"燃料及动力"成本项目(如果生产工艺用动力费用较少,也可将外购动力费用并入"制造费用"账户核算)。对于基本生产车间应负担的与产品生产工艺无直接联系的、用于组织和管理生产而发生的外购动力费用,应记入"制造费用"账户的借方及所属明细账的有关费用项目中。对于辅助生产车间应负担的动力费用,应记入"辅助生产成本"账户的借方及所属明细账的有关费用项目中。对于行政管理部门、专设销售机构、在建工程及企业福利部门应负担的外购动力费用,应分别记入"管理费用""销售费用""在建工程""应付职工薪酬"账户的借方及所属明细账的有关费用项目中。

在一般情况下,企业不会按照车间内各种产品分别安装计量仪器仪表,这种情况下,应将各产品共同消耗的外购动力费用采用适当的分配方法,在各产品之间进行分配。动力费用的分配方法与材料费用的分配方法基本相同,可按定额消耗量的比例、产品生产工时的比例、机器功率时数(机器功率×机器时数)的比例进行分配。

(1) 定额消耗量比例分配法。其计算公式如下:

$$外购动力费用分配率 = \frac{待分配的外购动力费用总额}{各产品定额消耗量之和}$$

$$某种产品应分配的外购动力费用 = 该种产品的定额消耗量 \times 外购动力费用分配率$$

【例 3-7】 某企业生产甲、乙两种产品,3月份共耗用外购动力费用 18 720 元。产品产量分别为 200 件和 100 件。甲、乙产品外购动力的消耗定额分别为 60 度和

36度。根据以上资料,按定额消耗量比例分配法分配外购动力费用,计算过程如下:

$$甲产品外购动力定额消耗量 = 200 \times 60 = 12\ 000(度)$$

$$乙产品外购动力定额消耗量 = 100 \times 36 = 3\ 600(度)$$

$$外购动力费用分配率 = \frac{18\ 720}{12\ 000 + 3\ 600} = 1.2$$

$$甲产品应分配的外购动力费用 = 12\ 000 \times 1.2 = 14\ 400(元)$$

$$乙产品应分配的外购动力费用 = 3\ 600 \times 1.2 = 4\ 320(元)$$

（2）生产工时比例分配法。其计算公式如下:

$$外购动力费用分配率 = \frac{待分配的外购动力费用总额}{各产品的生产工时之和}$$

$$某种产品应分配的外购动力费用 = 该种产品的生产工时数 \times 外购动力费用分配率$$

【例3-8】 某企业生产甲、乙两种产品,共同耗用外购电力100 000度,每度电的单价为0.30元,甲、乙两种产品实际生产工时分别为30 000小时和20 000小时。根据以上资料,按生产工时比例分配法分配外购动力费用,计算过程如下:

$$外购动力费用分配率 = \frac{100\ 000 \times 0.30}{30\ 000 + 20\ 000} = 0.6$$

$$甲产品应分配的外购电力费用 = 30\ 000 \times 0.6 = 18\ 000(元)$$

$$乙产品应分配的外购电力费用 = 20\ 000 \times 0.6 = 12\ 000(元)$$

2. 账务处理

在实际工作中,外购动力费用的分配是通过编制"外购动力费用分配表"进行的。

【例3-9】 某企业20××年6月份的外购动力费用分配表如表3-3所示。

表3-3

外购动力费用分配表

20××年6月　　　　　　　　　　　　　　　　　　　　　单位:元

应借科目		成本费用项目	分配计入		直接计入		动力费用合计
总账科目	明细科目		生产工时（小时）	金额（分配率:0.6）	耗用量（度）	金额（单价:0.5）	
基本生产成本	A产品	燃料及动力	5 000	3 000			3 000
	B产品	燃料及动力	3 000	1 800			1 800
	小　计		8 000	4 800	9 600	4 800	4 800

(续表)

应借科目		成本费用项目	分配计入		直接计入		动力费用合计
总账科目	明细科目		生产工时（小时）	金额（分配率：0.6）	耗用量（度）	金额（单价：0.5）	
辅助生产成本	供水车间	水电费			800	400	400
	供电车间	水电费			1 000	500	500
	小 计				1 800	900	900
制造费用	一车间	水电费			400	200	200
	二车间	水电费			200	100	100
	小 计				600	300	300
管理费用		水电费			2 400	1 200	1 200
销售费用		水电费			1 000	500	500
合 计					15 400	7 700	7 700

根据外购动力费用分配表，编制会计分录如下：

借：基本生产成本——A产品　　　　　　　　　　　　　　　3 000
　　　　　　　　——B产品　　　　　　　　　　　　　　　1 800
　　辅助生产成本——供水车间　　　　　　　　　　　　　　400
　　　　　　　　——供电车间　　　　　　　　　　　　　　500
　　制造费用——一车间　　　　　　　　　　　　　　　　　200
　　　　　　——二车间　　　　　　　　　　　　　　　　　100
　　管理费用　　　　　　　　　　　　　　　　　　　　　1 200
　　销售费用　　　　　　　　　　　　　　　　　　　　　　500
　　贷：应付账款（或银行存款）　　　　　　　　　　　　7 700

根据以上会计分录和外购动力费用分配表登记各总分类账和有关明细分类账。

三、职工薪酬费用的核算

（一）职工薪酬的范围

2014年开始实施的《企业会计准则第9号——职工薪酬》规定，职工薪酬是指企业为获得职工提供的服务或解除劳务关系而给予的各种形式的报酬或补偿。职工薪酬包括短期薪酬、离职后福利、辞退福利和其他长期职工福利。企业提供给职工配偶、子女、受赡养人、已故员工遗属及其他受益人等的福利，也属于职工薪酬。企业在确定应当作为职工薪酬进行确认和计量的项目时，需要综合考虑，确保企业人工成本核算的完整性和准确性。职工薪酬的具体构成如下：

(1) 短期薪酬。它是指企业在职工提供相关服务的年度报告期间结束后 12 个月内需要全部予以支付的职工薪酬，因解除与职工的劳动关系给予的补偿除外。短期薪酬具体包括：职工工资、奖金、津贴和补贴，职工福利费，医疗保险费、工伤保险费和生育保险费等社会保险费，住房公积金，工会经费和职工教育经费，短期带薪缺勤，短期利润分享计划，非货币性福利以及其他短期薪酬。

(2) 离职后福利。它是指企业为获得职工提供的服务而在职工退休或与企业解除劳动关系后，提供的各种形式的报酬和福利，短期薪酬和辞退福利除外。

(3) 辞退福利。它是指企业在职工劳动合同到期之前解除与职工的劳动关系，或者为鼓励职工自愿接受裁减而给予职工的补偿。

(4) 其他长期职工福利。它是指除短期薪酬、离职后福利、辞退福利之外所有的职工薪酬，包括长期带薪缺勤、长期残疾福利、长期利润分享计划等。

(二) 职工工资的计算

职工薪酬总额中，工资所占的比重最大，计算方法也较为复杂。其他薪酬，如奖金、加班加点工资、工资性津贴和补贴可直接根据有关记录和规定计算；社会保险和住房公积金等需要按照工资总额的规定比例提取；非货币性福利、离职后福利、辞退福利等计算难度大，在其他教材中阐述。因此，这里只介绍职工工资的计算。

1. 工资核算的原始凭证

实际计算工资时，要依据各种与工资有关的原始凭证，常见的有工资卡、考勤记录、产量记录等。

(1) 工资卡。工资卡主要记录职工的工资级别和工资标准。工资卡应按每个职工设立，详细记载每个职工参加工作的时间、职务、工资级别、工资标准、工资的调整变动、调入本单位时间以及有关津贴等情况。工资卡通常由劳资部门统一管理，并按车间、部门归类保管。财会部门根据劳资部门的通知，起发和停发工资。当职工调离或退休后，工资卡应予以注销，另行保管。

(2) 考勤记录。考勤记录是登记职工出勤情况和缺勤情况的记录，是计时工资制度下计算职工工资的重要原始凭证。考勤记录一般由各车间、班组和部门的负责人或考勤员逐日登记，定期汇总并经单位负责人审查同意后，交财会部门据以计算应付工资。

(3) 产量记录。产量记录是登记职工在出勤时间内完成的产量和耗用工时的原始记录，它是计算计件工资的主要依据。

除了上述常用的原始凭证外，还有一些其他原始凭证，如扣款通知单、反映停工时间和停工原因的停工单及废品通知单等，都是工资核算的原始依据。

2. 工资的计算

财会部门应根据有关部门提供的考勤记录、产量记录等原始资料,及时和准确地计算应付给职工的工资。工资的计算与企业实行的工资制度密切相关,不同的工资制度,工资的计算方法也有一定差别。工业企业常用的工资制度有计时工资和计件工资两种。在通常情况下,计时工资与职工的工作时间相联系,计算时要考虑职工的出勤天数、事假天数、病假天数、缺勤天数等;而计件工资则取决于职工的工作效率,计算时要考虑职工实际完成的工作量。计时工资适用于机械化程度高,产品生产需要分工协作才能完成的企业,而计件工资则适用于机械化程度不高,产品生产主要依靠人力来完成的企业。

1) 计时工资的计算

计时工资是根据企业的工资等级、工资标准和考勤记录计算的支付给职工个人的劳动报酬。计时工资又分为按月计算的月薪制和按日计算的日薪制。

(1) 月薪制。月薪制是指按职工固定的月标准工资扣除缺勤工资计算的一种方法。采用月薪制时,只要职工出满勤,不论该月份是多少天数,都可以得到固定的月标准工资。如有缺勤,则从月标准工资中将缺勤工资予以扣除。其计算公式如下:

$$应付计时工资 = 月标准工资 - 缺勤工资 = 月标准工资 - 事假天数 \times 日工资(率) - 病假天数 \times 日工资(率) \times 病假扣发工资比例$$

在计算缺勤工资时,缺勤天数是按照考勤记录获得的,扣发比例是企业劳资部门制定的,关键是日工资(率)的计算。日工资(率)的计算方法理论上应该用月标准工资除以每月的实际天数,然而这样计算就会使得同一个职工每月的日工资(率)不同,为了简化起见,常见的有以下两种计算方法:一是按全年平均每月日历天数 30 天计算;二是按全年平均每月工作天数计算。

第一,按全年平均每月日历天数计算

$$日工资(率) = \frac{月标准工资}{全年平均每月日历天数} = \frac{月标准工资}{30}$$

采用每月按 30 天(365÷12)计算日工资(率)就意味着:法定节假日和休假日视同出勤,照发给工资;而缺勤期间的法定节假日和休假日也视同缺勤,照扣工资。按全年平均每月日历天数计算日工资(率)的优点是比较简便,只要是职工的月标准工资不调整,就不需要每月计算职工的日工资(率)。但是由于节假日和休假日也计算工资,因此缺勤时间的节假日和休假日也扣工资,不便于对职工说明。所以,该种方法在实际工作中应用不多。

第二,按全年平均每月工作天数计算

$$日工资(率) = \frac{月标准工资}{全年平均每月工作天数} = \frac{月标准工资}{20.83}$$

采用每月按 20.83 天[(365－104－11)÷12]计算日工资(率)就意味着:法定节假日和休假日不算出勤,不付工资;而缺勤期间的法定节假日和休假日也不算缺勤,不扣工资。按全年平均工作天数计算日工资(率)的优点是计算方法也比较简单,一般情况下也不需要每月计算每位职工的日工资(率)。同时,由于节假日和休假日不计算工资,体现了按劳分配的原则,并且在此期间的缺勤也不扣工资,比较容易让人理解。所以,该种方法在实际工作中应用较多。

(2) 日薪制。日薪制是指根据职工实际出勤天数(包括除病假外视同出勤的各种休假日,如工伤假、婚假、产假、计划生育假、探亲假、定期轮休假)和日工资(率)计算工资的一种方法。其计算公式如下:

$$\text{应付计时工资} = \text{出勤天数} \times \text{日工资(率)} + \text{病假工资} = \text{出勤天数} \times \text{日工资(率)} + \text{病假天数} \times \text{日工资(率)} \times \text{病假应发工资比例}$$

在上述公式中,日工资(率)的计算方法与前述相同。

综上所述,由于计算计时工资有两种基本方法,计算日工资(率)又有 30 天和 20.83 天之分,因此计算计时工资就有四种不同的方法。采用哪一种方法,可由企业自行确定,一旦确定后,不应任意变更。下面举例说明计时工资的计算方法。

【例 3-10】 假设某职工的月标准工资为 4 800 元。5 月份共 31 天,法定休息日和节假日 9 天。该工人 5 月份请事假 3 天,病假 2 天,实际出勤 17 天。病假是按标准工资的 80% 计算。假设该工人病假和事假期间没有节假日。

根据以上资料,按上述四种方法计算该月企业应付给该工人的计时工资,计算过程如下:

a. 按 30 天计算日工资(率)。

$$\text{日工资(率)} = \frac{4\ 800}{30} = 160 \text{(元/日)}$$

方法一:采用月薪制时,应付计时工资 = 4 800－3×160－2×160×(1－80%) = 4 256(元)

方法二:采用日薪制时,应付计时工资 = (17+9)×160+2×160×80% = 4 416(元)

月薪制和日薪制两者计算的结果相差 160 元(4 416－4 256),原因是该月份为 31 天,比计算日工资(率)时的固定天数 30 天多 1 天,故按日薪制计算的工资刚好多 1 天工资 160 元。在日历中为 30 天的月份,两种方法计算结果应相同,而在日历中少于 30 天的月份,结果则与此相反。

b. 按 20.83 天计算日工资(率)。

$$\text{日工资(率)} = \frac{4\ 800}{20.83} = 230.437 \text{(元/日)}$$

方法三：采用月薪制时，应付计时工资＝4 800－3×230.437－2×230.437×(1－80%)＝4 016.514 2(元)

方法四：采用日薪制时，应付计时工资＝17×230.437＋2×230.437×80%＝4 286.128 2(元)

月薪制和日薪制两者计算的结果相差 269.614 元(4 286.128 2－4 016.514 2)，原因是该月份的法定工作日数为 22 天(31－9)，比计算日工资(率)时的 20.83 天多 1.17 天，故按日薪制计算的工资刚好多了 1.17 天的工资，即 269.614 元(1.17×230.437)。由于每月的法定工作日数与 20.83 天都不同，所以按两种方法计算的计时工资结果都会不一样。如果法定工作日数多于 20.83 天，按月薪制计算的应付计时工资会比按日薪制计算的应付计时工资少；如果法定工作日数少于 20.83 天，按月薪制计算的应付计时工资则会比按日薪制计算的应付计时工资多。

2) 计件工资的计算

计件工资是指根据企业产量记录中所反映的每一职工或班组完成的产品产量，乘以规定的计件单价计算的工资。这里所指的产品产量应包括合格品的数量和因材料质量不合格造成的废品(料废品)数量，而因工人过失造成的废品(工废品)不包括在内。

计件工资按照支付对象的不同，可分为个人计件工资和集体计件工资两种。

(1) 个人计件工资的计算。其计算公式如下：

$$\text{应付计件工资}=\sum(\text{某种产品合格品数量}+\text{该种产品料废品数量})\times\text{该种产品计件单价}$$

式中，计件单价＝加工单位产品所需工时定额×每小时工资率

【例 3-11】 假设某职工本月加工甲、乙两种产品。甲产品的工时定额为 4 小时，乙产品的工时定额为 2 小时。根据该职工的技术等级和企业的工资政策，小时工资率为 5 元。该职工本月共加工并验收合格甲产品 80 件、乙产品 50 件。根据以上资料，计算该职工本月份应得计件工资，计算过程如下：

$$\text{计件工资}=(80\times4\times5)+(50\times2\times5)=2\ 100(\text{元})$$

(2) 集体计件工资的计算。当职工集体从事某项工作且不易分清每个职工的经济责任时，可采用集体计件工资的方式。采用该种方式时，应将班组集体计件工资在班组内按每人贡献大小进行分配。通常是按照每人的标准工资和实际的工作时间(日数或工时数)的综合比例进行分配，因为工资标准和工作时间可体现职工的劳动质量、技术水平和劳动数量。因此，集体计件工资的计算可分两步进行：

第一步，按个人计件工资的计算方法，计算出本月集体应得计件工资总额。计算

公式如下:

$$某集体应得的计件工资 = \sum (集体合格品数量 + 集体料废品数量) \times 计件单价$$

第二步,选择某一分配标准(如"日工资率×加工时间"或"加工时间"等),将集体应得计件工资总额在集体各职工之间进行分配,从而计算出各职工应分配的计件工资。

以复合分配标准"日工资率×加工时间"为例,其计算公式如下:

$$工资分配率 = \frac{集体计件工资总额}{\sum (集体内某职工的日工资率 \times 该职工参与加工的时间)}$$

$$某职工应得的计件工资 = (该职工的日工资率 \times 该职工参与加工的时间) \times 工资分配率$$

【例3-12】 某班组由甲、乙、丙三人组成。每人的日工资率分别为60元、50元和40元;本月参加集体加工天数分别为20天、22天和20天。该班组本月应得计件工资总额为9 300元。根据以上资料,以班组各职工的日工资率和参加集体加工的天数之积作为分配标准,分配集体计件工资总额,计算过程如下:

$$工资分配率 = \frac{9\ 300}{(60 \times 20) + (50 \times 22) + (40 \times 20)} = 3$$

甲应分配的计件工资 = $(60 \times 20) \times 3 = 3\ 600$(元)
乙应分配的计件工资 = $(50 \times 22) \times 3 = 3\ 300$(元)
丙应分配的计件工资 = $(40 \times 20) \times 3 = 2\ 400$(元)

上述各项目计算出来后,就是每位职工的应付工资,再扣除企业为职工代扣代缴的各项款项,其余额即为实发工资,其计算公式如下:

$$实发工资 = 应付工资总额 - 代扣代缴的各种款项$$

代扣代缴的各种款项是指企业从职工工资中扣除代为交纳的各种款项,如房租费、水电费等。代扣款项应根据有关部门转来的相关凭证及规定的标准计算确定。

(三)职工薪酬费用的归集

在实际工作中,应付给职工的薪酬费用是以上述计算为基础,通过编制"薪酬结算单"和"薪酬结算汇总表"来完成的。通常,小企业一般只需由人力资源管理部门或财务部门编制"薪酬结算单";而大中型企业一般先由人力资源管理部门或有关车间(或部门)编制车间(或部门)的"薪酬结算单",然后由财务部门根据"薪酬结算单"汇总编制"薪酬结算汇总表"。

为了反映和监督企业与职工的薪酬结算关系和薪酬费用分配的情况,应设置"应付职工薪酬"账户,用来核算企业应付给职工的薪酬总额。该账户的贷方登记月末分配的薪酬费用；借方登记实际支付的薪酬数额和各种代扣款项。

为了反映和监督职工薪酬费用中各项具体薪酬费用的提取、使用和结存情况，企业应在"应付职工薪酬"账户下，设置"应付职工薪酬——工资""应付职工薪酬——职工福利""应付职工薪酬——社会保险""应付职工薪酬——住房公积金""应付职工薪酬——工会经费""应付职工薪酬——职工教育经费"等明细账户，用来核算企业应付给职工的各项薪酬费用。这些明细账户的贷方登记按一定标准计算和提取的薪酬费用；借方登记实际支付的薪酬费用；期末余额一般在贷方，表示职工薪酬费用的结存额。

（四）职工薪酬费用的分配

薪酬费用的分配应根据审核后的"薪酬结算单"或"薪酬结算汇总表"，按其发生的地点和用途进行。

1. 分配方法

基本生产车间生产产品的生产工人的薪酬，如果能够分清薪酬费用被哪些产品所耗用（即基本生产车间只生产一种产品或按计件工资生产多种产品）时，可直接记入各产品"基本生产成本"账户的借方及所属明细账的"直接人工"成本项目中；如果不能分清薪酬费用被哪些产品所耗用时，则需采用适当的分配方法，将薪酬费用分配记入各产品"基本生产成本"账户的借方及所属明细账的"直接人工"成本项目中。

基本生产车间管理人员、辅助生产车间人员、行政管理部门人员及专设销售机构人员的薪酬，应分别记入"制造费用""辅助生产成本""管理费用""销售费用"账户的借方及所属明细账的有关费用项目中。

在建工程、福利部门人员的薪酬，应分别记入"在建工程""应付职工薪酬——职工福利"账户的借方及所属明细账的有关费用项目中。

前已述及，如果基本车间生产多种产品，其生产工人的薪酬费用通常不能直接根据薪酬结算单或薪酬结算汇总表将这些薪酬费用计入产品成本，而需要采用适当的分配方法在各种产品之间进行分配。分配标准常见的是产品的实际工时或定额工时。其计算公式如下：

$$薪酬费用分配率 = \frac{各产品共同负担的生产工人薪酬总额}{各产品实际生产工时（或定额工时）之和}$$

$$某产品应分配的薪酬费用 = 该产品的实际生产工时（或定额工时） \times 薪酬费用分配率$$

【例 3-13】 某企业基本生产车间生产甲、乙、丙三种产品，本月份甲产品耗用 18 000 个定额工时，乙产品耗用 22 000 个定额工时，丙产品耗用 30 000 个定额工时；本月份生产工人的薪酬总额是 56 000 元。

根据以上资料,按定额工时比例分配薪酬费用,计算过程如下:

$$薪酬费用分配率 = \frac{56\,000}{18\,000 + 22\,000 + 30\,000} = 0.8(元/小时)$$

甲产品应分配的薪酬费用 = 18 000 × 0.8 = 14 400(元)
乙产品应分配的薪酬费用 = 22 000 × 0.8 = 17 600(元)
丙产品应分配的薪酬费用 = 30 000 × 0.8 = 24 000(元)

2. 账务处理

在实际工作中,薪酬费用的分配是通过编制"薪酬费用分配表"进行的,该表是按薪酬结算单(或薪酬结算汇总表)及有关的生产工时等资料编制的。

【例3-14】某企业20××年6月份的"薪酬费用分配表"如表3-4所示。

表3-4 薪酬费用分配表
20××年6月　　　　　　　　　　　　　　　　　　　　单位:元

应借科目		成本费用项目	直接计入金额	分配计入金额		工资费用合计
总账科目	明细科目			定额工时	金额(分配率:4)	
基本生产成本	A产品	直接人工	53 500	8 000	32 000	85 500
	B产品	直接人工	14 200	5 000	20 000	34 200
	小 计		67 700	13 000	52 000	119 700
辅助生产成本	供水车间	薪酬费用	8 550			8 550
	供电车间	薪酬费用	7 980			7 980
	小 计		16 530			16 530
制造费用	一车间	薪酬费用	5 700			5 700
	二车间	薪酬费用	2 280			2 280
	小 计		7 980			7 980
管理费用		薪酬费用	10 260			10 260
销售费用		薪酬费用	3 420			3 420
合 计			105 890		52 000	157 890

根据薪酬费用分配表,编制会计分录如下:

借:基本生产成本——A产品		85 500
——B产品		34 200
辅助生产成本——供水车间		8 550
——供电车间		7 980
制造费用——一车间		5 700
——二车间		2 280
管理费用		10 260
销售费用		3 420
贷:应付职工薪酬——工资		157 890

根据以上会计分录和薪酬费用分配表,登记各总分类账和有关明细账。

值得注意的是,职工薪酬费用的种类较多,上述职工薪酬费用的会计处理只包含了工资费用,其他职工薪酬,如职工福利费、社会保险费、住房公积金、工会经费、职工教育经费等,也应按照现行有关规定,按照与工资费用基本相同的账务处理方法进行处理。其他薪酬费用也应编制其他职工薪酬分配表,并填制记账凭证。其他薪酬费用的会计分录如下:

借:基本生产成本——A产品		××
——B产品		××
辅助生产成本——供水车间		××
——供电车间		××
制造费用——一车间		××
——二车间		××
管理费用		××
销售费用		××
贷:应付职工薪酬——职工福利费		××
——社会保险费		××
——住房公积金		××
——工会经费		××
——职工教育经费		××

四、折旧费用的核算

折旧是指固定资产由于损耗而转移到产品成本或费用中去的那部分价值。固定资产虽然能够在连续的若干个生产经营周期内发挥并保持其原有实物形态,但是其价值会在使用过程中因损耗而逐渐减少,因此应将固定资产在其折旧年限内按规定逐步地结转到各期的产品成本或期间费用中去。

（一）折旧费用的归集

为了简化折旧的计算工作，月份内开始使用的固定资产，当月不计算折旧，从下月起计算折旧；月份内减少的固定资产，当月仍计算折旧，从下月起停止计算折旧。每月应计提的固定资产折旧额应根据上月折旧额、上月计提折旧的固定资产的增减情况和固定资产的折旧率分车间、部门计算和归集。

对于折旧计算的方法，新准则规定，企业应当根据固定资产所含经济利益预期实现的方式选择折旧方法，可选用的折旧方法包括年限平均法、工作量法、双倍余额递减法和年数总合法。折旧方法一经确定，不得随意变更。

为了核算固定资产的折旧，企业应设置"累计折旧"账户。该账户是"固定资产"账户的备抵调整账户，在资产负债表中作为固定资产项目的减项列示。其贷方登记固定资产计提的折旧额，借方登记减少固定资产的已提折旧额。余额在贷方，反映固定资产已提折旧的累计数。

（二）折旧费用的分配

企业在分配折旧费用时，应根据固定资产的使用地点和用途计入有关成本、费用。直接用于产品生产的固定资产（如专为某一特定产品生产使用的专用设备），其折旧费属于直接费用，应该直接记入"基本生产成本"账户的借方，并设置单独的"折旧费"成本项目进行反映。但是在一般情况下，多数企业的固定资产，其使用与多种产品的生产有关，一种产品的生产往往也需要使用多种固定资产。因此为了简化核算，不论是直接用于产品生产的固定资产，还是间接用于产品生产的固定资产，我们一般都将固定资产的折旧费用作为间接费用处理。企业基本生产车间固定资产的折旧费用，一般先按地点归集于"制造费用"总账的借方及所属明细账的"折旧费"项目中，月末再随同其他制造费用一起分配计入产品生产成本中。辅助生产车间、企业行政管理部门、专设销售机构和用于其他经营业务的固定资产折旧费用，分别记入"辅助生产成本""管理费用""销售费用""其他业务成本"账户的借方及所属明细账的有关费用项目中。

在实际工作中，固定资产折旧费用的分配是通过编制"折旧费用分配表"来进行的。如果企业固定资产较多且分散在不同的部门，应首先由各部门编制"固定资产折旧费用计算表"，然后再由财会部门根据"固定资产折旧费用计算表"编制"固定资产折旧费用分配表"。

【例3-15】某企业20××年6月份的折旧费用分配表如表3-5所示。

表 3-5

折旧费用分配表

20××年6月　　　　　　　　　　　　　　　　　单位：元

应借科目	使用部门	折旧额
制造费用	一车间	10 000
	二车间	5 000
	小计	15 000
辅助生产成本	供水	7 000
	供电	5 000
	小计	12 000
管理费用	行政管理部门	4 000
销售费用	专设销售机构	2 300
合　计		33 300

根据折旧费用分配表，编制会计分录如下：

借：辅助生产成本——供水车间	7 000
——供电车间	5 000
制造费用——一车间	10 000
——二车间	5 000
管理费用	4 000
销售费用	2 300
贷：累计折旧	33 300

规模不大、固定资产种类不多或集中使用的企业，也可以由财会部门直接编制"固定资产折旧费用计算分配表"分配折旧费用，其格式如表3-6所示。

表 3-6

固定资产折旧费用计算分配表

20××年×月　　　　　　　　　　　　　　　　　单位：元

应借科目＼项目	固定资产类别	上月固定资产折旧额	上月增加固定资产计提折旧额	上月减少固定资产计提折旧额	本月固定资产折旧额
制造费用	房屋、建筑物	6 800	800	600	7 000
	机器设备	4 100	600	200	4 500
	小　计	10 900	1 400	800	11 500

（续表）

应借科目＼项目	固定资产类别	上月固定资产折旧额	上月增加固定资产计提折旧额	上月减少固定资产计提折旧额	本月固定资产折旧额
辅助生产成本	房屋、建筑物	3 500			3 500
	机器设备	2 500			2 500
	小　计	6 000			6 000
管理费用	房屋、建筑物	4 500			4 500
销售费用	房屋、建筑物	1 500			1 500
合　计		22 900	1 400	800	23 500

五、固定资产修理费用的核算

在一般情况下，固定资产投入使用之后，由于固定资产磨损、各组成部分耐用程度不同，可能导致固定资产的局部损坏，为了维护固定资产的正常运转和使用，充分发挥其使用效能，企业将对固定资产进行必要的维护。固定资产的日常修理费用、大修理费用等支出只是确保固定资产的正常工作状况，一般不产生未来的经济效益。因此，通常不符合固定资产的确认条件，而是在发生时直接计入当期损益。企业生产车间和行政管理部门等发生的固定资产修理费用记入"管理费用"账户的借方及其所属明细账的有关费用项目中；企业专设销售机构发生的固定资产修理费用记入"销售费用"账户的借方及其所属明细账的有关费用项目中。数额较大的固定资产修理费，也可以通过"预付账款"或"长期待摊费用"账户来核算。修理费用发生时，借记"预付账款"或"长期待摊费用"账户，贷记"银行存款"账户；按月摊销时，借记"管理费用"等账户，贷记"预付账款"或"长期待摊费用"账户。

【例3-16】某企业20××年6月份固定资产修理费用发生如下：基本生产车间固定资产修理费用为5 000元，其中，一车间3 000元，二车间2 000元；辅助生产供水车间640元；行政管理部门1 300元；专设销售机构300元；共计7 240元，均用银行存款支付。根据以上资料，编制会计分录如下：

```
借：管理费用                                          6 940
    销售费用                                            300
  贷：银行存款                                        7 240
```

六、其他要素费用的归集与分配

其他费用是指上述各项费用支出以外的其他费用,包括差旅费、邮电费、保险费、劳动保护费、排污费、运输费、办公费、技术转让费、业务招待费等。以上这些费用一般在费用发生时,根据有关付款凭证,按照费用发生地点和用途,分别记入"制造费用""管理费用""销售费用""辅助生产成本"等总账的借方及所属明细账的有关费用项目中。

【例 3-17】 为了简化核算,某企业 20××年 6 月份根据付款凭证将其他费用进行汇总(在实际工作中,付款业务应在其发生时逐笔登记)。假定其他费用均以银行存款支付。根据以上资料,编制会计分录如下:

借:制造费用——一车间	3 140
——二车间	2 100
辅助生产成本——供水车间	1 090
——供电车间	180
管理费用	2 530
销售费用	230
贷:银行存款	7 240

第二节　跨期摊提费用的核算

为了正确地计算产品成本,必须按权责发生制原则和受益原则的要求,将应计入产品费用、期间费用的支出在各会计期间进行划分,从而划清各月份的产品成本、期间费用的界限。凡是本月支付应由本月和以后各月负担的费用,应当按一定标准分配计入本月和以后各月的成本、费用;凡是本月尚未支付但应由本月负担的成本、费用,应当按照一定标准预先计入本月的成本、费用。

一、跨期摊销费用的核算

跨期摊销费用是指支付期在前,成本、费用的摊销期在后的各项费用。根据受益期的长短,可以分为受益期在 1 年以内的短期摊销费用和受益期超过 1 年的长期摊销费用。

(一)短期摊销费用的核算

短期摊销费用主要包括低值易耗品和包装物的摊销、预付保险、预付租金、预付报纸杂志费的摊销以及多月使用,且金额较大的印花税票购入款的摊销等。

1. 低值易耗品和包装物的核算

低值易耗品和包装物的核算,应设置"周转材料"账户来进行。周转材料是指企业能够多次使用、价值逐渐转移但仍保持原有实物形态的且不确认为固定资产的材料,如包装物和低值易耗品等。根据受益情况,可以采用的摊销方法有一次转销法、五五摊销法和分次摊销法。关于低值易耗品和包装物的具体核算,将在"中级财务会计"课程中介绍,在此不赘述。

2. 各种预付款的核算

企业在生产经营过程中,可能会根据实际需要,预先以银行存款支付一些费用,如预先支付保险费、租金、报纸杂志费等,这些费用发生以后,由于受益期限较长,不应将其全部计入当月产品成本或期间费用,而应该在其发生时先作为资产处理,然后在其受益期限内采用一定的方法摊入各月份的产品成本或期间费用。为了核算这些费用,企业通常设置"预付账款"账户,该账户的借方登记预先支付的费用,贷方登记每月摊销的费用,余额在借方,反映尚未摊销的费用。

企业实际支付预付款项时,应借记"预付账款"账户,贷记"银行存款"账户;分月摊销时,按发生地点和用途分别借记"制造费用""管理费用""销售费用"账户,贷记"预付账款"账户。"预付账款"账户还应按费用的种类设置明细账进行明细分类核算,分别反映和监督各种预付账款的发生和摊销情况。

【例 3-18】 某企业 20××年 4 月 1 日预付第二季度保险费 3 750 元,已用银行存款支付,摊销期限为 3 个月。其中,每月由基本生产车间负担 1 100 元,行政管理部门负担 100 元,专设销售机构负担 50 元。

根据以上资料,计算、分配每月应负担的保险费用。

a. 4 月 1 日预付保险费时,根据有关付款原始凭证,编制会计分录如下:

借:预付账款　　　　　　　　　　　　　　　　　　　　　3 750
　　贷:银行存款　　　　　　　　　　　　　　　　　　　　3 750

然后,根据银行存款付款凭证登记预付账款总账及明细账。预付账款明细账如表 3-7 所示。

表 3-7

预付账款明细账

费用种类:保险费　　　　　　20××年 6 月　　　　　　单位:元

月	日	摘　要	借方金额	贷方金额	余额	
					借或贷	金额
4	1	银行存款付款凭证	3 750		借	3 750
4	30	根据预付账款分配表		1 250	借	2 500
5	31	根据预付账款分配表		1 250	借	1 250
6	30	根据预付账款分配表		1 250		0

b. 分别于 4、5、6 月份月末摊销当月应负担的保险费用。预付账款分配表如表 3-8 所示。

表 3-8

预付账款分配表

20××年6月　　　　　　　　　　　　　　　　单位：元

应借科目		成本费用项目	金额
总账科目	明细科目		
制造费用	一车间	保险费	1 000
	二车间	保险费	100
	小计		1 100
管理费用		保险费	100
销售费用		保险费	50
合　计			1 250

根据预付账款分配表，编制会计分录如下：

借：制造费用——一车间　　　　　　　　　　　　　　1 000
　　　　　　——二车间　　　　　　　　　　　　　　　100
　　管理费用　　　　　　　　　　　　　　　　　　　　100
　　销售费用　　　　　　　　　　　　　　　　　　　　 50
　贷：预付账款　　　　　　　　　　　　　　　　　　 1 250

然后，根据预付账款分配表及记账凭证登记"预付账款"总账及其明细账。

（二）长期摊销费用的核算

长期摊销费用是指企业已经发生或预付的应由若干相连的会计期间共同负担的、摊销期限在 1 年以上（不含 1 年）的各项费用。例如，以经营方式租入的固定资产改良支出、数额较大的固定资产修理费等，都属于长期摊销费用。

长期摊销费用的发生和摊销应通过"长期待摊费用"账户进行。发生长期摊销费用时，借记"长期待摊费用"账户，贷记"银行存款"等账户。摊销长期摊销费用时，借记"制造费用""销售费用""管理费用"等有关成本费用账户，贷记"长期待摊费用"账户，期末余额在借方，反映尚未摊销的长期摊销费用。"长期待摊费用"账户应按费用种类设置明细账，进行明细分类核算。

长期摊销费用与预付账款的归集与分配原理基本相同，故在此不赘述。

二、跨期预提费用的核算

跨期预提费用是指企业预先分月提取计入成本或费用，但在以后才实际支付的各项费用。例如,预提的保险费、预提的借款利息等,都属于预提费用。

1. 预提借款利息的核算

企业发生的短期或长期借款利息,应设置"应付利息"账户进行核算。每月计提利息费用时,借记"财务费用"或"在建工程"等账户,贷记"应付利息"账户;实际发生利息支付时,借记"应付利息"账户,贷记"银行存款"账户。预提的发生额与实际支付额存在差额时,于利息实际支付的月份进行调整。

2. 其他跨期预提费用的核算

其他跨期预提费用的核算,需要设置"其他应付款"账户,并设置明细账及预提费用分配表来进行。预提时,应按预提费用的车间、部门和用途,借记"制造费用""管理费用"等账户,贷记"其他应付款"账户;实际支付时,借记"其他应付款"账户,贷记"银行存款"等账户。"其他应付款"账户的贷方余额为已经预提而尚未支付的费用。

第三节 辅助生产费用的核算

企业的辅助生产是指为基本生产服务而进行的产品生产或劳务供应。进行辅助生产的车间称为辅助生产车间。辅助生产可以分为两大类:一类是为基本生产车间和其他部门提供水、电、气、修理、运输等劳务的辅助生产;另一类是为基本生产车间和其他部门提供工具、模具、修理用备件等实物产品的辅助生产。企业的辅助生产主要是为基本生产服务,同时也为企业管理部门、基本建设工程、福利部门和其他辅助生产车间服务。辅助生产车间的产品或劳务一般不对外销售,因此,辅助生产车间发生的生产费用,即所生产的产品或劳务的成本,将分摊给各受益部门。所以,企业进行产品成本核算时,应核算辅助生产费用,并按受益部门进行分配,以便计算出基本生产车间产品的生产成本。可见辅助生产费用的多少、成本的高低,直接影响着基本车间产品成本的水平。正确计算辅助生产产品或劳务的成本、合理分配辅助生产费用,加强对辅助生产费用的控制,对正确计算产品成本、控制和降低产品成本具有十分重要的意义。

一、辅助生产费用的归集

辅助生产车间为提供一定种类和数量的产品或劳务所发生的各项费用称为辅助生产费用,同时这些费用也就是辅助生产车间所生产的产品或劳务的成本。为了正确归集辅助生产费用,企业应设置"辅助生产成本"账户。该账户同"基本生产成本"账户一样,按车间以及产品或劳务的种类设置明细账,并在明细账内按成本项目设立专栏,进行明细核算。

对于直接用于辅助生产,并单独设立成本项目的费用,如直接材料费用、直接人工费用等,应分别根据有关费用分配表和凭证,记入"辅助生产成本"总账及其所属的明细账户的借方。辅助生产车间发生的间接费用,其处理方法有两种。如果辅助生产车间发生的制造费用较大,可以设置"制造费用——辅助生产车间"明细账户,在其借方归集辅助生产车间所发生的各项制造费用;然后,在月末再将制造费用从该明细账户的贷方直接或分配转入"辅助生产成本"账户的借方。如果辅助生产车间发生的制造费用不大,为了简化核算,也可以不设"制造费用——辅助生产车间"明细账,而是将辅助生产车间所发生的制造费用直接记入"辅助生产成本"账户的借方(本书采用这种方法)。

辅助生产完工的产品或劳务成本,应从"辅助生产成本"账户的贷方转出。该账户的借方余额反映的是辅助生产车间的在产品成本。

在实际工作中,辅助生产费用的归集就是根据前述要素费用的分配和跨期摊提费用分配的有关记账凭证登记"辅助生产成本"总账及其明细账。

【例3-19】某企业20××年6月份供水车间和供电车间的"辅助生产成本"明细账分别如表3-9和表3-10所示。

表3-9

辅助生产成本明细账

20××年6月

车间:供水车间　　　　　　　　　　　　　　　　　　　　单位:元

20××年		凭证字号	摘　要	材料费	燃料及动力费	薪酬费用	折旧费	其他费用	合计	转出
月	日									
6	30	(略)	根据材料费用分配表	530					530	
6	30		根据动力费用分配表		400				400	
6	30		根据薪酬费用分配表			8 550			8 550	
6	30		根据折旧费用分配表				7 000		7 000	
6	30		根据银行存款付款凭证					1 090	1 090	
			合　计	530	400	8 550	7 000	1 090	17 570	
6	30		根据辅助生产费用分配表							17 570

表 3-10

辅助生产成本明细账

车间：供电车间　　　　　　　　　　20××年6月　　　　　　　　　　单位：元

20××年		凭证字号	摘要	材料费	燃料及动力费	薪酬费用	折旧费	其他费用	合计	转出
月	日									
6	30	（略）	根据材料费用分配表	750					750	
6	30		根据动力费用分配表		500				500	
6	30		根据薪酬费用分配表			7 980			7 980	
6	30		根据折旧费用分配表				5 000		5 000	
6	30		根据银行存款付款凭证					180	180	
6	30		合　计	750	500	7 980	5 000	180	14 410	
6	30		根据辅助生产费用分配表							14 410

二、辅助生产费用的分配

在辅助生产成本明细账中归集的辅助生产费用，月末应根据辅助生产车间生产产品和提供劳务的数量，采用一定的方法分配给各个受益对象，以便正确计算基本生产车间生产的产品成本和各项期间费用。由于辅助生产分为两种类型：一种是生产产品；另一种是提供劳务，因此辅助生产费用的分配也就具体分为两种情况。

（一）生产产品

如果辅助生产车间是为基本生产车间和其他企业部门提供产品的，应在这些产品完工入库时，计算出其实际成本，并从"辅助生产成本"账户的贷方转入"原材料""低值易耗品"等账户的借方。这种情况下，月末"辅助生产成本"账户的借方余额反映的是辅助生产车间尚在加工中的在产品的实际成本。

（二）提供劳务

如果辅助生产车间是为基本生产车间和其他企业部门提供劳务的，则需将"辅助生产成本"账户借方归集的生产费用在各受益对象之间，选择适当的方法进行分配。对于基本生产车间生产产品耗用的劳务，应记入各产品"基本生产成本"账户的借方及所属明细账的有关成本项目中；对于基本生产车间一般性耗用、企业行政管理部门及专设销售机构耗用的劳务，应分别记入"制造费用""管理费用""销售费用"等账户的借方及所属明细账的有关费用项目中。在这种情况下，月末"辅助生产成本"账户一般无余额。

在企业只有一个辅助生产车间或虽然有两个以上的辅助生产车间，但各辅助生产车间之间不相互提供产品或劳务的情况下，月末分配辅助生产费用可直接从"辅助生产成本"账户的贷方转入"基本生产成本""制造费用""管理费用""销售费用"等账户的借方。

在企业有两个或两个以上的辅助生产车间,且各辅助生产车间之间也相互提供产品或劳务的情况下,例如,供水车间为供电车间供水,供电车间为供水车间供电,则辅助生产费用的分配较为复杂。因为要计算供水车间的成本,应首先计算供电车间的成本;而要计算供电车间的成本,又必须先计算供水车间的成本。这就使得辅助生产费用的分配交互影响,彼此制约,给分配工作带来困难。因此要将辅助生产费用分配给各受益对象,需首先在各辅助生产车间之间进行分配,然后再对外分配,即在辅助生产车间以外的各受益对象之间进行分配。常用的分配方法有:直接分配法、交互分配法、计划成本分配法、代数分配法和顺序分配法。

在实际工作中,辅助生产费用的分配是通过编制"辅助生产费用分配表"进行的。

1. 直接分配法

直接分配法是将各辅助生产车间实际发生的辅助生产费用,直接在辅助生产车间以外的各受益单位之间进行分配,而不考虑辅助生产车间之间相互提供产品或劳务的情况,其计算公式如下:

$$某种辅助生产费用分配率 = \frac{待分配的该种辅助生产费用总额}{辅助生产车间以外各受益单位耗用该种劳务的数量之和}$$

$$某受益单位应分配的费用 = 该单位耗用的劳务数量 \times 辅助生产费用分配率$$

【例 3-20】 假设某企业设有供水、供电两个辅助生产车间,供水车间 20××年 6 月份的生产费用为 17 570 元,供电车间 6 月份的生产费用为 14 410 元,各受益部门耗用的劳务数量如表 3-11 所示。

表 3-11

受益单位耗用的劳务数量表

供应部门 受益单位	供水车间	供电车间
供水车间		1 025
供电车间	2 000	
A 产品	20 000	15 000
B 产品	18 000	9 000
第一生产车间	4 000	5 000
第二生产车间	5 000	3 000
厂部管理部门	3 200	750
合 计	52 200	33 775

根据以上资料,采用直接分配法分配辅助生产费用。其计算过程如下:

$$供水车间费用分配率 = \frac{17\,570}{52\,200 - 2\,000} = 0.35$$

$$供电车间费用分配率 = \frac{14\,410}{33\,775 - 1\,025} = 0.44$$

辅助生产费用分配表如表 3-12 所示。

表 3-12

辅助生产费用分配表（直接分配法）

20××年6月　　　　　　　　　　　　　　　　　　金额单位：元

项目		供水车间 分配率：0.35		供电车间 分配率：0.44		合计
		供水吨数（吨）	金额	供电度数（度）	金额	
待分配的辅助生产费用		50 200	17 570	32 750	14 410	31 980
基本生产成本	A产品	20 000	7 000	15 000	6 600	13 600
	B产品	18 000	6 300	9 000	3 960	10 260
制造费用	一车间	4 000	1 400	5 000	2 200	3 600
	二车间	5 000	1 750	3 000	1 320	3 070
管理费用		3 200	1 120	750	330	1 450
合计		50 200	17 570	32 750	14 410	31 980

根据以上辅助生产费用分配表，编制会计分录如下：

借：基本生产成本——A产品　　　　　　　　　　　　　　　13 600
　　　　　　　　——B产品　　　　　　　　　　　　　　　10 260
　　制造费用——一车间　　　　　　　　　　　　　　　　　 3 600
　　　　　　——二车间　　　　　　　　　　　　　　　　　 3 070
　　管理费用　　　　　　　　　　　　　　　　　　　　　　 1 450
　贷：辅助生产成本——供水车间　　　　　　　　　　　　　17 570
　　　　　　　　　——供电车间　　　　　　　　　　　　　14 410

采用直接分配法，不考虑各辅助生产车间之间相互提供的劳务，是以所提供的劳务全部为基本生产车间和企业其他部门耗用为前提，因此这种分配方法比较简便，适合于在辅助生产车间内部相互提供的产品或劳务不多，不进行交互分配对辅助生产成本和企业产品成本影响不大，或虽然各辅助生产车间相互提供的劳务较多，但相互提供的劳务成本相差不大，基本上可以相互抵销的情况。但在辅助生产车间之间相互提供的劳务较多，且提供的劳务成本不平衡时，企业不宜采用这种分配方法。

2. 交互分配法

所谓交互分配法，是指首先应根据各辅助生产车间相互提供的产品或劳务数量和交互分配前的单位成本进行一次交互分配；其次将各辅助生产车间交互分配后的实际费用,即交互分配前的辅助生产费用加上交互分配转入的费用,减去交互分配转出的费用,按提供产品或劳务的数量,在辅助生产车间以外的各受益部门之间进行分配,交互分配法的计算过程如下:

(1) 交互分配。只在各辅助生产车间之间交互分配费用,对基本生产车间和其他受益部门不进行分配,其计算公式如下:

$$某种辅助生产费用交互分配率 = \frac{该辅助生产车间直接发生的费用总额}{该辅助生产车间提供的劳务总量}$$

$$其他辅助生产车间应交互分配额 = 该辅助生产车间耗用的劳务量 \times 交互分配率$$

(2) 对外分配。将各辅助生产车间交互分配后的实际费用,按提供的劳务数量,采用直接分配法,分配给基本生产车间和其他受益部门,其计算公式如下:

$$某辅助生产车间交互分配后的实际费用 = 该辅助生产车间交互分配前的费用 + 交互分配转入的辅助生产费用 - 交互分配转出的辅助生产费用$$

$$某辅助生产车间交互分配后的分配率 = \frac{该辅助生产车间交互分配后的实际费用}{该辅助生产车间提供的劳务数量 - 交互分配的劳务数量}$$

$$辅助生产车间以外的各受益单位应分配的辅助生产费用 = 该受益单位耗用的劳务数量 \times 交互分配后的分配率$$

【例 3-21】 仍用[例 3-20]资料,采用交互分配法分配辅助生产费用,计算过程如下:

首先,计算辅助生产费用交互分配率:

供水车间费用交互分配率 = 17 570÷52 200 = 0.336 6
供电车间费用交互分配率 = 14 410÷33 775 = 0.426 6

其次,进行交互分配:

供水车间分配的电费 = 1 025×0.426 6 = 437.265(元)
供电车间分配的水费 = 2 000×0.336 6 = 673.2(元)

再次,计算交互分配后的实际费用:

供水车间交互分配后的实际费用 = 17 570+437.265−673.2 = 17 334.065(元)
供电车间交互分配后的实际费用 = 14 410+673.2−437.265 = 14 645.935(元)

接着,计算交互分配后的分配率:

供水车间交互分配后的分配率 = 17 334.065÷(52 200−2 000) = 0.345 3
供电车间交互分配后的分配率 = 14 645.935÷(33 775−1 025) = 0.447 2

最后,计算对外分配费用:

A 产品分配的水费 = 0.345 3×20 000 = 6 906(元)
A 产品分配的电费 = 0.447 2×15 000 = 6 708(元)
B 产品分配的水费 = 0.345 3×18 000 = 6 214.5(元)
B 产品分配的电费 = 0.447 2×9 000 = 4 024.8(元)

第一基本生产车间分配的水费=0.345 3×4 000=1 381.2(元)
第一基本生产车间分配的电费=0.447 2×5 000=2 236(元)
第二基本生产车间分配的水费=0.345 3×5 000=1 726.3(元)
第二基本生产车间分配的电费=0.447 2×3 000=1 341.6(元)
厂部管理部门分配的水费=0.345 3×3 200=1 104.96(元)
厂部管理部门分配的电费=0.447 2×750=335.4(元)

"辅助生产费用分配表"如表 3-13 所示。

表 3-13

辅助生产费用分配表(交互分配法)

20××年6月　　　　　　　　　　　　　　　金额单位：元

项目			供水车间			供电车间			合计
			供水吨数(吨)	分配率	金额	供电度数(度)	分配率	金额	
待分配的辅助生产费用			52 200	0.336 6	17 570	33 775	0.426 6	14 410	31 980
交互分配	辅助生产成本	供水车间			+437.265	-1 025	0.426 6	-437.265	
		供电车间	-2 000	0.336 6	-673.2			+673.2	
对外分配的辅助生产费用			50 200	0.345 3	17 334.065	32 750	0.447 2	14 645.935	31 980
对外分配	基本生产成本	A产品	20 000		6 906	10 500		6 708	13 614
		B产品	18 000		6 215.4	9 000		4 024.8	10 240.2
	制造费用	一车间	4 000		1 381.2	5 000		2 236	3 617.2
		二车间	5 000		1 726.5	3 000		1 341.6	3 068.1
	管理费用		3 200		1 104.965	750		335.535	1 440.5
合计			50 200		17 334.065	32 750		13 645.935	31 980

根据以上辅助生产费用分配表,编制会计分录如下:

a. 交互分配。

借:辅助生产成本——供水车间　　　　　　　　　　　437.265
　　　　　　　　——供电车间　　　　　　　　　　　673.200
　贷:辅助生产成本——供电车间　　　　　　　　　　　437.265
　　　　　　　　——供水车间　　　　　　　　　　　673.200

b. 对外分配。

借：基本生产成本——A产品	13 614.000
——B产品	10 240.200
制造费用——一车间	3 617.200
——二车间	3 068.100
管理费用	1 440.500
贷：辅助生产成本——供水车间	17 334.065
——供电车间	14 645.935

在实际工作中，辅助生产车间是否通过"制造费用"账户单独核算间接费用，对交互分配法的内容和账务处理会产生不同的影响。如果辅助生产车间单设了"制造费用"账户，辅助生产车间相互提供劳务进行交互分配时，某辅助生产车间分配进来的费用，一般属于间接费用，记入该辅助生产车间的"制造费用"账户，而不是"辅助生产成本"账户，等到交互分配结束后，对外分配开始之前，还需要将"制造费用"账户转入"辅助生产成本"账户。

采用交互分配法分配辅助生产费用，克服了辅助生产车间之间不分配费用的缺点，从而提高了分配的正确性。但在实行厂部、车间两级核算时，辅助生产车间只能在接到厂部财务部门转来的其他辅助车间分入的费用后，才能计算出实际费用，因而影响了成本核算的及时性。各辅助生产费用分配时要计算两个分配率，要进行两次分配，因而计算工作量较大。为了克服交互分配法的缺点，发扬其优点，计划管理基础比较好的企业，也可以采用计划成本分配法，对辅助生产费用进行分配。

3. 计划成本分配法

计划成本分配法也称内部结算价格分配法，是按辅助生产车间提供的产品或劳务的计划单位成本和各受益部门实际耗用的产品或劳务量计算分配辅助生产费用的一种方法。企业采用这种分配方法时，首先，根据各辅助生产车间对外（包括其他辅助生产车间）提供的劳务数量和计划单位成本，将辅助生产费用分配给各受益部门和受益产品；其次，将辅助生产车间实际发生的费用（包括辅助生产车间按计划单位成本交互分配转入的费用）与按计划单位成本分配转出的费用之间的差额，进行追加分配给辅助生产车间以外的各受益对象，为了简化核算，也可以将其差额直接记入"管理费用"账户。如果是超支差异，则记入"管理费用"账户的借方，如果是节约差异，则用红字记入"管理费用"账户的借方，其计算过程如下：

(1) 根据各部门实际耗用劳务数量和计划单位成本分配辅助生产费用，其计算公式如下：

某受益单位应分配的辅助生产费用 = 该受益单位耗用的劳务数量 × 计划单位成本

（2）计算各辅助生产车间的实际生产费用，其计算公式如下：

某辅助生产车间的实际费用 = 该辅助生产车间直接发生的费用 + 按计划单位成本由其他辅助车间转入的费用

（3）计算各辅助生产车间费用分配差额，其计算公式如下：

某辅助生产车间费用分配差额 = 该辅助生产车间的实际费用 − 该辅助生产车间按计划成本分配的数额

【例3-22】 仍用[例3-20]资料，假设供水车间每吨水的计划单位成本为0.34元，供电车间每度电的计划单位成本为0.50元，按计划成本分配法分配辅助生产费用。计算过程如下：

首先，计算辅助生产车间的实际费用。

供水车间的实际费用 = 17 570 + 512.5 = 18 082.5（元）
供电车间的实际费用 = 14 410 + 680 = 15 090（元）

其次，计算辅助生产车间的费用分配差额。

供水车间的差额 = 18 082.5 − 17 748 = 334.5（元）
供电车间的差额 = 15 090 − 16 887.5 = −1 797.5（元）

"辅助生产费用分配表"如表3-14所示。

表3-14

辅助生产费用分配表（计划成本分配法）

20××年6月　　　　　　　　　　　　　　　　　　金额单位：元

项目		供水车间 （计划单位成本0.34元）		供电车间 （计划单位成本0.50元）		合计
		供水吨数（吨）	金额	供电度数（度）	金额	
辅助 生产成本	供水车间			1 025	512.5	512.5
	供电车间	2 000	680			680
基本 生产成本	A产品	20 000	6 800	15 000	7 500	14 300
	B产品	18 000	6 120	9 000	4 500	10 620

第三章　生产费用的核算

(续表)

项目		供水车间 (计划单位成本 0.34 元)		供电车间 (计划单位成本 0.50 元)		合计
		供水吨数 (吨)	金额	供电度数 (度)	金额	
制造费用	一车间	4 000	1 360	5 000	2 500	3 860
	二车间	5 000	1 700	3 000	1 500	3 200
管理费用		3 200	1 088	250	375	1 463
按计划成本分配合计		52 200	17 748	33 775	16 887.5	34 635.5
辅助生产实际费用			18 082.5		15 090	33 172.5
辅助生产成本差异			+334.5		−1 797.5	−1 463

根据以上辅助生产费用分配表，编制会计分录如下：

a. 按计划单位成本分配辅助生产费用。

借：基本生产成本——A产品　　　　　　　　　　　　14 300.0
　　　　　　　　——B产品　　　　　　　　　　　　10 620.0
　　辅助生产成本——供水车间　　　　　　　　　　　　512.5
　　　　　　　　——供电车间　　　　　　　　　　　　680.0
　　制造费用——一车间　　　　　　　　　　　　　　3 860.0
　　　　　　——二车间　　　　　　　　　　　　　　3 200.0
　　管理费用　　　　　　　　　　　　　　　　　　　1 463.0
　贷：辅助生产成本——供水车间　　　　　　　　　　17 748.0
　　　　　　　　　——供电车间　　　　　　　　　　16 887.5

b. 结转差异。

借：管理费用　　　　　　　　　　　　　　　　　　　1 463.0
　贷：辅助生产成本——供水车间　　　　　　　　　　　 334.5
　　　　　　　　　——供电车间　　　　　　　　　　 1 797.5

采用计划成本分配法分配辅助生产费用，既可以简化核算工作，又可以通过辅助生产成本差异的计算，反映、考核和分析辅助生产成本计划的完成情况，便于辅助生产车间和各受益单位进行成本分析。但采用这一分配方法，必须具有完备的、正确可靠的成本计划资料。当按计划成本分配额与实际费用差额较大时，需及时对计划单位成本进行修改，以使其更接近于实际水平。

4. 代数分配法

代数分配法是根据解联立方程的原理，首先建立一个多元一次方程组，计算出各辅助生产车间提供产品或劳务的单位成本，然后再根据各受益单位耗用的产品或劳务数量和单位成本分配辅助生产费用的一种方法，其计算公式如下：

某辅助生产车间提供的劳务数量 × 该劳务的单位成本 = 该辅助生产车间直接发生的费用 + 该辅助生产车间耗用其他辅助生产车间劳务的数量 × 其他辅助生产车间劳务的单位成本

某受益单位应分配的辅助生产费用 = 该受益单位耗用的劳务数量 × 劳务的单位成本

【例 3-23】 仍用[例 3-20]资料，设 x 为每吨水的单位成本；y 为每度电的单位成本，按代数分配法分配辅助生产费用。其计算过程如下：

a. 根据以上资料列出二元一次方程组：

$$17\,570 + 1\,025y = 52\,200x$$
$$14\,410 + 2\,000x = 33\,775y$$

b. 计算求得：

$$x = 0.345\,4（每吨水的单位成本）$$
$$y = 0.447\,1（每度电的单位成本）$$

辅助生产费用分配表如表 3-15 所示。

表 3-15

辅助生产费用分配表（代数分配法）

20××年6月　　　　　　　　　　　　　　　　　　　　金额单位：元

项目		供水车间		供电车间		合计
		供水吨数(吨)	金额	供电度数(度)	金额	
直接发生的费用			17 570		14 410	31 980
分配转入的费用			458.277 5		690.8	1 149.077 5
实际费用			18 028.277 5		15 100.8	33 129.077 5
分配率		0.345 4		0.447 1		
辅助生产成本	供水车间			1 025	458.277 5	458.277 5
	供电车间	2 000	690.8			690.8
基本生产成本	A产品	20 000	6 908	15 000	6 706.5	13 614.5
	B产品	18 000	6 217.2	9 000	4 023.9	10 241.1
制造费用	一车间	4 000	1 381.6	5 000	2 235.5	3 617.1
	二车间	5 000	1 727	3 000	1 341.3	3 068.3
管理费用		3 200	1 103.677 5	750	335.322 5	1 439
合计		52 200	18 028.277 5	33 775	15 100.8	33 129.077 5

根据以上辅助生产费用分配表，编制会计分录如下：

借：辅助生产成本——供水车间　　　　　　　　　　　458. 277 5
　　　　　　　　　——供电车间　　　　　　　　　　　690. 800 0
　　基本生产成本——A 产品车间　　　　　　　　　　13 614. 500 0
　　　　　　　　　——B 产品车间　　　　　　　　　　10 241. 100 0
　　制造费用——一车间　　　　　　　　　　　　　　　3 617. 100 0
　　　　　　——二车间　　　　　　　　　　　　　　　3 068. 300 0
　　管理费用　　　　　　　　　　　　　　　　　　　　1 439. 000 0
贷：辅助生产成本——供水车间　　　　　　　　　　　18 028. 277 5
　　　　　　　　　——供电车间　　　　　　　　　　　15 100. 800 0

采用代数分配法分配辅助生产费用，一个显著的优点就是分配结果准确。但是当企业的辅助生产车间较多时，所需要设立的未知数也较多，这样再通过建立方程组求解，计算过程就会相当麻烦。因此，代数分配法一般适用于辅助生产车间较少或会计工作已实现电算化的企业。

5. 顺序分配法

顺序分配法也称梯形分配法，是指各辅助生产车间按照耗用其他辅助生产车间提供的劳务费用的多少排成顺序，耗用其他辅助生产车间费用少的基本生产车间排列在先，先将其费用分配出去，耗用其他辅助生产车间费用多的辅助生产车间排列在后，后将其费用分配出去的一种方法。采用这种方法，各辅助生产车间的费用只分配给排列在其后面的其他辅助生产车间及辅助生产车间以外的各受益单位，而排列在前面的辅助生产车间不负担排列在后面的辅助生产车间的费用，其计算公式如下：

$$\text{某辅助生产车间费用分配率} = \frac{\text{该辅助生产车间直接发生的费用} + \text{前面辅助生产车间分配转入的费用}}{\text{该辅助生产车间提供的劳务数量} - \text{前面辅助生产车间耗用的该劳务数量}}$$

$$\text{各受益单位应分配的辅助生产费用} = \text{该受益单位耗用的劳务数量} \times \text{辅助生产费用分配率}$$

【例 3-24】 仍用[例 3-20]资料，由于供水车间耗用供电车间的电费少，而供电车间耗用供水车间的水费多，所以供水车间排列在先，先将费用分配出去。分配时，不但要将供水成本分配给基本生产车间、行政管理等部门，还要分配给排列在后的供电车间。由于供电车间排列在后，因此，其所需分配的费用由两部分组成：一是本车间直接发生的费用；二是供水车间分配转入的费用，其所分配的劳务数量要扣除供水车间耗用的 1 025 度电，按顺序分配法分配辅助生产费用。

其计算过程如下：

　　供水车间分配率 = 17 570 ÷ 52 200 = 0. 336 6
　　供电车间分配率 = (14 410 + 0. 336 6 × 2 000) ÷ (33 775 − 1 025) = 0. 460 6

辅助生产费用分配表如表 3-16 所示。

表 3-16

辅助生产费用分配表(顺序分配法)

20××年6月　　　　　　　　　　　　　　　　　金额单位：元

项　目		供水车间		供电车间		合计
		供水吨数（吨）	金额	供电度数（度）	金额	
直接发生的费用			17 570		14 410	31 980
分配转入的费用					673.2	673.2
待分配的费用总额			17 570		15 083.2	32 653.2
分配率		0.336 6		0.460 6		
辅助生产成本	供水车间			1 025		
	供电车间	2 000	673.2			673.2
基本生产成本	A产品	20 000	6 732	15 000	6 909	13 641
	B产品	18 000	6 058.8	9 000	4 145.4	10 204.2
制造费用	一车间	4 000	1 346.4	5 000	2 303	3 649.4
	二车间	5 000	1 683	3 000	1 381.8	3 064.8
管理费用		3 200	1 076.6	750	344	1 420.6
合　计		52 200	17 570	33 775	15 083.2	32 653.2

根据以上辅助生产费用分配表,编制会计分录如下：

借：辅助生产成本——供电车间　　　　　　　　　　　　673.2
　　基本生产成本——A产品　　　　　　　　　　　　13 641.0
　　　　　　　　——B产品　　　　　　　　　　　　10 204.2
　　制造费用——一车间　　　　　　　　　　　　　　3 649.4
　　　　　——二车间　　　　　　　　　　　　　　　3 064.8
　　管理费用　　　　　　　　　　　　　　　　　　　1 420.6
　　贷：辅助生产成本——供水车间　　　　　　　　17 570.0
　　　　　　　　　　——供电车间　　　　　　　　15 083.2

顺序分配法的关键是确定辅助生产车间的排列顺序。对于两个辅助生产车间而言,排列顺序只需要根据受益金额的多少来确定,受益金额少的排列在前,受益金额多的排列在后；而对于三个或三个以上的辅助生产车间而言,排列的顺序不能简单地依据受益金额的多少来确定,而应该根据受益金额与贡献金额的比值的大小来确定,比值小的排列在前,比值大的排列在后。

采用顺序法分配辅助生产费用,计算方法简便,各辅助生产车间只分配一次费用,一定程度上简化了核算工作。但是,由于排列在先的辅助生产车间不负担排列在后的辅助生产车间的费用,分配的准确性会受到影响。因此,这种分配方法一般适用于各辅助生产车间之间相互提供劳务有明显顺序的企业。

以上分析介绍了辅助生产费用的各种分配方法,企业应根据生产的特点和其他方面的条件,确定其中的某一种方法来分配辅助生产费用。在选择分配方法时,企业要遵循成本-效益原则,分配方法既应简单易行,同时也不要一味追求分配结果的准确性而使分配方法过于复杂。

第四节 制造费用的核算

制造费用是指制造业企业的生产单位(车间或工厂)为生产产品或提供劳务而发生的应该计入产品成本,但没有单独设置成本项目的各项生产费用。制造费用的内容很多,按照其用途不同,可将其分为如下三种类型:

第一,直接用于产品生产,但管理上不要求或不便于单独核算,因而,没有专设成本项目的费用。这种类型的制造费用如车间机器设备的折旧费、租赁费、保险费、低值易耗品摊销费、设计制图费、试验检验费以及没有专设成本项目的动力费等。

第二,间接用于产品生产的费用。这种类型的制造费用如机物料消耗、车间生产用房屋及建筑物的折旧费、租赁费、保险费、车间生产用照明费、劳动保护费、取暖费、运输费、辅助生产车间转入的费用、季节性停工的损失等。

第三,车间或分厂用于组织和管理产品生产所发生的管理费用。这种类型的制造费用如车间管理人员的薪酬费用、车间管理用固定资产的折旧费、租赁费、保险费、管理用照明费、水费、取暖费、差旅费、办公费等。

制造费用是产品成本的重要组成部分,所以正确合理地组织制造费用的核算,对于正确计算产品成本,控制各车间、部门费用的开支,考核费用预算的执行情况,降低产品的生产成本具有重要作用。

一、制造费用的归集

企业为了核算和监督所发生的制造费用,应设置"制造费用"账户。该账户借方登记发生的制造费用,贷方登记月末分配计入产品成本的制造费用,除按照计划分配率分配制造费用外,该账户月末一般无余额。为了具体反映各车间、分厂制造费用的发生及分配情况,需按照车间、分厂设置明细账进行明细分类核算。在一般情况下,"制造费用"账户只核算基本生产车间所发生的各项制造费用,不核算辅助生产车间的制造费用,即:辅助生产车间发生的各项制造费用,直接记入"辅助生产"账户的借方。但是如果辅助生产车间的制造费用较大,管理上需要单独予以反映和监督,辅助生产车间发生的各项制造费用也可以通过"制造费用"账户来核算。这时"制造费用"账户就应首先按基本生产车间、辅助生产车间设置明细账,然后再分别各车间进行明细核算。此外,由于制造费用内容多而复杂,实务中,为了简化核算工作,会计人员一般要在明细账中按费用项目设置专栏以反映各费用项目的发生情况。

制造费用的归集就是根据前面要素费用分配、跨期摊提费用分配、辅助生产费用分配的有关费用分配表及记账凭证,按照费用发生的地点和用途登记"制造费用"总账及其明细账的过程。在实行预算管理的企业,月末可将归集在"制造费用"总账及明细账中的制造费用实际发生额同预算额进行比较,以考核预算的执行情况。

【例3-25】 某企业20××年6月份根据前列各项要素费用,跨期摊提费用及辅助生产费用的分配,登记制造费用明细账,如表3-17和表3-18所示。

表3-17

制造费用明细账

车间:第一基本生产车间　　　　　20××年6月　　　　　　　　　单位:元

20××年		凭证字号	摘 要	机物料消耗	燃料及动力费	薪酬费用	折旧费	保险费	水电费	其他费用	合计	转出
月	日											
6	30	(略)	根据材料费用分配表	130							130	
6	30		根据动力费用分配表		200						200	
6	30		根据薪酬费用分配表			5 700					5 700	
6	30		根据折旧费用分配表				10 000				10 000	
6	30		根据预付账款分配表					1 000			1 000	
6	30		根据辅助生产费用分配表						3 600		3 600	
6	30		根据银行存款付款凭证							3 140	3 140	
			合 计	130	200	5 700	10 000	1 000	3 600	3 140	23 770	
6	30		根据制造费用分配表									23 770

表 3-18

制造费用明细账

车间：第二基本生产车间　　　20××年6月　　　　　　单位：元

20××年 月	日	凭证字号	摘要	机物料消耗	燃料及动力费	薪酬费用	折旧费	保险费	水电费	其他费用	合计	转出
6	30	(略)	根据材料费用分配表	100							100	
6	30		根据动力费用分配表		100						100	
6	30		根据薪酬费用分配表			2 280					2 280	
6	30		根据折旧费用分配表				5 000				5 000	
6	30		根据预付账款分配表					100			100	
6	30		根据辅助生产费用分配表						3 070		3 070	
6	30		根据银行存款付款凭证							2 100	2 100	
			合　计	100	100	2 280	5 000	100	3 070	2 100	12 750	
6	30		根据制造费用分配表									12 750

二、制造费用的分配

为了正确地计算产品的生产成本，月末应将制造费用明细账中归集的制造费用总额按照一定的标准和方法分配计入各种产品成本中。在只生产一种产品的车间或分厂，制造费用可直接计入该种产品的生产成本，不用分配。而在生产多种产品的车间或分厂，则应采用适当的分配方法，将制造费用分配计入各种产品的生产成本。

制造费用常用的分配方法有：生产工人工时比例法、生产工人工资比例法、机器工时比例法、计划分配率法等。制造费用的分配方法一经确定，不应随意变动。

（一）生产工人工时比例法

生产工人工时比例法也称生产工时比例分配法，是以各种产品耗用的生产工人的工时数作为分配标准，分配制造费用的一种方法，又可分为实际工时比例法和定额工时比例法两种。采用生产工人工时比例分配法的前提条件是企业应具有较准确的产品生产工时记录。其计算公式如下：

$$制造费用分配率 = \frac{待分配的制造费用总额}{各种产品生产工时(实际或定额)之和}$$

$$\begin{matrix}某产品应分配的\\ 制造费用\end{matrix} = \begin{matrix}该种产品生产工人工时\\ (实际或定额)\end{matrix} \times \begin{matrix}制造费用\\ 分配率\end{matrix}$$

【例 3-26】 假设某企业 20××年 6 月份第一基本生产车间共发生制造费用 23 770 元,第二基本生产车间共发生制造费用 12 750 元。A、B 两种产品在第一基本生产车间共耗用生产工人工时为 25 000 工时,其中 A 为 18 750 小时,B 为 6 250 小时;A、B 两种产品在第二基本生产车间共耗用生产工人工时为 15 000 工时,其中 A 为 11 250 小时,B 为 3 750 小时。根据以上资料,采用生产工人工时比例法分配制造费用,其计算过程如下:

第一基本生产车间制造费用分配率 = 23 770 ÷ 25 000 = 0.950 8
A 产品应分配的制造费用 = 0.950 8 × 18 750 = 17 827.5(元)
B 产品应分配的制造费用 = 0.950 8 × 6 250 = 5 942.5(元)
第二基本生产车间制造费用分配率 = 12 750 ÷ 15 000 = 0.85
A 产品应分配的制造费用 = 0.85 × 11 250 = 9 562.5(元)
B 产品应分配的制造费用 = 0.85 × 3 750 = 3 187.5(元)

在实际工作中,制造费用的分配通常是通过编制制造费用分配表来完成的,其格式如表 3-19 和表 3-20 所示。

表 3-19

制造费用分配表

车间:第一基本生产车间　　　　　20××年 6 月　　　　　金额单位:元

应借科目		生产工时	分配率	金额
总账科目	明细科目	(小时)		
基本生产成本	A 产品	18 750		17 827.5
	B 产品	6 250		5 942.5
合　计		25 000	0.950 8	23 770

表 3-20

制造费用分配表

车间:第二基本生产车间　　　　　20××年 6 月　　　　　金额单位:元

应借科目		生产工时	分配率	金额
总账科目	明细科目	(小时)		
基本生产成本	A 产品	11 250		9 562.5
	B 产品	3 750		3 187.5
合　计		15 000	0.85	12 750

根据以上制造费用分配表,编制会计分录如下:

借:基本生产成本——A产品　　　　　　　　　　　　　　27 390
　　　　　　　　——B产品　　　　　　　　　　　　　　 9 130
　贷:制造费用——一车间　　　　　　　　　　　　　　　23 770
　　　　　　——二车间　　　　　　　　　　　　　　　12 750

按生产工人工时比例法分配制造费用,工时资料比较容易取得,方法比较简单,能将工人的劳动生产率的高低与产品负担的制造费用紧密联系起来,分配结果比较合理,便于提高职工的劳动效率。但是如果车间生产的各种产品机械化程度差异较大,采用生产工人工时作为分配标准,会使机械化程度较低的产品负担过多的制造费用,从而使分配结果与实际情况差异较大。因为,机械化程度越高,机械设备的折旧费、修理费、保险费、经营租赁费也越多,其生产的产品应负担越多的制造费用。所以,此方法适用于各产品机械化程度大致相同的车间或分厂。

(二)生产工人工资比例法

生产工人工资比例法是以各种产品耗用的生产工人工资作为分配标准,分配制造费用的一种方法。由于在制造费用分配以前,工资等费用要素已经分配完毕,因而各种产品的生产工人的工资数据比较容易取得。其计算公式如下:

$$制造费用分配率 = \frac{待分配的制造费用总额}{各种产品生产工人工资总额}$$

$$某种产品应分配的制造费用 = 该种产品生产工人工资 \times 制造费用分配率$$

按生产工人工资比例法分配制造费用,由于产品成本计算单中有现成的生产工人工资核算资料,因此这种分配方法核算工作简便。由于与采用生产工人工时比例法相同的原因,该种方法也适用于各产品机械化程度大致相同的企业。

如果生产工人工资是按照生产工人工时比例分配计入各种产品成本的,那么,按照生产工人工资比例分配制造费用,实际上也就是按照生产工人工时比例分配制造费用,这种方法的计算分配结果与生产工人工时比例法基本相同。

(三)机器工时比例法

机器工时比例法是以各种产品所耗用的机器设备的运转时间作为分配标准,分配制造费用的一种方法。采用这一分配方法的前提条件是必须掌握各种产品所耗用的机器运转工时的原始记录。其计算公式如下:

$$制造费用分配率 = \frac{待分配的制造费用总额}{各种产品耗用机器设备总工时数}$$

$$某种产品应分配的制造费用 = 该产品耗用机器设备工时数 \times 制造费用分配率$$

采用机器工时比例法分配制造费用,将制造费用的分配与机器设备的使用联系在一起。因为有些企业的机械化程度较高,所发生的制造费用,如折旧费、修理费和消耗性的材料费用等与机器设备运转的时间有着直接的联系,所占的比重也比较大。所以,这一分配方法广泛地运用于机械化程度较高的企业或车间,在受益产品机械化程度不相同时分配结果也较为合理。

制造费用的分配除了采用以上标准外,还可以采用耗用的材料数量或成本、直接成本、产品数量等标准分配。但这些分配标准一般只能在产品性能、结构、所用原材料和工艺过程基本相同的情况下采用;否则,会影响分配结果的准确性。

在实际工作中,制造费用内容很多,性质和用途也很复杂,为了提高分配结果的准确性,也可以根据制造费用中各项费用的特点,将其划分为若干类别,如可分为与机器设备有关的费用、与房屋建筑物有关的费用、与销售和管理生产有关的费用等,然后再分别选择合理的标准进行分配。这样做虽然加大了核算的工作量,但对提高成本计算的正确性、加强成本管理具有重要意义。

(四)计划分配率法

计划分配率法是指不论各月实际发生的制造费用数额是多少,每月各种产品成本中的制造费用都按年度计划确定的计划分配率进行分配。采用这种分配方法,首先按照年度计划确定的各车间制造费用预算额和各产品定额工时,计算年度计划分配率。然后,各月按年度计划分配率和当月的实际产量等有关资料计算分配制造费用。其计算公式如下:

$$年度计划分配率 = \frac{年度制造费用计划总额}{年度内各种产品计划产量的定额工时总数}$$

某月某产品应分配的制造费用 = 该月该种产品实际产量的定额工时数 × 年度计划分配率

【例 3-27】 某企业基本生产车间全年制造费用计划总额为 81 000 元,全年各种产品的计划产量分别为:甲产品 2 000 件,乙产品 3 000 件,单件产品工时定额分别为:甲产品 6 小时,乙产品 5 小时;某月实际产量分别为:甲产品 220 件,乙产品 160 件;本月实际发生制造费用为 6 000 元。

根据以上资料,采用年度计划分配率分配制造费用,其计算过程如下:

甲产品年度计划产量的定额工时 = 2 000 × 6 = 12 000(小时)

乙产品年度计划产量的定额工时 = 3 000 × 5 = 15 000(小时)

$$制造费用年度计划分配率 = \frac{81\ 000}{12\ 000 + 15\ 000} = 3$$

甲产品本月实际产量的定额工时 = 220 × 6 = 1 320(小时)

乙产品本月实际产量的定额工时 = 160 × 5 = 800(小时)

该月甲产品应分配的制造费用 = 1 320 × 3 = 3 960(元)

该月乙产品应分配的制造费用 = 800 × 3 = 2 400(元)

该车间本月按计划分配率分配转出的制造费用 = 3 960 + 2 400 = 6 360(元)

当月的制造费用分配表如表 3-21 所示。

表 3-21

制造费用分配表

车间：基本生产车间　　　　　　　20××年6月　　　　　　　　金额单位：元

应借科目		生产工时（小时）	分配率	金额
总账科目	明细科目			
基本生产成本	甲产品	1 320		3 960
	乙产品	800		2 400
合　计		2 120	3	6 360

根据以上制造费用分配表，编制会计分录如下：

借：基本生产成本——甲产品　　　　　　　　　　　　　　　　3 960
　　　　　　　　——乙产品　　　　　　　　　　　　　　　　2 400
　　贷：制造费用　　　　　　　　　　　　　　　　　　　　　6 360

采用年度计划分配率法分配制造费用，各月份制造费用的实际发生额与按年度计划分配率计算的分配额可能不一致。因此，每月月末制造费用账户可能会出现余额。当余额为借方时，表示制造费用实际发生额大于已分配额，属于超支差异；当余额为贷方时，表示本年度累计已分配额超过其实际发生额，属于节约差异。该借方或贷方余额，平时一般不作处理。但如果年末仍有余额，则应将此余额按一定的标准分配计入12月份各有关产品的生产成本中。

假设上述基本生产车间年末"制造费用"账户出现借方余额2 000元，本年度甲、乙产品按年度计划分配率分配的制造费用分别为52 000元和28 000元，按各产品分配的制造费用比例分配差异额，计算过程如下：

$$制造费用差异分配率 = \frac{2\ 000}{52\ 000 + 28\ 000} = 0.025$$

甲产品应分配的差异额 $= 52\ 000 \times 0.025 = 1\ 300(元)$
乙产品应分配的差异额 $= 28\ 000 \times 0.025 = 700(元)$

由于差异额为正，故应按甲、乙两种产品分摊的差异额分别调增其各自的生产成本，编制调整会计分录如下：

借：基本生产成本——甲产品　　　　　　　　　　　　　　　　1 300
　　　　　　　　——乙产品　　　　　　　　　　　　　　　　700
　　贷：制造费用　　　　　　　　　　　　　　　　　　　　　2 000

如果差异额为负,则应按甲、乙两种产品分摊的差异额分别冲减其各自的生产成本,用红字编制相应的会计分录。无论差异额是正还是负,调整后,"制造费用"账户的余额应为零。

采用年度计划分配率分配制造费用,不必每月计算分配率,简化了分配工作,并且能及时地反映各月制造费用的预算额与实际额之间的差异,有利于对制造费用的执行情况进行控制和考核。尤其是在季节性生产的企业里,由于生产淡月和旺月的产量相差很悬殊,如果按照实际费用分配,在每月发生的制造费用相差不大的情况下,各月单位产品成本中的制造费用忽高忽低,而这种局面并不是由于车间工作本身造成的,所以会给成本分析工作带来很大麻烦。为了避免因产量变化而引起的各月产品成本的大幅波动,可采用该种方法分配制造费用。但是,该种方法要求企业必须具有较高的计划工作水平;否则,年度制造费用的计划数偏离实际数太大,就会影响成本计算的正确性。值得注意的是,年度内如果全年制造费用的实际发生额和按计划分配率分配的制造费用数额之间出现较大的差异,应及时调整计划分配率。

第五节 生产损失的核算

企业在生产过程中,不可避免地会发生各种损失,称为生产损失。生产损失一般包括废品损失和停工损失两类。产生生产损失的原因很多,诸如生产工艺水平、材料的质量、工人素质、企业管理水平等。不同的企业产生的生产损失,其数额大小也不一样。如果企业的生产损失数额较小,为了简化工作,可不予核算;但如果生产损失数额较大,为了减少生产损失的发生,明确各方经济责任,提高企业管理水平,就有必要对生产损失进行核算,以便及时提供这方面的信息资料。

一、废品损失的核算

废品是指制造业企业在生产过程中和产品入库后发现的质量不符合规定的技术标准,不能按原定用途使用,或者需再加工修复后才能使用的在产品、半成品和产成品。不论是在生产过程中发现的废品,还是在入库后发现的废品都应包括在内。企业发生的废品,既影响产品生产计划的完成,又会使产品成本上升,影响成本计划的完成,是人力、物力和财力的巨大浪费,因此,必须加强对废品的核算和控制。

废品可以按不同的标准进行分类。按废损程度和经济上是否有修复价值,可将废品分为可修复废品和不可修复废品两种。其中,可修复废品指的是那些在技术上可修复,在经济上修复也合算的废品;不可修复废品指的是那些在技术上不能修复,或虽然在技术上能修复但经济上修复不合算的废品。

按产生的原因不同,可将废品分为料废和工废两种。料废指的是那些由于材料质量、规格、性能等不符合要求而产生的废品;工废指的是那些在生产过程中由于加工技术、工人操作方法、技术水平等方面的缺陷所产生的废品。

废品损失是指由于废品的产生而给企业带来的损失。它包括生产过程中和入库后发现的各种废品的报废损失和修复损失。废品的报废损失是指不可修复废品的实际生产成本扣除回收的残料价值、应由过失人或有关单位赔偿后的净损失。废品的修复损失是指可修复废品在返修过程中所发生的修复费用扣除回收的残料价值、应由过失人或有关单位赔款后的净损失。在实际工作中，核算废品损失时还应注意以下几点：

第一，由造成废品的过失单位或个人所负担的赔款，应从废品损失中扣除。

第二，经质量检验部门鉴定，不需要返修即可降价出售的不合格品，在实际工作中称为次品，其成本与合格品成本相同，由降价产生的损失，应在计算销售损益时直接体现，不作为废品损失处理。

第三，产成品入库后，由于保管不善等原因而损坏变质所造成的损失，属于管理上的问题，应作为产成品报废毁损处理，不作为废品损失处理。

第四，实行"三包"（包退、包修、包换）的企业，在产品出售后发现的废品所造成的损失，应按照相应的会计规定进行处理，不作为废品损失处理。

为了减少废品损失，把好质量关，必须做好废品损失的核算工作，正确反映和监督废品损失的发生情况，以便分析原因，采取有效措施，努力减少和消灭废品。

质量检验部门发现废品时，应填制"废品通知单"，列明废品的种类、数量、产生废品的原因、过失人处理意见等。成本核算员应会同检验人员对"废品通知单"所列废品产生的原因和过失人处理意见等项目进行审核，只有经过审核的"废品通知单"，才能作为废品损失核算的原始凭证。

在单独核算废品损失的企业里，为了归集和分配生产过程中发生的废品损失，应设置"废品损失"（或"基本生产成本——废品损失"）账户。"废品损失"账户的借方登记发生的可修复废品的修复费用、不可修复废品的成本；贷方登记应由保险公司、责任人赔偿的款项、废品残料回收价值和结转的废品净损失。废品的净损失应转入当月生产的同种产品的生产成本中，由合格品成本负担。经过结转后，"废品损失"账户应无余额。"废品损失"账户一般按废品的品种设置明细账，在账内按规定的成本项目设置专栏，进行明细核算。此外，企业还应在产品成本计算单中增设"废品损失"成本项目。

对于废品率低，对产品成本影响不大的企业，如果管理部门不要求会计部门提供单独的废品损失资料，为简化核算工作，可以不设置"废品损失"账户及成本项目，而是将废品发生的耗费及修复费用与合格品的耗费混在一起，最终计入合格品成本，提高合格品的单位成本。

为了简化核算，辅助生产车间一般不单独核算废品损失，直接在"辅助生产成本"账户中核算。

(一) 不可修复废品损失的核算

由于不可修复废品的成本在报废之前,是同合格品的成本混在一起的,所以应采用适当的方法将某种产品的成本,在合格品和废品之间进行分配,从而计算不可修复废品的报废损失。不可修复废品成本的计算方法主要有如下两种。

1. 按实际成本计算废品损失

按实际成本计算废品损失是指将实际发生的各项生产费用按成本项目在合格品和废品之间进行分配。对于生产过程中发现的废品,当材料在生产开始时就一次性投入时,材料费用可按合格品与废品的数量比例分配;如果不是在生产开始时一次性投入的,而是随着生产进度陆续投入的,则可采用适当的方法,将废品折合成合格品的数量进行分配;其余的各成本项目,可按合格品和废品的工时比例进行分配。计算公式如下:

$$材料费用分配率 = \frac{材料费用总额}{合格品数量 + 废品数量}$$

废品应负担的材料费用 = 废品数量 × 材料费用分配率

$$其他费用分配率 = \frac{其他费用总额}{合格品工时 + 废品工时}$$

废品应负担的其他费用 = 废品工时 × 其他费用分配率

废品的实际成本 = 废品应负担的材料费用 + 废品应负担的其他费用

废品的报废损失 = 废品的实际成本 − 回收的废品残料价值 − 可收回的有关赔款

【例 3-28】 某企业第一基本生产车间 20××年×月份生产 A 产品 400 件。在生产过程中发现不可修复废品 20 件,发现时,废品已加工工时为 150 小时。本月 A 产品全部产品投入的原材料费用为 48 000 元,生产工人的薪酬费用为 80 000 元,制造费用为 7 000 元。产品生产总工时为 4 000 小时。废品残料的回收价值为 200 元。假设材料是在生产开始时一次投入的。根据以上资料,按实际成本计算废品损失。"废品损失计算表"如表 3-22 所示。

表 3-22

废品损失计算表

产品名称:A 产品
车间名称:第一基本生产车间　　　　20××年×月　　　　　　　　金额单位:元

项目	实际产量(件)	实际工时(小时)	直接材料	直接人工	制造费用	合计
费用总额	400	4 000	48 000	80 000	7 000	135 000
分配率			120	20	1.75	

(续表)

项　目	实际产量（件）	实际工时（小时）	直接材料	直接人工	制造费用	合计
合格品成本	380	3 850	45 600	77 000	6 737.5	129 337.5
废品成本	20	150	2 400	3 000	262.5	5 662.5
残料价值			200			200
废品损失			2 200	3 000	262.5	5 462.5

根据以上废品损失计算表，编制会计分录如下：

a. 结转不可修复废品的实际成本：

借：废品损失——A产品　　　　　　　　　　　　　　　　　　　　5 662.5
　　贷：基本生产成本——A产品　　　　　　　　　　　　　　　　　　5 662.5

b. 回收残料价值：

借：原材料　　　　　　　　　　　　　　　　　　　　　　　　　　200
　　贷：废品损失——A产品　　　　　　　　　　　　　　　　　　　　200

c. 结转废品净损失：

借：基本生产成本——A产品　　　　　　　　　　　　　　　　　　　5 462.5
　　贷：废品损失——A产品　　　　　　　　　　　　　　　　　　　　5 462.5

如果废品是在完工入库后发现的，则单位废品应承担的各项费用与单位合格品完全相同，可按合格品产量与废品数量的比例分配各项生产费用，计算废品的实际成本。按废品的实际成本计算和分配废品损失，符合实际，但核算工作量较大。因此，定额资料比较完整、准确的企业，也可以按定额成本计算废品损失。

2. 按定额成本计算废品损失

按定额成本计算废品损失，也叫定额成本计算法。该种方法是按废品的数量乘以各项费用定额计算出废品的定额成本，定额成本再扣除废品的残料价值，即可计算出废品损失。这种方法不考虑废品实际发生的费用是多少。其计算公式如下：

$$废品的定额成本 = 废品的数量 \times 单位废品的定额成本$$

【例3-29】　某企业第一基本生产车间20××年×月份生产B产品，期末验收入库时发现10件不可修复废品，废品残料回收价值为250元。

根据以上资料，按定额成本计算废品净损失。"废品损失计算表"如表3-23所示。

表 3-23

废品损失计算表

产品名称：B产品
车间：第一基本生产车间　　　　20××年×月　　　　　　　　　　　　单位：元

项　目	直接材料	直接人工	制造费用	合计
费用定额	350	160	90	600
废品定额成本	3 500	1 600	900	6 000
残料价值	250			250
废品损失	3 250	1 600	900	5 750

根据以上废品损失计算表，编制会计分录如下：

a. 结转废品定额成本：

借：废品损失——B产品　　　　　　　　　　　　　　　　　　　6 000
　　贷：基本生产成本——B产品　　　　　　　　　　　　　　　　　　6 000

b. 回收废品残料价值：

借：原材料　　　　　　　　　　　　　　　　　　　　　　　　　　250
　　贷：废品损失——B产品　　　　　　　　　　　　　　　　　　　　250

c. 结转废品净损失：

借：基本生产成本——B产品　　　　　　　　　　　　　　　　　5 750
　　贷：废品损失——B产品　　　　　　　　　　　　　　　　　　　5 750

按废品的定额成本计算废品损失，核算工作简便，而且还可使计入产品成本的废品损失数额不受废品实际费用水平高低的影响，从而有利于废品损失和产品成本的考核和分析。在具备比较准确的定额成本资料的情况下，大部分企业都采用这一方法。采用这种方法，必须具有健全准确的定额资料，否则会影响废品损失计算的正确性。

（二）可修复废品损失的核算

可修复废品返修以前发生的费用不是废品损失，应该保留在"基本生产成本"账户及其有关的成本计算单中，不必转出。返修发生的修复费用，应根据材料费用分配表、薪酬费用分配表、辅助生产费用分配表、制造费用分配表等，将修复废品所发生的各项费用记入"废品损失"账户的借方，如有残料价值或应收的赔款，应从"废品损失"账户的贷方转入"原材料""其他应收款"账户的借方，修复费用减去残值和赔款后的废品净损失，也应从"废品损失"账户的贷方转入"基本生产成本"账户的借方，同时记入返修产品成本计算单的"废品损失"成本项目中。可修复费用损失的核算,实质上是根据成本核算流程中要素费用的核算、跨期摊提费用的核算、辅助生产费用的核算以及制造费用的核算等各个环节,登记"废品损失"明细账,从而计算废品损失的过程。

可修复废品核算的会计分录如下:

a. 发生可修复废品的修复费用时:

借:废品损失——××产品
　贷:原材料
　　　应付职工薪酬——工资
　　　　　　　　　——职工福利
　　　辅助生产成本
　　　制造费用等

b. 结转应收赔款和残料价值时:

借:其他应收款——××人或单位
　　原材料
　贷:废品损失——××产品

c. 将废品净损失计入产品成本时:

借:基本生产成本——××产品
　贷:废品损失——××产品

值得注意的是,可修复废品修复费用的核算是指对当月实际发生的修复费用进行核算,它与可修复废品发现的时间无关。也就是说,本月发生的修复费用,不论废品是何时发现的,都作为本月的废品损失进行处理。同样,本月发现的废品,如果本月没有进行修复,则其将来修复时发生的修复费用,不能作为本月的废品损失处理。

二、停工损失的核算

停工损失是指生产车间或车间内某个班组在停工期内发生的各项费用,包括停工期内支付的生产工人的薪酬费用、所耗用的燃料和动力费和应负担的制造费用。过失人、过失单位以及保险公司负担的赔款,应从停工损失中扣除。为了简化核算,停工不满一个工作日的,可以不计算停工损失。企业哪些生产单位需要单独核算停工损失,以及计算停工损失的时间起点,应由主管部门规定,或由上级主管部门授权企业自行规定。

企业发生停工的原因很多,如电力中断、原材料供应不足、机械设备发生故障或进行大修理、发生非常灾害、计划减产等。由于自然灾害等原因引起的停工损失,应按规定转作"营业外支出"。除此之外,由于原材料供应不足、机器设备出现故障和计划减产等原因发生其他停工损失，应计入产品的成本。停工时，车间应填制"停工报告单"，并应在考勤记录中登记。在"停工报告单"内，车间应详细列明停工的车间、范围、原因、起止时间、过失人员、停工损失的金额等内容。"停工报告单"经有关部门审核后，作为核算停工损失的依据。

为了单独核算企业发生的停工损失，应设置"停工损失"（或基本生产——停工损失）账户进行核算。该账户的借方登记发生的停工损失，贷方登记转出的停工损失。结转后，该账户一般应无余额。停工损失一般按车间设置明细账，在账内按规定的成本项目设置专栏，进行明细核算。此外，企业还应在产品成本计算单中增设"停工损失"成本项目。企业发生停工损失时，应根据"停工报告单"及有关费用分配表进行账务处理，借记"停工损失"账户，贷记"原材料""应付职工薪酬——工资""应付职工薪酬——职工福利""制造费用"等账户。过失人、过失单位或保险公司的赔款，应借记"其他应收款"账户，贷记"停工损失"账户。

为了简化核算，辅助生产车间一般不单独核算停工损失，可直接在"辅助生产成本"账户中核算。

停工损失核算的会计分录如下：

a. 归集停工损失。

借：停工损失
　贷：原材料
　　　应付职工薪酬
　　　制造费用

b. 处理应收赔款。

借：其他应收款
　贷：停工损失

c. 结转停工净损失。

借：基本生产成本
　　营业外支出
　贷：停工损失

在停工损失发生较少，不单独核算停工损失的企业，不应设立"停工损失"账户和"停工损失"成本项目，停工期内发生的各种停工损失，直接记入"制造费用"和"营业外支出"等账户。

季节性生产企业发生的季节性停工以及大修理期间的停工，属于生产经营过程中的正常现象，停工期间发生的各项费用，不应作为停工损失核算。其中，制造费用可按计划分配率分配计入各月产品成本,其他费用可采用适当的方法分别由开工期间的产品成本负担。

第六节 产成品成本的核算

企业在生产经营过程中发生的各项生产费用通过上述归集和分配后,为生产产品所发生的生产费用都已记入"基本生产成本"账户及其所属的各产品成本计算单中。当月末没有在产品时,则本月发生的生产费用加上月初在产品成本就是本月完工产品的成本;当月末没有完工产品时,则本月发生的生产费用加上月初在产品的成本,就是月末在产品成本。当月末既有完工产品,又有未完工产品时,则本月发生的生产费用加上月初在产品成本,还应采用一定的方法在本月完工产品和月末在产品之间进行分配,才能计算出本月完工产品成本和月末在产品成本。

月初在产品成本、本月发生的生产费用、本月完工产品成本和月末在产品成本之间的关系,可用计算公式表示如下:

$$月初在产品成本 + 本月生产费用 = 本月完工产品成本 + 月末在产品成本$$

式中,在前两项已知的情况下,在本月完工产品和月末在产品之间分配费用的方法有两类:

第一,先确定月末在产品成本,然后再计算完工产品成本。

第二,将前两项成本费用之和在后两项之间按照一定的分配标准进行分配,同时计算出完工产品和月末在产品成本。

无论采用哪类方法,都必须先进行在产品数量的核算,取得在产品收、发和结存的数量资料。

一、在产品数量的核算

所谓在产品,是指没有完成全部生产过程,不能作为商品处理的产品,包括正在加工中的在产品、需要继续加工的半成品、等待验收入库的产成品、正在返修和等待返修的可修复废品。对外销售的自制半成品和不可修复废品不属于在产品。以上的在产品是从整个企业来说的,是广义的在产品。狭义的在产品是从某一生产车间或某一生产步骤来说的,只包括某车间或某生产步骤上正在加工的在产品(含返修中的废品)。

正确地核算在产品数量、计算在产品成本,是正确计算完工产品成本的关键;同时,做好在产品数量核算也有利于掌握生产进度,加强生产资金的管理,保护企业财产物资的安全完整。

在产品数量的核算主要包括两个方面:一是在产品日常收、发、存的核算;二是在产品清查的核算。在产品数量的核算与各种材料物资的数量核算一样,应同时具备账面资料和实际盘存资料。

(一)在产品日常收、发、存的核算

原则上,企业应根据期末在产品实际盘存数量计算在产品成本。但由于在产品品种多、数量大,每月都组织实地盘点有一定的困难,这样的企业可以根据在产品日常业务核算中月末结存的在产品数量计算在产品成本。企业通常按车间、产品品种和在产品的名称设置"在产品收、发、存明细账"(在产品台账),根据领料凭证、在产品内部转移凭证、产品检验凭证和交库凭证进行在产品日常数量的核算。"在产品收、发、存明细账"的格式如表3-24所示。

表3-24

在产品收、发、存明细账

产品名称:A
零部件名称:098
车间名称:第一基本生产车间　　　　20××年×月　　　　　　　　　　单位:件

20××年		摘要	收入		发出			结存		备注
月	日		凭证号	数量	凭证号	合格品	废品	完工	未完工	
6	1	(略)						100	500	
6	5		转字第10号	300			10	240	650	
6	12				转字第21号	350	10	260	270	
6	18		转字第26号	400	转字第28号	200	15	250	465	
		……								
6	30	合计		1 500		1 400	80	110	510	

(二)在产品清查的核算

"在产品收发结存明细账"是反映在产品数量动态变化的核算账簿,由于种种原因,该明细账的结存数量与实物的实际数量可能出现不一致。因此,为了保证在产品账实相符,保护在产品的安全完整,应该对在产品进行定期或不定期地清查。在产品的清查,应以不影响生产为前提,必须由生产工人和成本会计人员参加。清查结束后,应将清查结果与"在产品收发结存明细账"进行核对,编制"在产品盘存表"。在"在产品盘存表"中,列明在产品的账存数、实存数、盘盈盘亏数以及盈亏的原因和处理意见等。对于报废和毁损的在产品,还要登记残值。财会部门应对"在产品盘存表"进行认真审核,并根据规定报经有关部门批准,同时进行相应的账务处理。

1. 盘盈在产品的账务处理

（1）发现盘盈的在产品时，应按定额成本或计划成本入账：

借：基本生产成本
　　贷：待处理财产损溢——待处理流动资产损溢

（2）经批准后对盘盈的在产品进行处理时，应冲减"管理费用"：

借：待处理财产损溢——待处理流动资产损溢
　　贷：管理费用

2. 盘亏或毁损在产品的账务处理

（1）发现在产品盘亏或毁损时，应按实际成本入账：

借：待处理财产损溢——待处理流动资产损溢
　　贷：基本生产成本

（2）在产品毁损时入库的残值，应根据估计的成本入账，冲减在产品的损失：

借：原材料
　　贷：待处理财产损溢——待处理流动资产损溢

（3）在产品盘亏或毁损的净损失，经批准后，应根据不同的情况作不同的账务处理，分别记入不同的账户中。对于一般的管理原因，应借记"管理费用"账户；对于应由责任人或保险公司赔偿的部分，应借记"其他应收款"账户；对于非常损失，应借记"营业外支出"账户。

借：管理费用
　　其他应收款
　　营业外支出
　　贷：待处理财产损溢——待处理流动资产损溢

二、生产费用在完工产品和在产品之间的分配

在产品的数量和完工产品的数量确定以后，应将生产费用在本月完工产品和月末在产品之间进行合理的分配，从而计算在产品成本和完工产品的成本。完工产品成本和月末在产品成本的划分，是成本计算工作中一个重要而复杂的问题，必须综合考虑企业的实际情况，选择既合理又简便的划分方法。通常，企业应该根据月末在产品数量的多少、各月在产品数量变化的大小、各项费用比重的大小以及定额管理水平的好坏等具体因素，确定适当的分配方法。前已述及，生产费用在本月完工产品和月末在产品之间分配的方法有两类，其具体方法包括以下七种方法：不计算在产品成本法、按年初数固定计算在产品成本法、在产品成本按耗用的原材料费用计算法、在

产品成本按完工产品成本计算法、在产品成本按定额成本计算法、约当产量比例法及定额比例法。前五种方法属于先计算在产品成本,再倒挤计算完工产品成本的方法;后两种方法属于采用一定标准进行分配,同时计算完工产品成本和月末在产品成本的方法。

(一)不计算在产品成本法

如果企业各月末在产品的数量很少,价值很低,且各月末在产品数量比较稳定的情况下,不计算月末在产品成本对完工产品成本计算的正确性影响不大,为了简化核算手续,可不计算月末在产品的成本,而将所发生的各项生产费用全部由完工产品负担,即某种产品本月归集的生产费用就是本月该完工产品的成本。

采用此种方法,由于基本生产成本明细账中没有反映月末在产品成本,而在产品成本在月末还是实际存在的,所以会形成一定量的账外在产品,不利于在产品实物的管理。

(二)按年初数固定计算在产品成本法

如果企业各月末在产品数量较小,但价值较大或在产品数量虽大,但各月之间变化不大,比较稳定,为了简化核算,同时又可以反映在产品占用资金的情况,各月在产品可以按年初数固定计算。采用这种方法,由于月初月末在产品成本都按年初数固定计算,即两者相等,所以某产品当月归集的生产费用,全部当作该产品本月完工产品成本。

采用此种方法,应该在每年年末,根据在产品实际盘存数量重新计算确定年末在产品成本,以免在产品按固定不变的成本计价持续时间过长,造成在产品实际与账面差距太大,从而影响成本计算的正确性。

(三)在产品成本按耗用的原材料费用计算法

如果企业各月末在产品数量较大,各月末在产品数量变化也较大,同时原材料费用在成本中所占比重很大,为简化核算,月末在产品成本可以只计算原材料费用,不计算直接人工和制造费用等加工费用。这些加工费用全部由完工产品成本负担。完工产品的成本就等于月初在产品的原材料费用加本月发生的生产费用减月末在产品的原材料费用。

【例3-30】 某企业生产甲产品,该产品原材料费用在产品成本中所占比重较大,在产品只计算原材料费用。该产品月初在产品原材料费用为3 000元;本月发生原材料费用52 000元,薪酬费用45 000元,制造费用2 000元,完工产品为340台,月末在产品为60台。假设该产品的原材料费用在生产开始时一次投入。

根据以上资料,计算本月完工产品的成本,要求在产品成本只计算耗用的原材料费用。其计算过程如下:

原材料费用分配率 = $\frac{3\,000 + 52\,000}{340 + 60}$ = 137.5

月末在产品原材料费用 = 137.5 × 60 = 8 250(元)

完工产品原材料费用 = 137.5 × 340 = 46 750(元)

完工产品成本 = 46 750 + 45 000 + 2 000 = 93 750(元)

(四)在产品成本按完工产品成本计算法

如果企业月末在产品已接近完工或者产品已经加工完毕,但尚未包装或验收入库,为了简化核算工作,也可将其视同完工产品分配费用。也就是说,可以直接按照完工产品数量和月末在产品数量的比例分配费用。

【例 3-31】 某公司某产品月初在产品费用和本月发生费用合计如下:原材料费用 6 600 元,薪酬费用 6 800 元,制造费用 4 400 元;完工产品 600 件;月末在产品 200 件已接近完工,月末在产品成本按完工产品成本计算。

根据以上资料,计算本月完工产品的成本。计算结果如表 3-25 所示。

表 3-25

成本计算单

20××年×月 金额单位:元

成本项目	生产费用合计①	费用分配率②=①÷(③+⑤)	完工产品 数量③	完工产品 成本④=③×②	月末在产品 数量⑤	月末在产品 成本⑥=⑤×②
直接材料	6 600	8.25	600	4 950	200	1 650
直接人工	6 800	8.5	600	5 100	200	1 700
制造费用	4 400	5.5	600	3 300	200	1 100
合计	17 800	—	—	13 350	—	4 450

(五)在产品成本按定额成本计算法

如果企业定额管理基础比较好,产品各项消耗定额或费用定额比较准确、稳定,而且各月末在产品数量变动不大,则可以按照预先制定的定额成本计算月末在产品成本,即月末在产品成本按其数量和单位定额成本计算。采用这种方法,本月完工产品成本等于月初在产品成本加本月发生的生产费用减月末在产品的定额成本,即:每月生产费用脱离定额的差异,全部由当月完工产品成本负担。

【例 3-32】 某企业生产乙产品,分两道工序制成。月末在产品数量 200 台,其中第一道工序 80 台,第二道工序 120 台。两道工序在产品的完工程度都是 50%。月初及本月发生的全部生产费用合计为 277 000 元,其中原材料费用 150 000 元,薪酬费用 65 000 元,制造费用 62 000 元。假设该产品的原材料费用在生产开始时一次投入。

根据该产品在各道工序的在产品数量、单位产品原材料费用定额、在产品工时消耗定额和每一工时的薪酬费用定额、制造费用定额,按定额成本法计算月末在产品成本。计算过程如表 3-26 和表 3-27 所示。

表 3-26

月末在产品定额成本计算表

产品名称:乙产品　　　　　　20××年×月　　　　　　金额单位:元

工序	在产品数量(台)①	原材料费用		工时定额(小时)④	定额工时(小时)⑤=①×50%×④	薪酬费用		制造费用		定额成本合计⑩=③+⑦+⑨
		费用定额②	定额费用③=①×②			费用定额⑥	定额费用⑦=⑤×⑥	费用定额⑧	定额费用⑨=⑤×⑧	
1	80	200	16 000	20	800		4 800		5 600	26 400
2	120	200	24 000	40	2 400		14 400		16 800	55 200
合计	200		40 000		3 200	6	19 200	7	22 400	81 600

表 3-27

月末完工产品、在产品成本计算表

产品名称:　　　　　20××年×月乙产品　　　　　　单位:元

成本项目	全部生产费用	月末在产品定额成本	完工产品成本
直接材料	150 000	40 000	110 000
直接人工	65 000	19 200	45 800
制造费用	62 000	22 400	39 600
合　计	277 000	81 600	195 400

(六)约当产量比例法

如果企业的在产品数量较多,各月之间在产品数量变动也较大,同时产品成本中各项费用的比重又相差不多,为了提高产品成本计算的正确性,可以采用约当产量比例法将生产费用在完工产品和月末在产品之间进行分配。所谓约当产量是指在产品相当于完工产品的产量。约当产量比例法就是首先将月末在产品数量按其完工程度(完工率)折算为约当产量,其次再按照完工产品产量和月末在产品约当产量的比例分配费用的一种方法。

由于在产品耗用各项费用的程度,分别与不同因素呈比例关系,一般耗用直接材料的多少与投料程度呈比例关系,耗用直接人工和制造费用的多少则与完工程度呈比例关系,因此,要分别成本项目计算在产品的约当产量。分配直接材料费用时,月末在产品按投料程度计算约当产量,分配直接人工和制造费用等加工费用时,月末在产品按完工程度计算约当产量。投料程度也称投料率,是指月末在产品相对于完工产品的投料程度,一般按投料数量计算,即月末在产品已投入直接材料数量占完工产品应投入直接材料总量的比率。完工程度也称完工率,是指月末在产品相对于完工产品的完工程度,一般按生产工时计算,即月末在产品已用生产工时占完工产品应投入生产工时总量的比率。

约当产量比例法的一般计算公式如下:

$$某成本项目费用分配率 = \frac{月初在产品该成本项目费用 + 本月发生的该成本项目费用}{完工产品数量 + 月末在产品约当产量}$$

月末在产品约当产量 = 月末在产品数量 × 月末在产品完工率(投料率)

完工产品应分配的该成本项目费用 = 完工产品数量 × 该成本项目费用分配率

月末在产品应分配的该成本项目费用 = 月末在产品约当产量 × 该成本项目费用分配率

【例 3-33】 某企业生产 A 产品,本月完工 600 件,月末在产品 400 件,完工程度为 50%;月初在产品和本月原材料费用共计 100 000 元,职工薪酬等加工费用共计 56 000元。原材料是在生产开始时一次投入的,原材料费用按照产成品和月末在产品数量比例分配,职工薪酬等加工费用按照产成品数量和月末在产品约当产量的比例分配。

根据以上资料,按约当产量比例法分配费用,其计算过程如下:

a. 分配原材料费用。

$$原材料费用分配率 = 100\ 000 \div (600 + 400) = 100$$
$$产成品分配的原材料费用 = 600 \times 100 = 60\ 000(元)$$
$$在产品分配的原材料费用 = 400 \times 100 = 40\ 000(元)$$

b. 计算月末在产品约当产量。

$$月末在产品约当产量 = 400 \times 50\% = 200(件)$$

c. 分配加工费用。

加工费用分配率 = 56 000 ÷ (600 + 200) = 70
产成品分配的加工费用 = 600 × 70 = 42 000(元)
在产品分配的加工费用 = 200 × 70 = 14 000(元)

d. 计算产品成本。

完工产品成本 = 64 000 + 42 000 = 102 000(元)
月末在产品成本 = 40 000 + 14 000 = 54 000(元)

从[例 3-33]可以看出,采用约当产量比例法的关键,就是正确计算月末在产品的投料程度(投料率)和完工程度(完工率)。月末在产品投料率和完工率计算是否准确,对于费用分配的正确性影响很大。

1. 完工程度(完工率)的测定及加工费用的分配

测定月末在产品完工程度的方法一般有两种:

一是平均计算,即月末在产品各工序的完工程度一律按 50% 计算。在各工序在产品数量和每个在产品在各工序的加工量都相差不多的情况下,由于后面各工序多加工的程度可以抵补前面各道工序少加工的程度,因而所有在产品的完工程度都可按 50% 平均计算。这是一种简化的测定方法,是将整个生产流程进度看作匀速、均衡的状态。这种状态比较理想化,企业实际很难达到。因此采用平均计算法计算完工率虽然计算简便,但准确性不高。

二是按工序分别测定,即按照月末在产品在各工序的累计工时定额占完工产品工时定额的比率,事前确定各工序在产品的完工率。其计算公式如下:

$$某工序在产品完工率 = \frac{前面各工序累计工时定额 + 本工序工时定额 \times 50\%}{完工产品工时定额} \times 100\%$$

在计算某工序在产品完工率时,该工序内每件在产品加工程度也不相同,为了简化核算,一般假设:①对于每一工序内各在产品的完工程度也按 50% 计算。②对于在产品从上一工序转入下一工序,因上一道工序已经完工,则前面各道工序的工时定额应按 100% 计算。

【例 3-34】 某公司生产甲产品,单位产品的工时定额为 250 小时,经过三道工序完成,第一道工序为 60 小时,第二道工序为 80 小时,第三道工序为 110 小时。各道工序在产品产量、所在工序的完工程度及在产品约当产量如表 3-28 所示。

表 3-28

约当产量计算表

产品名称：甲产品　　　　　　　　20××年×月　　　　　　　　　　单位：元

在产品 所在工序	计量 单位	在产品月末 结存数	工时 定额	累计工时 定额	完工率	在产品 约当产量
1	台	120	60	60	12%	14.4
2	台	160	80	140	40%	64
3	台	200	110	250	78%	156
合计	台	480	250	250		234.4

表 3-26 中在产品完工率和约当产量计算过程如下：

a. 完工率的计算。

$$第一道工序 = \frac{60 \times 50\%}{250} \times 100\% = 12\%$$

$$第二道工序 = \frac{60 + 80 \times 50\%}{250} \times 100\% = 40\%$$

$$第三道工序 = \frac{60 + 80 + 110 \times 50\%}{250} \times 100\% = 78\%$$

b. 约当产量的计算。

$$第一道工序 = 120 \times 12\% = 14.4(台)$$
$$第二道工序 = 160 \times 40\% = 64(台)$$
$$第三道工序 = 200 \times 78\% = 156(台)$$

综合以上计算，甲产品月末在产品的约当产量为 234.4 台(14.4+64+156)。月末，应将在产品约当产量和完工产品产量相加计算出约当产量合计数，据以计算各项费用分配率，分配各项生产费用。

【例 3-35】　某公司生产某产品本月完工 124 件，月末在产品 140 件，其中第一道工序 20 件，第二道工序 40 件，第三道工序 80 件。月初在产品和本月发生的原材料费用共计 79 200 元，薪酬费用共计 25 000 元，制造费用共计 35 000 元。单位产品工时定额为 100 小时，共分三道工序制成，第一道工序 20 小时，第二道工序 30 小时，第三道工序 50 小时。各道工序内在产品加工程度均按 50% 计算。原材料是在生产开始时一次投入的，原材料费用按完工产品和月末在产品数量比例分配，其他各项费用按约当产量比例分配。其计算过程如下：

首先，计算各工序完工率。

$$第一道工序 = \frac{20 \times 50\%}{100} \times 100\% = 10\%$$

$$第二道工序 = \frac{20 + 30 \times 50\%}{100} \times 100\% = 35\%$$

$$第三道工序 = \frac{20 + 30 + 50 \times 50\%}{100} \times 100\% = 75\%$$

其次,计算约当产量。

$$第一道工序 = 20 \times 10\% = 2(件)$$
$$第二道工序 = 40 \times 35\% = 14(件)$$
$$第三道工序 = 80 \times 75\% = 60(件)$$
$$约当产量合计 = 2 + 14 + 60 = 76(件)$$

再次,分配费用。

a. 分配原材料费用。

$$原材料费用分配率 = \frac{79\ 200}{124 + 140} = 300$$

$$产成品应负担的原材料费用 = 124 \times 300 = 37\ 200(元)$$

$$月末在产品应负担的原材料费用 = 140 \times 300 = 42\ 000(元)$$

b. 分配薪酬费用。

$$薪酬费用分配率 = \frac{25\ 000}{124 + 76} = 125$$

$$产成品应负担的薪酬费用 = 124 \times 125 = 15\ 500(元)$$

$$月末在产品应负担的薪酬费用 = 76 \times 125 = 9\ 500(元)$$

c. 分配制造费用。

$$制造费用分配率 = \frac{35\ 000}{124 + 76} = 175$$

$$产成品应负担的制造费用 = 124 \times 175 = 21\ 700(元)$$

$$月末在产品应负担的制造费用 = 76 \times 175 = 13\ 300(元)$$

最后,计算完工产品成本和月末在产品成本。

$$完工产品成本 = 37\ 200 + 15\ 500 + 21\ 700 = 74\ 400(元)$$

$$月末在产品成本 = 42\ 000 + 9\ 500 + 13\ 300 = 64\ 800(元)$$

2. 投料程度(投料率)的测定及直接材料费用的分配

根据原材料投入方式的不同以及其他情况,投料率的测定方法分为以下几种情况:

(1) 原材料在生产开始时一次投入,则无论在产品完工程度如何,其投料程度均与完工产品相同,即投料率都是 100%。这种情况下,按照月末在产品的实际数量与完工产品的产量比例分配直接材料费用即可。

(2) 原材料随加工进度陆续投料,且投料程度与加工进度一致(或基本一致),这时,月末在产品的投料率等于完工率。这种情况下,月末在产品的投料率可以采用分配加工费用时所用的完工率,分配直接材料费用所依据的月末在产品约当产量可以采用分配加工费用时所依据的在产品约当产量。

(3) 原材料随加工进度陆续投料,但投料程度与加工进度不一致,这时,可以按"各工序的累计原材料消耗定额"占"完工产品原材料消耗定额"的比例,重新计算各工序在产品的投料率。在计算某工序在产品投料率时,该工序内每件在产品投料程度也不相同,为了简化,一般也按 50% 计算。计算公式如下:

$$\text{某工序在产品的投料率} = \frac{\text{前面各工序累计原材料消耗定额} + \text{本工序原材料消耗定额} \times 50\%}{\text{完工产品原材料消耗定额}} \times 100\%$$

(4) 原材料分工序一次性投料,即每道工序开始时,一次性投入本工序所需要的原材料。这时,在产品投料率的计算可以参照第三种情况进行,但是每道工序中直接材料的投料率都是 100%。计算公式如下:

$$\text{某工序在产品的投料率} = \frac{\text{前面各工序累计原材料消耗定额} + \text{本工序原材料消耗定额}}{\text{完工产品原材料消耗定额}} \times 100\%$$

【例 3-36】 甲产品经三道工序制成,投料方式为:随着加工进度陆续投料,且投料程度与加工程度不一致。甲产品材料定额费用为 100 元:第一道工序为 60 元,第二道工序为 30 元,第三道工序为 10 元。月末完工产品 240 件,在产品数量为 1 000 件,分别为:第一道工序 200 件,第二道工序 300 件,第三道工序 500 件。月初在产品和本月发生的原材料费用共计 22 600 元。假设在产品在各工序上的投料率为 50%。

根据以上资料,采用约当产量比例法分配原材料费用,其计算过程如下:

a. 计算各工序在产品投料率。

$$第一道工序在产品投料率 = \frac{60 \times 50\%}{100} \times 100\% = 30\%$$

$$第二道工序在产品投料率 = \frac{60 + 30 \times 50\%}{100} \times 100\% = 75\%$$

$$第三道工序在产品投料率 = \frac{60 + 30 + 10 \times 50\%}{100} \times 100\% = 95\%$$

b. 计算各工序在产品约当产量。

第一道工序在产品约当产量=200×30%=60(件)

第二道工序在产品约当产量=300×75%=225(件)

第三道工序在产品约当产量=500×95%=475(件)

在产品约当产量合计=60+225+475=760(件)

c. 分配原材料费用。

$$原材料费用分配率=\frac{22\ 600}{240+760}=22.6$$

完工产品应负担的原材料费用=240×22.6=5 424(元)

在产品应负担的原材料费用=760×22.6=17 176(元)

【例3-37】 仍用[例3-36]资料，投料方式为分工序一次投料，其他相同。

根据以上资料，采用约当产量比例法分配原材料费用，其计算公式如下：

a. 计算各工序在产品的投料率。

$$第一道工序在产品投料率=\frac{60}{100}×100\%=60\%$$

$$第二道工序在产品投料率=\frac{60+30}{100}×100\%=90\%$$

$$第三道工序在产品投料率=\frac{60+30+10}{100}×100\%=100\%$$

b. 计算各工序在产品的约当产量。

第一道工序在产品约当产量=200×60%=120(件)

第二道工序在产品约当产量=300×90%=270(件)

第三道工序在产品约当产量=500×100%=500(件)

在产品约当产量合计=120+270+500=890(件)

c. 分配原材料费用。

$$原材料费用分配率=\frac{22\ 600}{240+890}=20$$

完工产品应负担的原材料费用=240×20=4 800(元)

在产品应负担的原材料费用=890×20=17 800(元)

3. 加权平均法和先进先出法实务流转假设下的约当产量比例法

1) 加权平均法实务流转假设下的约当产量比例法

如果企业各月末均有在产品，那么某月所加工的产品就包括月初在产品和本月投入的产品两部分。加权平均法下的约当产量比例法是指不管产品在何时投产，成本计算只考虑截至本月末所有产品的约当产量的平均单位成本，并据此分配本月完工产品成本和月末在产品成本。加权平均法下的平均单位成本等于月初在产品成本与本月投入的各项生产费用之和除以所有产品的约当产量。

【例3-38】 某企业某车间有月初在产品100件,其成本为:直接材料18 000元,人工及制造费用36 000元,合计54 000元。本月投入产品500件,本月完工400件,月末在产品200件。本月投入的生产费用为:直接材料60 000元,人工及制造费用154 000元,合计214 000元。假设该产品的原材料是在生产开始时一次投入的。月初在产品的完工率是60%,月末在产品的完工率是50%。

在加权平均法下,计算约当产量时,企业不必考虑月初的在产品数量及本月份的投产数量,而只需要从产出的角度,将产品区分为已经完工的产成品400件和月末在产品200件,再分别计算它们各自应负担的成本即可。

a. 计算完工产品和月末在产品各自应负担的原材料成本。

原材料费用合计 = 18 000 + 60 000 = 78 000(元)
分配原材料费用的约当产量 = 400 + 200 = 600(件)
原材料单位成本 = 78 000 ÷ 600 = 130(元/件)
完工产品的原材料成本 = 400 × 130 = 52 000(元)
月末在产品的原材料成本 = 200 × 130 = 26 000(元)

b. 计算完工产品和月末在产品各自应负担的加工成本。

加工费用合计 = 36 000 + 154 000 = 190 000(元)
分配加工费用的约当产量 = 400 + 200 × 50% = 500(件)
加工费用单位成本 = 190 000 ÷ 500 = 380(元/件)
完工产品的加工成本 = 400 × 380 = 152 000(元)
月末在产品的加工成本 = 100 × 380 = 38 000(元)

c. 计算完工产品和月末在产品的总成本。

完工产品的总成本 = 52 000 + 152 000 = 204 000(元)
月末在产品的总成本 = 26 000 + 38 000 = 64 000(元)

如果期初在产品成本比重较大,或两期之间成本价格变化较大时,采用加权平均法计算出来的约当产量,不能准确反映本期的成本水平,从而影响成本计算的正确性。但是该方法计算工作量小,在期初在产品成本比重不大,或各期成本水平变化不大时可以采用。本书关于约当产量比例法的计算,均采用加权平均法。

2) 先进先出法实务流转假设下的约当产量比例法

先进先出法下的约当产量比例法是指在采用约当产量分配完工产品成本和月末在产品成本时,从投产先后的角度进行考虑,假设越早投产的产品越先被加工完毕。也就是说,每月加工产品时,先加工月初在产品,直到加工成产成品后,再加工在本月投产的产品。本月投产的产品区分为两种情况：一种是本月被加工完毕，形成产成品；另一种是本月没有被加工完毕，形成月末在产品。与此相对应，本月发生的费用应在三类产品之间进行分配：首先是分配给本月已完工的月初在产品；其次是本月投产并完工的产品；最后是本月投产但未完工的月末在产品。

先进先出法计算约当产量，特点是将前期工作（即月初在产品）与本期工作（即本月投产产品）进行区分，用本月发生的生产费用除以本月加工产品的约当产量来计算单位成本。而加权平均法下的单位成本计算，是在混合了月初在产品数量和成本以及本月投产数量和成本的情况下进行的。

【例3-39】 仍用[例3-38]的资料，采用先进先出法计算约当产量。

在先进先出法下，计算约当产量时，必须区分考虑月初的在产品数量及本月投产的产品数量。本月完工的400件产品中，应包括月初在产品100件和本月投产且完工的300件。月末未完工的在产品200件，都是本月投产的。

a. 计算完工产品和月末在产品各自应负担的原材料成本。

原材料费用 = 60 000（元）
分配原材料费用的约当产量 = 300 + 200 = 500（件）
原材料单位成本 = 60 000 ÷ 500 = 120（元/件）
本月收入且完工产品负担的本月原材料成本 = 300 × 120 = 36 000（元）
月末在产品负担的本月原材料成本 = 200 × 120 = 24 000（元）

b. 计算完工产品和月末在产品各自应负担的加工成本。

加工费用 = 154 000（元）
分配加工费用的约当产量 = 100 × 40% + 300 + 200 × 50% = 440（件）
加工费用单位成本 = 154 000 ÷ 440 = 350（元/件）
月初在产品负担的本月加工成本 = 40 × 350 = 14 000（元）
本月收入且完工产品负担的本月加工成本 = 300 × 350 = 105 000（元）
月末在产品负担的本月加工成本 = 100 × 350 = 35 000（元）

c. 计算完工产品和月末在产品的总成本。

完工产品的总成本 = (18 000 + 36 000) + 14 000 + (36 000 + 105 000)
　　　　　　　　 = 209 000（元）
月末在产品的总成本 = 24 000 + 35 000 = 59 000（元）

（七）定额比例法

定额比例法是将产品的生产费用按照完工产品和月末在产品的定额消耗量或定额费用的比例进行分配计算完工产品成本和月末在产品成本的一种方法。它适用于各月末在产品数量多且变动较大，但定额管理基础比较好，各项消耗定额或费用定额比较准确、稳定的企业。由于产品成本中各项费用的耗用程度，分别与不同的消耗定额呈比例关系，一般直接材料费用与直接材料定额消耗量或定额费用呈比例关系，直接人工费用、制造费用等加工费用与定额工时呈比例关系，因此，要分别成本项目制定定额比例。直接材料费用可按材料的定额消耗量或定额费用比例分配；薪酬费用、制造费用等加工费用可按定额工时或定额费用的比例分配。

根据定额的标准不同、获取定额资料的方法不同，以及核算工作的简便程度不同，企业在应用定额比例法时，有以下三种情况。

1. 定额消耗量比例法

它是指将实际消耗量（包括月初在产品实际消耗量和本月实际消耗量）按照完工产品和月末在产品的定额消耗量比例进行分配的一种定额比例法。其计算公式如下：

$$消耗量分配率 = \frac{月初在产品实际消耗量 + 本月实际消耗量}{完工产品定额消耗量 + 月末在产品定额消耗量}$$

$$完工产品实际消耗量 = 完工产品定额消耗量 \times 消耗量分配率$$

$$完工产品成本 = 完工产品实际消耗量 \times 原材料单价（或单位工时的薪酬、制造费用）$$

$$月末在产品实际消耗量 = 月末在产品定额消耗量 \times 消费量分配率$$

$$月末在产品成本 = 月末在产品实际消耗量 \times 原材料单价（或单位工时的薪酬、制造费用）$$

按照以上公式进行分配，不仅可以提供完工产品和月末在产品的实际费用资料，而且还可以提供实际消耗量资料，便于考核和分析各项消耗定额的执行情况。但是，在各产品所耗原材料的品种较多的情况下，采用这种分配方法工作量较大。为了简化核算，企业也可以采用定额费用比例法。

2. 定额费用比例法

它是指将实际费用（包括月初在产品实际费用和本月实际费用）按照完工产品和月末在产品的定额费用或定额工时比例进行分配的一种定额比例法。其计算公式如下：

$$\frac{原材料费}{用分配率} = \frac{月初在产品实际原材料费用 + 本月实际原材料费用}{完工产品定额原材料费用 + 月末在产品定额原材料费用}$$

$$\frac{完工产品实际}{原材料费用} = 完工产品定额原材料费用 \times 原材料费用分配率$$

$$\frac{月末在产品实}{际原材料费用} = 月末在产品定额原材料费用 \times 原材料费用分配率$$

或： $= \frac{月初在产品}{实际原材料费用} + \frac{本月实际}{原材料费用} - \frac{完工产品实}{际原材料费用}$

$$\text{薪酬(制造)费用分配率} = \frac{\text{月初在产品实际薪酬(制造)费用} + \text{本月实际薪酬(制造)费用}}{\text{完工产品定额工时} + \text{月末在产品定额工时}}$$

$$\text{完工产品实际薪酬(制造)费用} = \text{完工产品定额工时} \times \text{薪酬(制造)费用分配率}$$

$$\text{月末在产品实际薪酬(制造)费用} = \text{月末在产品定额工时} \times \text{薪酬(制造)费用分配率}$$

或：

$$\text{月末在产品实际薪酬(制造)费用} = \text{月初在产品实际薪酬(制造)费用} + \text{本月实际薪酬(制造)费用} - \text{完工产品薪酬(制造)费用}$$

【例3-40】 某产品月初在产品成本为：原材料1 800元；薪酬费用820元；制造费用710元。本月发生的生产费用为：原材料8 600元，薪酬费用3 200元，制造费用1 300元。本月完工产品4 200件，原材料定额费用5 600元，定额工时4 000小时。月末在产品为800件，原材料定额费用2 400元，定额工时1 025小时。根据以上资料，分配各项生产费用，原材料费用按定额费用比例分配，其他费用按定额工时比例分配。分配结果如表3-29所示。

表3-29

成本计算单

20××年×月　　　　　　　　　　　　　　　　　金额单位：元

成本项目	月初在产品成本 ①	本月费用 ②	合计 ③=①+②	费用分配率 ④=③÷(⑤+⑦)	完工产品成本 定额 ⑤	完工产品成本 实际 ⑥=⑤×④	月末在产品成本 定额 ⑦	月末在产品成本 实际 ⑧=⑦×④
直接材料	1 800	8 600	10 400	1.3	5 600	7 280	2 400	3 120
直接人工	820	3 200	4 020	0.8	4 000	3 200	1 025	820
制造费用	710	1 300	2 010	0.4	4 000	1 600	1 025	410
合　计	3 330	13 100	16 430	—	—	12 080	—	4 350

3. 倒挤法

通过以上计算可以看出，根据上述方法分配费用，必须取得完工产品和月末在产品的定额消耗量或定额费用资料。完工产品和月末在产品的原材料、工时定额消耗量是根据完工产品和月末在产品的实际数量乘以单位产品原材料、工时消耗定额来计算求得的，完工产品和月末在产品的定额费用，是根据完工产品和月末在产品的原材料、工时定额消耗量，乘以原材料计划单价或单位小时计划薪酬、制造费用计算求得的。采用该种方法,如果产品品种和生产工序繁多,核算工作量会相当繁重。因此,月末在产品定额消耗量及分配率还可采用下列简化的方法,即倒挤法来计算。其计算公式如下:

$$\text{月末在产品定额消耗量} = \text{月初在产品定额消耗量} + \text{本月投入的定额消耗量} - \text{本月完工产品定额消耗量}$$

上述公式中,月初在产品定额消耗量是根据上月的成本资料取得,本月投入的定额消耗量,其中原材料定额消耗量,可根据领料凭证所列的原材料定额消耗量及其他数据计算求得;工时定额消耗量,可根据有关定额工时原始记录计算求得。按照以上倒挤方法来计算月末在产品的定额资料,可以简化核算工作。但在产品发生盘盈、盘亏的情况下,这样计算就不能如实地反映产品成本水平。为了保证账实相符,提高成本计算的正确性,企业必须每隔一定时期(一季或半年)对在产品进行一次实地盘点,根据在产品实存数,计算一次定额消耗量。

在具备了月初在产品的定额消耗量(定额费用)和定额工时,本月投入的定额消耗量(定额费用)和定额工时以及本月产成品定额消耗量(定额费用)和定额工时资料的情况下,倒挤出月末在产品的定额消耗量(定额费用)和定额工时。其计算公式如下:

$$\text{费用分配率} = \frac{\text{月初在产品实际费用} + \text{本月实际费用}}{\text{月初在产品定额费用(定额工时)} + \text{本月投入定额费用(定额工时)}}$$

完工产品和月末在产品成本的计算公式和前面相同。

【例 3-41】 仍用[例 3-40]的资料。某产品月初在产品定额原材料费用 1 500 元,定额工时 1 000 小时。本月投入定额原材料费用 6 500 元,定额工时 4 025 小时。本月实际发生的费用和完工产品定额资料与[例 3-40]相同,各项费用分配结果如表 3-30 所示。

表 3-30

成 本 计 算 单

20××年×月 金额单位:元

成本项目	月初在产品成本		本月费用		合计		费用分配率 ⑦= ⑥÷⑤	完工产品成本		月末在产品成本	
	定额 ①	实际 ②	定额 ③	实际 ④	定额 ⑤= ①+③	实际 ⑥= ②+④		定额 ⑧	实际 ⑨= ⑧×⑦	定额 ⑩= ⑤-⑧	实际 ⑪= ⑩×⑦
直接材料	1 500	1 800	6 500	8 600	8 000	10 400	1.3	5 600	7 280	2 400	3 120
直接人工	1 000	820	4 025	3 200	5 025	4 020	0.8	4 000	3 200	1 025	820

(续表)

成本项目	月初在产品成本		本月费用		合计		费用分配率	完工产品成本		月末在产品成本	
	定额 ①	实际 ②	定额 ③	实际 ④	定额 ⑤=①+③	实际 ⑥=②+④	⑦=⑥÷⑤	定额 ⑧	实际 ⑨=⑧×⑦	定额 ⑩=⑤-⑧	实际 ⑪=⑩×⑦
制造费用	1 000	710	4 025	1 300	5 025	2 010	0.4	4 000	1 600	1 025	410
合计	—	3 330	—	13 100	—	16 430	—	—	12 080	—	4 350

采用这一方法不仅可以不计算月末在产品的定额资料,而且分配结果比较合理,还便于将实际费用与定额费用相比较,考核和分析定额的执行情况。但采用这种方法在消耗定额变动,特别是降低时,月初在产品的定额消耗量(或定额费用)需要按新的定额重新计算;否则,由于本月投入生产产品和本月完工产品的定额资料已按降低后的定额计算,月初在产品应降而未降的定额消耗量(或定额费用)就会全部挤入月末在产品的定额消耗量(或定额费用)中去,从而使月末产品定额消耗量(或定额费用)虚增,影响费用分配的合理性。而如果按照新的定额重新计算月初在产品的定额消耗量(或定额费用),就要增加一些工作量。因此,该方法必须在具备既准确又稳定的消耗定额资料时才能采用。

三、产成品成本的结转

企业的各项生产费用,经过上述一系列的归集和分配后,就可以计算出完工产品的总成本,再将完工产品的总成本除以完工产品数量,就可以计算出该产品的单位成本。企业还应该根据产品成本计算单等资料编制"完工产品成本汇总表",并进行完工产品成本的账务处理。在对完工产品进行账务处理时,企业需设置"库存商品"账户,该账户借方登记完工入库产品的成本,贷方登记发出库存商品的成本;期末余额在借方,反映库存完工产品的成本。如果完工入库的是自制半成品、材料或工具等,则应将其完工成本转入"自制半成品""原材料"或"低值易耗品"等账户的借方。完工产成品、自制半成品、原材料或工具等入库时,编制会计分录如下:

借:库存商品
  自制半成品
  原材料
  低值易耗品
 贷:基本生产成本

结转后如果"基本生产成本"账户月末有借方余额,则该余额表示期末尚未完工的在产品的成本。

【例3-42】 以本章A、B两种产品20××年6月份的相关成本资料为基础,编制A、B两种产品的产品成本计算单和产成品成本汇总表,其格式如表3-31、表3-32、表3-33所示。

表3-31

产品成本计算单

产品名称：A产品　　　　　　20××年6月　　　　　　产量：100件　　金额单位：元

成本项目	月初在产品成本	本月费用	生产费用合计	月末在产品成本	产成品成本 总成本	产成品成本 单位成本
直接材料	18 000	50 000	68 000	18 800	49 200	492.0
直接动力	5 000	16 600	21 600	6 800	14 800	148.0
直接人工	8 200	85 500	93 700	7 200	86 500	865.0
制造费用	4 400	27 390	31 790	4 700	27 090	270.9
合计	35 600	179 490	215 090	37 500	177 590	1 775.9

表3-32

产品成本计算单

产品名称：B产品　　　　　　20××年6月　　　　　　产量：50件　　金额单位：元

成本项目	月初在产品成本	本月费用	生产费用合计	月末在产品成本	产成品成本 总成本	产成品成本 单位成本
直接材料	8 000	22 200	30 200	6 800	23 400	468.0
直接动力	3 000	12 060	15 060	2 800	12 260	245.2
直接人工	2 200	34 200	36 400	3 200	33 200	664.0
制造费用	400	9 130	9 530	700	8 830	176.6
合　计	13 600	77 590	91 190	13 500	77 690	1 553.8

表 3-33

产成品成本汇总表

20××年6月　　　　　　　　　　　　　　　　　　　　　　　　　单位：元

产品名称		直接材料	直接动力	直接人工	制造费用	合计
A产品	总成本	49 200	14 800.0	86 500	27 090.0	177 590.0
	单位成本	492	148.0	865	270.9	1 775.9
B产品	总成本	23 400	12 260.0	33 200	8 830.0	77 690.0
	单位成本	468	245.2	664	176.6	1 553.8
合计		72 600	27 060.0	119 700	35 920.0	255 280.0

根据产品成本计算单和产成品成本汇总表，编制会计分录如下：

借：库存商品——A产品　　　　　　　　　　　　　　　　　　　　177 590
　　　　　　　——B产品　　　　　　　　　　　　　　　　　　　　 77 690
　贷：基本生产成本——A产品　　　　　　　　　　　　　　　　　177 590
　　　　　　　　　——B产品　　　　　　　　　　　　　　　　　　77 690

第七节　期间费用的核算

一、期间费用的概念和特点

期间费用也称期间成本，是指在发生时计入当期损益的费用。这些费用具有如下特点：第一，期间费用与产品生产活动没有直接联系，可以确定其发生的期间，而难以确定其应归属的成本计算对象，因此不计入产品成本。第二，期间费用在发生时即确认为当期费用，与当期的营业收入相配比，全额列入利润表。而计入产品成本的费用，如耗用的直接材料、发生的直接人工和制造费用等，最终要由完工的产成品负担，只有在产品销售出去后，其实现销售的成本，才能以"销售成本"的形式转为费用从当期销售收入中抵减。如果本期没有销售产品，则计入产品成本的费用就会递延到下期。第三，期间费用在一定范围内与产品产量的增减无关，而与期间长短有关。

企业的期间费用一般包括企业行政管理部门为了组织和管理生产经营活动而发生的管理费用，为销售产品而发生的销售费用，以及为筹集生产经营所需资金而发生的财务费用。

二、管理费用

(一) 管理费用的内容

管理费用是指企业行政管理部门为管理和组织生产经营活动而发生的各项费用。它包括公司经费、工会经费、职工教育经费、劳动保险费、待业保险费、董事会费、咨询费、审计费、诉讼费、排污费、绿化费、税金、土地使用费(海域使用费)、土地使用补偿费、技术转让费、技术开发费、无形资产摊销、开办费摊销、业务招待费、存货盘亏、毁损和报废(减盘盈),以及其他管理费用。

(二) 管理费用的核算

为了核算行政管理部门为组织和管理生产经营活动而发生的上述各项费用,企业应设置"管理费用"账户,该账户是损益类账户。其借方登记企业发生的各项管理费用,贷方登记期末将其余额转入"本年利润"账户的数额,该账户期末结转后无余额。该账户按费用项目设置明细账,进行明细核算。

【例3-43】 根据[例3-5]、[例3-9]、[例3-14]至[例3-20]的资料,某企业20××年6月份各种费用分配表和有关凭证登记管理费用明细账。其格式如表3-34所示。

表3-34

管理费用明细账

20××年6月   单位:元

摘要	机物料消耗	燃料及动力费	薪酬费用	折旧费	保险费	水电费	修理费	其他费用	合计	转出
根据材料费用分配表	340								340	
根据动力费用分配表		1 200							1 200	
根据薪酬费用分配表			10 260						10 260	
根据折旧费用分配表				4 000					4 000	
根据预付账款分配表					100				100	
根据辅助生产费用分配表							1 450		1 450	
根据银行存款付款凭证						6 940		2 530	9 470	
合 计	340	1 200	10 260	4 000	100	6 940	1 450	2 530	26 820	
转 出										26 820

月末,将归集在"管理费用"总账及其所属明细账借方的管理费用数额转入"本年利润"账户,编制会计分录如下:

借:本年利润　　　　　　　　　　　　　　　　　　　　　　　　26 820
　　贷:管理费用　　　　　　　　　　　　　　　　　　　　　　　26 820

结转后,"管理费用"总账及其所属明细账应无余额。

三、销售费用

(一)销售费用的内容

销售费用是指企业在销售产品、自制半成品和提供劳务等过程中发生的各种费用,以及为销售本企业的商品而专设的销售机构(含销售网点、售后服务网点等)的职工薪酬、业务费等各项经费。它包括运杂费、包装费、保险费、委托代销手续费、广告费、展览费、租赁费(不含融资租赁费)和销售服务费、专设销售机构经费及其他费用。

(二)销售费用的核算

为了核算销售费用并考核其预算执行情况,应设置"销售费用"账户。它是损益类科目,该账户借方登记发生的销售费用,贷方登记期末转入"本年利润"账户的数额,该账户期末结转后无余额。该账户应按费用项目设置明细账,进行明细核算。

【例3-44】 根据[例3-5]、[例3-9]、[例3-14]至[例3-20]的资料,某企业20××年6月份各种费用分配表和有关凭证登记销售费用明细账。其格式如表3-35所示。

表3-35

销售费用明细账

20××年6月　　　　　　　　　　　　　　　　　　　　　　　单位:元

摘要	机物料消耗	燃料及动力费	薪酬费用	折旧费	保险费	水电费	修理费	其他费用	合计	转出
根据材料费用分配表	120								120	
根据动力费用分配表		500							500	
根据薪酬费用分配表			3 420						3 420	
根据折旧费用分配表				2 300					2 300	
根据预付账款分配表					50				50	
根据辅助生产费用分配表										

(续表)

摘要	机物料消耗	燃料及动力费	薪酬费用	折旧费	保险费	水电费	修理费	其他费用	合计	转出
根据银行存款付款凭证							300	230	530	
合计	120	500	3 420	2 300	50		300	230	6 920	
转出										6 920

月末,将归集在"销售费用"总账及其所属明细账借方的销售费用数额转入"本年利润"账户,编制会计分录如下:

借:本年利润　　　　　　　　　　　　　　　　　　　　　　6 920
　　贷:销售费用　　　　　　　　　　　　　　　　　　　　　　6 920

结转后,"销售费用"总账及其所属明细账应无余额。

四、财务费用

(一)财务费用的内容

财务费用是指企业在筹集生产经营所需资金等财务活动中发生的各项费用,它包括企业在经营期间发生的利息支出(减利息收入)、汇兑损失(减汇兑收益)、银行及其他金融机构手续费,以及因筹集资金而发生的其他财务费用。

(二)财务费用的核算

为了核算财务费用并考核财务费用预算的执行情况,应设置"财务费用"账户,它是损益类账户。该账户借方登记发生的各项财务费用,贷方登记发生的应冲减财务费用的利息收入、汇兑收益以及期末余额转入"本年利润"账户的数额,该账户期末结转后无余额。该账户应按费用项目设置明细分类账,进行明细核算。财务费用明细账的格式从略。

本 章 小 结

本章主要介绍各项要素费用、跨期摊提费用、辅助生产费用、制造费用、废品损失等生产费用的核算以及生产费用在完工产品和在产品之间的分配方法。各项要素费用应当根据费用发生的经济用途和是否单设成本项目,正确运用相应账户进行归集和分配。应该计入产品成本的间接计入费用,可采用一定的方法在各种产品之间进行分配。

发生跨期摊提的各项费用,可按照权责发生制原则,运用"预付账款""应付利息""其他应付款"等账户进行归集和分配。

辅助生产费用的核算首先是登记辅助生产成本明细账,进行辅助生产成本的归集;其次按照提供劳务或产品的数量采用一定的分配方法分配辅助生产费用,比较典型的分配方法主要有直接分配法、顺序分配法、交互分配法、计划成本分配法和代数分配法。

制造费用的核算首先是登记制造费用明细账,进行制造费用的归集。对于归集的制造费用按照一定的方法进行分配,常用的分配方法主要有:生产工时比例法、生产工人工资比例法、机器工时比例法、按年度计划分配率分配法。对于生产过程中发生的废品损失和停工损失,要设置相应的账户进行归集和分配。废品损失的计算要分为不可修复废品和可修复废品两种情况来处理。废品净损失和停工净损失最后应该由产品成本及其他账户进行分摊。

为了合理确定各种完工产品成本和在产品成本,企业可采取多种划分方法。这些方法可以分为两类:一类是先确定在产品成本,再倒挤出完工产品成本的方法;另一类是采用一定的标准进行分配,同时确定完工产品成本与在产品成本的方法。这些方法主要包括在产品不计价法、在产品按年初数固定计价法、在产品按所耗直接材料费用计价法、在产品按完工产品成本计价法、在产品按定额成本计价法、约当产量比例法和定额比例法。

完工产品成本计算后,根据产品验收入库单,进行产成品成本结转入库的账务处理。

> **知识链接**
>
> ### 成本费用要素范围之国际比较
>
> 一、部分用于生产过程的费用作为"管理费用"而不是"制造费用"处理
>
> 某些在西方企业被计入制造费用的耗费在我国却被计入了"管理费用"。比如,相当一部分企业将超出工资总额14%的职工福利支出、对维修人员进行管理所发生的费用、无形资产摊销、存货差异、劳动保险及分厂层次管理人员的工资、生产场地的土地使用成本摊销等都记入"管理费用"科目,而按国际惯例这些费用应归入产品成本中的"制造费用"科目。这些企业这样做的后果就是导致制造费用占产品总成本的比例虚低,进而直接影响到对制造费用分配标准的判断。追本溯源,自1992年以来,随着中国财务会计领域不断与国际接轨,为使中国企业成本核算实物与国际惯例靠拢,成本核算也进行了相应的调整,一般认为,"管理费用"科目和西方企业所使用的"一般行政费用(General and Administrative Expenses)"科目相类似。但值得关注的是,以前传统会计下的"车间经费"转换为如今的"制造费用",其内涵要比西方传统意义上的"制造费用"要小,因为按照西方成本会计制度,

与生产相关的部门产生的费用也应纳入"制造费用",制造费用内容的差别也导致了产品成本计算的差异,这种差异也为在反倾销诉讼中确定被调查产品成本带来了不利影响。因为从理论与实践上来讲,企业在生产多种产品或多系列产品时,造成了制造费用在产品总成本中所占的比例虚低(甚至可能是严重虚低)的假象,在此情形下,还是采用人工工时比例分配法或是机器工时比例分配法等方法,会造成不同产品之间成本的扭曲,也就是说,它可能使一种产品的亏损被其他产品的盈利所掩盖。在西方,这也称为存在不同产品成本之间的交叉补贴。

二、土地使用费摊销与国际惯例不符

中国所有的土地所有权属于国家,企业和个人只拥有使用权,土地使用权的获得形式多种多样,而且在土地使用成本计价和摊销上也是五花八门。然而,西方成本理论上资产的摊销应该依资产的使用方式不同而异,如果土地用作生产场所,摊销额应该计入制造费用并分配至产品。调查表明,中国48.5%的被调查企业把土地使用权的成本摊进了管理费用,只有7.8%的企业把摊销成本计入制造费用分配至产品,甚至还有29.9%的企业对土地成本根本不予考虑。综上来看,有92.2%的企业对土地使用成本的处理方法与国际惯例相悖。

从上述例子可以看出,我国企业的成本计算与国际惯例存有相当的差异,这就给应诉反倾销成本举证工作带来了麻烦。

资料来源:崔建华.企业成本会计准则国际比较及启示——基于应诉反倾销视角的思考[J].财会通讯,2013(5)。

复习思考题

1. 简述材料的实际成本核算和计划成本核算的特点及适用范围。
2. 材料费用的分配原则是什么?如何分配原材料费用?
3. 直接材料费用的分配方法有几种?每种方法的特点及适用范围是什么?
4. 如何分配燃料费用?
5. 如何归集外购动力费用?
6. 外购动力费用的分配原则是什么?如何分配外购动力费用?
7. 什么是职工薪酬?职工薪酬的范围包括哪些?
8. 职工薪酬的分配原则是什么?如何分配职工薪酬费用?
9. 薪酬费用的分配方法有哪些?
10. 什么是折旧费用?固定资产折旧的方法有哪些?如何分配折旧费用?
11. 如何分配固定资产维修费用?
12. 如何核算利息费用?其他要素费用包括哪些?如何核算其他要素费用?

13. 如何归集辅助生产费用？
14. 辅助生产费用的分配方法有哪些？它们各自的优缺点及适用范围是什么？
15. 如何归集制造费用？
16. 制造费用包括的内容是什么？如何分配制造费用？
17. 什么是废品损失？如何核算废品损失？
18. 什么是停工损失？如何核算停工损失？
19. 什么是在产品清查？怎样进行在产品清查结果的会计处理？
20. 生产费用在产成品和期末在产品之间分配的方法有哪几种？各自适用的前提是什么？
21. 什么是约当产量？如何利用约当产量比例法分配产成品和月末在产品的成本？
22. 如何结转产成品的成本？

练 习 题

一、单选题

1. 基本生产车间为组织和管理生产领用的材料应计入（　　）。
   A. 基本生产成本　　　　　　　　　　B. 制造费用
   C. 管理费用　　　　　　　　　　　　D. 辅助生产成本
2. 在生产过程中或入库后发现的各种废品损失，不包括（　　）。
   A. 修复废品人员的工资　　　　　　　B. 不可修复废品中包含的原材料
   C. 实行"三包"的损失　　　　　　　　D. 修复废品的制造费用
3. 使用交互分配法分配辅助生产费用时，交互分配指的是（　　）。
   A. 各受益单位之间的分配
   B. 相互受益的辅助生产车间之间的分配
   C. 基本生产车间之间的分配
   D. 辅助生产车间以外，各受益单位之间的分配
4. "基本生产成本"账户的期末余额在借方，表示（　　）。
   A. 本期发生的生产费用　　　　　　　B. 完工产品的成本
   C. 月末在产品成本　　　　　　　　　D. 库存商品的成本
5. 生产产品领用的一次性摊销的专用工具，应记入（　　）账户的借方。
   A. "制造费用"　　　　　　　　　　　B. "生产成本"
   C. "低值易耗品"　　　　　　　　　　D. "原材料"
6. 制造费用在使用（　　）分配方法时会产生期末余额。
   A. 按生产人员工资比例　　　　　　　B. 按机器工时比例
   C. 按生产人员工时比例　　　　　　　D. 按年度计划分配率
7. 在各月末在产品数量变化较大且企业定额管理基础较好的情况下，企业可以采用（　　）

来分配完工产品和月末在产品的成本。
   A. 在产品按定额成本计价法　　　　B. 定额比例分配法
   C. 约当产量比例分配法　　　　　　D. 在产品按年初数固定计算
8. 企业为生产产品而耗用的原材料费用是（　　）。
   A. 直接计入费用　　　　　　　　　B. 间接计入费用
   C. 直接费用　　　　　　　　　　　D. 间接费用
9. 实行计时工资制度的企业，一般根据（　　）计算工资总额。
   A. 工作通知单　　　　　　　　　　B. 产量记录
   C. 工时记录　　　　　　　　　　　D. 考勤簿
10. 下列关于制造费用的说法中，正确的是（　　）。
    A. 制造费用属于直接计入费用
    B. 间接计入费用均应通过"制造费用"账户转入产品成本
    C. 生产车间的固定资产折旧通过"制造费用"账户核算
    D. 采用计划分配率可以解决季节性企业制造费用在各月之间的不均衡

二、多选题

1. 分配辅助生产费用时，对应的借方账户可能有（　　）。
   A. "基本生产成本"　　　　　　　　B. "制造费用"
   C. "销售费用"　　　　　　　　　　D. "管理费用"
2. 下列关于辅助生产车间制造费用的处理中，错误的有（　　）。
   A. 必须通过"制造费用"账户核算
   B. 不能通过"制造费用"账户核算
   C. 可以通过"制造费用"账户核算，也可以通过"辅助生产成本"账户核算
   D. 首先记入"制造费用"账户，其次再转入"辅助生产成本"账户核算
3. 根据不同的加工特点、加工数量和加工程度，企业的在产品可能（　　）。
   A. 不负担成本　　　　　　　　　　B. 与产成品等比例负担材料成本
   C. 只负担定额成本　　　　　　　　D. 与产成品等比例负担成本
4. 下列方法中，属于辅助生产费用分配方法的有（　　）。
   A. 直接分配法　　　　　　　　　　B. 交互分配法
   C. 计划成本分配法　　　　　　　　D. 代数分配法
5. 几种产品共同耗用的原材料费用，属于间接计入费用，其分配标准可以按照（　　）。
   A. 产品的材料定额耗用量比例分配　B. 产品的材料定额费用比例分配
   C. 产品的体积分配　　　　　　　　D. 产品的重量分配

三、判断题

1. 在采用计件工资形式下，如果是几个人小组计件，那么工资应该在小组内按照工时比例进行计算分配。　　　　　　　　　　　　　　　　　　　　　　　　　　　　　　（　　）

2. 无论制造费用采用哪种分配方法,"制造费用"账户年末都没有余额。（ ）
3. 本月完工产品成本等于本月生产费用的累计发生额。（ ）
4. 在产品的约当产量就是在产品的盘点数量。（ ）
5. 在实行月薪制计算计时工资的单位,不论当月实际日历是多少天,只要职工不缺勤,每月都可以拿到相同的月标准工资。（ ）
6. 无论采用哪种分配方式,"辅助生产成本"账户期末余额都为零。（ ）
7. 企业在只有一个辅助生产车间的情况下,才能采用辅助生产费用的直接分配法。（ ）
8. 与"废品损失"账户相同,"停工损失"账户也无月末余额。（ ）
9. 采用约当产量比例法分配原材料费用的投料程度和分配加工费用的完工程度相同。（ ）
10. 企业生产基本产品耗费的生产费用总额与"基本生产成本"账户的借方归集的生产成本总额相等。（ ）

四、计算题

1. 某企业生产甲、乙两种产品,共同耗用某种原材料共计 120 000 元。单件产品原材料消耗定额为：甲产品 120 千克;乙产品 100 千克。产量为：甲产品 600 件;乙产品 480 件。

要求：按原材料定额消耗量比例分配计算甲、乙产品实际耗用的原材料费用。

2. 某企业 20××年 3 月份耗电 540 000 千瓦时,每千瓦时电费的单价 0.40 元,应付电力费 216 000 元(未付)。该企业基本生产车间耗电 387 000 千瓦时(其中：车间照明用电 72 000 千瓦时),企业行政管理部门耗用 153 000 千瓦时。企业基本生产车间生产 A、B 两种产品,A 产品生产工时 240 000 小时,B 产品生产工时 180 000 小时。

要求：按所耗电度数分配电力费用,A、B 产品按生产工时分配电费,编制分配电力费用的会计分录。

3. 根据本月份工资结算凭证汇总的工资费用为：基本生产车间生产甲、乙两种产品,计时工资共计 1 152 000 元,其中车间管理人员工资 43 200 元。甲产品完工 24 000 件,乙产品完工 19 200 件。单件产品工时定额为：甲产品 76.8 小时;乙产品 72 小时。

要求：按定额工时比例分配甲、乙产品生产工人工资,编制工资分配的会计分录。

4. 某制造企业某生产工人的月标准工资为 5 700 元,5 月份日历天数为 31 日,其中病假 2 日,事假 1 日,法定节假日 3 日,星期休假 8 日,出勤 17 日。根据该生产工人的工龄,其病假工资按标准工资的 90% 计算。该生产工人的病假和事假期间没有节假日。

要求：分别按照日历天数与法定工作天数计算日工资率,并分别采用月薪制和日薪制计算该工人本月工资。

5. 某公司 20××年 6 月份应发工资 1 880 万元,其中：基本生产车间直接生产人员的工资 1 000 万元;基本生产车间管理人员工资 200 万元;公司行政管理部门人员工资 360 万元;公司专设销售机构人员工资 100 万元;建造厂房人员工资 220 万元。假设公司分别按照职工工资总额的 10%、12%、2% 和 10.5% 计提职工医疗保险费、工伤保险费、生育保险费和住房公积金;按职工工资总额的 3%、2% 和 1.5% 计提职工福利费、工会经费和职工教育经费。

要求：计算分配职工的薪酬费用，并编制相应的会计分录。

6. 某企业下设机修和供水两个辅助生产车间，2月份机修车间发生生产费用40 000元，提供劳务数量2 000小时，其中：供水车间耗用600小时；基本生产车间一般耗用1 200小时；企业行政管理部门耗用200小时。供水车间发生生产费用12 000元，提供劳务数量4 000吨水，其中：机修车间耗用1 400吨；基本生产车间一般耗用2 000吨；企业行政管理部门耗用600吨（辅助生产车间不设置"制造费用"账户）。

要求：
(1) 采用交互分配法分配辅助生产费用，并编制相应的会计分录。
(2) 采用代数分配法分配辅助生产费用，并编制相应的会计分录。
(3) 假设机修车间计划单位成本为25元/小时，供水车间计划单位成本为7元/吨，采用计划成本分配法分配辅助生产费用，并编制相应的会计分录。

7. 某企业基本生产车间生产甲、乙两种产品，20××年6月份。该车间实际发生制造费用36 000元。生产工人计件工资分别为：甲产品2 940元；乙产品2 460元。甲、乙产品计时工资共计12 600元。甲、乙产品生产工时分别为10 800小时、7 200小时；机器工时分别为10 500小时、4 500小时。

要求：
(1) 采用生产工时比例法分配制造费用。
(2) 采用生产工人工资比例法分配制造费用。
(3) 采用机器工时比例法分配制造费用。

8. 某企业某车间全年制造费用计划为67 000元。全年各种产品的计划产量为：A产品2 000件；B产品1 800件。单件产品的工时定额为：A产品4小时；B产品3小时。该车间20××年5月份的实际产量为：A产品200件，B产品150件。该月实际制造费用为6 000元。

要求：采用年度计划分配率分配法分配制造费用，并编制相应的会计分录。

9. 某工业企业生产甲产品经过两道工序加工，原材料在生产开始时一次投入。产成品工时定额为60工时，其中第一道工序工时定额为42小时，第二道工序工时定额为18小时。月初在产品和本月发生的生产费用共计：原材料10 400元，职工薪酬3 135元，制造费用3 762元。甲产品本月完工120件。月末在产品为：第一道工序60件，第二道工序80件。

要求：
(1) 计算各道工序在产品的完工程度和该产品月末在产品约当产量。
(2) 采用约当产量比例法分配计算甲产品的产成品成本和月末在产品成本。

10. 某工业企业生产的甲产品经过三道工序加工制成。假设原材料在每道工序开始时分次投入，各道工序原材料消耗定额为：第一道工序150元，第二道工序250元，第三道工序400元；在产品数量分别为：第一道工序800件，第二道工序1 000件，第三道工序500件；月初及本月共发生材料费用70 000元；本月完工产成品850件。

要求：
(1) 计算各道工序原材料的投料程度。
(2) 计算分配原材料费用的月末在产品约当产量。

(3) 分配计算产成品和月末在产品应负担的原材料费用。

11. 某工业企业生产乙产品经过三道工序加工制成，原材料在生产开始后陆续投入，其投入程度与生产工时投入进度不一致。该产品月初及本月发生的生产费用、各工序材料消耗定额、工时定额和在产品数量分别如表 3-36 和表 3-37 所示。本月乙产品完工 580 件。

表 3-36

某工业企业生产费用表

单位：元

项 目	原材料	薪酬	制造费用	合计
月初在产品成本	37 640	8 960	12 590	59 190
本月生产费用	46 840	24 640	32 210	103 690

表 3-37

材料、工时定额及产品数量表

工序	本工序原材料消耗定额（千克）	本工序工时定额（小时）	月末在产品数量（件）
1	40	20	400
2	32	12	400
3	28	8	200
合计	100	40	1 000

要求：

(1) 分别计算各道工序在产品完工程度。

(2) 分别计算月末在产品的约当产量(包括分配原材料费用和加工费用的约当产量)。

(3) 采用约当产量比例法分配计算产成品和月末在产品应负担的各项生产费用。

12. 某工业企业生产 B 产品，本月份产品成本明细账部分资料如表 3-38 所示。该产品采用定额比例法分配生产费用，其中：原材料费用按照定额费用比例分配，其他费用按照定额工时比例分配。本月份完工产成品 400 件，原材料费用定额为 288 元，工时定额为 3 小时。

要求：采用定额比例法，计算产成品和月末在产品成本，并完成表 3-38。

表 3-38

产品成本明细账

单位：元

项　目		原材料	燃料及动力	薪酬	制造费用	合计
月初在产品成本	定额	63 600		552		
	实际	76 320	4 032	6 048	8 064	
本月生产费用	定额	80 400		1 128		
	实际	96 480	6 048	7 392	12 096	
合计	定额					
	实际					
分配率						
产成品成本	定额					
	实际					
月末在产品成本	定额					
	实际					

13. 假设某企业第一基本生产车间本月共生产 A 产品 600 件,其中,520 件为合格品;另外 80 件为不可修复废品,是在生产过程中发现的。全部产品累计生产工时为 7 000 小时,其中,合格品的工时为 6 500 小时;废品的工时为 500 小时。A 产品累计投入的原材料费用为 60 000 元,职工薪酬费用为 70 000 元,制造费用为 14 000 元,回收残料价值 600 元。假设材料是在生产开始时一次投入的。

要求：编制"废品损失计算表",计算废品损失并编制相应的会计分录。

14. 假设某企业生产 B 产品,本月验收入库时发现 20 件废品,废品残料回收价值为 400 元,单位产品的费用定额为：直接材料 520 元,直接人工 380 元,制造费用 100 元。

要求：按定额费用计算废品净损失,编制"废品损失计算表",并编制相应的会计分录。

15. 某企业某月发生的期间费用如下：

(1) 厂部管理部门购入办公用品一批,共计 600 元,用现金支付。

(2) 用现金支付退休职工退休金 15 000 元,退休职工报销医药费 2 000 元。

(3) 管理部门职工薪酬总额为 90 000 元。

(4) 用银行存款支付注册会计师业务咨询费 2 500 元。

(5) 企业本月计算应缴纳的房产税 2 500 元,车船税 1 500 元。

(6) 本月行政管理部门固定资产应提折旧 3 500 元。

(7) 按规定企业本月应摊销无形资产 4 000 元。

(8) 用银行存款支付业务招待费1 500元。

(9) 用银行存款支付应由企业负担的销售产品的运输费2 360元,包装费5 500元。

(10) 用银行存款支付广告费8 500元和展览费3 000元。

(11) 本月企业专设销售机构发生费用为:职工薪酬费用6 000元,折旧费2 000元,低值易耗品500元,以现金支付其他费用1 000元。

(12) 根据短期借款计划计提本月短期借款利息3 500元。

(13) 支付银行手续费800元。

(14) 收到银行存款利息收入580元。

(15) 月末,将各期间费用科目的余额结转到"本年利润"账户。

要求:为每笔经济业务编制会计分录,并登记各期间费用明细账。

第四章　产品成本计算的基本方法

学习目的与要求

本章将成本计算的一般程序与企业特点相结合,针对具体企业确定成本计算的具体方法。通过本章学习,学生应了解企业按照生产工艺和组织方式两种标准所做的分类,理解并掌握企业生产特点和成本管理要求对成本计算方法产生的影响。产品成本计算的基本方法有品种法、分批法和分步法三种。学生应掌握三种方法的特点、适用范围及一般程序。其中,品种法是最基本的方法,是其他方法的基础;分批法要掌握一般分批法和简化的分批法两种;分步法要掌握逐步结转分步法和平行结转分步法两种。

难　点

1. 理解简化分批法的特点及计算程序。
2. 在逐步综合结转分步法下,如何进行成本还原?
3. 在平行结转分步法下,生产费用如何在完工产品和广义在产品之间进行分配?

第一节　产品成本计算方法概述

为了正确计算产品成本,需要按照成本核算的要求,正确划分各种费用界限、正确确定财产物资的计价和价值转移方法、做好各项基础工作,同时还要适应生产特点和管理要求,采用适当的成本计算方法。所以,要确定适合企业的成本核算方法,必须先了解企业的生产特点及管理要求。

一、工业企业的生产特点及其分类

（一）工业企业按生产工艺的特点分类

工业企业的生产按照其生产工艺过程的特点不同,可以分为单步骤生产和多步骤生产两种类型。

1. 单步骤生产

单步骤也称简单生产,是指生产工艺过程不能间断,或者由于工作地点限制不便于分散在几个不同地点进行的生产。属于单步骤生产的企业,其产品的生产周期较短,生产工艺过程简单,生产过程只能在一个企业或一个车间内完成,没有自制半成品或其他中间产品。典型的单步骤生产的企业有采掘、发电、自来水生产等企业。

2. 多步骤生产

多步骤生产也称复杂生产,是指生产工艺过程可以划分为间断的若干生产步骤的生产。其生产过程可以在不同时间、不同地点进行。属于多步骤生产的企业,其产品的生产周期一般较长,生产工艺过程复杂,生产过程可以由几个车间共同协作加工完成,一般有半成品或中间产品。典型的多步骤生产的企业有冶金、纺织、机械制造等企业。

多步骤生产按加工形式不同,又可分为连续式多步骤生产和装配式多步骤生产两种。

(1) 连续式多步骤生产是指从原材料投入生产到产品完工,需要经过许多相互联系的生产步骤进行连续加工的生产。在这种生产方式下,前一步骤生产出来的半成品是后一步骤的加工对象,直到最后一个步骤生产出产成品。典型的企业有纺织、冶金、造纸等。

(2) 装配式多步骤生产是指原材料投入生产后,先将其在各个生产步骤之间进行平行加工,制造成产成品所需的各种零件、部件,然后,再将这些零件、部件装配成产成品。典型的企业有汽车、机械制造等。

(二) 工业企业按生产组织形式的特点分类

生产组织形式是指企业生产的专业化程度,即在一定时期生产产品品种的多寡、同种产品的数量多少及其生产的重复程度。工业企业的生产按照其生产组织形式特点的不同,可以分为大量生产、成批生产和单件生产三种类型。

1. 大量生产

大量生产是指不断地重复生产相同产品的生产。这类产品的生产,一般来说,产品品种较少,产量大,而且生产比较稳定,一般采用专业设备重复进行生产,如冶金、纺织、采掘、酿酒、造纸等的生产均属大量生产。

2. 成批生产

成批生产是指按照预先规定的产品批别和数量进行的生产,或根据订单单位的需要,分批进行若干种产品的生产。一般来说,这类产品的生产,产品品种较多,而且各种产品经常轮番进行生产,如服装、食品、塑料制品均属成批生产。成批生产按照批量的大小,又可进一步分为大批生产和小批生产。大批生产批量较大,往往重复生产,从性质上看接近于大量生产。小批生产批量较小,主要是按照订单生产,一批产品一般可同时完工,从性质上看接近于单件生产。

3. 单件生产

单件生产是指根据客户订单的要求,生产个别的、性质特殊的产品的生产。这类产品的生产,一般来说,产品的品种较多,每一订单产品数量很少,一般不重复或不定期重复生产,如船舶制造和重型机械及专用设备制造等均属单件生产。

不同的生产工艺过程和不同的生产组织形式相结合,可以形成多种生产类型。常见的有:在单步骤及连续式多步骤生产工艺过程下,往往采用大量、大批生产组织形式,分别称作大量、大批单步骤生产和大量、大批连续式多步骤生产。在装配式多步骤生产工艺过程下,可以采用大量大批,也可以采用小批、单件生产组织形式,分别称作大量、大批装配式多步骤生产和小批、单件装配式多步骤生产。

二、生产特点和成本管理要求对产品成本计算的影响

生产特点不同,对成本管理的要求自然也不同。生产特点和管理要求又必然对产品成本计算产生影响。对产品成本计算的影响主要表现在三个方面:一是成本计算对象;二是成本计算期;三是生产费用在完工产品与月末在产品之间的分配。这三个方面相互有机结合,形成了不同的成本计算方法。

(一) 对成本计算对象的影响

1. 从生产工艺特点来看

成本计算对象是指企业为了计算产品成本而确定的归集和分配生产费用的各个对象,也就是生产费用的承担者。企业在进行成本计算时,首先应确定成本计算对象,并按照成本计算对象设置"基本生产成本明细账"或"产品成本计算单",归集和分配每一成本计算对象所发生的费用。

在单步骤生产下,由于生产不可能或不需要划分生产步骤,生产的产品只要求按照产品的品种计算产品成本;在多步骤连续式生产下,生产过程是由几个可以间断的、分布在不同的地点的生产步骤所组成的。为了加强对各个步骤的管理,在计算产品成本时,不仅要求按照产品品种,而且还要求按照每一个生产步骤作为成本计算对象,计算每一个生产步骤上的半成品成本,以便提供各个步骤的生产成本资料。在多步骤装配式生产下,由于零部件无独立核算的必要,一般不需要按步骤计算半成品成本,而以产品品种作为成本计算对象。

2. 从生产组织形式来看

企业生产组织形式的不同,决定了成本计算对象也不一样。在大量大批生产下,企业在较长时间内大量大批地生产同一种产品,因此计算产品成本时只能以产品品种作为成本计算对象;在大批生产下,如果大批生产比较稳定,为了经济合理地组织生产,耗用量较少的零部件,往往集中投产,生产一批零部件,供应几批产品耗用;耗用量较多的零部件,也可以另行分批投产。在这种情况下,零部件生产的批别与产品生产的批别往往不一致,这样就不能按照产品的批别计算成本,而只能按照零部件和产成品品种计算成本;在单件小批生产下,产品批量小或按件组织生产,客户要求一次交货。在这种情况下,可以按批组织生产,在计算产品成本时,可以分批计算产品成本。

（二）对成本计算期的影响

成本计算期是指每计算一次完工产品成本的间隔时间。计算产品成本的期间并不完全与产品的生产周期一致。在大量大批生产的企业里,月末一般都有大量的完工产品,由于随时都有完工产品的出现,因此不能在产品完工的同时,立刻就计算它的成本,而是定期地在月末计算产品成本。这时,产品成本的计算期与会计结算期相一致,而与产品的生产周期不一致。在单件小批生产的企业里,一般情况下当某一订单产品或某一批别产品在月末未完工时,全部是在产品成本,只有当产品全部完工时,才能计算完工产品的成本,所以其成本计算期是不固定的,与产品的生产周期一致,而与会计结算期不一致。

需要注意的是,成本计算期不管是定期还是不定期,不管是月末还是生产周期结束时,每月的日常成本核算工作,如生产费用的归集与分配,仍然是按月进行的。

（三）对产成品与月末在产品之间分配生产费用的影响

企业生产过程中发生的全部生产费用,经过归集和分配后,最终都归集在"基本生产成本明细账"和各种"产品成本计算单"当中了。在大量大批单步骤生产的企业里,由于生产过程不能间断,生产周期较短,月末在产品很少或没有,所以不必计算月末在产品成本。在大量大批多步骤生产的企业里,月末经常有在产品,因此需要将生产费用在完工产品和月末在产品之间进行分配。在单件小批多步骤生产的企业里,成本计算期通常与生产周期一致,在某批或某件产品完工之前,产品成本明细账的月末余额就是月末在产品的成本,产品完工后,产品成本明细账中归集的生产费用就是产成品的成本。

三、产品成本计算的基本方法与辅助方法

（一）产品成本计算的基本方法

综上所述,在工业企业中,由于生产特点不同,以及企业管理的需要,成本的计算方法也不尽相同。在影响产品成本计算的三因素中,成本计算对象是最主要的,它决定了其他两项因素。因此,成本计算对象的确定,是正确计算产品成本的前提,也是区别各种成本计算方法的主要标志。归纳起来,基本的成本计算方法有三种。

1. 按照产品的品种计算成本

这种以产品品种为成本计算对象的产品成本计算方法称为品种法。一般适用于大量、大批单步骤生产,如发电、采掘、自来水等;或管理上不要求分步骤计算成本的大量、大批多步骤生产的企业,如水泥厂、小型造纸厂。

第四章 产品成本计算的基本方法

2. 按照产品的批别计算产品成本

这种以产品批别为成本计算对象的产品成本计算方法称为分批法。一般适用于小批、单件单步骤生产或管理上不要求分步骤计算成本的小批、单件多步骤生产,如专用工具模具制造、重型机器制造等。

3. 按照产品的生产步骤计算产品成本

这种以产品生产步骤为成本计算对象的产品成本计算方法称为分步法。一般适用于管理上要求分步骤计算成本的大量、大批多步骤生产,如纺织、机器制造等。

以上三种基本成本计算方法在成本计算对象、成本计算期以及生产费用在产成品与在产品之间的分配方面各有特点,具体情况如表4-1所示。

表4-1

基本成本计算方法的特点

成本计算方法	成本计算对象	成本计算期	生产费用在完工产品和月末在产品之间的分配
品种法	每种产品	定期于月末计算	一般不需要分配,大量大批多步骤生产企业采用该法时需要分配
分批法	每批产品	不定期计算	一般不需要分配
分步法	每种产品及其所经过的加工步骤	定期于月末计算	定期进行分配

(二) 产品成本计算的辅助方法

在实际工作中,产品成本计算方法除了上述三种基本方法外,还有一些从基本方法中延伸出来的或与基本方法相结合才能使用的方法,如分类法和定额法等。但这些成本计算方法都不是独立的成本计算方法,与生产类型没有直接联系,不涉及成本计算对象,它们的应用或是为了简化成本计算,或是为了加强成本管理,只要具备条件,在任何类型的企业都可以使用,因此,统称为辅助成本计算方法。这些辅助方法一般应与基本方法结合起来使用,而不能单独使用。

无论采用哪种成本计算方法,最终的结果都要求计算出每一种产品的成本,因此品种法是各种成本计算方法的基础,按产品品种计算成本是成本计算的起码要求。也就是说,品种法是上述基本方法中最基本的成本计算方法。

以上讲述的成本计算方法只是实际工作中经常采用的几种主要方法。为了向企业决策者提供进行决策的有用信息,还可采用变动成本法;为了加强内部成本控制,还可采用标准成本法;为了改进间接费用分配标准,提高产品成本计算的正确性,还可采用作业成本法。这些方法一般是管理会计的重要组成部分,都是为了某种管理目的而采用的成本计算方法。这些方法也属于辅助的成本计算方法。由于教学分工的需要,本书将对作业成本法进行阐述,而变动成本法和标准成本法等,将在管理会计课程中学习。

值得注意的是,基本方法与辅助方法的划分,是从计算产品实际成本角度出发考虑的,并不是因为辅助方法不重要。

第二节 产品成本计算的品种法

一、品种法的概念和适用范围

产品成本计算的品种法,是以产品的品种作为成本计算对象,归集生产费用计算产品成本的一种方法。品种法适用于大量大批单步骤生产类型的企业,例如发电、供热、采掘工业等。在这种类型的企业中,由于产品的生产工艺过程不能间断,没有必要也不可能划分生产步骤计算产品成本,只能以产品品种作为成本计算对象。另外,有些大量大批多步骤生产类型的企业,由于生产规模较小,或者按流水线组织生产,或者从原材料投入到产品产出的全过程是集中封闭式生产,管理上不要求按照生产步骤计算产品成本,也可以采用品种法计算成本,如小型水泥厂、造纸厂、砖瓦厂等。

此外,对于企业内部的辅助生产车间,如供水、供电、供气等,由于它们主要是为基本生产车间提供劳务(或产品),生产环节相对独立,提供的劳务或生产的产品单一,所以也适合使用品种法计算成本。

按照产品品种计算成本,是产品成本计算最一般、最起码的要求,无论是什么样的生产工艺特点,无论是什么样的生产组织形式,也无论管理上的要求如何,产品成本的计算最终都是必须计算出每种产品的成本。因此,品种法是最基本的成本计算方法,其计算原理在其他各方法中均有体现。对应用于大量大批单步骤企业的品种法而言,由于其产品品种往往比较单一,一般不存在月末在产品,成本计算程序相对来说比较简单,故此种品种法也称简单法。

二、品种法的特点

品种法比较其他成本计算方法有如下特点。

(一)以产品品种作为成本计算对象

品种法是以产品的品种作为成本计算对象计算产品成本的。在进行成本计算时,需要按照产品品种开设产品成本计算单或生产成本明细账。如果企业只生产一种产品,成本计算对象就是这一种产品,企业所发生的各项生产费用都是直接费用,可以直接计入这种产品的成本计算单或生产成本明细账。如果企业在一个期间内生产两种或两种以上产品,则应按每种产品分别开设成本计算单,生产中发生的各项生产费用能分清应由某产品负担的直接费用则直接计入该种产品成本计算单；属于几种产品共同耗用的生产费用，则应采用适当的分配方法，分配计入各产品成本计算单中。

（二）按月定期计算产品成本

从品种法的使用范围讲，无论是大量、大批单步骤生产，还是大量、大批多步骤生产，其生产的特点都是连续投入、连续产出，很难确定产品的生产周期。所以企业不能等到产品全部制造完成时再计算产品成本，而只能定期在月末计算产品成本。品种法的成本计算期与会计结算期是一致的。

（三）月末区别情况确定在产品成本

（1）单步骤生产由于其生产工艺简单或产品生产周期较短，月末可能没有在产品或在产品数量很少，对产成品成本影响不大。因而根据重要性原则，可以不计算在产品成本。产品成本计算单中归集的全部生产费用，就是该产品的产成品总成本，以产成品总成本除以本期完工产品的产量，就是该产品的平均单位成本。

（2）大量、大批多步骤生产由于其生产步骤多，生产周期较长，期末往往有在产品存在，如果数量较多，占用的费用也较大，就会对产成品成本计算产生影响，这时就要将成本计算单上所归集的全部生产费用，采用适当的分配方法在产成品与月末在产品之间进行分配，以便正确计算出产成品成本和月末在产品成本。

三、品种法的成本计算程序

成本计算程序是对产品生产过程中所发生的各项费用，按照财务会计制度的规定，进行审核、归集和分配，进而计算完工产品成本和月末在产品成本的过程。采用品种法计算产品成本时，其一般步骤如下。

（一）根据产品品种开设成本计算单（产品成本明细账）

在成本计算单中按成本项目设置专栏，通常包括直接材料、直接人工和制造费用等。在产品成本计算单中，上月末没有完工的在产品成本，即为本月月初的在产品成本。

（二）编制各项要素费用分配表

月末，对生产过程中发生的各项要素费用进行审核、归集和分配，编制各项要素费用分配表，据以登记产品成本计算单和相关明细账。

（三）编制跨期费用分配表

月末，根据预付账款明细账和其他应付款明细账分别编制预付账款分配表和其他应付款分配表，并据以登记相关明细账。

（四）编制辅助生产费用分配表

月末，根据辅助生产成本明细账所归集的各项费用，结合各种产品和各部门受益的辅助生产车间的劳务数量,采用一定的方法分配辅助生产费用,据以登记产品成本计算单和相关明细账。

（五）编制制造费用分配表

月末,根据制造费用明细账所归集的各项费用,采用一定的方法,在各种产品之间分配制造费用,编制制造费用分配表,据以登记产品成本计算单和相关明细账。

（六）计算完工产品成本和月末在产品成本

经过以上各步骤的归集和分配后,本期应由产品负担的各项生产费用都登记在产品成本计算单中。月末,应按成本计算的要求,采用一定的方法,将生产费用在完工产品和月末在产品之间进行分配,计算出完工产品成本和月末在产品成本。

（七）结转完工产品成本

月末,根据产品成本计算结果,编制完工产品成本汇总表,结转完工入库产品的成本。

四、品种法例解

品种法主要适用于两种生产类型的企业的成本计算:①大量大批单步骤生产的企业,该类企业一般生产过程短,期末无在产品,成本计算过程简单,故此类品种法又称简单法。②大量大批多步骤生产,管理上不要求分步计算产品成本的企业,该类企业一般生产过程比较复杂,产品的品种比较多,月末往往有在产品,当月归集的全部生产费用需要在完工产品和月末在产品之间进行分配,成本计算过程相对复杂一些,故此类品种法又称为典型品种法。在实务中,由于简单法和典型的品种法并没有严格的界限划分,因此本书将两者统称为品种法,在举例中也不加以区分。

【例 4-1】 某工厂设有一个基本生产车间,大量生产甲、乙两种产品,属单步骤生产。该厂还设有一个供水车间和一个供电车间,为基本生产车间及其他部门提供服务。根据该厂甲、乙两种产品的生产特点和成本管理的要求,采用品种法计算产品生产成本。其核算程序如下。

1. 确定成本计算对象,设置账户

该厂以甲、乙两种产品作为成本计算对象,按甲、乙两种产品开设成本计算单,并按直接材料、直接人工、制造费用三个项目设置专栏进行明细核算。按供水、供电两个车间开设辅助生产成本明细账,辅助生产车间的制造费用直接计入辅助生产成本。

2. 归集和分配各项生产费用

该厂20××年5月份发生以下费用:

(1) 13日,以银行存款支付劳动保护费 17 500 元。其中:基本生产车间10 000

元;供水车间 3 000 元;供电车间 4 500 元。

根据银行存款付款凭证,编制会计分录如下:

借:制造费用	10 000
辅助生产成本——供水车间	3 000
——供电车间	4 500
贷:银行存款	17 500

(2) 20 日,以银行存款支付保险费 50 000 元。其中:基本生产车间 20 000 元;辅助生产——供水 18 000 元;辅助生产——供电 12 000 元。

根据银行存款付款凭证,编制会计分录如下:

借:制造费用	20 000
辅助生产成本——供水车间	18 000
——供电车间	12 000
贷:银行存款	50 000

(3) 22 日,以现金支付办公费 5 000 元。其中:基本生产车间办公费 2 000 元;企业行政管理部门办公费 3 000 元。

根据现金付款凭证,编制会计分录如下:

借:制造费用	2 000
管理费用	3 000
贷:库存现金	5 000

(4) 25 日,以银行存款支付供电车间的清洁费 40 000 元。

根据银行存款付款凭证,编制会计分录如下:

借:辅助生产成本——供电车间	40 000
贷:银行存款	40 000

(5) 31 日,提取固定资产折旧费。根据各车间、各部门的月初各类固定资产的原值、折旧率,编制"折旧费用分配表"(如表 4-2 所示),分配折旧费用。

表 4-2

折旧费用分配表

20××年5月　　　　　　　　　　　　　　　　　　　　　　单位:元

项目	基本生产车间	供水车间	供电车间	企业行政管理部门	合计
折旧	25 000	8 000	14 000	5 000	52 000

根据折旧费用分配表,编制会计分录如下:

借：制造费用			25 000	
辅助生产成本——供水车间			8 000	
——供电车间			14 000	
管理费用			5 000	
贷：累计折旧			52 000	

（6）31 日，根据领退料凭证，编制"材料费用分配表"（如表 4-3 所示），分配材料费用。

表 4-3

材料费用分配表

20××年 5 月　　　　　　　　　　　　　　　　　　　　　　单位：元

应借科目		主要原材料	辅助材料	合计
总账科目	明细科目			
基本生产成本	甲产品	520 000	30 000	550 000
	乙产品	480 000	20 000	500 000
	小　计	1 000 000	50 000	1 050 000
辅助生产成本	供水车间		50 000	50 000
	供电车间		40 000	40 000
	小　计		90 000	90 000
管理费用			35 000	35 000
合　计		1 000 000	175 000	1 175 000

根据"材料费用分配表"，编制会计分录如下：

借：基本生产成本——甲产品		550 000
——乙产品		500 000
辅助生产成本——供水车间		50 000
——供电车间		40 000
管理费用		35 000
贷：原材料		1 175 000

（7）31 日，根据本月各车间、各部门的工资计算凭证及福利费、社会保险费等薪酬费用的提取方法，编制本月"薪酬费用分配表"（如表 4-4 所示），分配薪酬费用。

表 4-4

薪酬费用分配表

20××年5月   单位：元

应借科目		工资	其他薪酬费用	合计
总账科目	明细科目			
基本生产成本	甲产品	25 000	3 500	28 500
	乙产品	24 000	3 360	27 360
	小　计	49 000	6 860	55 860
辅助生产成本	供水车间	6 000	840	6 840
	供电车间	4 000	560	4 560
	小　计	10 000	1 400	11 400
制造费用		7 000	980	7 980
管理费用		12 000	1 680	13 680
合　计		78 000	10 920	88 920

根据"薪酬费用分配表"，编制会计分录如下：

```
借：基本生产成本——甲产品                           25 000
            ——乙产品                           24 000
    辅助生产成本——供水车间                         6 000
            ——供电车间                         4 000
    制造费用                                     7 000
    管理费用                                    12 000
  贷：应付职工薪酬——工资                          78 000
借：基本生产成本——甲产品                            3 500
            ——乙产品                            3 360
    辅助生产成本——供水车间                           840
            ——供电车间                           560
    制造费用                                       980
    管理费用                                     1 680
  贷：应付职工薪酬——职工福利等                      10 920
```

（8）31日，根据权责发生制原则，摊销本月应负担的各项费用。假设本月基本生产车间领用周转材料一批，计8 000元，从本月起分4个月摊销。

a. 领用时，根据周转材料明细账及领用单，编制会计分录如下：

借：周转材料——在用　　　　　　　　　　　　　　　　　　　　　　8 000
　　贷：周转材料——在库　　　　　　　　　　　　　　　　　　　　　　8 000

b. 月末摊销时，编制"周转材料摊销费用分配表"（如表4-5所示）。

表4-5

周转材料摊销费用分配表

20××年5月　　　　　　　　　　　　　　　　　　　　　　单位：元

应借科目	成本或费用项目	金额
制造费用	周转材料	2 000
合　计		2 000

根据"周转材料摊销费用分配表"，编制会计分录如下：

借：制造费用　　　　　　　　　　　　　　　　　　　　　　　　　　2 000
　　贷：周转材料——摊销　　　　　　　　　　　　　　　　　　　　　　2 000

(9) 31日，根据以上各种费用分配表和其他有关资料，归集和分配辅助生产费用。

a. 登记供水车间和供电车间的"辅助生产成本明细账"，如表4-6和表4-7所示。

表4-6

辅助生产成本明细账

车间名称：供水车间　　　　　20××年5月　　　　　　　　　　　单位：元

20××年		摘　要	材料	动力	薪酬	保险	劳保	折旧	合计	转出
月	日									
5	13	根据银行存款付款凭证					3 000		3 000	
5	20	根据银行存款付款凭证				18 000			18 000	
5	31	根据固定资产折旧分配表						8 000	8 000	
5	31	根据材料费用分配表	50 000						50 000	
5	31	根据薪酬费用分配表			6 840				6 840	
5	31	合　计	50 000		6 840	18 000	3 000	8 000	85 840	
5	31	根据辅助生产费用分配表								85 840

第四章 产品成本计算的基本方法

表 4-7

辅助生产成本明细账

车间名称：供电车间　　　　　　　20××年5月　　　　　　　　　　单位：元

20××年		摘要	材料	动力	薪酬	保险	劳保	折旧	清洁	合计	转出
月	日										
5	13	根据银行存款付款凭证					4 500			4 500	
5	20	根据银行存款付款凭证				12 000				12 000	
5	25	根据银行存款付款凭证							40 000	40 000	
5	31	根据固定资产折旧分配表						14 000		14 000	
5	31	根据材料费用分配表	40 000							40 000	
5	31	根据薪酬费用分配表			4 560					4 560	
5	31	合计	40 000		4 560	12 000	4 500	14 000	40 000	115 060	
5	31	根据辅助生产费用分配表									115 060

b. 根据"辅助生产成本明细账"和两个辅助生产车间所提供的劳务供应量，编制"辅助生产费用分配表"（如表4-8所示），分配辅助生产费用。

表 4-8

辅助生产费用分配表（计划成本分配法）

20××年5月　　　　　　　　　　　　　　　金额单位：元

项目	待分配费用	劳务供应量	计划成本	按计划分配金额								按计划成本分配合计	辅助生产实际成本	成本差异
				供水车间		供电车间		基本生产车间		行政管理部门				
				数量	金额	数量	金额	数量	金额	数量	金额			
供水	85 840	171 000 吨	0.5			11 000	5 500	120 000	60 000	40 000	20 000	85 500	100 640	+15 140
供电	115 060	287 000 度	0.4	37 000	14 800			200 000	80 000	50 000	20 000	114 800	120 560	+5 760
合计	200 900				14 800		5 500		140 000		40 000	200 300	221 200	+20 900

根据"辅助生产费用分配表"，编制会计分录如下：

a. 按计划成本分配辅助生产费用。

借：辅助生产成本——供水车间 14 800
　　　　　　　　——供电车间 5 500
　　制造费用 140 000
　　管理费用 40 000
　贷：辅助生产成本——供水车间 85 500
　　　　　　　　——供电车间 114 800

b. 结转差异。

借：管理费用 20 900
　贷：辅助生产成本——供水车间 15 140
　　　　　　　　——供电车间 5 760

（10）31日，根据以上各种费用分配表和其他有关资料，归集和分配制造费用。
　a. 登记"制造费用明细账"（如表4-9所示）。

表4-9

制造费用明细账

车间：基本生产车间　　　　　20××年5月　　　　　　　　单位：元

20××年		摘要	薪酬费用	折旧费	劳保费	保险费	周转材料摊销	水电费	其他	合计	转出
月	日										
5	13	根据银行存款付款凭证			10 000					10 000	
5	20	根据银行存款付款凭证				20 000				20 000	
5	22	根据银行存款付款凭证							2 000	2 000	
5	31	根据固定资产折旧分配表		25 000						25 000	
5	31	根据薪酬费用分配表	7 980							7 980	
5	31	根据周转材料摊销费用分配表					2 000			2 000	
5	31	根据辅助生产费用分配表						140 000		140 000	
5	31	合计	7 980	25 000	10 000	20 000	2 000	140 000	2 000	206 980	
5	31	根据制造费用分配表									206 980

b. 编制"制造费用分配表"(如表 4-10 所示),分配制造费用。假设按甲、乙两种产品的生产工时比例分配。

表 4-10

制造费用分配表

20××年 5 月　　　　　　　　　　　　　　　金额单位:元

应借科目		生产工时（小时）	分配率	金额
总账科目	明细科目			
基本生产成本	甲产品	24 836		124 180
	乙产品	16 560		82 800
合　计		41 396	5	206 980

根据"制造费用分配表",编制会计分录如下:

　　借:基本生产成本——甲产品　　　　　　　　　　　　　　124 180
　　　　　　　　　　　——乙产品　　　　　　　　　　　　　　82 800
　　　　贷:制造费用　　　　　　　　　　　　　　　　　　　　206 980

3. 登记产品成本计算单,计算完工产品成本和在产品成本

（1）登记产品成本计算单。基本生产车间的甲产品月初、月末均无余额,本月投产 40 件产品,月末全部完工;乙产品期初余额为 162 700 元,其中直接材料 150 000 元,直接人工 8 500 元,制造费用 4 200 元。本月完工产品 80 件,在产品 20 件,在产品成本按定额成本计算。其单位定额成本为:直接材料 6 500 元,直接人工 298 元,制造费用 725 元。

根据本月发生的各项生产费用登记产品成本计算单,计算甲、乙两种产品成本。甲产品和乙产品的"产品成本计算单"如表 4-11 和表 4-12 所示。

表 4-11

产品成本计算单

车间:基本生产车间　　　　　　　　　　　　　　　　　　完工数量:40 件
产品名称:甲产品　　　　　　20××年 5 月　　　　　　　单位:元

项　　目	直接材料	直接人工	制造费用	合计
本月发生的生产费用	550 000	28 500	124 180	702 680
完工产品成本	550 000	28 500	124 180	702 680
单位成本	13 750.00	712.50	3 104.50	17 567.00

表 4-12

产品成本计算单

车间：基本生产车间
产品名称：乙产品
20××年5月

完工数量：80 件
在产品数量：20 件
单位：元

项 目	直接材料	直接人工	制造费用	合计
月初在产品成本	150 000	8 500	4 200	162 700
本月发生的生产费用	500 000	27 360	82 800	610 160
合 计	650 000	35 860	87 000	772 860
月末在产品成本	130 000	5 960	14 500	150 460
完工产品成本	520 000	29 900	72 500	622 400
单位成本	6 500	373.75	906.25	7 780

(2) 根据甲、乙产品成本计算单，编制"产成品成本汇总表"（如表 4-13 所示）。

表 4-13

产成品成本汇总表

20××年5月　　　　　　　　　　　　　　　　单位：元

项 目		直接材料	直接人工	制造费用	合计
甲产品	总成本	550 000	28 500	124 180	702 680
	单位成本	13 750	712.50	3 104.50	17 567
乙产品	总成本	520 000	29 900	72 500	622 400
	单位成本	6 500	373.75	906.25	7 780
总成本合计		1 070 000	58 400	196 680	1 325 080

根据"产成品成本汇总表"编制产成品成本结转的会计分录如下：

借：库存商品——甲产品　　　　　　　　　　　　　702 680
　　　　　　　——乙产品　　　　　　　　　　　　622 400
　　贷：基本生产成本——甲产品　　　　　　　　　702 680
　　　　　　　　　　——乙产品　　　　　　　　　622 400

第三节 产品成本计算的分批法

一、分批法的概念和适用范围

产品成本计算的分批法也称订单法，是以产品的批别（或订单）作为成本计算对象，归集生产费用计算产品成本的一种方法。分批法主要适用于小批单件单步骤或管理上不要求分步计算的多步骤生产类型的企业，例如船舶制造、精密仪器、重型机械、专用工具模具和专用设备制造等。新产品的试制或实验性生产和辅助生产的工具模具制造等也可以采用分批法计算成本。

分批法是以每批产品为成本计算对象，计算产品成本的。每批产品的批量、品种和完工时间，一般是根据客户的订单确定的，因此分批法也称订单法。企业在组织产品生产时，还要结合企业的自身生产能力，合理确定生产批量和批次：①如果客户的订单中要求生产的产品不止一种，则需按品种分批进行生产，计算产品成本时，应按新组织的产品批别作为成本计算对象，计算每批产品的成本。②如果在一张订单中，只规定有一种产品，但这种产品数量较大，超过企业的生产能力或客户要求分批交货，也可划分各个批别，分批组织生产，计算产品成本时，应按新组织的产品批别作为成本计算对象，计算每批产品的成本。③如果一张订单中只规定有一件产品，这件产品属大型复杂的产品，价值大，生产周期长，也可以将这件产品按其组成零部件分解为若干批，分批进行生产，计算产品成本时，应按新组织的产品批别作为成本计算对象，计算每批产品的成本。④如果在同一期间，在几张订单中都含有同一种产品，而且数量都不多，为了经济合理地组织生产，可以将几张订单中的相同产品合为一批进行生产，计算产品成本时，应以新组织的产品批别为成本计算对象，计算每批产品的成本。

二、分批法的特点

（一）以产品批别作为成本计算对象

分批法是以产品的批别作为成本计算对象计算产品成本的。产品批别的组织是由企业生产计划部门负责的。生产计划部门根据客户订单要求结合自身生产能力，签发一式多份的"生产任务通知单"，分别送达供应、生产、财务等部门。在"生产任务通知单"中，除了要注明产品名称、规格、生产数量、开工日期等内容外，还要注明产品的批量，即产品令号或工作令号。企业的供应部门应据此进行备料，生产部门应据此组织安排生产，财会部门应据此开立成本计算单，进行成本核算。产品成本计算单的开立与结账，应和"生产任务通知单"的签发和结束紧密结合，协调一致，以保证各批产品成本计算的正确性。

（二）成本计算期与生产周期一致，与会计报告期不一致

分批法的成本计算期与生产周期一致，与会计报告期不一致。采用分批法计算产品成本的企业，各批产品成本计算单虽然仍按月归集生产费用，但每一批产品的生产成本却只能在该批产品全部完工时才能计算。如果某批次的产品尚未完工，则不计算其成本。因此，分批法的计算成本期是不固定的，其成本计算期与生产周期一致，与会计报告期不一致。

（三）生产费用一般不需要在完工产品与月末在产品之间进行分配

在分批法下，由于生产组织形式不同，影响到期末在产品成本的计算也各不相同。

第一种情况：如果是小批生产，客户要求一次交货，且每批产品要求同时完工，那么在月末计算成本时，若本批产品全部未完工，则该批产品的生产费用就都是在产品成本；若本批产品全部完工，则该批产品的生产费用就都是完工产品总成本。因此，在这种情况下，不存在生产费用在完工产品与在产品之间的分配问题。

第二种情况：如果产品批量较大，客户要求分批交货，那么批内产品就会出现跨月生产、陆续完工的情况，这时计算产品成本时，生产费用需在完工产品和在产品之间进行分配。如果批内产品陆续完工的情况不多，在计算产品成本时，企业可采用简单的成本计算方法，即本期完工产品成本可采用计划单位成本、定额单位成本或者最近一期相同产品的实际单位成本来计算。按上述方法转出产成品成本后，其余额就是在产品成本。当该批产品全部完工时，再计算该批产品的实际总成本和单位成本，但是对已经转账的产品成本不做账面调整；如果批内产品跨月完工的情况较多，购销双方协定陆续交货，陆续结算款项，在这种情况下，为了正确提供成本资料，以便正确计算本期收益，月末计算完工产品成本和在产品成本时，应当采用适当的分配方法计算完工产品与在产品成本，可采用定额比例法、约当产量比例法等，使计算出的产品更符合实际。

三、分批法的成本计算程序

（一）根据产品批别（或订单）开设成本计算单

财会部门根据生产计划部门下达的生产任务通知单，按每一工作令号开设各批别或订单的产品成本计算单（产品成本明细账），并根据费用发生的用途确定成本项目，归集每批产品所发生的生产费用。

（二）编制各项要素费用分配表

月末，企业根据各项生产费用发生情况，编制要素费用分配表。要素费用的分配应严格按照产品批别或订单进行归集。对于批内或订单内产品耗用的直接费用，企业应将其直接计入成本计算单中的直接材料和直接人工成本项目，对于其在生产车间发生的间接费用，应先归集在制造费用明细账中，对于辅助生产车间发生的各项费

第四章 产品成本计算的基本方法

用,一般通过辅助生产成本明细账进行归集。

(三) 编制跨期费用分配表

月末,根据预付账款明细账和其他应付款明细账编制预付账款分配表和其他应付款分配表,据以登记相关明细账。

(四) 编制辅助生产费用分配表

月末,根据辅助生产成本明细账中归集的辅助生产费用和辅助生产提供的劳务量,在各批(或订单)产品及其他受益对象之间进行分配,据以登记产品成本计算单和相关明细账。

(五) 编制制造费用分配表

月末,根据制造费用明细账中归集的制造费用,采用一定的分配方法,将其分配计入各批(或订单)产品的成本计算单中。

(六) 计算完工产品成本和月末在产品成本

经过上述各步骤的归集和分配后,本期应由某批(或订单)产品负担的各项生产费用都已登记在产品成本计算单中。采用分批法计算产品成本,会计期末往往会出现下面几种情况:

(1) 对于单件生产而言,在产品完工前,产品成本计算单中所归集的各项生产费用就是该件产品的月末在产品成本。一旦产品完工,则产品成本计算单中所归集的各项生产费用,都是完工产品的成本。所以在月末计算产品成本时,不需要将生产费用在完工产品和在产品之间进行分配。

(2) 对于小批生产而言,由于批量小,一般情况下批内产品能同时全部完工,或在相距很短的时间内全部完工。产品在未完工之前,产品成本计算单中所归集的各项生产费用就是该批产品的月末在产品成本。若全部完工,则产品成本计算单中所归集的各项生产费用就是该批产品的完工产品成本。所以在月末计算产品成本时,也不需要将生产费用在完工产品和在产品之间进行分配。

(3) 某批产品由于生产批量大,存在跨月陆续完工或分次交货的情况。这时,应采用适当的方法分配计算完工产品成本和月末在产品成本。如果月末完工产品数量占该批产品数量的比重较小,可以根据定额成本、计划成本或近期同种产品的实际成本,计算完工产品成本,然后再用该批产品归集的全部生产费用减去完工产品成本,倒挤出月末在产品成本。如果月末完工产品数量占该批产品数量的比重较大,也可采用约当产量比例法、定额比例法等具体方法,分配计算批内完工产品成本和月末在产品成本。值得注意的是,无论是批内产品跨月陆续完工的情况较多还是较少,都需要在整批产品全部完工时重新计算该批产品的总成本和单位成本。

(七) 结转完工产品成本

月末,根据产品成本计算结果,编制完工产品成本汇总表结转完工入库产品的成本,并据以登记成本计算单及库存商品明细账。

四、分批法例解

【例 4-2】 某企业按照客户订单生产产品,采用分批法计算产品成本。该企业 20××年 5 月份有关生产情况及生产费用情况如下。

1. 本月生产产品的批别和投产、完工情况

(1) 20××年 4 月份投产甲产品 120 件,401#,5 月份完工 100 件。

(2) 20××年 4 月份投产乙产品 160 件,402#,5 月份完工 40 件。

(3) 20××年 5 月份投产丙产品 80 件,501#,5 月份全部完工。

2. 有关成本费用资料

(1) 乙产成品单位定额成本如表 4-14 所示。

表 4-14

乙产成品单位定额成本表

单位:元

产品名称	直接材料	直接人工	制造费用	合计
乙产品	6 200	800	680	7 680

(2) 401# 甲产品和 402# 乙产品的期初在产品成本如表 4-15 所示。

表 4-15

401# 甲产品和 402# 乙产品期初在产品成本表

单位:元

产品名称	直接材料	直接人工	制造费用	合计
甲产品	259 200	10 000	9 030	278 230
乙产品	995 000	5 000	4 000	1 004 000
合 计	1 254 200	15 000	13 030	1 282 230

(3) 本月生产 501# 丙产品领用材料 272 000 元。

(4) 本月三批产品共耗用工时 38 400 小时,其中 401# 甲产品耗用工时为 12 000 小时,402# 乙产品耗用工时为 16 800 小时,501# 丙产品耗用工时为 9 600 小时。

(5) 本月三批产品共发生直接人工费 207 360 元;制造费用 172 800 元。

3. 各批产品在完工产品和在产品之间分配费用的方法

(1) 三种产品的原材料均在生产开始时一次投入。

(2) 401# 甲产品,本月完工产品占该批产品比重较大,期末产成品成本与在产品成本按约当产量比例法计算,其在产品完工率为 50%。

(3) 402#乙产品,本月完工产品占该批产品比重较小,为简化核算,完工产品成本按定额成本结转,定额成本如表4-14所示。

(4) 丙产品无期末在产品。

根据以上资料,采用分批法计算三批产品的成本。该企业按产品订单批号设置成本计算单,并按直接材料、直接人工、制造费用三个项目设置专栏进行明细核算。

产品成本计算程序如下:

(1) 根据本月发生的工时数,按工时比例分配三批产品的直接人工费和制造费用,如表4-16所示。

表4-16

间接费用分配表

单位:元

项目	工时	直接人工	制造费用
合计	38 400	207 360	172 800
分配率		5.4	4.5
甲产品	12 000	64 800	54 000
乙产品	16 800	90 720	75 600
丙产品	9 600	51 840	43 200

(2) 登记产品成本计算单,如表4-17、表4-18、表4-19所示。

表4-17

产品成本计算单

车间:基本生产车间　　　　　　　　　　　　　　批量:120件
批号:401#　　　　　　　　　　　　　　　　　　本月完工:100件
产品名称:甲　　　　　　20××年5月　　　　　　单位:元

项目	直接材料	直接人工	制造费用	合计
月初在产品成本	259 200	10 000	9 030	278 230
本月发生的生产费用		64 800	54 000	118 800
合计	259 200	74 800	63 030	397 030
月末在产品成本	43 200	6 800	5 730	55 730
完工产品成本	216 000	68 000	57 300	341 300
单位成本	2 160	680	573	3 413

在表 4-17 中,甲产品期末产成品成本和在产品成本按约当产量比例法分配。其计算过程如下:

a. 分配直接材料费用(原材料在投产时一次投入)。

$$\text{分配率} = \frac{259\,200}{120} = 2\,160$$

完工产品应负担的材料费用 = $2\,160 \times 100 = 216\,000$(元)

月末在产品应负担的材料费用 = $2\,160 \times 20 = 43\,200$(元)

b. 分配直接人工费(在产品约当产量 = $20 \times 50\% = 10$)。

$$\text{分配率} = \frac{74\,800}{100 + 10} = 680$$

完工产品应负担的人工费用 = $680 \times 100 = 68\,000$(元)

月末在产品应负担的人工费用 = $680 \times 10 = 6\,800$(元)

c. 分配制造费用。

$$\text{分配率} = \frac{63\,030}{100 + 10} = 573$$

完工产品应负担的制造费用 = $573 \times 100 = 57\,300$(元)

月末在产品应负担的制造费用 = $573 \times 10 = 5\,730$(元)

表 4-18

产品成本计算单

车间:基本生产车间　　　　　　　　　　　　　　　　　批量:160 件
批号:402#　　　　　　　　　　　　　　　　　　　　　本月完工:40 件
产品名称:乙　　　　　　　20××年 5 月　　　　　　　单位:元

项　　目	直接材料	直接人工	制造费用	合计
月初在产品成本	995 000	5 000	4 000	1 004 000
本月发生的生产费用		90 720	75 600	166 320
合　　计	995 000	95 720	79 600	1 170 320
月末在产品成本	747 000	63 720	52 400	863 120
完工产品成本	248 000	32 000	27 200	307 200
单位成本	6 200	800	680	7 680

在表 4-18 中,乙产品产成品按定额成本计算。其计算过程如下:

第四章 产品成本计算的基本方法

直接材料＝6 200×40＝248 000(元)

直接人工＝800×40＝32 000(元)

制造费用＝2 680×40＝27 200(元)

表 4-19

产品成本计算单

车间：基本生产车间　　　　　　　　　　　　　　　　批量：80 件
批号：501#　　　　　　　　　　　　　　　　　　　　本月完工：80 件
产品名称：丙　　　　　　　　20××年 5 月　　　　　单位：元

项　目	直接材料	直接人工	制造费用	合计
本月发生的生产费用	272 000	51 840	43 200	367 040
合　计	272 000	51 840	43 200	367 040

(3) 登记"产成品成本汇总表",结转入库产品的成本。产成品成本汇总表如表 4-20 所示。

表 4-20

产成品成本汇总表

20××年 5 月　　　　　　　　　　　　　　　　　　单位：元

项　目		直接材料	直接人工	制造费用	合计
甲产品(401#)	总成本	216 000	68 000	57 300	341 300
	单位成本	2 160	680	573	3 413
乙产品(402#)	总成本	248 000	32 000	27 200	307 200
	单位成本	6 200	800	680	7 680
丙产品(501#)	总成本	272 000	51 840	43 200	367 040
	单位成本	3 400	648	540	4 588
总成本合计		736 000	151 840	127 700	1 015 540

根据产成品成本汇总表,编制产品入库的会计分录如下：

　　借：库存商品——甲产品(401#)　　　　　　　　　　　　341 300
　　　　　　　　——乙产品(402#)　　　　　　　　　　　　307 200
　　　　　　　　——丙产品(501#)　　　　　　　　　　　　367 040
　　　贷：基本生产成本——甲产品(401#)　　　　　　　　　341 300
　　　　　　　　　　　——乙产品(402#)　　　　　　　　　307 200
　　　　　　　　　　　——丙产品(501#)　　　　　　　　　367 040

五、简化的分批法

(一) 简化的分批法的概念及适用范围

有些单件小批生产的企业,在同一月份内投产的产品批数非常多,月末有的能完工,有的不能完工,且未完工的批数也较多。如果采用前述的分批法计算各批产品成本,则车间内共同发生的各种间接费用也需要在月内各批产品之间进行分配,这样计算及登记的工作量就会非常大。为了简化核算,企业可以采用简化的分批法来计算各批产品的成本。

采用简化的分批法,只有在各批产品完工时,才分配结转间接费用,对于未完工的各批产品,不分配间接费用,不计算各批产品的在产品成本,而是将其累计起来,在基本生产成本二级账中总括反映。因此,这种方法也称为不分批计算在产品成本的分批法。

(二) 简化的分批法的特点

简化的分批法的特点如下:

(1) 按车间设立基本生产成本二级账。账中除了要按成本项目登记全部批别产品月初在产品的各项费用、本月发生的各项费用和累计费用外,同时还要设置"工时"专栏,登记月初在产品工时、本月工时和累计工时。

(2) 按产品批别设置产品成本计算单(产品成本明细账),账中只登记该批产品的月初、本月、累计直接费用,而不登记各项间接费用,同时也应设置"工时"专栏,登记该批产品的月初、本月、累计工时,明细账中的直接费用和工时数要与二级账平行登记。

(3) 月末,按照二级账中的累计间接费用和累计工时数,计算本月的间接费用分配率。其计算公式如下:

$$间接费用分配率 = \frac{月初间接费用 + 本月发生的间接费用}{月初工时 + 本月发生的工时}$$

如果本月某批产品全部完工交库,即可用该批产品的累计工时乘以分配率计算出该批产品应分配的某项间接费用。其计算公式如下:

$$某批已完工产品应负担的间接费用 = 该批已完工产品累计工时 \times 间接费用分配率$$

如果本月某批产品跨月陆续完工,则应采用一定方法,将该批产品的累计直接费用和累计工时在完工产品和月末在产品之间进行分配,以确定完工产品和在产品的直接费用和累计工时,然后再根据前述公式,计算完工产品应负担的间接费用,从而计算出某批产品中完工产品的成本。

(4) 将计算出的产成品成本(包括直接费用和已分配的间接费用)从基本生产成本二级账中转出。月末未完工批别的产品,本月不分配间接费用,仍留在二级账中,此时,二级账中各项目的余额和工时余数,就是全部批别产品的在产品成本和累计工时数。

第四章 产品成本计算的基本方法

（三）简化的分批法例解

【例 4-3】 某企业生产甲、乙、丙三种产品，采用简化的分批法计算产品成本。20××年3月份有关资料如下：

（1）产品生产及工时情况（如表 4-21 所示）。

表 4-21

产品生产及工时资料

产品名称	批号	投产日期	投产数量（件）	本月完工数量（件）	本月生产工时（小时）
甲	201#	2月1日	20	20	3 500
乙	202#	2月10日	40	未完	4 500
丙	301#	3月1日	10	未完	4 000
合计					12 000

（2）领料情况（如表 4-22 所示）。

表 4-22

甲、乙、丙三种产品领料情况

单位：元

产品名称	甲	乙	丙	合计
材料费用	20 000	65 000	81 000	166 000

（3）本月发生其他费用如下：直接人工费 42 600 元；制造费用 52 700 元。

（4）登记基本生产成本二级账（如表 4-23 所示）。

表 4-23

基本生产成本二级账

20××年3月　　　　　　　　　　　　　　　　金额单位：元

项　目	工时（小时）	直接材料	直接人工	制造费用	合计
月初在产品成本和工时	10 000	95 000	30 000	24 300	149 300
本月发生的费用和工时	12 000	166 000	42 600	52 700	261 300
合计	22 000	261 000	72 600	77 000	410 600
分配率			3.3	3.5	
完工产品成本和工时	10 000	80 000	33 000	35 000	148 000
月末在产品成本和工时	12 000	181 000	39 600	42 000	262 600

其中：
$$累计直接人工费用分配率 = \frac{72\,600}{22\,000} = 3.3$$

$$累计制造费用分配率 = \frac{77\,000}{22\,000} = 3.5$$

(5) 登记 201# 甲产品成本计算单（如表 4-24 所示）。

表 4-24

产品成本计算单

批号：201#　　　　　　　　　　　　　　　　　　　　　　批量：20 件
产品名称：甲　　　　　　20××年 3 月　　　　　　　本月完工：20 件
　　　　　　　　　　　　　　　　　　　　　　　　　　　金额单位：元

项目	工时（小时）	直接材料	直接人工	制造费用	合计
月初在产品直接费用和工时	6 500	60 000			
本月发生的直接费用和工时	3 500	20 000			
累计直接费用和工时	10 000	80 000			
分配率			3.3	3.5	
完工产品成本	10 000	80 000	33 000	35 000	148 000
单位成本	500	4 000	1 650	1 750	7 400

201# 甲产品 3 月份全部完工，无在产品，其生产成本全部转出。期初余额栏内工时和直接材料由上月转入；本月工时数来自表 4-21，本月领用材料来自表 4-22；本月直接人工费和制造费用计算如下：

甲产品直接人工费＝10 000×3.3＝33 000（元）

甲产品制造费用＝10 000×3.5＝35 000（元）

(6) 登记 202# 乙产品成本计算单（如表 4-25 所示）。

表 4-25

产品成本计算单

批号：202#　　　　　　　　　　　　　　　　　　　　　　批量：40 件
产品名称：乙　　　　　　20××年 3 月　　　　　　　本月完工：未完
　　　　　　　　　　　　　　　　　　　　　　　　　　　金额单位：元

项目	工时（小时）	直接材料	直接人工	制造费用	合计
月初在产品直接费用和工时	3 500	35 000			
本月发生的直接费用和工时	4 500	65 000			
累计直接费用和工时	8 000	100 000			

201#乙产品本月未完工,所以只登记本月发生的直接费用和工时,以及累计直接费用和工时,间接费用不分配,仍留在二级账中。期初余额栏内工时和直接材料由上月转入;本月工时数来自表4-21,本月领用材料来自表4-22。

(7)登记301#丙产品成本计算单(如表4-26所示)。

表4-26

产品成本计算单

批号:301#　　　　　　　　　　　　　　　　　　　批量:15件
产品名称:丙　　　　　　20××年3月　　　　　　本月完工:未完
　　　　　　　　　　　　　　　　　　　　　　　　金额单位:元

项目	工时(小时)	直接材料	直接人工	制造费用	合计
本月发生的直接费用和工时	4 000	81 000			

301#丙产品本月投产,本月未完工,只登记本月发生的直接费用和工时,其他仍登记在二级账中。本月工时数来自表4-21,本月领用材料来自表4-22。

(8)登记产成品成本汇总表,结转入库产品的成本。产成品成本汇总表如表4-27所示。

表4-27

产成品成本汇总表

20××年3月　　　　　　　　　　　　　　　　　　单位:元

项目		直接材料	直接人工	制造费用	合计
甲产品(201#)	总成本	80 000	33 000	35 000	148 000
	单位成本	4 000	1 650	1 750	7 400

根据产成品成本汇总表,编制产成品入库的会计分录如下:

　　借:库存商品——甲产品(201#)　　　　　　　　　　　　148 000
　　　　贷:基本生产成本——甲产品(201#)　　　　　　　　　　148 000

简化的分批法的优点是:月末,间接费用只向有完工产品的批别分配,如果无完工产品则不必分配间接费用,因此,大大简化了费用的分配和登记工作。但这种方法也有不足之处:①平时不便于从产品成本计算单中了解各批未完工产品的生产费用情况。②该方法按累计间接费用计算分配率,由于各期生产费用水平不同,就会造成不同月份完工的同种产品,在工时差别不大的情况下,成本水平相差悬殊。

第四节 产品成本计算的分步法

一、分步法的概念与适用范围

产品成本计算的分步法是以产品的生产步骤作为成本计算对象,归集生产费用,计算各种产品及其各步骤成本的一种方法。分步法适用于管理上要求分步骤计算成本的大量大批多步骤生产类型的企业,如冶金、造纸、纺织、化工等企业。在这些类型的企业中,产品生产是由若干个生产步骤完成的。例如,纺织厂可分为纺纱、织布等生产步骤,钢铁厂可分为炼铁、炼钢、轧钢等生产步骤,造纸厂可分为制浆、制纸和包装等生产步骤。为了加强对各步骤的成本管理,要求企业不仅要按照产品的品种计算产品成本,而且还需要按照产品的生产步骤计算产品成本,以便为分析和考核各产品、各步骤成本计算完成情况提供依据。在具体生产过程中,从原材料的投入到产品的制造完成,除最后一个步骤外,其他各个步骤所生产完成的都是各种半成品,只有最后一个步骤生产出来的产品才是产成品。

二、分步法的特点与分类

(一) 以生产步骤作为成本计算对象

分步法是以产品的生产步骤作为成本计算对象计算产品成本的。采用分步法计算产品成本,不仅要按产品的品种而且要按照产品的生产步骤设立生产成本明细账,按产品和生产步骤归集生产费用,计算每步骤的半成品成本和完工的产成品成本。分步法中所指的生产步骤与产品生产过程中的生产步骤,在口径上可能一致,也可能不一致,一般要根据生产和管理上的需要来确定:①有的企业生产规模很小,产品生产虽然需要经过几个步骤才能完成,但是在管理上不要求按每个生产步骤计算成本,在这种情况下,可以把几个生产步骤合并为一个生产步骤计算成本。②如果一个企业规模较大,为了加强管理,在一个生产车间中也可分为若干个生产步骤,单独计算每个步骤的成本。

在一般情况下,企业是按生产步骤设立车间进行生产的,但分步法中所指的生产步骤与生产车间的概念也不完全一致。如果成本计算的步骤与生产车间刚好一致,则分步计算成本也就是按车间计算成本。但是有时某些车间在管理上不要求单独计算成本,则可以把这些车间合并为一个生产步骤计算成本;有时,为了适应管理的需要,也可在一个生产车间内分几个生产步骤计算成本。

(二) 按月定期计算产品成本

分步法一般应用在大量大批多步骤生产的企业中,由于产品不断重复生产而且数量大,经常是不断地投入原材料,同时不断地有完工产品产出,不可能分清楚某件完工产品是何时投产的、某件投产产品是何时完工的。因此,企业只能按月定期计算完工产品成本。其产品成本计算期与生产周期不一致,而与会计核算期一致。

(三)生产费用需要在完工产品和月末在产品之间进行分配

在分步法下,由于其生产属于大量大批多步骤生产,生产周期较长,所以产品大多是跨月陆续完工的,月末既有大量的在产品,又有大量的完工产品。在计算产品成本时,计入各产品、各步骤成本计算单的生产费用,要采用适当的分配方法在完工产品和月末在产品之间进行分配,计算各该产品、各该生产步骤的完工产品成本和月末在产品成本。

(四)各步骤之间成本的结转及分步法的分类

在大量大批多步骤生产企业中,上一步骤生产的半成品往往是下一步骤的加工对象,因此,为了计算各种产品的完工产品成本,企业还需要按照一定的结转方式,结转各步骤的产品成本。这也是分步法的一个重要特点。

在采用分步法时,由于各个企业的生产工艺特点和成本管理对各步骤成本资料的要求(需不需要计算半成品成本)不同,以及出于简化成本核算工作的考虑,在结转各个步骤的成本时,可以采用逐步结转和平行结转两种方法。因而,产品成本计算的分步法也就相应地可以分为逐步结转分步法和平行结转分步法。逐步结转分步法也称为计算半成品成本的分步法,它是在管理上要求提供各步骤半成品成本资料的情况下采用的;平行结转分步法也称为不计算半成品成本的分步法,它是在管理上不要求提供各步骤半成品成本资料的情况下采用的。

三、逐步结转分步法

逐步结转分步法是指按照产品的加工顺序逐步计算并结转半成品成本,直到最后一个加工步骤完成即可计算出产成品的一种方法。

(一)逐步结转分步法的特点及适用范围

逐步结转分步法的成本计算对象是各生产步骤上的半成品成本以及最后一个步骤上的产成品成本。在计算产品成本时,各步骤的半成品成本随着半成品实物向下一步骤转移,半成品的成本也相应地转入下一步骤同一产品的成本计算单(成本明细账)中,以便逐步计算半成品成本和最后一个步骤的产成品成本。月末,各个步骤产品成本计算单中所归集的生产费用(包括上一步骤转入的半成品费用)需要在本步骤完工半成品和本步骤正在加工中的在产品之间采用适当的方法进行分配。

逐步结转分步法适用于管理上要求计算半成品成本的大量大批连续式多步骤生产的企业。在这种类型的企业中,除了要计算产成品成本外,还要计算半成品的成本,原因主要有以下几个方面:①有些企业所生产的半成品虽然不是最终产成品,但是可以作为商品对外销售,为了计算利润,先要计算这些半成品的成本。②有些半成品虽然不对外销售,但同行业的半成品成本要进行比较,因而也要计算这些半成品的成本。③有些企业的半成品可能为企业内部几种产成品共同耗用,为了分别计算各种产成品的成本,也要计算这些半成品的成本。逐步结转分步法就是为了满足以上对半成品成本资料的需要而采用的一种成本计算方法。

(二)逐步结转分步法的成本计算程序

(1)根据第一步骤成本计算单上归集的直接材料、直接人工和制造费用,计算出第一步骤的半成品成本。随着半成品实物转移到第二步骤继续加工,其半成品成本也结转到第二步骤的成本计算单上。

(2)将第二步骤转入的半成品成本加上第一步骤耗用的直接材料、直接人工和制造费用,计算出第二步骤的半成品成本,再随着半成品实物的转移,将其半成品成本从第二步骤成本计算单转入第三步骤成本计算单中。这样,按照加工顺序,以此类推,就像滚雪球一样,逐步计算和结转半成品成本,直到最后一个步骤,就可以计算出产成品的成本。所以,这种分步法也称"计列半成品成本分步法"。

逐步结转分步法,实际上就是几个"品种法"的连接应用。从企业的角度看,采用的是逐步结转分步法,具体到某个车间,采用的仍然是品种法。

逐步结转分步法的成本计算程序如图 4-1 所示。

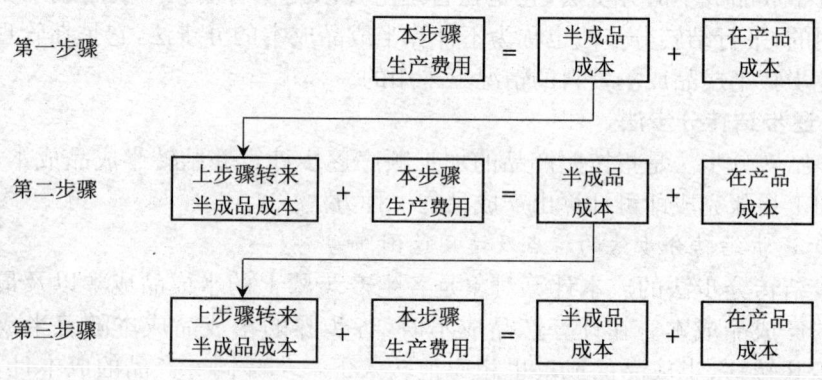

图 4-1 逐步结转分步法的成本计算程序

在实际工作中,由于生产管理不同,半成品实物的结转方式有两种方法:

一种方法为不设半成品库,上一步骤的半成品直接转入下一步骤继续加工。在进行成本核算时,上一步骤的半成品成本随着实物的转移,也直接转入下一步骤该产品的成本计算单中。结转时编制会计分录如下:

借:基本生产成本——二步骤
　　贷:基本生产成本——一步骤

第四章 产品成本计算的基本方法

另一种方法是设半成品库,上一步骤完工的半成品,先交入半成品库,下一步骤从半成品库中领用半成品继续加工。在这种情况下,为了更好地核算入库半成品的数量和金额,应设置"自制半成品"账户。上一步骤完工半成品入库时,编制会计分录如下:

借:自制半成品
　　贷:基本生产成本———一步骤

下一步骤领用时,编制会计分录如下:

借:基本生产成本———二步骤
　　贷:自制半成品

(三)逐步结转分步法的分类

按照半成品成本在下一步骤成本计算单中反映的方式不同,逐步结转分步法,又可以分为综合结转分步法和分项结转分步法两种。

1. 综合结转分步法

综合结转分步法就是将各步骤所耗上一步骤的半成本,以"直接材料"或"半成品"项目综合转入该步骤成本计算单中,逐步结转半成品成本,计算产品成本的一种逐步结转分步法。综合结转又可分为按半成品实际成本结转和按半成品计划成本结转两种方法。

1)半成品按实际成本综合结转

按实际成本综合结转是指各步骤耗用的半成品是按照上一步骤的实际成本转入下一生产步骤的成本计算单中。如果企业设置半成品库收发半成品,由于各月所产半成品的实际单位成本不同,因此本期发出半成品的成本,可以同材料核算一样,采用个别辨认、先进先出、加权平均等方法计算。①个别辨认法,按照半成品库内每件半成品的实际成本,对发出及结存半成品进行计价。②先进先出法,以先入库的半成品先发出这一假定为原则,并根据这种假定的流转顺序,对发出及结存半成品进行计价。③加权平均法。用期初结存半成品成本和本期入库半成品的实际成本之和,除以期初结存半成品的数量和本期入库半成品的数量之和,求出半成品的平均单位成本,并根据平均单位成本,对发出及结存半成品进行计价。

【例4-4】 某企业某年2月份大量生产甲产品,分两个步骤由两个车间顺序加工完成。第一车间为第二车间提供甲半成品,甲半成品按实际成本结转,通过半成品库收发。半成品发出单价按加权平均法计算。两车间的月末在产品按定额成本计算。根据以上资料,按实际成本综合结转各步骤费用,计算各步骤半成品成本和产成品成本。其核算程序如下:

a. 根据各项生产费用分配表、产量统计表等资料登记甲半成品成本计算单,如

表4-28所示。

表4-28

产品成本计算单

车间：第一车间　　　　　　　　　　　　　　　　　完工数量：800件
半成品：甲半成品　　　　　　20××年2月　　　　　单位：元

项　目	直接材料	直接人工	制造费用	合计
月初在产品成本（定额成本）	32 000	3 276	4 004	39 280
本月发生的生产费用	55 400	13 700	12 780	81 880
合　计	87 400	16 976	16 784	121 160
完工半成品成本	70 400	14 976	14 784	100 160
单位成本	88	18.72	18.48	125.20
月末在产品成本（定额成本）	17 000	2 000	2 000	21 000

在第一车间甲半成品的成本计算单中：

①月初在产品成本来自于上月末的在产品定额成本。②本月发生的生产费用按本月实际发生的各项生产费用分配表进行登记。③月末在产品200件，单位定额成本为：原材料85元，直接人工20元，制造费用20元。假设原材料在生产开始时一次投入，月末在产品加工程度为50%，则月末在产品定额成本为：原材料成本17 000元（200×85），直接人工成本2 000元（200×50%×20），制造费用成本2 000元（200×50%×20）。④完工转出半成品成本等于生产费用合计减去月末在产品定额成本。⑤单位成本等于完工半成品成本除以完工数量（800件）。

根据第一车间甲半成品成本计算单和半成品入库单，编制会计分录如下：

借：自制半成品——甲半成品　　　　　　　　　　　　100 160
　　贷：基本生产成本——一车间　　　　　　　　　　　　100 160

b. 根据第一车间半成品入库单和第二车间半成品领用单登记自制半成品明细账，如表4-29所示。

第四章 产品成本计算的基本方法

表 4-29

自制半成品明细账

半成品：甲半成品　　　　　　　　20××年2月　　　　　　　　金额单位：元

月份	月初余额		本月增加		合计			本月减少	
	数量(件)	实际成本	数量(件)	实际成本	数量(件)	实际成本	单位成本	数量(件)	实际成本
2月	200	25 460	800	100 160	1 000	125 620	125.62	600	75 372
3月	400	50 248							

在甲半成品的自制半成品明细账中：①"本月增加"栏中的数量和实际成本按第一车间半成品入库单填列。②"合计"栏中单位成本是采用加权平均法计算出来的，其计算过程如下：自制半成品加权平均单位成本 $=\dfrac{25\,460+100\,160}{200+800}=125.62$（元）。
③"本月减少"栏中的数量是第二车间本月领用数，实际成本按前面计算出的加权平均单位成本计算，其计算过程如下：本月减少实际成本$=125.62\times 600=75\,372$（元）。

根据第二车间半成品领用单和自制半成品明细账，编制会计分录如下：

借：基本生产成本——二车间　　　　　　　　　　　　75 372
　　贷：自制半成品——甲半成品　　　　　　　　　　　　75 372

c. 根据各项生产费用分配表、半成品领用单及产量统计表等资料，登记第二车间甲产品的成本计算单，如表4-30所示。

表 4-30

产品成本计算单

车间：第二车间　　　　　　　　　　　　　　　　完工数量：500件
产品名称：甲产品　　　　　　20××年2月　　　　　　单位：元

项　目	自制半成品	直接人工	制造费用	合计
月初在产品成本（定额成本）	20 160	4 032	3 628.80	27 820.80
本月发生的生产费用	75 372	15 074.40	13 566.96	104 013.36
合　计	95 532	19 106.40	17 195.76	131 834.16
完工产品成本	60 096	12 500	11 500	84 096
单位成本	120.192	25	23	168.192
月末在产品成本（定额成本）	35 436	6 606.40	5 695.76	47 738.16

在第二车间甲产品的成本计算单中：①二车间只领用半成品未领用原材料，所以

直接材料成本项目只设自制半成品,自制半成品就相当于原材料;如果既领用自制半成品,又领用原材料,实质上相当于领用两种原材料,可在"直接材料"成本项目下设"自制半成品"和"原材料"两个明细项目分别核算。②数据计算及登记方法同第一车间甲半成品的成本计算单。

根据第二车间甲产品的成本计算单和产品入库单编制会计分录如下:

借:库存商品——甲产品　　　　　　　　　　　　　　　84 096
　　贷:基本生产成本——二车间　　　　　　　　　　　　　　84 096

通过[例4-4]可以看出,采用半成品按实际成本综合结转,可以反映出半成品及产成品的实际成本水平,结转工作也比较简单。但是,采用这种方法计算成本时,下一步骤的成本计算必须等待上一步骤成本计算结束后才能进行,因此会影响到成本计算的及时性。同时,下一步骤的成本水平会受到上一步骤成本水平的影响,不利于实行经济责任制。为了克服这些缺点,企业可以采用按计划成本结转半成品成本的方法。

2)半成品按计划成本综合结转

按计划成本综合结转时,各步骤之间半成品的转移是按半成品的计划成本逐步结转的,即各步骤收到上步骤转来的半成品时,根据所收到的实际数量乘以半成品计划单位成本,计算所收到的半成品的计划总成本。

采用这种结转方法,半成品日常收发的明细核算均按计划成本计价;在半成品实际成本计算出来后,再计算半成品成本差异额和差异率,调整领用半成品计划成本。半成品收发的总分类核算仍然按实际成本计价。

半成品按计划成本结转,所用账表的特点如下:

(1)自制半成品明细账不仅要反映半成品收、发、存的数量和实际成本,而且要反映其计划成本、成本差异额和成本差异率。

(2)在产品成本明细账中,对于所耗用半成品的成本,可以直接按照调整后的实际成本登记;也可以按计划成本和成本差异分别登记,以便于分析上一步骤半成品成本差异对本步骤成本的影响。

【例4-5】 仍用[例4-4]资料,假设甲半成品的计划单位成本为100元。其核算程序如下:

a. 登记第一车间甲半成品的成本计算单(与[例4-4]相同,如表4-28所示)。编制会计分录如下:

借:自制半成品——甲半成品　　　　　　　　　　　　　100 160
　　贷:基本生产成本———车间　　　　　　　　　　　　　　100 160

b. 根据第一车间半成品成本计算单、入库单和第二车间半成品领用单,登记自

第四章　产品成本计算的基本方法

制半成品明细账,如表 4-31 所示。

表 4-31

自制半成品明细账

半成品:甲半成品　　　　　20××年2月

计划单位成本:100 元
金额单位:元

月份	月初余额			本月增加			合计					本月减少		
	数量(件)	计划成本	实际成本	数量(件)	计划成本	实际成本	数量(件)	计划成本	实际成本	成本差异	差异率	数量(件)	计划成本	实际成本
2月	200	20 000	25 460	800	80 000	100 160	1 000	100 000	125 620	25 620	0.256 2	600	60 000	75 372
3月	400	40 000	50 248											

根据第二车间甲半成品,编制会计分录如下:

　　借:基本生产成本——二车间　　　　　　　　　　　　　75 372
　　　　贷:自制半成品——甲半成品　　　　　　　　　　　　　　75 372

c. 登记第二车间甲产品的成本计算单,如表 4-32 所示。

表 4-32

产品成本计算单

车间:第二车间　　　　　　　　　　　　　　　　完工数量:500 件
产品:甲产品　　　　　20××年2月　　　　　　单位:元

项　目	自制半成品			直接人工	制造费用	合计
	计划成本	成本差异	实际成本			
月初在产品成本(定额成本)	20 160	—	20 160	4 032	3 628.8	27 820.8
本月发生的生产费用	60 000	15 372	75 372	15 074.4	13 566.96	104 013.36
合　计	80 160	15 372	95 532	19 106.4	17 195.76	131 834.16
完工产品成本	44 724	15 372	60 096	12 500	11 500	84 096
单位成本	89.448	30.744	120.192	25	23	168.192
月末在产品成本(定额成本)	35 436	—	35 436	6 606.4	5 695.76	47 738.16

根据第二车间交库单,编制会计分录如下:

　　借:库存商品——甲产品　　　　　　　　　　　　　　　84 096
　　　　贷:基本生产成本——二车间　　　　　　　　　　　　　　84 096

按计划成本综合结转的分步法与按实际成本综合结转的分步法相比有以下优点：①按计划成本结转半成品成本，可以简化和加速半成品收发的计价和记账工作，在半成品种类较多的情况下，按类计算半成品成本差异率，调整所耗半成品成本差异，可以省去按品种计算半成品实际成本的大量计算工作。如果月初半成品存量较大，本月耗用的半成品大部分甚至全都是以前月份生产的，本月所耗半成品成本差异的调整也可以根据上月半成品成本差异率计算。这样，不仅简化了计算工作，各步骤的成本计算也可以同时进行，从而加速产品成本的计算工作。②按计划成本结转半成品成本，便于各步骤进行成本的考核和分析。在各步骤的产品成本明细账中，可以分别反映所耗半成品的计划成本、成本差异和实际成本，因而在分析各步骤产品成本时，可以剔除上一步骤半成品成本变动对本步骤产品成本的影响，有利于分清经济责任，考核各步骤的经济利益。

综上所述，采用综合结转分步法，无论是按实际成本还是按计划成本结转，自制半成品成本在各步骤之间结转较为简便，但除第一步骤外，其他各步骤计算出来的半成品成本及最后步骤计算出来的产成品成本，成本项目均有一个"自制半成品"综合项目，不能反映和提供原始成本构成的资料。在生产步骤较多的情况下，最后一个步骤的产成品成本中"自制半成品"成本项目所占比重很大，而其他费用项目只反映了最后一个步骤的发生额，且数额小，不符合企业产品成本结构的实际情况，不能据以从整个企业的角度来考核和分析产品成本计划的完成情况。因此，为了从整个企业角度分析和考核产品成本的构成，应将按综合结转法计算出的产成品成本进行成本还原，即将产成品成本还原为按原始成本项目反映的成本。

3）综合结转分步法的成本还原

所谓成本还原，是指从最后一个步骤开始，将本月产成品成本中所包含的上一步骤的自制半成品的综合成本，逐步分解为直接材料、直接人工、制造费用等原始成本项目，从而使产成品成本按原始成本项目进行反映。

成本还原通常采用"倒序法"，即从最后一个步骤开始进行成本还原。其具体方法是：将最后一个步骤所耗上一步骤的半成品成本，按照上一步骤本月完工的半成品成本中各成本项目的比例进行分解，计算出最后步骤还原后的成本项目，如果是多步骤生产，则从后往前，以此类推，直至把半成品成本全部分解，然后再将相同的成本项目数额进行汇总，即可求得按原始成本项目反映的产成品成本构成。成本还原的方法有两种：

(1) 比重法：计算上一步骤本月所产半成品各成本项目占总成本的比重，并按此比重，对下一步骤所耗上一步骤的半成品综合成本进行还原。计算公式如下：

第四章 产品成本计算的基本方法

$$\frac{\text{上一步骤本月所产半成品}}{\text{某成本项目的比重}} = \frac{\text{上一步骤本月所产半成品成本中某成本项目金额}}{\text{上一步骤本月所产半成品总成本}}$$

$$\frac{\text{某成本项目}}{\text{还原数}} = \frac{\text{本步骤耗用上一步骤}}{\text{半成品的综合成本}} \times \frac{\text{上一步骤本月所产半成品}}{\text{该成本项目的比重}}$$

(2) 还原分配率法:计算需要还原的半成品综合成本占上一步骤本月所产该种半成品总成本的比例,并按此比例进行还原。其计算公式如下:

$$\text{成本还原率} = \frac{\text{本月各步骤所耗上一步骤半成品的综合成本}}{\text{本月上步骤完工该种半成品成本合计}}$$

某成本项目还原数 = 本月上步骤完工该种半成品的某成本项目金额 × 成本还原率

【例 4-6】 以[例 4-4]为例,分别用两种方法编制产品成本还原计算表,如表 4-33 和表 4-34 所示。

表 4-33

产品成本还原计算表(比重法)

产品名称:甲产品　　　　　　　20××年2月　　　　　二车间产量:500 件　　单位:元

成本项目	还原前产成品总成本 ①	一车间本月完工半成品成本 ②	比重 ③	半成品成本还原 ④=60 096×③	还原后产成品总成本 ⑤=①+④	还原后产成品单位成本 ⑥=⑤÷500
自制半成品	60 096					
直接材料	—	70 400	70.287 5%	42 240	42 240	84.48
直接人工	12 500	14 976	14.952 1%	8 985.6	21 485.6	42.971 2
制造费用	11 500	14 784	14.760 4%	8 870.4	20 370.4	40.740 8
合　计	84 096	100 160	100.000 0%	60 096	84 096	168.192

在表 4-33 中,各成本项目的比重计算如下:

直接材料比重 = 70 400÷100 160×100% = 70.287 5%

直接人工比重 = 14 976÷100 160×100% = 14.952 1%

制造费用比重 = 14 784÷100 160×100% = 14.760 4%

表 4-34

产品成本还原计算表（还原分配率法）

产品名称：甲产品　　　　　　　20××年2月　　　　　二车间产量：500件　　单位：元

成本项目	还原前产成品总成本 ①	一车间本月完工半成品成本 ②	成本还原率 ③	半成品成本还原 ④=②×③	还原后产成品总成本 ⑤=①+④	还原后产成品单位成本 ⑥=⑤÷500
自制半成品	60 096					
直接材料	—	70 400		42 240	42 240	84.48
直接人工	12 500	14 976		8 985.6	21 485.6	42.971 2
制造费用	11 500	14 784		8 870.4	20 370.4	40.740 8
合　计	84 096	100 160	0.6	60 096	84 096	168.192

在表 4-34 中，成本还原率=60 096÷100 160=0.6

从表 4-33 和表 4-34 可以看出，两种成本还原方法的还原结果是一致的，因为两种方法在本质上是一致的，都是将本步骤所耗用的上一步骤半成品的综合成本按上一步骤本月所产该半成品的成本构成进行还原。但是，在各月半成品成本构成变动较大的情况下，用前面两种方法进行成本还原就不够准确了，可以采用按各月半成品加权平均的成本构成进行还原。

4）综合结转分步法的优点、缺点

（1）优点：①简化了半成品成本的结转工作，减少了成本计算工作量。②从各个步骤基本生产成本明细账中，可以看出各个步骤产品所耗上一步骤半成品的综合成本和本步骤加工费用的水平，有利于各个步骤进行成本管理和分析。

（2）缺点：不能提供按原始成本项目反映的产成品成本资料，因而难以从企业角度分析和考核产品的成本结构。如果管理上要求提供这方面的成本资料，还需要将综合结转法计算出的产成品成本进行成本还原，从而加大了核算工作量。因此，综合结转分步法适用于半成品具有独立的经济意义，管理上要求计算各个步骤的半成品成本，但不要求进行成本还原的企业。

2. 分项结转分步法

分项结转分步法是将各步骤所耗用的上一步骤的半成品成本，按成本项目分项转入下一步骤成本计算单相应的成本项目中。如果半成品通过半成品库收发，则半成品明细账也应按成本项目分别登记半成品成本。采用分项结转分步法既可以按实际成本分项结转也可以按计划成本分项结转。如果按计划成本分项结转，最后必须

第四章 产品成本计算的基本方法

分别成本项目调整成本差异,因此这种方法核算的工作量较大,所以在实际工作中多采用按实际成本分项结转。

【例 4-7】 仍用[例 4-4]资料,采用按实际成本分项结转分步法计算产品成本,其核算程序如下:

(1) 登记第一车间甲半成品成本计算单(与[例 4-4]相同,从略)。根据第一车间甲半成品成本计算单和半成品入库单,编制会计分录如下:

```
借:自制半成品——甲产品——直接材料              70 400
                  ——直接人工              14 976
                  ——制造费用              14 784
    贷:基本生产成本——一车间                  100 160
```

(2) 根据第一车间半成品入库单和第二车间半成品领用单登记自制半成品明细账,如表 4-35 所示。

表 4-35

自制半成品明细账

半成品名称:甲半成品　　　　20××年2月　　　　　　　　金额单位:元

月份	项目	数量(件)	实际成本			
			直接材料	直接人工	制造费用	合计
2	月初余额	200	17 822	3 564	4 074	25 460
2	本月增加	800	70 400	14 976	14 784	100 160
2	合　计	1 000	88 222	18 540	18 858	125 620
2	单位成本		88.222	18.54	18.858	125.62
2	本月减少	600	52 933.2	11 124	11 314.8	75 372
3	月初余额	400	35 288.8	7 416	7 543.2	50 248

根据第二车间半成品领用单和自制半成品明细账,编制会计分录如下:

```
借:基本生产成本——二车间                    75 372.0
    贷:自制半成品——甲——直接材料             52 933.2
                    ——直接人工             11 124.0
                    ——制造费用             11 314.8
```

(3) 登记第二车间甲半成品的成本计算单,如表 4-36 所示。

表 4-36

产品成本计算单

车间：第二车间　　　　　　　　　　　　　　　　　　　　　完工数量：500 件
产品：甲产品　　　　　　　20××年2月　　　　　　　　单位：元

项　目	直接材料	直接人工	制造费用	合计
月初在产品成本（定额成本）	13 104	7 107	7 609.80	27 820.80
本月发生的加工费用		15 074.40	13 566.96	28 641.36
本月耗用的半成品成本	52 933.2	11 124	11 314.8	75 372
合　计	66 037.2	33 305.40	32 491.56	131 834.16
完工产品成本	41 987.4	21 819.20	20 289.4	84 096
单位成本	83.974 8	43.638 4	40.578 8	168.192
月末在产品成本（定额成本）	24 049.8	11 486.20	12 202.16	47 738.16

综合结转分步法与分项结转分步法的联系与区别如下：①两种方法虽然计算成本的方法不同，但是最终的结果是一致的，在[例 4-4]和[例 4-7]中，完工产品的总成本都是 84 096 元。②两种方法的成本结构不同，其比较结果如表 4-37 所示。

表 4-37

两种方法总成本、成本项目比较表

单位：元

核算方法	直接材料 （半成品）	直接人工	制造费用	合计
综合结转 （成本还原后）	42 240.0	21 485.6	20 370.4	84 096
分项结转	41 987.4	21 819.2	20 289.4	84 096

通过以上比较可以看出，两种方法求得的总成本和单位成本是完全相同的，但是成本项目的结构不同。因为在综合结转方法下，对产成品所耗半成品成本进行成本还原时，是按本月所产半成品的成本结构进行的，没有考虑以前月份所产半成品，即月初结存半成品成本的影响；而在分项结转方法下，产成品所耗半成品成本是按其原始成本项目分项逐步转入的，其中包括了以前月份所产的半成品成本。

综上所述，采用分项结转法逐步结转半成品成本，可以直接、正确地提供按原始成本项目反映的产成品成本资料，便于从整个企业角度考核和分析产品成本计划的执行情况，不需要进行成本还原。但是这种方法的成本结转工作比较复杂，而且在各

第四章 产品成本计算的基本方法

步骤完工产品成本中看不出所耗上一步骤半成品成本和本步骤加工费用的水平,不便于进行完工产品成本的分析。因此,这种结转方法一般适用于管理上不要求分别提供各步骤完工产品所耗半成品成本和本步骤加工费用资料,但要求按原始成本项目反映产品成本的企业。

(四)逐步结转分步法的优点、缺点及应用条件

1. 优点

(1)逐步结转分步法的成本计算对象是企业产成品及其各步骤的半成品,这就为分析和考核企业产品成本计划和各生产步骤半成品成本计划的执行情况,为正确计算半成品销售成本提供了资料。

(2)不论是综合结转还是分项结转,半成品成本都是随着半成品实物的转移而结转,各生产步骤产品成本明细账中的生产费用余额,反映着留存在各个生产步骤的在产品成本,因而还能为在产品的实物管理和生产资金管理提供资料。

(3)采用综合结转法结转半成品成本时,由于各生产步骤产品成本中包括所耗上一步骤半成品成本,从而能全面反映各步骤完工产品中所耗上一步骤半成品费用水平和本步骤加工费用水平,有利于各步骤的成本管理。采用分项结转法结转半成品成本时,可以直接提供按原始成本项目反映的产品成本,满足企业分析和考核产品构成水平的需要,不必进行成本还原。

2. 缺点

逐步结转分步法的核算工作比较复杂,核算工作的及时性也较差。①如果采用综合结转法,需要进行成本还原。②如果采用分项结转法,结转的核算工作量大。③如果半成品按计划成本结转,还要计算和调整半成品成本差异。④如果半成品按实际成本结转,各步骤则不能同时计算成本,成本计算的及时性差。因此,逐步结转分步法在半成品种类不多、逐步结转半成品成本的工作量不大、管理上要求提供各步骤半成品成本资料的情况下采用比较适宜。

四、平行结转分步法

平行结转分步法亦称不计列半成品成本法,是指在计算产品成本时,自制半成品成本不在加工步骤间结转,而在月终将应由产成品负担的各步骤的生产费用平行地加算,以求得产成品成本的一种方法。它一般适用于管理上不要求分步骤计算半成品成本的大量、大批多步骤生产的企业。

(一)平行结转分步法的特点及适用范围

平行结转分步法的成本计算对象是各生产步骤上应由产成品负担的份额及最后一个步骤上的产成品成本。与逐步结转分步法相比,在平行结转分步法下,各步骤不计算其所产半成品的成本,也不计算所耗上一步骤半成品的成本,只计算本步骤所发生的生产费用及应由产成品负担的"份额"。

平行结转分步法也需要在月末将各步骤所归集的生产费用采用适当的方法在完工产品与月末在产品之间进行分配,但这里的完工产品和在产品有不同的含义。完工产品是指企业最终完工的产成品,不包括各步骤完工的半成品。在产品是指从全厂的角度出发来看待的广义在产品,一方面是指本步骤没有完工还正在加工中的在产品;另一方面是指由于本步骤已经完工而留在半成品库和以后步骤,但是没有最终计入产成品成本的半成品。

平行结转分步法主要适用于大量大批多步骤装配式生产的企业。在这种类型的企业中,半成品的种类繁多,而且又很少对外销售,在管理上不要求计算半成品成本。如果仍采用逐步结转分步法计算成本,其工作量就会很大,而且也没有必要。因此,为了简化,各步骤可以不计算半成品成本,只计算本步骤发生的各项生产费用及应由产成品负担的份额,然后,将各步骤应计入同一产成品成本的"份额"进行平行结转、汇总,即可计算出产成本的成本。

在平行结转分步法下,半成品实物虽然转移,但是半成品成本不动,仍保留在各步骤成本计算单中。由于各步骤不计算半成品成本,因此半成品实物的收发不论是否通过半成品库,一律不再通过"自制半成品"账户进行核算。

(二)平行结转分步法的成本计算程序

首先,归集各步骤所发生的生产费用,将各步骤所发生的生产费用采用适当的方法在"应由产成品负担的份额"和"广义在产品"之间进行分配。通常采用的方法有约当产量比例法、定额比例法等。

其次,月末计算完工产品成本,将各步骤生产费用中应计入产成品成本的"份额"从各步骤成本计算单中转出,然后再对这些"份额"平行结转汇总,即可计算出该种产品的产成品成本。所以,这种方法也称为"不计列半成品成本法"。

平行结转分步法的成本计算程序如图4-2所示。

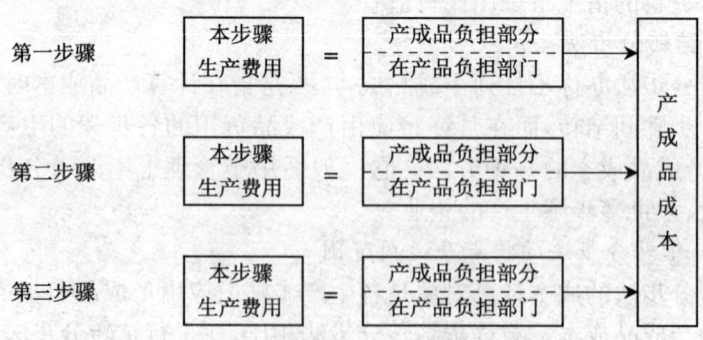

图4-2 平行结转分步法程序示意图

第四章　产品成本计算的基本方法

（三）平行结转分步法例解

【例 4-8】 某厂连续经过第一车间、第二车间两个生产步骤生产甲产品,该厂采用平行结转分步法计算产品成本,生产费用在完工产品与在产品之间的分配采用定额比例法。直接材料费用按定额材料费用比例分配,其他费用均按定额工时的比例分配。

该厂 20××年 3 月份各车间的成本资料见表 4-38 至表 4-40,该厂 3 月份共生产出甲产品 1 000 件。

表 4-38

月初在产品成本资料

单位：元

项目	第一车间		第二车间	
	定额	实际	定额	实际
直接材料	140 000	138 800		
直接人工		21 660		28 576
制造费用		12 620		16 360
定额工时（小时）	30 000		40 000	

表 4-39

本月发生的实际生产费用

单位：元

车间	直接材料	直接人工	制造费用	合计
第一车间	491 200	83 340	32 380	606 920
第二车间		91 424	57 640	149 064

表 4-40

定额成本资料

金额单位：元

车间	本月发生		完工产品		月末在产品	
	定额工时（小时）	材料定额成本	定额工时（小时）	材料定额成本	定额工时（小时）	材料定额成本
第一车间	120 000	560 000	90 000	420 000	60 000	280 000
第二车间	160 000		120 000		80 000	

根据以上资料,按平行结转分步法计算产品成本,其核算程序如下:

首先,根据上述成本资料,各种生产费用分配表和产成品交库单,登记第一车间的产品成本计算单,如表4-41所示。

表4-41

产品成本计算单

车间:第一车间　　　　　　　　　　　　　　　　　产成品数量:1 000件

产品:甲产品　　　　　　　20××年3月　　　　　金额单位:元

项　目	直接材料		定额工时（小时）	直接人工	制造费用	成本合计
	定额	实际				
月初在产品成本	140 000	138 800	30 000	21 660	12 620	173 080
本月发生的生产费用	560 000	491 200	120 000	83 340	32 380	606 920
合　计	700 000	630 000	150 000	105 000	45 000	780 000
分配率		0.9		0.7	0.3	
产成品成本中本步骤的"份额"	420 000	378 000	90 000	63 000	27 000	468 000
月末在产品成本	280 000	252 000	60 000	42 000	18 000	312 000

在表4-41中,费用分配的计算过程如下:

a. 原材料费用分配率=630 000÷700 000=0.9

　产成品成本中本步骤原材料费用份额=420 000×0.9=378 000(元)

　在产品原材料费用=280 000×0.9=252 000(元)

b. 人工费用分配率=105 000÷150 000=0.7

　产成品成本中本步骤人工费用份额=90 000×0.7=63 000(元)

　在产品人工费用=60 000×0.7=42 000(元)

c. 制造费用分配率=45 000÷150 000=0.3

　产成品成本中本步骤制造费用份额=90 000×0.3=27 000(元)

　在产品制造费用=60 000×0.3=18 000(元)

其次,根据上述成本资料、各种生产费用分配表和产成品交库单,登记第二车间甲产品的成本计算单,如表4-42所示。

第四章 产品成本计算的基本方法

表 4-42

产品成本计算单

车间：第二车间　　　　　　　　　　　　　　　产成品数量：1 000 件
产品：甲产品　　　　　　20××年 3 月　　　　金额单位：元

项 目	直接材料 定额	直接材料 实际	定额工时（小时）	直接人工	制造费用	成本合计
月初在产品成本			40 000	28 576	16 360	44 936
本月发生的生产费用			160 000	91 424	57 640	149 064
合 计			200 000	120 000	74 000	194 000
分配率				0.6	0.37	
产成品成本中本步骤的"份额"			120 000	72 000	44 400	116 400
月末在产品成本			80 000	48 000	29 600	77 600

在表 4-42 中，费用分配的计算过程如下：

a. 人工费用分配率 = 120 000÷200 000 = 0.6

产成品成本中本步骤人工费用份额 = 120 000×0.6 = 72 000(元)

在产品人工费用 = 80 000×0.6 = 48 000(元)

b. 制造费用分配率 = 74 000÷200 000 = 0.37

产成品成本中本步骤制造费用份额 = 120 000×0.37 = 44 400(元)

在产品制造费用 = 80 000×0.37 = 29 600(元)

再次，根据第一、第二车间产品成本计算单所记产成品成本份额，平行汇总产成品成本。"甲产成品成本汇总表"如表 4-43 所示。

表 4-43

甲产成品成本汇总表

　　　　　　　　　　　　　　　　　　　　　　　产成品数量：1 000 件
　　　　　　　　　　20××年 3 月　　　　　　单位：元

车 间	直接材料	直接人工	制造费用	合 计
第一车间	378 000	63 000	27 000	468 000
第二车间		72 000	44 400	116 400
合 计	378 000	135 000	71 400	584 400
单位成本	378	135	71.4	584.4

根据甲产品成本汇总表和产品交库单,编制会计分录如下:

借:库存商品——甲产品　　　　　　　　　　　　　　　　　　　584 400
　　贷:基本生产成本——一车间　　　　　　　　　　　　　　　　468 000
　　　　　　　　　　——二车间　　　　　　　　　　　　　　　　116 400

【例4-9】　某企业的甲产品是连续经过第一车间、第二车间制造的,该企业采用平行结转分步法计算产品成本,生产费用在完工产品与在产品之间的分配采用约当产量比例法。假设原材料是在生产开始时一次投入的。

该企业20××年3月份各车间的产量记录和成本资料如表4-44和表4-45所示。

表4-44

产量记录

单位:件

车间 项目	第一车间	第二车间
月初在产品	300	200
本月投入量	900	800
本月完工量	800	680
月末在产品	400	320
在产品完工程度	50%	50%

表4-45

成本资料

单位:元

成本项目	第一车间		第二车间	
	月初在产品成本	本月发生费用	月初在产品成本	本月发生费用
直接材料	79 000	180 000		
直接人工	12 000	30 000	4 800	12 000
制造费用	7 200	18 000	2 400	6 000
合　计	98 200	228 000	7 200	18 000

根据以上资料,按平行结转分步法计算产品成本,其核算程序如下:

首先,根据上述成本资料及各种生产费用分配表和产成品交库单,登记第一车间的产品成本计算单,如表 4-46 所示。

表 4-46

产品成本计算单

车间:第一车间　　　　　　　　　　　　　　　　产成品数量:680 件
产品:甲产品　　　　　　　　20××年 3 月　　　　金额单位:元

项　目	直接材料	直接人工	制造费用	合计
月初在产品成本	79 000	12 000	7 200	98 200
本月发生的费用	180 000	30 000	18 000	228 000
合　计	259 000	42 000	25 200	326 200
约当产量	1 400	1 200	1 200	
费用分配率	185	35	21	
产成品成本中本步骤的"份额"	125 800	23 800	14 280	163 880
月末在产品成本	133 200	18 200	10 920	162 320

在表 4-46 中,费用分配的计算过程如下:

a. 原材料约当产量=680(本月最终完工数量)+(320+400)(月末广义在产品约当产量)=1 400(件)

人工费用约当产量=680+320+400×50%=1 200(件)

制造费用约当产量=680+320+400×50%=1 200(件)

b. 原材料费用分配率=259 000÷1 400=185

产成品成本中本步骤原材料费用份额=185×680=125 800(元)

在产品原材料费用=185×720=133 200(元)

c. 人工费用分配率=42 000÷1 200=35

产成品成本中本步骤人工费用份额=35×680=23 800(元)

在产品人工费用=35×520=18 200(元)

d. 制造费用分配率=25 200÷1 200=21

产成品成本中本步骤制造费用份额=21×680=14 280(元)

在产品制造费用=21×520=10 920(元)

其次,根据上述成本资料及各种生产费用分配表和产成品交库单,登记第二车间的产品成本计算单,如表4-47所示。

表4-47

产品成本计算单

车间:第二车间　　　　　　　　　　　　　　　　产成品数量:680件
产品:甲产品　　　　　　20××年3月　　　　　金额单位:元

项　目	直接材料	直接人工	制造费用	合计
月初在产品成本		4 800	2 400	7 200
本月发生的生产费用		12 000	6 000	18 000
合　计		16 800	8 400	25 200
约当产量		840	840	
费用分配率		20	10	
产成品成本中本步骤的"份额"		13 600	6 800	20 400
月末在产品成本		3 200	1 600	4 800

在表4-47中,费用分配的计算过程如下:

a. 人工费用约当产量=680+320×50%=840(件)

制造费用约当产量=680+320×50%=840(件)

b. 人工费用分配率=16 800÷840=20

产成品成本中本步骤人工费用份额=20×680=13 600(元)

在产品人工费用=20×160=3 200(元)

c. 制造费用分配率=8 400÷840=10

产成品成本中本步骤制造费用份额=10×680=6 800(元)

在产品制造费用=10×160=1 600(元)

再次,根据第一、第二车间产品成本计算单所记产成品成本份额,平行汇总产品成本,甲产成品成本汇总表如表4-48所示。

表 4-48

甲产成品成本汇总表

20××年3月

产成品数量：680 件
单位：元

车　　间	直接材料	直接人工	制造费用	合计
第一车间	125 800	23 800	14 280	163 880
第二车间		13 600	6 800	20 400
合　　计	125 800	37 400	21 080	184 280
单位成本	185	55	31	271

根据甲产成品成本汇总表和产品交库单，编制会计分录如下：

借：库存商品——甲产品　　　　　　　　　　　　　　184 280
　贷：基本生产成本——一车间　　　　　　　　　　　163 880
　　　　　　　　　——二车间　　　　　　　　　　　 20 400

（四）平行结转分步法的优点、缺点及应用条件

1. 优点

（1）各步骤可以同时计算产品成本，并且将应计入完工产品成本的份额平行结转，汇总计入产成品成本，不必等待上一步骤的成本计算结果，能够加速成本核算工作。

（2）各步骤分别按成本项目将各项费用平行汇总计入产品成本中，能够直接提供按原始成本项目反映的产品成本资料，不必进行成本还原。

2. 缺点

（1）不能全面地反映各该步骤的生产耗费水平（第一步骤除外），不利于这些步骤进行成本分析。

（2）在各步骤产品成本计算单中反映的在产品成本是广义的在产品成本，这使得各步骤在产品成本反映不出各步骤在产品实际占用的资金，不利于在产品的实物管理和资金管理。

3. 应用条件

平行结转分步法在半成品种类较多、逐步结转半成品成本的工作量太大、管理上又不要求提供各步骤半成品成本资料的情况下采用比较适宜。

本 章 小 结

本章讲述了产品成本计算的三种基本方法：品种法、分批法和分步法，包括各种

基本方法的概念、特点、适用范围、计算程序、优缺点等，重点是通过举例讲述各种基本方法的计算程序。

品种法也称简单法，它以产品品种为成本计算对象，每月月末定期计算产品成本，成本计算期与产品生产周期不一致。品种法适合于大量、大批的单步骤生产企业及管理上不要求分步骤计算半成品成本的大量、大批、多步骤企业。

分批法也称订单法，它以产品的批别或件别为成本计算对象，同一批别的产品往往能同时完工，成本计算期是不定期的，与产品的生产周期一致。分批法适用于小批单件单步骤或管理上不要求分步计算的多步骤生产类型的企业。有些单件小批生产的企业，在同一月份内投产的产品批数非常多，且未完工的批数也较多，为了简化核算，可以采用简化的分批法来计算各批产品的成本，这种简化方法也称为不分批计算在产品成本的分批法。

分步法以产品生产步骤为成本计算对象，成本计算期是定期的，与产品生产周期不一致，月末一般需要将基本生产成本明细账中所归集的生产费用在完工产品与在产品之间进行分配。分步法适用于管理上要求分步骤计算成本的大量大批多步骤生产类型的企业。分步法可以分为逐步结转分步法和平行结转分步法两种。逐步结转分步法下半成品成本结转时，根据其以后各步骤基本生产成本明细账中反映的方法不同可以分为综合结转和分项结转，其中，综合结转法计算的最终完工产品成本不能反映原始成本项目构成，需要进行成本还原，分项结转法不需要成本还原。平行结转分步法下，半成品成本不随半成品实物的转移而结转，每步骤只计算计入产成品成本的份额，最终汇总计算完工产品成本。

知识链接

成本计算方法的国际比较

我国企业的成本会计现状一直为中外所关注，从 2005 年到 2008 年，美国管理会计师协会与我国商务部联合成立调查组开展调查。在调查中发现，被调查的企业几乎全部采用的是实际成本制度。采用实际成本制度弊端颇多：其一，在现代企业多品种多规格产品生产中，实际成本制度与分批法或是分步法在实践中很难结合。其二，采用实际成本制度计算出的单位产品成本会随着期间或批次的不同而发生波动，这种波动在定价方面会产生严重问题。其三，大多数企业实际的间接费用只能在期末（而不是该批产品完成时）被确知，因此，实际成本核算系统不能及时提供准确的单位产品成本信息。其四，企业成本核算系统难以采用 ERP 模块。成本核算系统没有 ERP 模块的支持，不仅难以保证准确、及时提供成本信息，而且

第四章 产品成本计算的基本方法

还会带来其他问题,如企业难以采用作业成本法。例如,在调查中发现,有10%的企业认为自己采用了作业成本法,而在实地调查中没有发现一家企业采用了真正的作业成本法。在调查中发现只有两家企业采用标准成本制度,但在月终随即调整为实际成本,其会计处理方式与西方的标准成本制度迥异。而在西方,由于标准成本制度的诸多优越性,其早已取代了实际成本制度而成为当今西方工业国家成本核算计量系统的主流,尤其在制造企业中广为使用。即使早在1933年,美国就有74%的制造企业成功地采用了标准成本制度。据统计,20世纪80年代标准成本制度在美国制造企业的应用率达到86%,在爱尔兰为75%、在英国为76%、在瑞典为73%、在日本为65%。通常西方工业企业把标准成本制定作为企业的一项头等大事,以美国制造企业为例,据美国佐治亚理工学院会计系的调查表明:美国47%的制造企业由总经理亲自对标准成本负责并主管修订工作,26%的制造企业组建专门的班子共同制定,这足以说明标准成本制度在现代制造企业中的地位。

资料来源:崔建华.企业成本会计准则国际比较及启示——基于应诉反倾销视角的思考[J].财会通讯,2013(5).

复习思考题

1. 生产工艺特点和生产组织形式对产品成本核算的影响表现在哪些方面?
2. 什么是产成品成本核算的品种法?其主要特点和适用范围是什么?
3. 品种法的成本核算程序是什么?
4. 什么是产品成本核算的分批法?其主要特点和适用范围是什么?
5. 分批法的成本核算程序是什么?
6. 什么是简化的分批法?它有哪些优点?其核算程序是什么?
7. 什么是产品成本核算的分步法?其主要特点和适用范围是什么?
8. 分步法包括哪些方法?各方法的核算程序是什么?
9. 什么是成本还原?如何进行成本还原?
10. 什么是广义在产品?它与狭义在产品有什么区别?

练 习 题

一、单选题

1. 采用(　　)计算产品成本,必须设置基本生产成本二级账。

A. 品种法　　　　B. 简化分批法　　　C. 分批法　　　　D. 分步法
2. 品种法适用于( )的生产。
   A. 大量大批单步骤　　　　　　　　B. 大量大批多步骤
   C. 小批单件单步骤　　　　　　　　D. 小批单件多步骤
3. 区分各种产品成本计算方法的主要标志是( )。
   A. 完工产品与在产品的费用分配　　B. 成本计算期
   C. 成本计算对象　　　　　　　　　D. 成本计算程序
4. 采用简化的分批法,在产品完工之前,产品成本明细账( )。
   A. 不登记任何费用　　　　　　　　B. 只登记原材料费用
   C. 只登记直接计入费用和生产工时　D. 只登记间接计入费用和生产工时
5. 下列方法中,属于不计算半成品成本的分步法是( )。
   A. 逐步结转分步法　　　　　　　　B. 综合结转分步法
   C. 分项结转分步法　　　　　　　　D. 平行结转分步法
6. 成本还原的对象是( )。
   A. 产成品成本　　　　　　　　　　B. 产成品所耗用的上一步骤半成品成本
   C. 本步骤半成品成本　　　　　　　D. 广义在产品
7. 下列关于分批法的说法中,正确的是( )。
   A. 不存在完工产品和在产品之间费用分配问题
   B. 适用于小批单件单步骤的生产
   C. 产品成本计算期与生产周期一致
   D. 平时不用核算产品的生产费用耗费情况,等到产品完工时再核算
8. 下列情况中,不宜采用简化分批法的是( )。
   A. 各月间接计入费用水平相差不多　B. 月末未完工产品批数较多
   C. 同一月份投产的批数很多　　　　D. 各月间接计入费用水平相差较多
9. 半成品不随实物向下一步骤结转的分步法是( )。
   A. 综合结转分步法　　　　　　　　B. 分项结转分步法
   C. 平行结转分步法　　　　　　　　D. 逐步结转分步法
10. 成本还原的依据是( )。
    A. 本月完工产品成本结构　　　　　B. 上一步骤月末在产品成本结构
    C. 本步骤完工半成品成本结构　　　D. 上一步骤本月半成品成本结构

二、多选题

1. 生产特点和管理要求对产品成本计算的影响,主要表现在( )上。
   A. 完工产品与在产品的费用分配　　B. 成本计算期
   C. 成本计算对象　　　　　　　　　D. 成本计算程序
2. 下列各项中,属于产品成本计算基本方法的有( )。
   A. 品种法　　　　B. 分类法　　　　C. 分批法　　　　D. 分步法

3. 产品成本计算期与产品生产周期不一致的成本计算方法有（　　）。
   A. 品种法　　　　　B. 分批法　　　　　C. 分步法　　　　　D. 定额法
4. 采用分步法时，完工产品与在产品之间的费用分配，可能是指在（　　）之间的费用分配。
   A. 产成品与狭义在产品　　　　　　　　B. 产成品与广义在产品
   C. 完工半成品与狭义在产品　　　　　　D. 完工半成品与广义在产品
5. 采用分批法计算产品成本时，成本计算对象可以（　　）。
   A. 按一张订单中的不同品种分别确定
   B. 按一张订单中的同种产品分批确定
   C. 按一张订单中的单件产品的组成部分分别确定
   D. 按多张订单中的同种产品确定

三、判断题

1. 采用逐步结转分步法，半成品实物的转移与半成品成本的结转是一致的。（　　）
2. 无论采用何种分步法，都需要进行成本还原。（　　）
3. 同一批产品出现跨月陆续完工的情况，则需要在月末采用一定的方法计算出完工产品的成本。（　　）
4. 采用品种法，在一般情况下，企业不需要在月末分配完工产品和在产品的成本。（　　）
5. 品种法只适用于大量大批单步骤的生产。（　　）
6. 成本核算必须是按月进行的，而完工产品成本的计算则是可以定期的，也可以是不定期的。（　　）
7. 采用分步法进行成本核算时，必须设置"自制半成品"账户。（　　）
8. 无论是分项结转还是综合结转，半成品成本都是随着半成品实物的转移而结转。（　　）
9. 半成品的发出采用实际成本计价时，必须使用加权平均法。（　　）
10. 成本还原的目的是按实际成本反映产成品的成本。（　　）

四、计算题

1. 某企业 20××年5月份设立，当月投产甲、乙、丙三种产品。三种产品的产量及有关生产费用如表4-49和表4-50所示。

表4-49

本月完工产品数量和月末在产品数量

单位：件

产品	完工数量	在产品数量（完工程度50%）
甲	900	90
乙	720	60
丙	1 000	58

表 4-50

本月发生的生产费用

单位：元

产品	原材料（计划成本）	燃料及动力	薪酬	制造费用
甲	108 000	22 680	15 120	34 020
乙	90 306	14 760	11 520	26 280
丙	126 000	28 812	25 725	39 102

本月乙产品在验收入库时发现 20 件废品，共发生修复费用 7 440 元，其中原材料费用 4 800 元，燃料及动力费用 480 元，薪酬费用 1 200 元，制造费用 960 元。废品损失全部由本月完工乙产品成本负担。原材料采用计划成本核算，本月材料成本差异率为－2％。月末完工产品和在产品之间分配费用采用约当产量比例法。假设原材料的投入程度与生产工时的投入程度完全一致。

要求：采用品种法计算甲、乙、丙三种产品的成本，登记产品成本计算单，并编制相应的会计分录。

2. 某企业生产 A、B 两种产品，成本计算采用品种法。本月发生有关费用资料如下：

(1) 辅助生产车间维修车间共发生费用 3 200 元，为基本生产车间提供 600 小时，为管理部门提供 200 小时。

(2) 本月生产 A 产品领用材料 2 990 元，生产 B 产品领用材料 2 000 元。

(3) 本月共发生人工费用 7 500 元，A 产品加工工时 1 000 小时，B 产品 500 小时。

(4) 本月共发生制造费用(不包括辅助生产费用) 3 600 元。

(5) 月末完工产品数量 A 产品 120 件，B 产品 90 件；月末在产品 A 为 60 件，完工率为 50％；月末在产品 B 为 20 件，完工率为 50％。

(6) 月初 A 在产品成本为 550 元，其中直接材料 250 元，直接人工 100 元，制造费用 200 元。B 在产品成本为 500 元，其中直接材料 200 元，直接人工 120 元，制造费用 180 元。

(7) 假设 A、B 两种产品原材料费用均在生产开始时一次投入；人工、制造费用等加工费用按 A、B 两种产品的加工工时比例分配；辅助生产费用按照受益部门的劳务量比例进行分配；生产费用在完工产品和月末在产品之间的分配均采用约当产量比例法。

要求：根据上述资料编制产品成本计算单，并计算 A、B 完工产品成本。

3. 某企业 6 月份生产 0501#、0502#、0601# 三批产品，有关成本计算资料如表 4-51 至表 4-54 所示。

表 4-51

月初在产品成本

单位：元

批别	直接材料	直接人工	制造费用	合计
0501#	56 000	8 000	6 000	70 000
0502#	100 000	12 500	8 000	120 500

表 4-52

本月生产情况

批别	投产数量(件)	本月完工数量(件)	本月实际工时(小时)
0501#	48	48	9 600
0502#	72	0	4 800
0601#	144	10	5 280

表 4-53

本月生产费用

单位：元

直接材料	直接人工	制造费用	合计
59 400	84 132	66 420	209 952

表 4-54

单位产品定额成本

单位：元

直接材料	直接人工	制造费用	合计
4 000	900	600	5 500

假设各批产品原材料均于生产开始时一次投入，本月发生的加工费用采用生产工时比例法在各批产品之间进行分配。0601#产品由于本月完工数量较少，其完工产品成本按定额成本结转。

要求：采用分批法计算 0501#、0502#、0601# 三批产品的成本，并登记产品成本计算单。

4. 某企业成批生产多种产品，为简化核算，采用简化的分批法进行成本计算。该企业20××年6月份有关成本计算资料如表 4-55 所示。

表 4-55

生 产 情 况

批号	产品	批量	投产日期	完工日期
0101#	A产品	120	1月10日	6月25日
0201#	B产品	50	2月20日	6月8日
0301#	C产品	150	3月1日	未完工
0401#	D产品	40	4月15日	未完工
0601#	E产品	100	6月6日	未完工

月初在产品成本：6月初在产品成本为2 010 000元，其中，直接材料1 200 000元（0101# 600 000元，0201# 240 000元，0301# 300 000元，0401# 60 000元），直接人工442 500元，制造费用367 500元。月初累计生产工时为150 000小时，其中，0101# 51 000小时，0201# 42 000小时，0301# 48 000小时，0401# 9 000小时。

本月发生生产费用：本月发生直接材料费300 000元，全部为0601# E产品所耗用，本月发生直接人工126 300元，制造费用89 436元，本月实际生产工时为39 600小时（其中0101# 9 000小时，0201# 6 000小时，0301# 10 500小时，0401# 7 500小时，0601# 6 600小时）。

要求：
(1) 开设基本生产二级账和按产品批次设置的产品成本计算单。
(2) 登记本月发生生产费用，并按累计分配法在完工产品和在产品之间进行分配。
(3) 编制完工产品成本汇总表并结转完工产品成本。

5. 某厂生产甲产品，生产过程顺序经过第一、第二、第三个生产车间，原材料从第一生产车间投入，加工成A半成品，第二生产车间对A半成品继续加工，加工成B半成品，第三生产车间对B半成品继续加工，加工成甲产成品。该厂成本计算采用按实际成本计价的逐步综合结转分步法。各车间月末在产品按约当产量计算，原材料于生产开始时一次投入，各车间的月末在产品完工程度均为50%。该厂20××年1月有关成本计算资料如表4-56至表4-58所示。

表4-56

产 量 记 录

单位：件

项　　目	第一生产车间	第二生产车间	第三生产车间
月初在产品数量	16	30	80
本月投入（或上一车间转入）数量	94	90	80
本月完工数量	90	80	100
月末在产品数量	20	40	60

表4-57

月初在产品成本

单位：元

项　　目	第一生产车间	第二生产车间	第三生产车间
原材料	13 350	36 000	88 320
原材料中半成品		36 000	88 320
燃料和动力	300	3 150	2 220
工资及福利费	750	4 050	3 885
制造费用	1 050	7 050	7 875
合　　计	15 450	50 250	102 300

第四章 产品成本计算的基本方法

表 4-58

本月发生费用

单位:元

项　　目	第一生产车间	第二生产车间	第三生产车间
原材料	26 250		
燃料和动力	3 300	11 250	5 970
工资及福利费	8 850	14 700	8 595
制造费用	9 750	22 800	16 305
合　　计	48 150	48 750	30 870

要求:
(1) 设置 A 半成品、B 半成品、甲产成品成本计算单,并登记月初在产品成本和本月发生费用。
(2) 计算 A 半成品、B 半成品和甲产成品的制造成本。
(3) 进行成本还原。

6. 某厂生产甲产品,设有第一、第二、第三三个生产车间,成本计算采用平行结转分步法,各车间月末在产品成本按约当产量计算,原材料于生产开始时一次投入。该厂 20××年 1 月有关成本计算资料如表 4-59 和表 4-60 所示。

表 4-59

产量记录

单位:件

项目		第一生产车间	第二生产车间	第三生产车间
月初在产品数量		32	48	80
本月投产(或上年车间转入)数量		304	288	304
本月完工数量		288	304	320
月末在产品	数量	48	32	64
	完工程度	50%	50%	50%

表 4-60

成 本 资 料

单位：元

成本项目	月初在产品成本			本月发生费用		
	第一车间	第二车间	第三车间	第一车间	第二车间	第三车间
原材料	127 720			243 200		
燃料和动力	2 816	2 624	400	5 920	8 240	4 880
工资及福利费	11 264	12 204	1 600	23 680	35 520	8 960
制造费用	14 080	15 488	2 000	29 600	45 040	19 120
合　计	155 880	30 316	4 000	302 400	88 800	32 960

要求：
(1) 设置各车间的产品成本计算单，登记月初在产品成本和本月发生费用。
(2) 计算各车间完工产品成本。
(3) 编制完工产品成本汇总计算表，计算完工产品制造总成本和单位成本。

第五章 产品成本计算的辅助方法

学习目的与要求：本章主要阐述了成本计算的辅助方法——分类法和定额法。通过本章学习，学生应掌握产品成本计算各辅助方法的特点、适用范围、计算程序等；明确分类法计算成本的基本程序及联产品、副产品、等级产品的定义及产品成本核算；熟悉定额法成本核算的基本原理，掌握定额法下定额成本的制定及各种差异的计算。

难点：
1. 分类法下，类内各种产品成本的分配（即标准产量的计算）。
2. 定额法下，各种差异的计算。

第一节 产品成本计算的分类法

一、分类法的概念和适用范围

产品成本计算的分类法是指以产品的类别作为成本计算对象，归集生产费用，在计算出某类产品总成本的基础上，按一定标准分配计算类内各种产品成本的一种成本计算方法。

在一些工业企业中，生产的产品品种、规格繁多，如果按照产品的品种或规格作为成本计算对象归集费用计算成本，则成本计算工作过大。因此，企业可以按照一定的标准对不同品种、规格的产品进行分类，每一个"类"相当于一个"品种"，从而大大简化了成本核算的工作量。

分类法与产品生产的类型没有直接联系，可以在各种类型的生产中应用，凡是产品品种、规格繁多，又可以根据一定要求划分为若干类别的企业或车间，均可采用分类法计算成本，例如，钢铁厂生产的各种型号和规格的生铁、钢链和钢材；无线电元件厂生产的各种不同规格的无线电元件；灯泡厂生产的各种不同类别和瓦数的灯泡；针织厂生产的各种不同规格的针织品；食品厂生产的各种饼干、糕点和面包等。这些企业虽然生产类型各不相同，但是它们在生产某类产品时，都有一个共同的特点，就是所需原材料相同，生产工艺过程相同或相近，都可以采用分类法计算产品成本。

二、分类法的特点

产品成本计算的分类法是为了简化某些特定企业的成本计算工作,在产品成本基本计算方法的基础上发展起来的一种方法,与其他产品成本计算方法相比,它有以下特点:

(1) 以产品类别作为成本计算对象,采用适当的基本方法(品种法、分批法、分步法)计算各类产品的成本。在归集各类产品的生产费用时,属于某类产品直接消耗的费用直接计入该类产品成本;属于不同类别产品共同消耗的费用,应采用适当的分配标准分配计入各类产品成本中。

(2) 产品成本计算期可能与会计报告期一致,也可能与产品的生产周期一致,主要取决于计算各类产品成本时所采用的基本方法。分类法如果是与品种法或分步法相结合,需要定期在月末进行成本计算,则成本计算期与会计报告期一致;如果与分批法相结合,则成本计算期是不定期的,与会计报告期不一致,而与生产周期相一致。

(3) 计算出某类完工产品的总成本后,还应选择适当的分配标准,分配计算类内每种产品的成本,类内各种产品之间分配费用的标准可采用定额消耗量、定额费用、产品的体积、长度和重量等。分配标准的确定应该选择与产品成本高低有密切关系的计量单位作为分配的标准。各成本项目可以采用同一分配标准,也可以按照成本项目的性质,分别采用不同的分配标准,以使分配结果更加合理。在实际工作中,类内产品各项费用的分配一般采用系数法和定额比例法两种。

三、分类法的核算程序和例解

(一) 系数法

采用系数法分配类内产品各项费用的核算程序是:

(1) 在类内产品中选择一种产销量大、生产稳定或者规格折中的产品作为标准产品,并将这种产品的分配标准确定为系数"1"。

(2) 将类内其他产品的分配标准与标准产品相比,求出比率,即为其他产品的系数。这个系数可以是一个综合系数,也可以是按不同的成本项目根据不同的标准来确定的多个单项系数。在一般情况下,采用单项系数分配费用的准确性比较高,但计算工作量大;采用综合系数分配费用的计算工作量小,但分配结果的准确性较差。不论是哪种系数,一经确定,在一定时期内不应随意变动。

(3) 系数确定之后,用类内各产品的实际产量乘上系数,即可计算出该产品的标准产量,如该产品有在产品可先按约当产量法计算出约当产量,然后再计算标准产量。

(4) 按照标准产量的比例,计算类内各项费用,最后计算类内各种产品的总成本和单位成本。

【例 5-1】 某企业生产的产品品种繁多,其中 A、B、C 三种产品所用原材料相同、生产工艺过程相近,为简化核算合为一类计算成本。该类产品原材料在生产开始时一次投入,月末生产费用在完工产品和在产品之间分配采用约当产量比例法。该类产品的有关成本资料如表 5-1 所示。

表 5-1

该类产品有关成本资料

单位:元

项　目	直接材料	直接人工	制造费用	合计
月初在产品成本	12 360	2 280	2 640	17 280
本月生产费用	49 440	9 160	11 660	70 260
合　计	61 800	11 440	14 300	87 540

根据以上资料,采用系数法计算类内各产品成本,系数按定额成本确定,以 A 产品为标准产品。其计算过程如下:

a. 计算标准产量(按综合系数),计算结果如表 5-2 所示。

表 5-2

该类产品标准产量计算表

单位:件

产品名称	定额成本 ①	系数 ②=①÷140	产成品		在产品(完工率50%)				
					实际产量 ⑤	约当产量		标准产量	
			实际产量 ③	标准产量 ④=②×③		分配材料费用 ⑥=⑤×100%	分配加工费用 ⑦=⑤×50%	分配材料费用 ⑧=②×⑥	分配加工费用 ⑨=②×⑦
A	140	1	150	150	20	20	10	20	10
B	112	0.8	200	160	30	30	15	24	12
C	168	1.2	180	216	40	40	20	48	24
合　计				526				92	46

b. 根据上述有关资料,登记该类产品成本计算单,如表 5-3 所示。

表 5-3

产品成本计算单

产品：×类产品　　　　　　　　　　　20××年×月　　　　　　　　　　　　　　单位：元

项目		产量（件）①	标准产量（件）②	直接材料③＝②×分配率	直接人工④＝②×分配率	制造费用⑤＝②×分配率	总成本⑥＝③＋④＋⑤	单位成本⑦＝⑥÷①
分配率				61 800÷618＝100	11 440÷572＝20	14 300÷572＝25		
产成品成本	A	150	150	15 000	3 000	3 750	21 750	145
	B	200	160	16 000	3 200	4 000	23 200	116
	C	180	216	21 600	4 320	5 400	31 320	174
	小计		526	52 600	10 520	13 150	76 270	
在产品成本		92	46	9 200	920	1 150	11 270	
合　计		618	572	61 800	11 440	14 300	87 540	

根据产品成本计算单和产成品入库单，编制会计分录如下：

借：库存商品——A 产品　　　　　　　　　　　　　　　　　　21 750
　　　　　　——B 产品　　　　　　　　　　　　　　　　　　23 200
　　　　　　——C 产品　　　　　　　　　　　　　　　　　　31 320
　　贷：基本生产成本——某类产品　　　　　　　　　　　　　76 270

【例 5-2】 假定某工业企业生产多种产品，其中 A、B、C 三种产品结构、所用原材料和产品生产工艺过程基本接近，将其合为一类，采用分类法计算成本。与该类产品成本计算有关的成本资料如表 5-4 所示。

表 5-4

该类产品有关成本资料

产品：×类产品　　　　　　　　　　　　　　　　　　　　　　　　　　单位：元

项　目	直接材料	直接人工	制造费用	合计
月初在产品成本	18 000	10 000	12 000	40 000
本月发生的生产费用	72 000	28 000	20 000	120 000
合　计	90 000	38 000	32 000	160 000
完工产品成本	80 000	32 000	24 000	136 000
月末在产品成本	10 000	6 000	8 000	24 000

第五章　产品成本计算的辅助方法

该类产品成本计算出来后,还要选择一定的标准在类内各种产品之间进行分配。假定类内各种产品之间分配费用的标准是:直接材料费用按各种产品的材料费用系数分配,材料费用系数按材料费用定额确定;直接人工等加工费用均按各种产品的工时系数分配,工时系数按工时定额确定。本例假定 A 产品为标准产品。根据以上资料,采用系数法计算类内各产品成本,其计算过程如下:

a. 计算标准产量(按单项系数),计算结果如表 5-5 所示。

表 5-5

该类产品标准产量计算表

产品名称	单位产品				实际产量（件）	标准产量（件）	
	材料费用定额（元）	系数	工时定额（小时）	系数		分配材料费用	分配加工费用
A	50	1.0	20	1.0	2 400	2 400	2 400
B	40	0.8	10	0.5	1 600	1 280	800
C	60	1.2	10	0.5	3 600	4 320	1 800
合　计						8 000	5 000

b. 根据上述有关资料,登记该类产品成本计算单,如表 5-6 所示。

表 5-6

产品成本计算单

产品:×类产品　　　　　　　20××年×月　　　　　　　金额单位:元

项目	实际产量（件）①	标准产量（件）		直接材料 ④=②×分配率	直接人工 ⑤=③×分配率	制造费用 ⑥=③×分配率	总成本 ⑦=④+⑤+⑥	单位成本 ⑧=⑦÷①
		分配材料费用 ②	分配加工费用 ③					
分配率				80 000÷8 000=10	32 000÷5 000=6.4	24 000÷5 000=4.8		
A	2 400	2 400	2 400	24 000	15 360	11 520	50 880	21.2
B	1 600	1 280	800	12 800	5 120	3 840	21 760	13.6
C	3 600	4 320	1 800	43 200	11 520	8 640	63 360	17.6
合　计		8 000	5 000	80 000	32 000	24 000	136 000	

根据成本计算单和产品入库单,编制会计分录如下:

借:库存商品——A产品　　　　　　　　　　　　　　50 880
　　　　　　——B产品　　　　　　　　　　　　　　21 760
　　　　　　——C产品　　　　　　　　　　　　　　63 360
　　贷:基本生产成本——某类产品　　　　　　　　　136 000

(二) 定额比例法

定额比例法是指在计算出类内产品的总成本后,按类内各种产品的定额比例进行分配,从而计算出类内每一种产品的成本的一种方法。这种方法一般适用于定额比较健全、稳定的企业。具体分配时,材料费用可采用按材料定额耗用量的比例进行分配,加工费用可采用按定额工时的比例进行分配。其计算程序如下:

(1) 按照类内各产品的单位产品原材料消耗定额和实际产量,计算各产成品的材料定额耗用量和在产品的材料定额耗用量。其计算公式如下:

$$产成品定额耗用量 = 产成品产量 \times 单位产品原材料消耗定额$$

$$在产品定额耗用量 = 在产品产量(或约当产量) \times 单位产品原材料消耗定额$$

类内各产品定额材料耗用量相加即可计算出该类产品材料定额耗用总量。

(2) 计算材料费用分配率。类内材料实际总成本与类内材料定额耗用量相比,计算出材料费用分配率。其计算公式如下:

$$原材料费用分配率 = \frac{某类产品的原材料实际总成本}{某类产品原材料定额耗用总量}$$

(3) 计算类内各种产品的产成品和在产品材料成本,其计算公式如下:

$$类内某种产品原材料费用 = 该产品的材料定额耗用量 \times 原材料费用分配率$$

(4) 按照类内各产品的单位产品工时定额和产成品产量、在产品数量及在产品完工率,计算类内定额总工时。其计算公式如下:

$$\text{定额总工时} = \left(\text{产成品产量} \times \text{单位产品工时定额}\right) + \left(\text{在产品数量} \times \text{完工程度} \times \text{单位产品工时定额}\right)$$

类内各产品总工时相加,即可计算出该类产品定额总工时。

(5) 计算人工、制造费用分配率。其计算公式如下:

$$人工、制造费用分配率 = \frac{某类产品的人工、制造费用实际总成本}{该类产品的定额工时总数}$$

第五章 产品成本计算的辅助方法

（6）计算类内各种产品产成品和在产品的人工、制造费用。其计算公式如下：

类内某种产品的人工、制造费用 ＝ 该产品的定额工时 × 人工、制造费用分配率

【例 5-3】 某企业生产多种产品，其中甲、乙、丙三种产品所使用原材料相同，生产工艺过程相近，可归为一类，采用分类法计算产品成本。假设该类产品原材料在生产开始时一次投入，月末生产费用在完工产品和在产品之间的分配采用约当产量法。该类产品 20××年 7 月份有关成本资料如表 5-7 所示；产品产量及定额资料如表 5-8 所示。根据以上资料，采用定额比例法计算类内各产品成本。

表 5-7

该类产品有关成本资料

20××年 7 月   单位：元

项　目	直接材料	直接人工	制造费用	合计
月初在产品成本	36 240	3 719	4 170	44 120
本月发生的生产费用	144 960	15 010	16 640	176 610
合　计	181 200	18 729	20 810	220 739

表 5-8

该类产品产量及定额资料

20××年 7 月

产品名称	完工产品产量（件） ①	在产品			材料定额消耗量（千克）			定额工时（小时）		
		数量（件） ②	完工程度 ③	约当产量（件） ④＝②×③	单位产品消耗定额 ⑤	完工产品定额消耗量 ⑥＝①×⑤	在产品定额消耗量 ⑦＝②×⑤	单位产品工时定额 ⑧	完工产品定额工时 ⑨＝①×⑧	在产品定额工时 ⑩＝④×⑧
甲	300	20	50%	10	8	2 400	160	1.3	390	13
乙	400	10	50%	5	7	2 800	70	1.6	640	8
丙	500	30	50%	15	4	2 000	120	2.0	1 000	30
合　计						7 200	350		2 030	51

根据上述资料,登记该类产品的成本计算单,如表 5-9 所示。

表 5-9

产品成本计算单

产品:×类产品　　　　　　　　　　20××年7月　　　　　　　　　　金额单位:元

项目		产量或约当产量(件)①	直接材料		定额工时(小时)④	直接人工⑤=④×分配率	制造费用⑥=④×分配率	总成本⑦=③+⑤+⑥	单位成本⑧=⑦÷①
			定额消耗量(千克)②	实际成本③=②×分配率					
分配率				181 200÷7 550=24		18 729÷2 081=9	20 810÷2 081=10		
完工产品	甲	300	2 400	57 600	390	3 510	3 900	65 010	216.7
	乙	400	2 800	67 200	640	5 760	6 400	79 360	198.4
	丙	500	2 000	48 000	1 000	9 000	10 000	67 000	134
	小计		7 200	172 800	2 030	18 270	20 300	211 370	
在产品	甲	20	10	160	3 840	13	117	130	4 087
	乙	10	5	70	1 680	8	72	80	1 832
	丙	30	15	120	2 880	30	270	300	3 450
	小计			350	8 400	51	459	510	9 369
合 计			7 550	181 200	2 081	18 729	20 810	220 739	

四、分类法的优点、缺点及应用条件

1. 优点

采用分类法计算产品成本、产量、工时等原始凭证和原始记录可以只按产品类别填列,在各种费用分配表中可以只按产品类别分配费用,产品成本计算单可以只按产品类别开立,不仅简化了成本计算工作,而且还能够在产品品种、规格繁多的情况下,分类掌握产品成本的情况。

2. 缺点

由于计算类内各种产品成本时,不论间接计入的费用还是直接计入的费用,都是依照一定的分配标准按比例进行分配的,因而计算结果有一定的假定性。为了使成本计算更准确,首先,在产品的分类上,应以所耗用的原材料和生产工艺技术过程是否相近为标准。在对产品进行分类时,类距既不能定得过小,也不能定得过大。其次,在产品结构、所耗原材料或工艺技术过程发生较大变动时,应及时修订分配系数

或另选分配标准,以保证成本计算的准确性。

3. 应用条件

分类法只是成本计算的辅助方法,不能单独使用,必须与品种法、分批法、分步法等基本方法结合起来运用。例如,大量、大批多步骤生产的轧钢厂可首先采用分步法计算各类钢铁产品的成本,其次再采用分类法分别计算各类中各种产品的成本。即该轧钢厂可先按照基本的成本计算方法计算出各类产品的总成本,再采用一定的分配方法,把类别总成本在类内各种产品之间进行分配,进而计算出每种产品的成本。

五、联产品、副产品和等级产品的成本计算

(一) 联产品的成本计算

联产品是指使用同种原材料,通过同一生产过程,生产出两种或两种以上具有较大经济价值的产品。联产品的生产过程称联产过程。各种类型的企业都能生产联产品。例如,奶制品厂可同时生产出牛奶和奶油,煤气厂在煤气生产过程中可同时产生煤气、焦炭和煤焦油,炼油厂使用同种原材料可同时生产出汽油、柴油、煤油等产品。在生产过程中同时生产出的几种产品,虽然它们在用途、性能上各不相同,但它们都是使用同种原材料,在同一生产过程中产生的。这些产品都是企业的主要产品,对于企业有着同等的重要性。

联产品的生产分两种方式:①第一种方式为投入同种原材料,经过同一生产过程,最后直接生产出几种不同的产品。②第二种方式为投入同种原材料,经过同一生产过程后,从某一生产步骤开始逐渐分离出几种不同的产品,这个分离时的生产步骤又称为分离点。

在联产品分离之前,成本的计算不可能按照每种产品归集和分配生产费用,因此,只能将联产品归为一类,综合归集它们所发生的费用,并根据联产品的生产特点,选择适当的成本计算方法计算它们的总成本,这样计算出来的总成本又称联合成本;再采用适当的标准,将联合成本分配给各种联产品,从而计算出每一种联产品的成本。对联合成本进行分配所用的分配标准要适当,常用的有联产品的产量、售价或定额成本等。

联产品虽然在成本计算上也是按类归集生产费用计算成本,并同分类法一样还要选择分配标准,但它却同分类法有所区别。联产品在分离前不可能按照一定的方法分品种确定成本计算对象,只能作为一类产品计算成本。另外,联产品分离后,有时还需要继续加工,这样,还得采用适当的方法计算分离后的加工成本,分离后的加工成本加上其所应负担的联合成本才是该种联产品的总成本。

(二) 副产品的成本计算

副产品是指使用同一原材料,通过同一生产过程,生产出的非主要产品,或者利用生产中的废料进一步加工生产的非主要产品。例如,炼油厂在炼油过程中产生的

渣油、石油焦;肥皂生产中附带产生的甘油;炼油时附带产生的高炉煤气等。副产品的价值较低,在总产值中所占的比重不大,不是企业的主要产品,但它们具有一定的价值和用途,对充分利用物质资源具有重要意义。如果企业所生产的某种副产品的价值逐渐增大,在产品总产值中已占相当比重,则可作为联产品对待。

由于副产品和主要产品是在同一生产过程中生产出来的,它们发生的费用很难分开,因此,一般是将副产品和主要产品归为一类,按照分类法归集费用,计算其总成本。主副产品分离前的总成本可视为联合成本。由于副产品价值较低,在全部成本中所占比重不大,所以一般副产品不单独核算成本,其计价方法一般采用"费用扣除法",即在有副产品的情况下,将副产品按一定标准计价,从主副产品的总成本中扣除,以计算分离时主要产品成本的一种方法。

副产品的计价常用的有两种方法:①是按副产品售价扣除其与主产品分离后的加工费用、销售费用和税金之后的余额来计价。这种方法适于副产品价值较高的情况。②是按固定价值来计价。这种计价方法是指按确定的固定单价作为副产品的价值从联合成本中扣除。这种方法计算简便,适用于副产品成本变化不大,市价比较稳定的情况。

副产品价值从联合成本中扣除时,既可以分成本项目从联合成本中扣除,也可以只从直接材料成本中扣除。联合成本扣除副产品价值后,其余额就是主要产品的成本。

(三) 等级产品的成本计算

等级产品是指使用同种原材料,经过同一生产过程生产出来的品种相同但品级或质量不同的产品。造成这种质量上的差别有主观原因,如管理不善、工人操作不慎或技术不熟练等;也有客观原因,如原材料质量、工艺技术要求等。例如,针织厂生产的针织品,使用同种材料、同一工艺,但其产品经检验可分成一级品、二级品、三级品、等外品等。等级产品不同于次品,等级产品无论是哪一级别都属于合格品,而次品则是不合格品。对于等级产品的成本计算,应视不同情况而定。①如果是由于生产管理不善、工人操作失误或熟练程度不一致等原因造成的等级产品,则其成本不应另外计算,也就是说低等级产品的单位成本应该和高等级产品的单位成本相同。因为低等级产品的单位售价低于高等级产品,造成利润减少,所以企业应努力改善各项管理工作,尽量减少低等级产品的出现。②如果是由于材料质量、工艺过程本身的特点或自然原因造成的等级品,就不能对各等级产品确定相同的成本。计算时,企业可将各等级产品作为一类产品,计算一类产品的联合成本,再比照联产品的计算方法,计算各等级产品成本,如按等级产品的单位售价比例制定系数,将各级产品的产量折算为标准产量,再按照标准产量比例分配联合成本。

第五章 产品成本计算的辅助方法

第二节 产品成本计算的定额法

一、定额法的含义及适用范围

前面向大家介绍了四种成本核算方法,即品种法、分批法、分步法和分类法。这四种方法虽然计算方法不同,但是它们有一个共同的特点就是生产费用的日常核算都是按照实际发生额进行的。

产品的实际成本是根据实际生产费用计算的,在实际工作中,企业为了加强对各项费用消耗的控制,需要制定各项费用消耗定额,作为考核各项费用的标准。实际发生费用与各项消耗定额进行对比、分析才能反映出企业各项指标的节约和浪费情况。前面讲的四种成本核算方法,平时无法与消耗定额进行比较,只有到了月末,实际成本计算出来后,才能与消耗定额进行比较,发现实际成本脱离定额的差异及其发生的原因。因此以上方法不便于加强定额管理,实行成本控制。

(一)定额法的含义

产品成本计算的定额法就是为了及时地反映和监督生产费用、产品成本脱离定额的差异,加强定额管理和成本控制而采用的一种成本计算方法。采用定额法要求在生产耗费发生的当时,就将符合定额的耗费和脱离定额的差异分别核算,并在定额成本的基础上加减各种差异,计算产品的实际成本。

(二)定额法的适用范围

定额法适用于定额管理制度比较健全、定额管理工作基础比较好而且产品生产已经定型,消耗定额比较准确、稳定的企业,如汽车制造业。定额法与分类法一样,也不是一种基本的成本计算方法,它必须与品种法、分批法、分步法等结合运用。

二、定额法的核算程序

在定额法下,成本核算的基本程序包括:定额成本的制定、核算定额变动差异、核算脱离定额差异、核算材料成本差异、各项差异在完工产品与在产品之间的分配等过程。

(一)定额成本的制定

定额成本与计划成本都是事先制定的成本,但是两者并不是一回事,它们是两个不同的概念。定额成本不能用计划成本来代替。①定额成本是以现行消耗定额为依据来计算产品成本的;计划成本是以计划期内(一般为1年)平均消耗定额为依据计算产品成本的。②在1年中如果不调整成本计划,计划成本应保持不变;而定额成本是随着技术的进步和经营管理水平的提高及物价的变动随时进行修订的,它没有固定的期限。③定额成本是最贴近实际的成本,具有很强的时效性,认真制定并执行定额成本,可以有效地发挥成本核算在节约费用、降低成本方面的作用;计划成本所使用的消耗定额是平均定额,产品单位计划成本也代表平均成本水平,因此不利于企业进行成本管理和控制。

企业采用定额法计算产品成本时,首先要根据企业的生产计划,综合考虑企业现行生产水平等因素,制定产品的直接材料、燃料和动力、生产工时等各项消耗定额;其次结合材料、人工、制造费用等的计划单位成本,计算产品的各项费用定额和产品的单位定额成本。定额成本包括零、部件定额成本和产成品定额成本。在制定定额成本时,一般是先制定零件定额成本,再汇总计算部件和产成品的定额成本。如果产品的零部件较多,为了简化计算工作,企业也可以不计算零件定额成本,而建立零件定额卡,在定额卡上列有原材料消耗定额、工序计划和工时消耗定额等资料,在此基础上,再依据企业的原材料计划单价、计划人工率和费用率,计算部件定额成本,汇总编制部件定额成本表。将组成产成品的各部件定额成本汇总,就是产成品定额成本。零件定额卡、部件定额成本计算表、产品定额成本计算表的格式如表5-10至表5-12所示。

表 5-10

零 件 定 额 卡

零件编号或名称:T502　　　　　　　20××年4月

材料编号或名称	计量单位	材料消耗定额
1620#角钢	千克	3.5
工序	工时定额(小时)	累计工时定额(小时)
1	2	2
2	3	5
3	4	9

表 5-11

部件定额成本计算表

部件编号或名称:C108　　　　　　　20××年4月　　　　　　　金额单位:元

所需零件编号或名称	零件数量(个)	材料定额						金额合计	工时定额(小时)
		1620#			0540#				
		数量(千克)	计划单价	金额	数量(千克)	计划单价	金额		
T502	2	7	3	21				21	18
A107	4				8	5	40	40	12
装配									5
合 计				21			40	61	35

第五章 产品成本计算的辅助方法

(续表)

定额成本项目					
直接材料	直接人工		制造费用		定额成本合计
	计划人工率	金额	计划费用率	金额	
61	2	70	3	105	236

表 5-12

产品定额成本计算表

产品编号或名称:A100　　　　　20××年4月　　　　　金额单位:元

所需部件编号或名称	部件数量(个)	材料定额		工时定额(小时)	
		部件	产品	部件	产品
C102	2	50	100	5	10
C108	2	61	122	35	70
装配					10
合　计			222		90

定额成本项目					
直接材料	直接人工		制造费用		定额成本合计
	计划人工率	金额	计划费用率	金额	
222	2	180	3	270	672

(二)核算定额变动差异

企业因经济的发展、生产技术条件的改变或劳动生产率的提高等原因,需及时修订各项费用的消耗定额或计划价格,进而调整产品的定额成本。各项消耗定额及定额成本的修订,通常都在月初、季初或年初进行。修订后当月发生的各项费用均按新定额核算,而月初在产品成本仍按旧定额核算,这样两者在统计口径上产生了不一致。因此,为了准确反映差异,在定额发生修订的当期,企业应及时修订月初在产品的定额成本。这种由于定额的变动导致修订期已存在的月初在产品的定额成本产生新旧定额的差异,称为定额变动差异。定额变动差异是定额本身变动的结果,它与生产费用的节约或超支无关,也不影响实际生产成本。

月初在产品定额变动差异，可以根据定额直接计算，即按照新的定额标准和月初在产品的数量计算出修订后的月初在产品定额成本，再与修订前月初在产品的旧定额成本相比较，得出定额变动差异，并按照成本项目分别列示。但是在构成产品的零部件种类繁多的情况下，这种计算方法会导致工作量太大，因此，为了简化计算工作，也可以按系数折算。其计算公式如下：

$$系数 = \frac{按新定额计算的单位产品费用}{按旧定额计算的单位产品费用}$$

月初在产品定额变动差异 = 按旧定额计算的月初在产品费用 × (1 − 系数)

【例 5-4】 某公司大量生产甲产品。20××年 5 月 1 日，该公司修订了甲产品的直接材料消耗定额，修订前每件产品的直接材料消耗定额为 100 千克，计划单价为 10 元/千克；修订后每件产品的直接材料消耗定额为 95 千克，计划单价不变。该产品的月初在产品数量为 20 件，原材料在生产开始时一次投入。月初在产品定额变动差异计算如下：

修订前直接材料费用定额 = 100 × 10 = 1 000（元）

修订后直接材料费用定额 = 95 × 10 = 950（元）

方法一：根据定义计算。

月初在产品定额变动差异 = 1 000 × 20 − 950 × 20 = 1 000（元）

方法二：根据系数计算。

系数 = 950 ÷ 1 000 = 0.95

月初在产品定额变动差异 = 20 × 1 000 × (1 − 0.95) = 1 000（元）

定额的变动会出现两种结果：第一，变动后的定额成本低于旧的定额成本，表现为月初在产品定额成本降低，在这种情况下，月初旧定额成本就调整为新定额成本加定额变动差异；第二，变动后的定额成本高于旧的定额成本，表现为月初在产品定额成本升高，在这种情况下，月初旧定额成本就调整为新定额成本减定额变动差异。

在实际工作中，定额发生修订需要调整月初在产品定额成本时，并不直接调整明细账中的月初在产品定额成本数据，而是单设"定额成本调整"栏，反映从旧定额调整为新定额所发生的变化，在金额上等于新定额成本减去旧定额成本。而定额变动差异等于旧定额成本减去新定额成本，与定额成本调整的金额相等，符号相反，月初在产品的实际成本并不受影响。

（三）核算脱离定额差异

定额法的核心是正确及时地核算产品实际成本与定额成本的差异，以便达到控

第五章 产品成本计算的辅助方法

制各项生产费用支出的目的。为了有效地控制各项生产费用,要求各项生产费用发生时,就必须把符合定额的费用和脱离定额的差异,分别编制定额凭证和差异凭证,并在有关的费用分配表和明细分类账中分别予以登记。为了严格控制超支费用的发生,减少损失和浪费,填制的差异凭证还必须按规定办理审批手续。下面按照成本项目分别介绍直接材料、直接人工、制造费用脱离定额差异的核算。

1. 直接材料脱离定额差异的核算

直接材料和自制半成品是产品的直接费用,在成本中占较大比重,因此严格控制材料费用对于降低产品成本,提高经济效益有着举足轻重的作用。在定额法下,当材料费用发生时,要求必须将定额内的材料费与脱离定额的差异分别核算。直接材料脱离定额差异的核算,一般有三种方法:限额法、切割核算法和盘存法。

1) 限额法

在企业中为了控制主要材料的发放,大都实行限额领料制度。限额领料就是凡是符合定额的材料,都采用限额领料单领料,限额领料单格式如表 5-13 所示。

表 5-13

限 额 领 料 单

领料单位:一车间　　　　　　　　　　　　　　　　　发料仓库:2 号
用途:T502　　　　　　　　20××年4月　　　　　　编号:

材料类别	材料编号	材料名称	计量单位	全月限额	实发数量	单价(元)	金额(元)
钢材	1 620#	角钢	千克	7 000	6 800	3	20 400

| 日期 | 数量 | | 领款签章 | 发料人签章 | 扣除代用数量 | 限额结余 | 退料 | |
	请领	实发					数量	退料单号数
4.1	1 000	1 000	×××	×××		6 000		
4.5	2 000	2 000	×××	×××		4 000		
…								
4.30	800	800	×××	×××		200		
合 计	6 800	6 800				200		

供应部门负责人(签章)　　生产计划部门负责人(签章)　　仓库管理员(签章)

因增加产量而发生的超额领料,经办理追加限额手续后,仍然可以使用限额领料单领料。由于其他原因发生的超额用料或代用材料的用料,则应填制专设的超额领料单或代用材料领料单等差异凭证领用。为了减少凭证的种类,这些差异凭证也可用普通领料单代替,但应以不同的颜色或加盖专用的戳记加以区别。差异凭证的签发,必须经过一定的审批手续。在每批生产任务完成以后,应该根据车间余料填写退料单,办理退料手续,退料单也应视同差异凭证。退料单中所列的原材料数额和限额领料单中的原材料余额,都是原材料脱离定额的节约差异。

应当注意的是,限额法是控制领料、促进节约用料的重要手段,但是它不能完全控制用料,这是因为差异凭证中的差异仅仅是领料差异,而不一定是用料差异。只有本期产品投产数量等于规定的产品数量,而且车间没有余料或期初、期末余料相等的情况下,领料差异才是用料差异。

【例 5-5】 某月,企业某限额领料单中规定的产品数量为 2 000 件,每件产品的原材料消耗定额为 5 千克,领料限额为 10 000 千克;本月实际领料 9 600 千克,限额领料单中材料结余 400 千克。现假设有以下三种情况:

情况一:本期投产产品数量符合限额领料单中规定的产品数量,即 2 000 件,且车间期初、期末均无余料,则上述少领 400 千克的领料差异就是用料脱离定额的节约差异。

情况二:本期投产产品数量仍为 2 000 件,但车间期初余料为 200 千克,期末余料为 240 千克,则:

$$原材料定额消耗量 = 2\ 000 \times 5 = 10\ 000(千克)$$

$$原材料实际消耗量 = 9\ 600 + 200 - 240 = 9\ 560(千克)$$

$$原材料脱离定额差异 = 9\ 560 - 10\ 000 = -440(千克)(节约)$$

情况三:本期投产产品数量为 1 800 件,车间期初余料 200 千克,期末余料 240 千克。则:

$$原材料定额消耗量 = 1\ 800 \times 5 = 9\ 000(千克)$$

$$原材料实际消耗量 = 9\ 600 + 200 - 240 = 9\ 560(千克)$$

$$原材料脱离定额差异 = 9\ 560 - 9\ 000 = +560(千克)(超支)$$

2) 切割核算法

在企业中有些材料不能直接使用,需要经过切割才能进一步加工,这些材料应该采用材料切割核算单来核算材料定额消耗量和脱离定额的差异。材料切割核算单中填明各项定额数。切割完毕,按照定额规定项目填写实际数,实际数与计划数相比较即可计算出脱离定额的差异。采用材料切割核算单进行材料切割的核算可以及时反映材料的耗用情况和发生差异的具体原因,加强对材料耗用的监督。材料切割核算单的格式如表 5-14 所示。

表 5-14

材料切割核算单

材料编号或名称：Q106　　　材料计量单位：千克　　　材料计划单价：10 元
产品名称：A　　　　　　　零件编号或名称：A-01　　图纸号：302
切割工人姓名：刘起　　　　　　　　　　　　　　　　机床编号：145
发交切割日期：20××年3月6日　　　　　　　　　　完工日期：20××年3月8日

发料数量		退回余料数量		材料实际消耗量		实际废料回收数量	
310		10		300		8.6	
单件消耗定额		单件回收废料定额		应割成的毛坯数量		实际割成的毛坯数量	材料定额消耗量	废料定额回收量
15		0.2		20		18	270	3.6
材料脱离定额差异			废料脱离定额差异			差异原因	过失人
数量	金额	数量	单价	金额		技术不熟练，多留了边料	刘起
30	300	−5	5	−25			

【例 5-6】 根据表 5-14 所示的材料切割核算单，计算材料脱离定额差异。

a. 材料脱离定额的差异。材料实际消耗大于定额消耗量，超支消耗为：

$$(300-270)\times 10 = 300(元)(超支)$$

b. 废料脱离定额的差异。实际收回数量 8.6 千克，大于废料定额回收量 3.6 千克，材料节约为：

$$(8.6-3.6)\times 5 = 25(元)(节约)$$

c. 本批切割材料脱离定额总差异。材料实际消耗大于定额消耗，超支 300 元，废料多收回 5 千克，节约 25 元，两者相综合，材料脱离定额总差异为：

$$300-25 = 275(元)(超支)$$

值得注意的是，回收的废料价值可以冲减材料费用，因此，它的脱离定额差异与材料脱离定额差异采用相反的符号表示，即超支回收时用负数表示，节约回收时用正数表示。

3）盘存法

还有些企业由于投料方法特殊，如液体材料、气体材料等，不能按照上述方法核算原材料脱离定额的差异，还可以采用盘存法来核算差异。其具体方法是：首先根据产量凭证如产成品入库单和在产品盘存资料计算完工产品数量和在产品数量，再减去期初在产品数量即为本期投产数量，投产数量再乘以原材料消耗定额，算出原材料定额消耗量;其次再根据本月领料单和退料单等材料凭证以及车间余料的盘存资料,计算原材料的实际消耗量;最后用原材料的实际消耗量与定额消耗量相比较来确定原材料脱离定额的差异。采用盘存法核算差异,要求车间盘存时间应定时,而且盘存的间隔时间越短越好,以便随时掌握实际消耗材料脱离定额的差异情况。

【例5-7】 续[例5-4],某公司大量生产甲产品,本期完工500件,月末在产品50件。甲产品所使用原材料的限额领料单中载明,本期已实际领用材料50 500千克。车间期初余料为200千克,期末余料为80千克。则材料脱离定额差异为:

本期甲产品投产数量 = 500 + 50 - 20 = 530(件)

原材料定额消耗量 = 530 × 95 = 50 350(千克)

原材料实际消耗量 = 50 500 + 200 - 80 = 50 620(千克)

原材料脱离定额差异 = (50 620 - 50 350) × 10 = 2 700(元)(超支)

无论采用哪种方法核算原材料脱离定额的差异,都应定期或分批地将这些核算资料按照成本计算对象汇总,编制原材料定额费用与脱离定额差异汇总表,并根据此表来分析脱离定额的原因,作为成本分析的一项重要资料,其格式如表5-15所示。

表5-15

原材料定额费用和脱离定额差异汇总表

产品名称:A　　　　　　　　　20××年9月　　　　　　　　金额单位:元

材料名称	计量单位	计划价格	定额费用		实际费用		脱离定额差异		差异原因分析
			数量	金额	数量	金额	数量	金额	
甲	千克	20	100	2 000	110	2 200	+10	+200	
乙	千克	30	150	4 500	140	4 200	-10	-300	
合　计				6 500		6 400		-100	

2. 直接人工脱离定额差异的核算

直接人工脱离定额差异的核算,因采用工资形式不同而有所区别。

在计件工资形式下,直接人工脱离定额的核算与原材料脱离定额差异的核算相似。符合定额的直接人工应该反映在产量记录中,脱离定额的差异应反映在专设的补付单等差异凭证中。直接人工的差异凭证应填明发生差异的原因,并经过一定的审批手续。

在计时工资下,直接人工不能像原材料那样在平时直接计算脱离定额的差异。只有在月末当本月发生的直接人工分配之后,才能确定其脱离定额的差异。其计算公式如下:

第五章 产品成本计算的辅助方法

$$\text{计划小时人工率} = \frac{\text{某车间计划产量的定额直接人工总额}}{\text{该车间计划产量的定额生产总工时}}$$

$$\text{实际小时人工率} = \frac{\text{某车间实际直接人工总额}}{\text{该车间实际生产工时总额}}$$

某产品定额直接人工 = 该产品实际产量的定额生产工时 × 计划小时人工率

某产品实际直接人工 = 该产品实际生产工时 × 实际小时人工率

某产品直接人工脱离定额的差异 = 该产品实际直接人工 − 该产品定额直接人工

【例 5-8】 续[例 5-4]和[例 5-7],某公司大量生产甲产品。5月份的生产情况如下:计划产量的定额直接人工为 80 000 元,计划产量的定额生产工时为 4 000 小时。实际发生直接人工 95 000 元,实际生产工时为 5 000 小时。甲产品工时定额为 10 小时。假设甲产品月初、月末在产品完工率均为 50%。则该产品的直接人工脱离定额差异为:

计划小时人工率 = 80 000 ÷ 4 000 = 20(元/小时)

实际小时人工率 = 95 000 ÷ 5 000 = 19(元/小时)

本期甲产品投产数量 = 500 + 50 × 50% − 20 × 50% = 515(件)

实际产量的定额工时 = 10 × 515 = 5 150(元)

实际产量的定额直接人工 = 20 × 5 150 = 103 000(元)

实际直接人工 = 95 000(元)

直接人工脱离定额差异 = 95 000 − 103 000 = −8 000(元)(节约)

以上计算公式反映出要降低产品成本中的直接人工必须紧紧把握两个环节:第一,生产车间要严格控制工资总额,使实际发生的工资总额控制在工资计划以内,在总工时不变的情况下,工资总额越低,小时人工率就越低;第二,生产车间要充分利用生产工时,提高劳动生产率,尽量减少窝工和停工待料,在小时人工率不变的情况下,使用工时越少,直接人工越低。在日常核算中,必须注意控制以上两项指标,及时分析直接人工发生差异的原因。计算出直接人工脱离定额的差异后,再按照成本计算对象汇编定额工资和脱离定额差异汇总表,汇总表格式与原材料差异汇总表相同,在此不再举例。

3. 制造费用脱离定额差异的核算

制造费用属于间接费用,在日常核算中不能按照产品直接核算制造费用脱离定额的差异,只能按照本期的制造费用计划,分项目控制和监督费用的发生。在制造费用中的各项材料费用,可以采用材料领用卡进行控制;车间管理人员的工资主要控制定员和工资总额,监督它不得突破计划指标;其他各项费用可采用费用限额卡进行控制。制造费用脱离定额的差异的计算方法与直接人工费差异的计算方法相同。

【例 5-9】 续[例 5-4][例 5-7]和[例 5-8],某公司除生产甲产品外,同时生产其他产品,制造费用按照生产工时比例在各产品之间分配。5月,该公司制造费用计划制造费用总额为 200 000 元,计划产量的定额生产工时为 40 000 小时。实际发生制造费用 192 500 元,实际生产工时总额为 35 000 小时。则,该产品本月制造费用脱离定额差异为:

$$计划每小时制造费用 = 200\,000 \div 40\,000 = 5(元/小时)$$

$$实际每小时制造费用 = 192\,500 \div 35\,000 = 5.5(元/小时)$$

$$甲产品实际产量的定额制造费用 = 5\,150 \times 5 = 25\,750(元)$$

$$甲产品的实际制造费用 = 5\,000 \times 5.5 = 27\,500(元)$$

$$甲产品制造费用脱离定额的差异 = 27\,500 - 25\,750 = 1\,750(元)(超支)$$

由此可见,要想控制产品的制造费用不超过定额,不仅需要控制其总额不超过计划,而且还需要与控制生产工人计时工资一样,使生产工时总额不低于计划,使单位产品的工时不超过定额。

(四) 核算材料成本差异

在采用定额法计算产品成本的企业中,为了便于对产品成本进行考核和分析,材料的日常核算都是按照计划成本进行的。因此,原材料定额费用和原材料脱离定额的差异,都是按照原材料的计划单位成本计算的。原材料定额费用是定额消耗量与计划单位成本的乘积;原材料脱离定额的差异消耗量差异与计划单位成本的乘积。也就是说,前述的原材料脱离定额的差异是按计划单位成本反映的数量差异,即量差。因此,企业在月末计算原材料实际费用时,还必须考虑所耗原材料应负担的价格差异(即价差,也称材料成本差异)。分配材料成本差异的计算公式如下:

$$某产品应分配的材料成本差异 = (该产品材料定额费用 \pm 原材料脱离定额差异) \times 材料成本差异率$$

【例 5-10】 续[例 5-4]和[例 5-7],20××年 5 月,甲产品所耗原材料的脱离定额差异为 2 700 元超支差异。假设材料成本差异率为 −1%(节约)。则甲产品应分配的材料成本差异如下:

$$原材料定额费用 = 50\,350 \times 10 = 503\,500(元)$$

$$应分配的材料成本差异 = (503\,500 + 2\,700) \times (-1\%) = -5\,062(元)(节约)$$

综上所述,在定额法下,产品的实际成本由四项因素构成:按现行定额计算的产品定额成本、脱离现行定额的差异、月初在产品定额变动差异和材料成本差异。其计算公式如下：

$$\text{产品实际成本} = \text{按现行定额计算的产品定额成本} \pm \text{月初在产品定额变动差异} \pm \text{脱离现行定额差异} \pm \text{材料成本差异}$$

在定额法下，产品实际成本的计算也应编制产品成本计算单。在计算单中，要分成本项目，分别核算定额费用及各项差异费用，最后计算出产品的实际成本。

（五）各项差异在完工产品与在产品之间的分配

根据以上程序得到的定额成本资料以及定额变动差异、脱离定额差异、材料成本差异等内容要在基本生产成本明细账中分别列示，并加上月初在产品成本相关资料，汇总计算本月合计的实际生产费用（包括定额成本、定额变动差异、脱离定额差异和材料成本差异）。为了适应定额法的要求，所采用的基本生产成本明细账以及各种费用分配表或汇总表，都应按照定额消耗量、定额费用和各种差异分设专栏或专行。月末，企业应采用适当的方法，将该累计生产费用在完工产品与月末在产品之间进行分配。

定额变动差异一般采用定额比例法在完工产品和月末在产品之间进行分配。如果定额变动差异不大，或者月初在产品在本月全部完工，也可以将定额变动差异全部由完工产品负担，月末在产品不负担。

由于采用定额法计算产品成本的企业，都有现成的定额成本资料，所以脱离定额差异在完工产品和月末在产品之间的分配，多采用定额比例法进行。完工产品的定额成本等于完工产品数量乘以单位产品成本定额，而月末在产品的定额成本可以倒轧，也可以按照相关生产资料计算出来。如果各月在产品数量比较稳定，也可将全部差异计入完工产品成本，月末在产品不负担差异。

材料成本差异一般全部由各该产品的完工产品成本负担，月末在产品不再负担材料成本差异。

根据分配结果填列基本生产成本明细账，定额成本加上各项差异即可计算出完工产品的实际成本。

三、定额法举例

【例 5-11】 沿用[例 5-4]、[例 5-7]至[例 5-10]的资料；某公司大量大批、单步骤生产甲产品，该产品各项消耗定额比较准确、稳定，为了加强定额管理和成本控制，采用定额法计算产品成本。通常，该产品月初在产品在当月能够完工，因此企业规定将定额变动差异全部由完工产品负担，月末在产品不负担；各项费用脱离定额差异按定额成本比例，在完工产品与月末在产品之间进行分配；材料成本差异直接由完工产品负担。根据有关资料，计算 5 月甲产品成本。甲产品月初在产品成本资料、甲产品成本计算单如表 5-16 和表 5-17 所示。

表 5-16

月初在产品成本资料

单位:元

项　目	直接材料	直接人工	制造费用	合计
月初在产品定额成本	20 000	2 000	500	22 500
脱离定额差异	+435	+650	-175	+910

表 5-17

产品成本计算单

产品:甲产品　　　　　　　　20××年5月　　　　　　　产量:500件
　　　　　　　　　　　　　　　　　　　　　　　　　　　单位:元

项　目		直接材料	直接人工	制造费用	合计
月初在产品成本	定额成本　①	20 000	2 000	500	22 500
	脱离定额差异　②	+435	+650	-175	+910
	定额变动调整　③	-1 000			-1 000
	定额变动差异　④	+1 000			+1 000
本月发生的生产费用	定额成本　⑤	503 500	103 000	25 750	632 250
	脱离定额差异　⑥	+2 700	-8 000	+1 750	-3 550
	材料成本差异　⑦	-5 062			-5 062
合　计	定额成本　⑧=①+③+⑤	522 500	105 000	26 250	653 750
	脱离定额差异　⑨=②+⑥	+3 135	-7 350	+1 575	-2 640
	材料成本差异　⑩=⑦	-5 062			-5 062
	定额变动差异　⑪=④	+1 000			+1 000
脱离定额差异分配率	⑫=⑨÷⑧	+0.6%	-7%	+6%	0.4%
完工产品成本	定额成本　⑬	475 000	100 000	25 000	600 000
	脱离定额差异　⑭=⑬×⑫	+2 850	-7 000	+1 500	-2 650
	材料成本差异　⑮=⑩	-5 062			-5 062
	定额变动差异　⑯=⑪	+1 000			+1 000
	实际成本　⑰=⑬+⑭+⑮+⑯	473 788	93 000	26 500	593 288
	实际单位成本　⑱=⑰÷500	947.576	186	53	1 186.576
月末在产品成本	定额成本　⑲=⑧-⑬	47 500	5 000	1 250	53 750
	脱离定额差异　⑳=⑨-⑭	+285	-350	+75	+10

表 5-17 中数据计算如下:

(1) 表中①和②见表 5-16。

(2) 表中③和④见[例 5-4]。其中,定额变动差异为超支差异 1 000 元,这是月初在产品定额修订降低的结果。

（3）表中⑤是根据本月份甲产品的实际生产数量与有关定额资料计算的,其中,503 500＝530×95×10,103 000＝515×10×20,25 750＝515×10×5。

（4）表中⑥是根据前面相关例题直接填列的。其中,＋2 700 见［例 5-7］,－8 000 见［例 5-8］,＋1 750 见［例 5-9］。

（5）表中⑦见［例 5-10］。

（6）表中⑫是为了在完工产品和在产品之间分配脱离定额差异而计算的。

（7）表中⑬是根据本月完工产品数量与有关定额资料计算的,其中,475 000＝500×95×10,100 000＝500×10×20,25 000＝500×10×5。

（8）表中⑲除了倒挤,也可以用月末在产品数量（或约当产量）与有关定额资料相乘来计算。其中,47 500＝50×95×10,5 000＝25×10×20,1 250＝25×10×5。

（9）表中⑳除了倒挤,也可以用⑲与⑫相乘来计算。其中,＋285＝47 500×（＋0.6％）,－350＝5 000×（－7％）,＋75＝1 250×（＋6％）。

从表 5-17 中可以看出:完工产品定额成本 600 000 元,实际成本 593 288 元,节约 6 712 元,共包含三种差异:一是脱离定额节约差异 2 650 元,具体又包含直接材料超支差异 2 850 元,直接人工节约差异 7 000 元和制造费用超支差异 1 500 元。对于超支差异,企业应查明原因,积极寻找成本降低的解决途径。如直接材料的超支差异反映的是材料消耗量方面的超支,原因可能是工人操作失误造成了浪费,结果应由车间负责。二是材料成本节约差异 5 062 元,该差异反映了材料成本在价格方面的节约,是采购部门努力工作的业绩。三是定额变动超支差异 1 000 元,反映的是月初在产品定额成本修订后比修订前的成本降低额。值得注意的是,这个差异虽然是超支,但是与其他差异不同的是,定额变动超支差异不是车间工作的不足,而是车间工作的业绩。但这不是车间本月份的工作业绩,而是车间上个月份的工作业绩,即车间上个期间改进生产技术、节约使用原材料的结果。三种差异共同影响,使本月完工产品实际成本节约了 6 712 元。

四、定额法的优点、缺点及应用条件

（一）优点

定额法是将产品的成本计划、成本核算和成本分析有机地结合在一起的一种成本核算方法,它有以下优点:

（1）由于一些主要费用能够在发生费用的当时就能反映出符合定额的费用和脱离定额的费用,因此便于进行成本控制,这对于降低产品成本,提高企业的经济效益,有积极的促进作用。

（2）由于在成本计算中,定额成本和各种差异分别核算,因此,便于进行成本分析,有利于进一步挖掘降低成本的潜力。

(3) 通过对脱离定额差异和定额变动差异的核算,还有利于提高成本的计划工作和定额管理工作的水平。

(4) 由于有现成的定额成本资料,在月末分配完工产品和在产品费用比较简便。

(二) 缺点

定额法的主要缺点是工作烦琐,工作量大。

(三) 应用条件

采用定额法核算成本,要求工业企业必须具备下列条件:①定额管理制度比较健全,定额管理工作的基础较好。②企业产品的生产已经定型,消耗定额比较准确、稳定。值得一提的是,定额法与生产类型并无直接的联系,无论哪一种类型的企业只要具备上述条件,都可采用定额法计算产品成本。

第三节 各种产品成本计算方法的实际应用

前面,我们根据各种生产类型的特点和管理的要求,分别讲述了三种基本的成本计算方法(品种法、分批法和分步法)和两种辅助的成本计算方法(分类法和定额法)。但在实际工作中,情况非常复杂,企业在进行成本计算时不可能单独采用一种成本计算方法来进行成本计算。例如,一个企业可能有若干生产车间,一个车间也可能生产若干种产品,这些车间或产品的生产类型和管理要求并不一定相同,因而在一个企业或车间中,就有可能同时采用几种不同的产品成本计算方法。即使一种产品,在该产品的各个生产步骤、各种半成品和各个成本项目之间,他们的生产类型和管理要求也不一定相同,因而在一种产品的成本计算中,也有可能将几种成本计算方法结合起来应用。

一、几种成本计算方法同时应用

(一) 一个企业的各个车间同时采用几种成本计算方法

在一个工业企业中,同时应用几种成本计算方法的情况比较普遍。工业企业一般都有基本生产车间和辅助生产车间。基本生产车间和辅助生产车间的生产类型和管理要求往往不同,比如,基本生产车间的产品主要是对外销售,因此成本核算要求准确;辅助生产车间生产的产品或提供的劳务主要是对内服务,因此成本核算要求相对低一些。这样,基本生产车间和辅助生产车间可以采用不同的成本计算方法。例如,某机器制造厂生产某种设备,属于大量大批多步骤生产,可采用分步法计算产品成本,而本企业的辅助生产车间机修车间,虽然某些产品也属于多步骤生产,但为了简化核算则可采用品种法计算产品成本。

(二) 一个企业或一个车间的各种产品同时采用几种成本计算方法

有的企业或生产车间,由于生产的产品具有不同的生产类型,因而采用不同的成本计算方法计算成本。例如,木机器厂所生产的各种木器,有的已经定型,属于大量大批生产,可以采用品种法或分步法计算成本;有的则需要根据购买者的订单小批量组织生产,或者正在试制阶段需要按条件小批量生产,可以采用分批法计算产品成本。

二、几种成本计算方法结合应用

(一) 一种产品结合应用几种成本计算方法

一种产品,由于生产特点和管理要求的不同,可以采用不同的成本计算方法。例如,某机械厂从产成品来看,属于小批单件生产,可采用分批法计算产品成本,但是该产品所经过的生产步骤不同,各步骤生产特点和管理要求不同,各步骤可采用不同的成本计算方法。铸工车间可采用品种法计算铸件成本;加工和装配车间可采用分批法计算各批产品成本;在铸工和加工、装配车间之间,则可以采用逐步结转分步法计算产品成本。从以上可以看出,同一产品可把品种法、分批法、分步法三种方法结合起来使用。

另外,一种产品不同的零部件也可采用不同的成本计算方法。在一种产品中,有些零部件不对外销售,只供本厂使用,那么这几种零部件就可以不单独计算成本;还有些零部件可以对外销售,这种零部件则需要单独计算产品成本。

在一种产品的各个成本项目之间,也可采用不同的成本计算方法。各成本项目之间所占比重差距较大,占比重较大的成本项目可详细计算,而占比重较小的成本项目则可简单计算。例如,钢铁厂各种产品的原材料成本占总成本的比重较大,应采用分步法计算,按照产品的品种和生产步骤开立成本计算单计算成本;而直接人工费和制造费用则可采用分类法,按照产品类别开立成本计算单归集费用,然后按照一定的系数分配计算类内各种产品的成本。又如,机械厂各种产品的原材料费用占总成本的比重较大,而且定额资料比较准确稳定,则可以采用定额法计算产品成本;至于直接人工费和制造费用则可采用其他方法计算。

(二) 成本计算的辅助方法与基本方法结合应用

分类法和定额法是为了简化成本计算工作和加强定额管理而采用的两种辅助方法,它们与生产类型的特点没有直接联系,在各种类型的生产中都可应用,但必须与基本的成本计算方法(如品种法、分批法、分步法)结合起来应用。例如,食品厂所生产的各种饼干属于大量大批单步骤生产,可以采用品种法和分类法相结合的计算方法,即先采用品种法计算饼干这一类产品的成本,然后再采用分类法分配计算类内各种饼干的成本。又如,在大批量、多步骤生产的企业中,若消耗定额比较准确、稳定,定额管理基础较好,企业就可以在采用分步法的基础上,结合定额法来计算产品成本。

总而言之,在工业企业中,生产类型是复杂多变的,计算产品成本的方法也应当根据不同的生产类型,并结合不同的管理要求,采用适当的成本计算方法,合理准确地计算出各种产品的成本。学生在学习时应该扎扎实实地学好前面几种典型的成本计算方法的基本原理,在具体应用时不要生搬硬套,而应当根据企业的生产特点和管理要求,并考虑企业的规模和管理水平等条件,从实际出发选择合适的成本计算方法来计算产品成本,以使成本资料更加准确、及时和符合实际。

在实际工作中,企业为了便于对产品成本进行分析和考核,成本计算的方法应该与成本计划的方法口径一致。为了进行各期成本资料的对比分析,企业采用的成本计算方法还应当保持相对稳定。另外,各种成本计算方法要在实践中不断地改进和发展,使成本计算更加反映实际,贴近实际。

本 章 小 结

本章讲述了产品成本计算的两种辅助方法:分类法和定额法。

产品成本计算的分类法,是以产品的类别作为成本计算对象,归集各类产品的生产费用,计算各类完工产品的总成本,然后再以类内不同品种的产品作为成本分配对象,计算各类内不同品种的完工产品成本的一种成本计算方法。为了简化分配工作,通常采用系数法进行类内产品的分配。与分类法相联系的有联产品、副产品和等级产品。

产品成本计算的定额法,是以产品定额成本为基础,加上(或减去)脱离定额的差异,材料成本差异和定额变动差异,来计算产品实际成本的方法。定额法主要适用于定额管理制度比较健全,定额管理工作基础比较好,产品的生产已经定型,消耗定额比较准确、稳定的企业。定额成本是以现行消耗定额为根据计算的产品成本,它随着生产技术的进步、劳动生产率的提高及物价的变动随时进行修订,经常发生变动。脱离定额差异是指生产过程中,各项生产费用的实际支出脱离现行定额或预算的数额,反映了企业各项生产费用支出的合理程度和执行现行定额的工作质量。在定额法下,材料的日常核算都是按计划成本法计价的,所以,月末计算产品实际成本时,需要调整材料成本差异。定额变动差异是修订消耗定额或生产耗费的计划价格而产生的新旧定额之间的差额。

知识链接

标准成本法

标准成本制度是以预先制定的标准成本为基础,将实际发生的成本与标准成本进行比较,计算和分析成本差异的一种成本计算制度。它是将成本的前馈控制、

第五章 产品成本计算的辅助方法

反馈控制及核算功能有机地结合而形成的一种成本控制系统。企业应按直接材料、直接人工、变动制造费用和固定制造费用等成本项目分别制定标准成本,计算和分析各自的数量差异和价格差异,并进行相应的账务处理。

定额法是我国企业实行的一种成本计算制度,其基本原理类似于标准成本制度,但又与标准成本制度存在一些不同。

标准成本制度产生于20世纪20年代的美国。20世纪初,伴随着企业规模的不断扩大,西方国家的企业开始采用大批量生产方式下的流水作业,组织成批生产,这对成本会计提出了新的要求,对产品的成本控制远比单纯的成本计算和确定实际成本更为重要。

标准成本制度就是在泰勒生产过程标准化思想的影响下,基于成本控制目的而形成的一种制度,是泰勒科学管理思想在成本会计中的具体体现。最初的标准成本制度只以比较简单的统计分析为主,通过对生产工人动作行为和时间标准的研究分析来确定标准工时,从而达到提高劳动生产率的目的。但之后的发展大大地超出了统计分析的范围,逐渐发展成为成本控制的一种手段,而且成本控制的对象也由最初的人工成本扩大到材料和制造费用的成本管理中。至今,标准成本制度已经发展成为融成本的前馈控制、反馈控制及核算功能为一体的成本系统。

标准成本制度的核心是按标准成本与脱离标准成本的差异记录和反映产品成本的形成过程和结果,并借以实现对成本的控制。其主要特点包括以下三个方面:

(1) 预先制定各种产品应该达到的各项成本费用的标准成本。

(2) 按标准成本进行产品成本核算。"生产成本""产成品""自制半成品"账户的借、贷方,均按标准成本入账。

(3) 计算各成本项目与标准成本的各种成本差异,设立各种成本差异科目进行归集,并借以对产品成本进行控制和考核。

标准成本制度并不单纯是一种成本计算方法,而是一种将成本计算和成本控制相结合的,由一个包括制定标准成本、计算和分析成本差异、处理成本差异三个环节所组成的完整管理控制系统。

资料来源:王志红. 成本会计学[M]. 2版. 北京:清华大学出版社,2017.

复习思考题

1. 什么是分类法?其特点和计算程序是什么?
2. 分类法的优缺点和适用条件是什么?
3. 什么是联产品?如何核算联产品的成本?

4. 什么是副产品？如何核算副产品的成本？
5. 什么是等级产品？如何核算等级产品的成本？
6. 什么是产品成本核算的定额法？其主要特点和适用范围是什么？
7. 定额成本和计划成本有什么区别？
8. 定额法的成本核算程序是什么？
9. 什么是定额变动差异？如何核算定额变动差异？
10. 什么是脱离定额差异？如何核算脱离定额差异？

练 习 题

一、单选题

1. 分类法适用于（　　）。
    A. 品种规格繁多，且可以按照适当的标准划分类别
    B. 小批单件生产
    C. 所有的企业
    D. 无法用基本成本计算方法计算成本的企业

2. 采用分类法计算产品成本的目的是（　　）。
    A. 适应企业生产工艺特点
    B. 适应企业生产组织特点
    C. 简化成本核算工作
    D. 满足企业成本管理的需求

3. 下列关于分类法中系数确定的说法中，正确的是（　　）。
    A. 可以选择任何产品作为标准产品　　B. 系数不能改变
    C. 系数必须小于1　　D. 是一种简化的分类法

4. 下列关于联产品的说法中，正确的是（　　）。
    A. 联产品必须可以直接出售
    B. 各联产品必须地位相同，都很重要
    C. 联产品在联产过程中可以分离
    D. 联合成本就是联产品的总成本

5. 下列说法中，正确的是（　　）。
    A. 副产品与联产品不在同一生产过程
    B. 联产品和副产品成本计算方法相同
    C. 等级产品可以降价出售，成本不用单独计算
    D. 分类法必须与成本计算的基本方法结合使用

6. 材料脱离定额差异是（　　）。

第五章 产品成本计算的辅助方法

　　A. 材料价格差异　　　　　　　　B. 材料数量差异
　　C. 定额变动差异　　　　　　　　D. 以上都不对
7. 定额法适用于(　　)的企业。
　　A. 产品已经定型、定额管理基础较好
　　B. 产品刚开始生产、需要制定各项耗费定额
　　C. 产品成本计算期与生产周期一致
　　D. 期末在产品成本较小、数量变化不大
8. 下列方法中,不属于材料脱离定额差异核算方法的是(　　)。
　　A. 系数法　　　B. 盘存法　　　C. 切割核算法　　　D. 限额法
9. 下列关于定额法的说法中,正确的是(　　)。
　　A. 定额成本与计划成本是一回事
　　B. 定额成本可以修订,计划成本不可以修订
　　C. 定额法是一种独立的成本计算方法
　　D. 定额法是一种成本控制方法
10. 下列说法中,错误的是(　　)。
　　A. 企业可以自行选择成本计算方法
　　B. 成本计算方法不可以单独使用
　　C. 成本计算方法要定期评估可行性与适用性
　　D. 企业可以同时应用几种成本计算方法

二、判断题

1. 定额法简化了成本核算工作。　　　　　　　　　　　　　　　　　(　　)
2. 分类法类别的划分影响成本计算的准确性。　　　　　　　　　　　(　　)
3. 定额法下定额变动差异与实际成本无关。　　　　　　　　　　　　(　　)
4. 直接人工脱离定额的差异指的是量差。　　　　　　　　　　　　　(　　)
5. 定额法下,定额成本的制定是以理想情况下企业应达到的水平为基础的。(　　)
6. 定额法与分类法不同,定额法更突出成本的管理职能。　　　　　　(　　)
7. 分类法不涉及成本在完工产品与在产品之间的分配问题。　　　　　(　　)
8. 采用系数法时,在产品先要计算标准产量,然后再计算约当产量。　(　　)
9. 定额变动差异的超支差异,表示实际成本大于定额成本。　　　　　(　　)
10. 脱离定额差异需要由完工产品承担。　　　　　　　　　　　　　　(　　)

三、计算题

1. 某企业产品品种较多,其中 A、B、C 三种产品所用材料和生产工艺过程相近,为简化核算,把该三种产品划为一类,采用分类法计算成本。该类产品 5 月份的产品成本明细账如表 5-18 所示。

表 5-18

产品成本计算单

产品类别：甲类　　　　　　　　　　　　　　　　　　　　　　　　　　　　单位：元

项　目	直接材料	直接人工	制造费用	合计
月初在产品成本	22 200	6 750	9 810	38 760
本月发生的生产费用	54 600	11 250	26 955	92 805
合　计	76 800	18 000	36 765	131 565
完工产品成本	58 425	13 185	29 007	100 617
月末在产品成本	18 375	4 815	7 758	30 948

该类产品的类内分配标准为：原材料项目按材料定额消耗量系数分配，其他各项费用按工时定额系数分配。三种产品的材料消耗定额、工时定额及产量资料如表5-19所示。

表 5-19

材料消耗定额、工时定额及产量资料

类别	产品名称	产量（件）	材料消耗定额（千克）	工时定额（小时）
甲	A	1 875	18	14
	B	6 300	22.5	11.2
	C	3 750	27	7

甲类产品以 A 产品作为标准产品。

要求：计算原材料消耗定额系数、工时定额系数，采用系数法计算类内三种产品的成本，并编制产品成本计算表。

2. 某企业采用定额法计算 A 产品成本，并规定：定额变动差异和材料成本差异由完工产品负担，脱离定额差异按定额比例在完工产品与月末在产品之间进行分配。假设原材料的投料进度与工时加工程度一致，月末在产品完工程度为 50%。该企业 20××年 8 月份有关资料如下：

(1) 单位产品定额成本：原材料 250 元，直接人工 50 元，制造费用 200 元。

(2) 月初在产品成本及本月生产费用如表 5-20 所示。

表 5-20

月初在产品成本及本月生产费用

单位：元

项目		直接材料	直接人工	制造费用	合计
月初在产品成本	定额成本	20 000	4 000	16 000	40 000
	脱离定额差异	−1 500	+200	−1 000	−2 300
本月生产费用	定额成本	105 600	24 200	88 880	218 680
	脱离定额差异	−8 000	+1 200	−6 000	−12 800

（3）该月 A 产品所耗材料的成本差异率为−2%。

（4）从本月 1 日起，A 产品实行新的定额成本。单位产品定额成本：原材料 240 元，直接人工 55 元，制造费用 202 元。

（5）A 产品月初在产品 160 件，本月投入 440 件，本月份完工 500 件，月末在产品 100 件。

要求：

（1）计算月初在产品定额变动差异。

（2）计算本月 A 产品完工产品定额成本和实际成本。

（3）计算月末在产品定额成本。

第六章 其他行业的成本核算

学习目的与要求　本章主要介绍制造业之外的其他行业的成本核算方法。通过本章学习,学生应了解不同行业的主要业务、成本的特点及构成;掌握商品流通企业、建筑施工企业、农业企业、交通运输企业生产经营特点、成本核算内容和成本核算程序;分析这些行业的成本核算与制造业相比,成本计算对象的确定、成本计算期的选择、成本项目及会计账户的设置等方面表现出各自的特点。

难　点　1. 不同行业成本核算的共性是什么?
2. 不同行业成本核算的区别是什么?

第一节　商品流通企业的成本核算

一、商品流通企业概述

商品流通企业包括设在中华人民共和国境内的所有从事商品流通的独立核算的企业,具体包括商业、粮食、物资供销、供销合作社、对外贸易、医药商业、石油商业、烟草商业、图书发行等企业。这些企业的主要业务是组织商品流通,即将生产者生产的商品、产品从生产领域转移到消费领域,最终实现商品的价值。它们主要通过低价购进商品、高价出售商品的方式实现商品进销差价,以进销差价弥补企业的各项费用及支出,并获得利润。这些企业的资金运动形态是以货币资金购买商品,再把商品卖出去,换回货币资金,从而它的资金形态表现为由货币资金到商品资金再到货币资金。商品流通企业按在其社会再生产过程中的作用不同分为批发企业和零售企业两类。批发企业主要以从事批发业为主,使商品从生产领域进入流通领域,在流通领域中继续流转或进入生产性消费领域。零售企业主要是从事零售业务,使商品从生产领域或流通领域进入非生产性消费领域。此外,有的商品流通企业既从事批发业务又从事零售业务,称为批零兼营企业。

二、商品流通企业的成本费用

商品流通企业的成本费用是指商业企业在经营活动中发生的与经营活动有关的支出。它主要包括商品成本、其他业务成本和商品流通费用。

（一）商品成本

商品成本进一步划分为商品采购成本、商品存货成本、商品加工成本和商品销售成本等。

1. 商品采购成本

商品采购成本是指企业因采购商品而发生的各项费用支出。它包括购买价款、相关税费、运输费、装卸费、保险费及其他可归属于存货采购成本的费用。商品采购成本的确定方法，由于采购的来源不同而有所区别。

（1）国内购进的商品，其采购成本包括进货原价和购进商品所发生的各项进货费用。

（2）进口的商品，其采购成本是指进口商品在到达企业以前发生的各项费用支出，包括商品进价、进口税金以及代理进口费用等。其中，进价是指进口商品按对外承付货款日国家外汇牌价结算的到岸价。进口税金是指商品报关时应缴纳的各种税金，包括进口关税、消费税以及按规定可计入商品成本的增值税等。代理进口费是指企业委托其他单位代理进口而支付给委托单位的费用。另外，企业购进商品发生的购货折扣、购货退回及购进商品经确认的索赔收入，应冲减商品进价；发生的能直接认定的进口佣金也应直接冲减商品进价，不易按商品认定的进口佣金也可冲减管理费用。

（3）企业收购的农副产品，其采购成本包括购进商品的原始进价及购入环节缴纳的各种税金。农副产品购入后而支付的整理挑选费用以期间费用核算，不应计入农副产品的成本。

2. 商品存货成本

商品存货成本一般按商品的采购成本为基础进行核算，并根据存货计价方法确定其成本额。商品流通企业在采购过程中发生的运输费、装卸费、保险费及其他可归属于存货采购成本的费用等进货费用，应当计入存货采购成本，也可以先进行归集，期末根据所购商品的存销情况进行分摊。对于已销商品的进货费用，计入当期损益；对于未售商品的进货费用，计入期末存货成本。企业采购商品的进货费用金额较小的，可以在发生时直接计入当期损益。

3. 商品加工成本

商品加工成本是指企业将原材料、半成品等进行加工并制成商品所发生的全部支出。委托加工商品成本包括：耗用的原材料或半成品成本、支付的加工费、运输费、装卸费、保险费、缴纳的加工税金，加工过程中取得的收入应抵扣加工商品的成本。自营加工商品成本,按制造过程中的各项实际净支出确定。

4. 商品销售成本

商品销售成本是指商品流通企业已销售商品的进价成本。企业为了销售商品而购进商品,商品销售后,该商品进价便形成商品销售成本,以便与商品收入相配比而计算出商品销售损益。

(二) 其他业务成本

其他业务成本是指企业除了商品销售以外的其他销售或提供其他劳务等所发生的各种费用。它包括直接材料、直接人工、其他直接费用、应缴纳的税金及附加等。

(三) 商品流通费

商品流通企业的费用是指企业在商品流通领域内为组织商品经营活动所必需的物化劳动和活劳动消耗的货币表现,即商品经营过程中发生的各项耗费。凡是与组织商品流通活动有密切关系的人力、物力和财力的正常消耗,均属于商品流通费的范围,包括销售费用、管理费用和财务费用等。

三、商品流通企业成本核算

由于商品流通过程中不同企业的经营方式及任务等各有不同,因而对商品成本的计算方法也不一样,主要有按进价计量和按售价计量两种方法。一般批发企业的商品按进价计量,零售企业的商品按售价计量。

(一) 批发企业成本核算

批发企业的业务活动主要是从生产企业购进商品,然后批量供应给零售企业或其他批发企业转卖,或供应生产单位消费。它是商品流通的起点,每笔商品交易额比较大,且异地交易占较大比重。因此,批发企业的商品购进是指企业为了转卖或加工后转卖,并通过货币结算而取得商品的交易行为。

按现行会计制度规定,企业购进的商品,不论是否进入本企业仓库,凡是货款通过本企业结算的,商品进价成本均要经过"商品采购"账户核算。当一笔商品购进业务完成,商品采购成本确认、计量完毕,商品验收入库后,其采购成本随即要转入"库存商品"账户。"库存商品"账户的借方登记入库商品进价成本,贷方反映发出商品的进价成本,期末余额则表示库存商品的实际进价成本。

为了全面反映批发企业库存商品的增加变化情况,财会部门除了设置"库存商品"总分类账户外,还要按商品种类设置数量金额式库存商品明细账,以提供库存商品的增加、减少及结存的详细资料,保护商品的安全完整。因此,这种方法也称为数量金额核算法。为了满足经营管理的需要,经营商品品种繁多的企业还可以在总账与明细账之间按商品大类设二级账,只记金额不记数量,以提供有关大类商品增减变化的资料。

批发企业的商品销售以后,为了正确计算各期经营收益,确定库存商品余额,必须计算和结转已销商品的进价成本。成本计算可以逐日进行,也可以定期进行,大多数企业一般在月末进行。平时只在库存商品明细账上记录各种商品销售数量,不记金额,月末计算已销商品进价成本时,企业可视其具体情况,采用先进先出法、加权平均法、移动加权平均法、个别计价法或毛利率法等。

确定商品销售成本或期末商品存货成本的先后次序不同,产生了不同的成本计算顺序。先确定商品销售成本,再确定期末商品存货成本,即为顺序成本法,其计算公式如下:

商品销售成本 = 商品销售数量 × 商品单位进价成本

期末商品存货成本 = 期初商品存货成本 + 本期增加的商品成本 − 本期非销售付出的商品成本 − 商品销售成本

先确定期末商品存货成本,再确定商品销售成本,即为倒算成本法,其计算公式如下:

期末商品存货成本 = 期末商品存货数量 × 商品单位进价成本

商品销售成本 = 起初商品存货成本 + 本期增加的商品成本 − 本期非销售付出的商品成本 − 期末商品存货成本

当某些批发企业经营的商品品种较多,按月份以个别计价法、加权平均法、移动平均法、先进先出法等分商品品种计算商品销售成本或月末试图通过实地盘点确定结存商品成本有困难时,可以采用毛利率法。其做法是:按上季度实际毛利率或本季度计划毛利率分商品类别匡算本季度各月商品销售成本和期末结存商品成本。但季末必须采用其他方法(如先进先出法、加权平均法等)进行调整,以保证季度商品销售成本和结存商品成本数据准确。

因为商品的销售收入减去销售成本等于销售毛利,所以根据商品销售额,按上期实际毛利率测算本期销售毛利额,最后以本期销售收入减去本期销售毛利额,即可求得本期销售成本。其计算公式如下:

本月销售毛利额 = 本月商品销售额 × 上季度实际毛利率

本月销售成本 = 本月商品销售额 − 本月销售毛利额
= 本月商品销售额 × (1 − 上季度实际毛利率)

【例 6-1】 甲企业月初库存某商品 4 000 千克,单价为 1.5 元,本月 8 日购进 2 000 千克,单价为 1.6 元,20 日购进 6 000 千克,单价为 1.3 元。6 日销售发出 3 000 千克,15 日销售发出 2 000 千克,28 日销售发出 5 000 千克。请分别采用先进先出法和一次加权平均法计算本月商品销售成本。

方法一:采用先进先出法计算本月商品销售成本和月末库存商品成本。

本月商品销售成本 = 3 000×1.5+(1 000×1.5+1 000×1.6)+(1 000×1.6+4 000×1.3)
= 14 400(元)

月末库存商品成本 = 2 000×1.3 = 2 600(元)

方法二：采用月末一次加权平均法计算本月商品销售成本和月末库存商品成本。

加权单价 = (4 000×1.5+2 000×1.6+6 000×1.3)÷(4 000+2 000+6 000)
= 1.42(元/千克)

本月商品销售成本 = 1.42×(3 000+5 000+2 000) = 14 200(元)

月末库存商品成本 = 6 000+3 200+7 800－14 200 = 2 800(元)

【例6-2】 某商场月初存货 58 400 元，本月购货 340 000 元，销售 480 000 元，销售退回与折让合计 4 000 元，上季度该类商品毛利率为 25%，本月已销存货和月末存货的成本计算如下：

a. 本月购进商品时：

借：商品采购	340 000
应交税费——应交增值税(进项税额)	54 400
贷：银行存款	394 400
借：库存商品	340 000
贷：商品采购	340 000

b. 本月销售商品时：

本月销售净额 = 480 000－4 000 = 476 000(元)

应交税费 = 480 000×16% = 76 800(元)

借：银行存款	552 800
贷：主营业务收入	476 000
应交税费——应交增值税(销项税额)	76 800

结转本月销售商品成本时：

销售毛利 = 476 000×25% = 119 000(元)

销售成本 = 476 000－119 000 = 357 000(元)

借：主营业务成本	357 000
贷：库存商品	357 000

月末存货的实际成本 = 58 400+340 000－357 000 = 41 400(元)

(二)零售企业成本核算

1. 售价金额核算法

零售企业的主要业务活动是从批发企业或生产部门购进产品,再转售给城乡居民或集体消费者,它是商品流通的最终环节。其业务经营与批发企业不同,销售对象主要是个人消费者,具有交易频繁、一次成交额少等特点。这类企业如果按商品品种设置明细账,按进价逐笔核算商品进、销、存情况,工作量就太大。因此,为简化核算手续,销售成本核算采用的方法是:日常按商品销售结转销售成本,月末通过计算和结转已销商品进销差价,将商品销售成本由售价成本调整为进价成本。

在这种方法下,企业对库存商品的进、销、存变化情况都按零售价格予以反映。库存商品总账按售价总金额登记,库存商品明细账按实物负责人设置明细账户,并以售价金额分别记载各类实物负责人所经营的商品,以便随时反映各实物负责人的经济责任。

此外,因为商品购进时企业是按进价支付货款的,而库存商品是按售价登记的,这样就需要设置"商品进销差价"账户来核算商品进价与售价之间的差额。它既是"库存商品"账户的备抵账户,又可归集全部商品的进销差价,其明细账户一般也按实物负责人设置。

实行售价金额核算,平时只控制金额,不控制数量,因此月末必须对实物负责人所经营的商品进行一次全面盘点,检查各实物负责人的经济责任。盘点时发生溢缺,应调整账面金额,并及时查明原因进行处理。如遇实物负责人调动或商品调价时,相关责任人也应及时进行盘点。

【例6-3】 某零售商业企业为一般纳税人,采用售价金额核算法,20××年1月有关业务资料及会计处理如下:

(1)采购商品一批,验收入库,款项以银行存款支付,货款为15 000元,增值税额为2 400元,该商品按售价计算为35 100元。

借:商品采购	15 000
应交税费——应交增值税(进项税额)	2 400
贷:银行存款	17 400
借:库存商品	35 100
贷:商品采购	15 000
商品进销差价	20 100

(2)销售商品一批,收到货款27 840元存入银行(含销项税3 840元)。

借:银行存款	27 840
贷:主营业务收入	24 000
应交税费——应交增值税(销项税额)	3 840

(3) 结转销售成本。

借：主营业务成本　　　　　　　　　　　　　　　　　　　　24 000
　　贷：库存商品　　　　　　　　　　　　　　　　　　　　　　24 000

(4) 结转已销商品进销差价。假设期初库存商品售价 2 000 元，进销差价 1 047 元。

$$进销差价率＝(1\,047＋20\,100)÷(2\,000＋35\,100)＝57\%$$

借：商品进销差价　　　　　　　　　　　　　　　　　　　　13 680
　　贷：主营业务成本　　　　　　　　　　　　　　　　　　　　13 680

根据以上分析可知，在售价金额核算法下，商品销售成本的核算实际上是对已销商品进销差价的核算。

2. 已销商品进销差价的计算

已销商品进销差价的计算方法主要有两种：差价率法和实际差价法。

(1) 差价率法。差价率法是按商品的存销比例分摊进销差价的方法。企业根据进销差价占当月可供销售商品售价的比率，可计算出已销商品应分摊的进销差价。由于计算差价率的范围不同，差价率又分为综合差价率和分类（分柜组）差价率。其中，综合差价率按全部商品计算；分类（分柜组）差价率按各类（分柜组）分别计算。分类（分柜组）差价率法的计算结果比综合差价率法准确。

差价率法计算已销商品进销差价的计算公式如下：

$$差价率＝\frac{月末结账前进销差价总额}{月末结存商品售价＋本月"主营业务成本"账户借方发生额}×100\%$$

$$月末结存商品进销差价＝月末结存商品售价×差价率$$

$$已销商品进销差价＝月末结账前进销差价总额－月末结存商品进销差价$$

式中，月末结账前进销差价总额是指将本月的各项业务全部记账后，在计算已销商品进销差价前的余额；月末结存商品售价是指月末"库存商品"科目的零售价；本月"主营业务成本"账户借方发生额是指商品销售后按商品售价从"库存商品"账户转入的数额。

【例 6-4】　某零售企业采用综合差价率法，计算已销商品进销差价，本月末结账前"商品进销差价"账户贷方余额为 8 000 元，月末"库存商品"账户借方余额为 16 000 元；本月"主营业务成本"账户借方发生额为 64 000 元。

根据以上资料，计算已销商品进价成本如下：

$$差价率 = \frac{8\,000}{16\,000 + 64\,000} \times 100\% = 10\%$$

月末结存商品进销差价 = 16 000 × 10% = 1 600(元)

已销商品进销差价 = 8 000 − 1 600 = 6 400(元)

已销商品进价成本 = 64 000 − 6 400 = 57 600(元)

根据计算结果,编制会计分录如下:

借:商品进销差价　　　　　　　　　　　　　　　　　　　　　　　　6 400
　　贷:主营业务成本　　　　　　　　　　　　　　　　　　　　　　　　6 400

【例 6-5】 某商场 5 月份有关账户的明细资料见表 6-1。该商场按分类差价率计算分类差价。

表 6-1

有关账户的明细资料

单位:元

实物负责人	商品进销差价	商品销售收入	库存商品余额
日用百货组	7 500	40 000	35 000
服装组	5 000	30 000	10 000
家电组	20 000	70 000	30 000
儿童用品组	4 500	25 000	25 000
合　计	38 100	17 600	114 000

根据上述有关明细账资料,计算分类差价率和应分摊的差价。

$$日用百货组差价率 = \frac{7\,500}{40\,000 + 35\,000} \times 100\% = 10\%$$

应分摊的差价 = 40 000 × 10% = 4 000(元)

$$服装组差价率 = \frac{5\,000}{30\,000 + 10\,000} \times 100\% = 12.5\%$$

应分摊的差价 = 30 000 × 12.5% = 3 750(元)

$$家电组差价率 = \frac{20\,000}{70\,000 + 30\,000} \times 100\% = 20\%$$

应分摊的差价 = 70 000 × 20% = 14 000(元)

$$儿童用品组差价率 = \frac{4\,500}{25\,000 + 25\,000} \times 100\% = 9\%$$

应分摊的差价 = 25 000 × 9% = 2 250(元)

根据计算结果,编制会计分录如下:

借:商品进销差价——日用百货组	4 000
——服装组	3 750
——家电组	14 000
——儿童用品组	2 250
贷:商品销售成本——日用百货组	4 000
——服装组	3 750
——家电组	14 000
——儿童用品组	2 250

(2) 实际差价法。实际差价法是根据期末结存商品盘点的实际差价,倒求已销商品进销差价的方法。这种方法必须对库存商品进行实地盘点,逐一计算各商品的含税售价与不含税进价,并计算结存商品进销差价,然后倒挤已销商品进销差价。采用这种方法手续比较复杂,一般只限于年终决算时采用。

(三) 商品流通费用的核算

无论是批发企业还是零售企业,为反映企业商品流通费的发生情况,需开设"销售费用""管理费用""财务费用"三个损益类性质的账户。

上述费用发生时,分别记入这些账户的借方,贷记"库存现金""银行存款""应付职工薪酬"等账户,期末将这些账户的余额结转"本年利润"账户,结转后这些账户无余额。这些账户需按费用项目设置明细账。

第二节 农业企业的成本核算

一、农业企业概述

农业企业是从事种植业、养殖业或以其为依托,农、工、商综合经营,实行独立核算和具有法人地位的农业社会经济组织单位,包括全民所有制、集体所有制、私营、外商投资等各类经济性质的企业,以及有限责任公司、股份有限公司等各类组织形式的企业。

农业企业的生产成本由生产经营过程中发生的直接费用和间接费用构成。农业企业行政管理部门发生的为组织和管理生产经营活动的期间费用如管理费用,财务费用,直接计入当期损益,不计入生产成本。农业企业发生的直接费用包括:直接材料、直接人工、其他直接费用和间接费用(即制造费用)。

二、农业企业成本核算的特点

其成本核算特点如下:

(1) 农业生产的季节性,形成产品收获的季节性,由于生产时间与劳动时间不一致,生产费用支出在各月之间很不均衡。因此,只能在年末时计算产品的实际成本。

(2) 产品的品种多,产品的生长周期和技术措施各不相同,从而形成不同产品的各种成本项目和多种成本计算方法。同时,农业作业是在广阔的空间进行,这就使得生产费用的归集和产品成本的计算比工业复杂,而且难以做到准确、及时。

(3) 农产品的生产,需要在较长的周期中通过一系列田间作业来完成。为了及时反映监督生产中的耗费,需要进行作业费用的核算和作业成本的考核,如拖拉机作业、排灌作业、畜力作业,都应单独核算与考核。

三、农业企业成本核算

(一) 种植业的成本核算

种植业是农业企业的重要行业之一,有些企业以种植业为主,有的企业兼营种植业。种植业包括粮食、经济作物、饲料作物、蔬菜栽培等农业生产以及橡胶、果树、桑树、茶树等林业生产。

1. 农业产品的成本核算

1) 农业产品的成本核算对象

为了适应成本管理的要求和简化核算手续,在进行农业产品成本核算时,企业的主要作物要以每种作物为成本计算对象,单独核算其产品成本,次要作物可以每类作物作为成本计算对象,先计算出各类作物的产品总成本,然后再按一定标准确定该类中各种农作物的产品成本。对不同收获期的同一种作物应分别核算。企业主要农产品一般确定为小麦、水稻、大豆、玉米、棉花、糖料、烟叶等。如需要补充农产品目录,应由企业确定。

2) 农业产品的成本核算期

农业产品生产的企业一般是 1 年计算一次产品成本。这是由于农作物的生产周期较长,产品单一,收获期比较集中,在年度中间各项费用和用工的发生不均衡。

3) 农业产品生产费用的核算

农业产品的生产费用是指企业在种植农作物生产过程中所发生的全部费用。包括当年生产作物和多年生产作物的生产费用。

农业企业为了归集其在农业生产过程中所发生的各项生产费用和计算产品成本,应设置"农业生产成本"账户。该账户的借方归集为进行农业生产所发生的一切的费用,贷方登记产出产品的实际成本,年末如有借方余额则表示结转至下年的在产品成本。该账户应按成本计算对象(作物或作物组)设置明细分类账,进行明细分类核算。在明细分类账中,还应按规定的成本项目设置专栏。农业产品生产费用按其经济用途可以划分为下列各成本项目：

(1) 直接材料：是指生产过程中直接耗用的自产或外购的种子、种苗、肥料、农药等的价值。

(2) 直接人工：是指直接从事农业生产的人员的薪酬费用。

(3) 其他直接费用：是指除了直接材料、直接人工以外的其他直接费用支出，包括机械作业费、灌溉费、田间运输费用等。

(4) 制造费用：是指应分配计入产品成本的间接费用。包括为组织和管理生产所发生的生产单位管理人员的薪酬、固定资产折旧费、水电费、办公费等。

(5) 往年费用：是指多年生作物投产前发生的按规定的摊销方法摊入本期产品成本的费用。

此外，农业企业为了归集辅助生产单位在产品生产和提供劳务过程中所发生的各项费用，还应设置"辅助生产成本"账户。该账户同"农业生产成本"账户相同，也要按成本计算对象设置明细账，并在明细账中，按成本项目设置专栏。

农业生产费用的归集和分配方法是：属于耗用的农用材料、原材料、职工薪酬等直接费用，直接计入农业生产成本，借记"农业生产成本"账户，贷记"农业材料""原材料""应付职工薪酬""库存现金""银行存款"等账户。辅助生产单位提供的劳务，借记"农业生产成本"账户，贷记"辅助生产成本"账户。机械作业所发生的费用，可在"农业生产成本"科目下设置"机械作业"明细账进行汇集，期末分配计入有关受益对象时，借记"农业生产成本——××作物"账户，贷记"农业生产成本——机械作业"账户。年终尚未完成脱粒作业的产品，预提脱粒费用时，借记"农业生产成本"账户，贷记"其他应付款"账户。多次收获的多年生作物，未提供产品前累计发生的费用，按规定比例摊入投产后各年产出成本，属于摊入本期产品成本部分，借记"农业生产成本——××作物"账户，贷记"农业生产成本——××年种植的××作物"账户。发生的间接费用，先在"制造费用"账户进行汇集，期末再按一定的分配标准，分配计入有关产品成本，借记"农业生产成本"账户，贷记"制造费用"账户。

4) 农业产品的成本核算程序

为了正确、及时地进行产品实际成本的核算，农业企业必须根据成本核算的组织体制和各种费用的性质，按照一定的核算程序，正确及时地组织产品成本的核算。农业产品的成本核算程序如图 6-1 所示。

5) 农业产品成本核算举例

(1) 直接材料的分配。在实际工作中，企业应对生产耗用的材料，根据不同的成本计算对象编制"材料耗用汇总表"，其格式如表 6-2 所示。

第六章 其他行业的成本核算

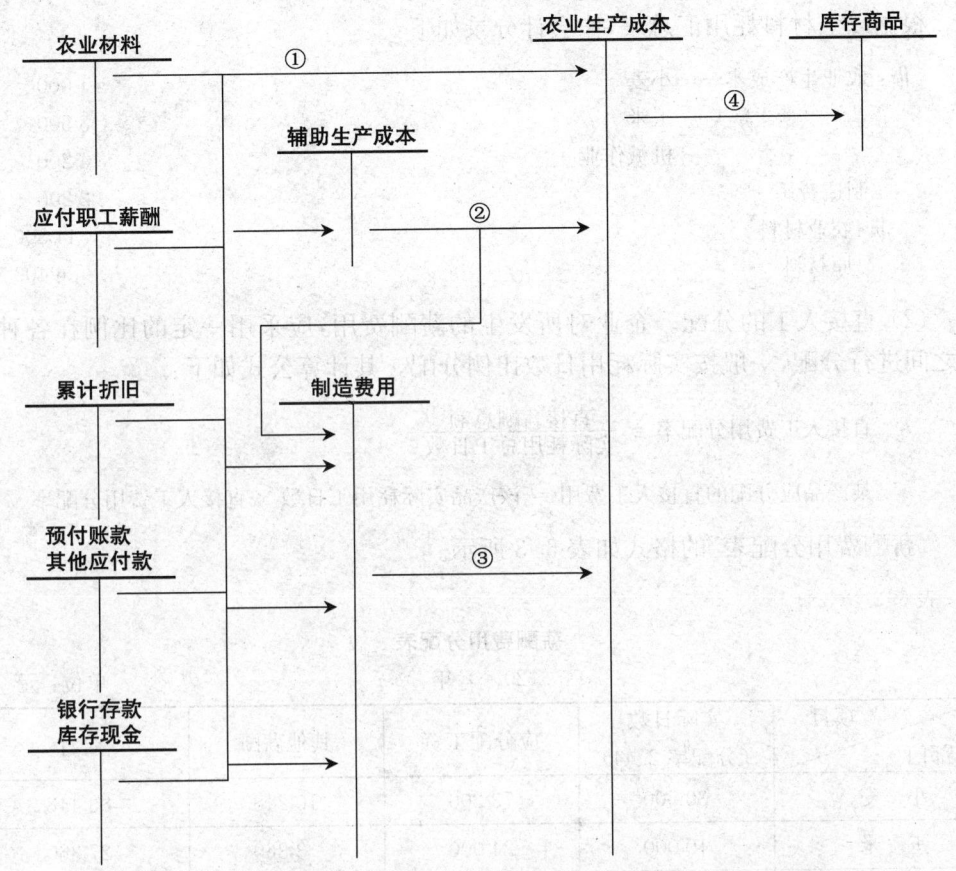

图 6-1 农业产品的成本核算程序

注：图 6-1 的分配程序中：①为分配各项农业生产费用。②为分配辅助生产费用。③为分配制造费用。④为结转完工产品农业生产成本。

表 6-2

材料耗用汇总表

20××年　　　　　　　　　　　　　　　　　　　　　　单位：元

材料 部门	种子	农药、肥料	辅助材料	合计
小麦	25 000	16 000		41 000
玉米	2 100	1 400		3 500
机械作业			4 200	4 200
生产管理			2 200	2 200
合　计	27 100	17 400	6 400	50 900

225

根据以上材料耗用汇总表,作会计分录如下:

借:农业生产成本——小麦　　　　　　　　　　　　　　　　41 000
　　　　　　　——玉米　　　　　　　　　　　　　　　　　3 500
　　　　　　　——机械作业　　　　　　　　　　　　　　　4 200
　　制造费用　　　　　　　　　　　　　　　　　　　　　　2 200
　　贷:农业材料　　　　　　　　　　　　　　　　　　　　44 500
　　　　原材料　　　　　　　　　　　　　　　　　　　　　6 400

(2) 直接人工的分配。企业对所发生的薪酬费用,应采用一定的比例在各种产品之间进行分配,一般按实际耗用日数比例分配。其计算公式如下:

$$直接人工费用分配率 = \frac{直接薪酬总额}{实际耗用总工日数}$$

某产品应分配的直接人工费用 = 该产品实际耗用工日数 × 直接人工费用分配率

"薪酬费用分配表"的格式如表6-3所示。

表6-3

薪酬费用分配表

20××年　　　　　　　　　　　　　　　　　　　　　　　　　　　单位:元

项目 部门	实际日数 (分配率2.44)	应分配工资	其他薪酬	合计
小　麦	30 500	73 200	10 248	83 448
玉　米	10 000	24 000	3 360	27 360
机械作业	3 500	8 400	1 176	9 576
生产管理	8 500	20 400	2 856	23 256
合　计	52 500	126 000	17 640	143 640

根据以上薪酬费用分配表,编制会计分录如下:

借:农业生产成本——小麦　　　　　　　　　　　　　　　　83 448
　　　　　　　——玉米　　　　　　　　　　　　　　　　　27 360
　　　　　　　——机械作业　　　　　　　　　　　　　　　9 576
　　制造费用　　　　　　　　　　　　　　　　　　　　　　23 256
　　贷:应付职工薪酬——工资　　　　　　　　　　　　　　126 000
　　　　　　　　——其他　　　　　　　　　　　　　　　　17 640

(3) 固定资产折旧费的分配。企业在经营过程中发生的固定资产折旧费应计入产品成本,并编制"固定资产折旧费用分配表"(如表6-4所示)。

表 6-4

固定资产折旧费分配表

20××年

项目 部门	折旧费	合计
机械作业	33 000	33 000
生产管理	21 000	21 000
合　计	54 000	54 000

根据以上固定资产折旧分配表,作会计分录如下:

借:农业生产成本——机械作业　　　　　　　　　　　　　　33 000
　　制造费用　　　　　　　　　　　　　　　　　　　　　　21 000
　贷:累计折旧　　　　　　　　　　　　　　　　　　　　　　54 000

（4）机械作业费的分配。企业在生产经营过程中发生的机械作业费用,先通过"农业生产成本——机械作业"明细账进行归集,期末再按各受益对象的受益量进行分配。

企业发生的机械作业费如下:直接材料 4 200 元;直接人工 9 576 元;折旧费 33 000 元;合计 46 776 元。

企业发生的机械作业费用,可按照实际完成的工作量(标准亩)比例进行分配,并编制"机械作业费分配表"(如表 6-5 所示)。

表 6-5

机械作业费分配表

20××年

产品名称	作业标准亩(亩)	分配率	应分配金额(元)
小麦	4 600	6	27 600
玉米	3 196	6	19 176
合　计	7 796	6	46 776

根据上述机械作业费分配表,编制会计分录如下:

借:农业生产成本——小麦　　　　　　　　　　　　　　　　27 600
　　　　　　　　　——玉米　　　　　　　　　　　　　　　　19 176
　贷:农业生产成本——机械作业　　　　　　　　　　　　　　46 776

(5) 制造费用的分配。农业企业的制造费用是指企业各个生产经营单位(生产队)为组织和管理农业生产经营活动而发生的费用,包括管理人员的薪酬费用、固定资产折旧机物料消耗、水电费、办公费等。

企业的制造费用可按全年的工资总额比例进行分配,并编制制造费用分配表(如表6-6所示)。

表6-6

制造费用分配表

20××年　　　　　　　　　　　　　　　　　金额单位:元

产品名称	工资总额	分配率	应分配金额
小麦	73 200	0.477 9	34 982
玉米	24 000	0.477 9	11 474
合　计	97 200	0.477 9	46 456

根据上述制造费用分配表,作会计分录如下:

借:农业生产成本——小麦　　　　　　　　　　　　　34 982
　　　　　　　——玉米　　　　　　　　　　　　　11 474
　　贷:制造费用　　　　　　　　　　　　　　　　　　46 456

经过以上核算过程,农业企业本期发生的各项费用,全部登记在"农业生产成本"明细账内,如表6-7和表6-8所示。

表6-7

农业生产成本明细账

产品名称:小麦　　　　　　　　　　　　　　　　　　　　　　单位:元

摘要	直接材料	直接人工	其他直接费用	制造费用	合计
分配材料费用	41 000				41 000
分配薪酬费用		83 448			83 448
分配机械作业费			27 600		27 600
分配制造费用				34 982	34 982
合　计	41 000	83 448	27 600	34 982	187 030

表 6-8

农业生产成本明细账

产品名称：玉米　　　　　　　　　　　　　　　　　　　　　　　　　　　单位：元

摘要	直接材料	直接人工	其他直接费用	制造费用	合计
分配材料费用	3 500				3 500
分配薪酬费用		27 360			27 360
分配机械作业费			19 176		19 176
分配制造费用				11 474	11 474
合　计	3 500	27 360	19 176	11 474	61 510

根据以上各种产品的"农业生产成本明细账"的有关资料于年末编制"农业主要产品成本表"，以便计算各种产品的总成本和单位成本，如表 6-9 所示。

表 6-9

农业主要产品成本表

20××年度　　　　　　　　　　　　　　　　　　　　　　　　　　金额单位：元

产品名称 项目	小麦	玉米	合计
直接材料	41 000	3 500	44 500
其中：种子和种苗	25 000	2 100	27 100
肥料和农药	16 000	1 400	15 400
直接人工	83 448	27 360	110 808
其他直接费用	27 600	19 176	46 776
制造费用	34 982	11 474	46 456
生产成本合计	187 030	61 510	248 540
减：副产品价值	2 520	510	3 030
主要产品总成本	184 510	61 000	245 510
播种面积(亩)	2 000	1 000	3 000
总产量(千克)	440 000	220 000	660 000
单位面积成本	92.255	61	153.255
主要产品单位成本	0.42	0.28	0.7

根据上述"农业主要产品成本表"及完工产品入库单，作会计分录如下：

借：库存商品——小麦　　　　　　　　　　　　　　　187 030
　　　　　　——玉米　　　　　　　　　　　　　　　 61 510
　　贷：农业生产成本　　　　　　　　　　　　　　　　248 540

2. 林业产品的成本核算

林业产品的生产一般是指经济林木的生产，不包括用材林的生产。经济林木是指橡胶、果桑、茶等。经济林木和农作物一样，都属于种植业，但林木是多年生植物，生长期长，按其生产过程一般要经过三个阶段，即苗圃育苗、幼树培育和成林管理。

1）林业产品的成本计算对象

林业产品的成本计算对象是指橡胶、果、桑、茶等产品的品种或种类。

2）林业产品的成本计算期

林业产品的成本计算期一般是1年计算一次成本。

3）林业产品生产费用的核算

为了归集林业产品发生的全部费用和计算产品成本，应在"农业生产成本"账户下设置"林业生产成本"二级账户，或单独设置"林业生产成本"账户，并按成本计算对象和成本项目进行明细分类核算。成本项目和"农业生产成本"基本相同，并应增设"折旧费"项目。

4）林业产品成本核算

林业产品成本计算的程序和方法与农业企业相同。以下重点阐述经济林木的产品成本计算。

经济林木的产品成本是指企业在培育林业产品，如橡胶、果、桑、茶等过程中所支出的费用，一般按品种或类别计算产品成本。经济林木在幼树成林后，根据规定转为固定资产管理。以后采摘果品、收割胶水等发生的生产费用，均作为培育林业产品的成本。经济林木的产品成本包括当年的抚育费用和停采、停割期间的费用。停采、停割期间的费用，本年度内产品产出以前发生的部分，计入产品成本，产品产出以后发生的费用，一般作为在产品结转到下年。计入林业产品的生产费用，橡胶应算到加工成干胶片，茶应算到加工成商品茶。企业没有加工设备的，橡胶可算到鲜胶乳，茶可算到鲜叶。经济林木产品单位成本的计算公式如下：

$$\text{某种经济林木产品的单位成本} = \frac{\text{某种经济林木本年内全部抚育费用} + \text{停割停采期间的费用} - \text{副产品价值}}{\text{某种经济林木产品年总产量}}$$

各种果树的生产费用如采取合并核算，可按照各种果品计划成本或产值的比例分配费用，分别计算出各种果品的成本。同一种果品由于大小和质量不同，在出售前还要按一定标准进行分级。因此，果品的总成本还要按计划成本或产值的比例在各级果品间进行分配。

【例 6-6】 某企业栽培桃树,全年的实际费用为 400 000 元,副产品价值 20 000 元,生产一级品 20 000 千克,每千克计划成本为 5 元;二级品 40 000 千克,每千克计划成本为 4 元;三级品 50 000 千克,每千克计划成本为 3 元;等外品 10 000 千克,每千克计划成本为 2 元。

根据以上资料计算成本如下:

$$\text{各级桃子的实际总成本} = 400\,000 - 20\,000 = 380\,000(\text{元})$$

$$\begin{aligned}\text{各级桃子的计划成本} &= 20\,000 \times 5 + 40\,000 \times 4 + 50\,000 \times 3 + 10\,000 \times 2 \\ &= 100\,000 + 160\,000 + 150\,000 + 20\,000 = 430\,000(\text{元})\end{aligned}$$

$$\text{分配率} = \frac{380\,000}{430\,000} \times 100\% = 88.37\%$$

各级桃子的成本计算表,如表 6-10 所示。

表 6-10

各级桃子成本计算表

金额单位:元

品级	产量（千克）	计划成本		分配率	实际成本	
		单价	金额		单价	金额
一级品	20 000	5	100 000		4.42	88 370
二级品	40 000	4	160 000		3.53	141 392
三级品	50 000	3	150 000		2.65	132 555
等外品	10 000	2	20 000		1.77	17 683
合　计			430 000	88.37%		380 000

（二）养殖业的成本计算

养殖业也是农业企业的一个重要行业,有的企业以经营养殖业为主,有的企业兼营养殖业。养殖业包括养猪、养牛、养禽等畜牧业生产及水生动物和植物的育苗、养殖等渔业生产。

1. 畜牧业产品的成本计算

1) 畜牧业产品的成本计算对象

畜牧业产品的成本核算可实行分群核算,也可实行混群核算。分群核算是按不同种的畜禽的不同年龄划分为若干群,分群归集生产费用,分群计算产品成本;混群核算是按畜禽的类别划分，各类内不再按年龄分群，按类别归集生产费用计算产品成本。

2）畜牧业生产费用的核算

畜牧业生产费用是指企业饲养和放牧各种畜禽发生的全部费用，包括产畜禽、幼畜禽和育肥畜禽的生产费用。企业为了归集这些生产费用应设置"农业生产成本"账户，如规模较大也可单设"畜牧业生产成本"账户，并按成本计算对象设置明细账。在明细账中，还应按规定的成本项目设置专栏。

畜牧业的生产费用按其经济用途可以划分为直接材料、直接人工、其他直接费用、制造费用等成本项目。

（1）直接材料是指饲养中耗用的精饲料、粗饲料、动物饲料和矿物饲料等各种饲料费用，以及粉碎和蒸煮饲料、孵化增温等耗用的燃料和动力费用。

（2）直接人工是指从事畜牧业生产的人员的薪酬费用。

（3）其他直接费用是指专用设备折旧费、产畜折旧费、家禽医疗费等。

（4）制造费用是指应分配计入产品成本的间接费用，如管理人员薪酬费用、折旧费、修理费、办公费、水电费等。

畜牧业生产费用的核算、生产成本明细账的格式和农业相似，不再详细阐述。

3）畜牧业产品的成本计算

畜牧业产品的成本计算期为1年，经常有产品产出的企业，也可每月计算成本。畜牧业产品成本计算的程序和方法不再举例。

2. 渔业产品的成本计算

1）渔业产品的成本计算对象

渔业产品的成本计算对象应以鱼的品种或类别为成本计算对象，如鱼苗或成鱼的品种。

2）渔业生产费用的核算

渔业生产费用是指企业在渔业产品生产过程中发生的全部费用，包括水生动物和植物的育苗，养殖和天然捕捞的生产费用。

为了归集渔业生产费用和计算渔业产品成本，应在"农业生产成本"账户下设置"渔业生产成本"二级账户，或单独设置"渔业生产成本"账户并按成本计算对象和成本项目进行明细分类核算。渔业生产费用按经济用途可以划分为下列成本项目：直接材料、直接人工、其他直接费用、制造费用。

（1）直接材料是指饲养中耗用的鱼种、鱼苗、饲料等费用。

（2）直接人工是指直接从事渔业生产的人员的薪酬费用。

（3）其他直接费用。

（4）制造费用。

3）渔业产品的成本计算

（1）鱼苗的成本计算。鱼苗即鱼花，也叫幼鱼，可以人工繁殖，也可以从江河中捕捞。鱼苗的成本计算对象就是鱼苗，通常以万尾为成本计算单位。其计算公式如下：

$$每万尾鱼苗成本 = \frac{育苗期全部生产费用}{育成育苗万尾数}$$

（2）成鱼的成本计算。成鱼有的在天然湖泊生产，利用天然饲料养鱼；有的在池塘生产，全部靠人工采集和加工饲料进行养鱼。成鱼生产方式有两种：一种是多年放养，一次捕捞；另一种是逐年放养，逐年捕捞。

多年放养、一次捕捞的成鱼成本，包括捕捞前各年作为在产品结转的费用和当年发生的费用，其计算公式如下：

$$成鱼单位成本 = \frac{捕捞前各年发生的生产费用 + 捕捞当年的生产费用}{成鱼总产量}$$

逐年放养、逐年捕捞的成鱼成本，由当年捕捞的成鱼负担，可不计算在产品价值。但专业渔场，有条件的可计算在产品成本。

（3）捕捞的成本计算。捕捞是指在天然湖泊、江河、海洋捕捞自然生长的渔业产品，当年发生的全部费用，应当完全由当年捕捞的水生动物分摊，如按计划成本或销售价格比例，将总成本在不同产品之间进行分配。

【例 6-7】 某企业捕捞队当年发生全部捕捞费用 229 700 元，按售价比例计算各类鱼的总成本和单位成本，计算结果如表 6-11 所示。

表 6-11

各类鱼的成本计算单

品种	销售价格（元/100 千克）	测定产量（100 千克）	售价总额（元）	分配率	实际总成本（元）	实际单位成本（元）
鲤鱼	450	100	45 000		22 500	225
草鱼	500	150	75 000		37 500	250
青鱼	540	250	135 000		67 500	270
白鲢鱼	330	280	92 400		46 200	165
花鲢鱼	350	320	112 000		56 000	175
合　计		1 100	459 400	0.5	229 700	

第三节 交通运输企业的成本核算

一、交通运输企业概述

交通运输业是社会生产过程中的重要组成部分,是物质资料生产部门中的一个特殊行业,是生产过程在流通过程内的继续。交通运输企业不像物质生产部门那样改变产品的实物形态,而是通过组织产品从生产地运到销售地来增加产品的价值。交通运输业的生产过程即是其销售过程,生产的完成也是销售的完成。其成本构成只有运输工具的使用及与之有关的费用,没有劳动对象方面的耗费。运输企业的主要营运业务有货物和旅客的运输业务、装卸业务和推荐业务,此外还有港务管理业务、代理业务、通用航空业务和机场服务业务等。

交通运输业按照运输形式的不同,一般分为铁路运输业、公路运输业、水路运输业、航空运输业和管道运输业等五种类型。其中,公路运输业又分为城市公共汽车、出租汽车、轮渡、地铁和长途汽车运输等;水路运输业又分为远洋、沿海、内河等。

二、交通运输企业成本核算的特点

(一) 成本核算对象

交通运输企业运输生产过程的直接结果是使被运输对象(旅客或货物)发生位移,因此要按被运输对象的不同分别计算成本。交通运输企业的成本计算对象可以概括为以下三种:

(1) 以运输企业的各类业务以及构成各类业务的具体项目作为成本计算对象。交通运输企业的劳动业务主要有运输业务、装卸业务、堆存业务、代理业务、港务管理业务,其中,运输业务是主要业务。运输业务按其运输对象不同,还可进一步分为客货综合运输业务、旅客运输业务和货物运输业务。交通运输企业可按上述业务确定成本计算对象。同时,为加强成本管理,还需按上述业务的具体项目分别确定成本计算对象。

(2) 根据成本管理的需要,交通运输企业可按运输工具的类型,如客车、货车、集装箱车辆、客轮、客货轮等确定成本计算对象;也可按运输工具的个体,如单车、单船等确定成本计算对象。

(3) 以运输工具的运行情况作为成本计算对象。交通运输企业可按运输对象沿运输路线经过的路程,即运输线路或运输航次(班次等)确定成本计算对象。

(二) 成本计算单位

交通运输企业的成本计算单位为周转量,即按业务量及其相关指标计算的工作量。运输时,由于所使用的运输工具不同,运输距离、运输时间等也不同,因此无法将其工作量简单相加。在这种情况下就需要综合考虑运输数量、运输距离等因素,采用复合计算单位,以全面反映运输工具量和消耗水平。交通运输企业的成本计算单位是按其不同业务进行确定的。例如,铁路运输、公路运输、内河运输等业务的成本计算单位为人千米、吨千米和换算吨千米,其中人千米、吨千米分别为客运业务和货运业务的成本计算单位;海洋运输业务的成本计算单位为人海里、吨海里和换算吨海里;装卸业等的成本计算单位为装卸工作量,用千吨表示;堆存业务的成本计算单位为堆存工作量,用"吨天"表示,其含义为堆存量(吨)与堆存天数的乘积。

(三)成本核算期

交通运输企业的运输周期相对较短,一般按月计算运输成本,但远洋运输除外。海洋运输如果按航次作为成本计算对象,则应以"航次时间"计算成本,航次时间一般按单程航次的时间计算,单航空航时,则以往复航次的时间计算。

(四)设置的主要账户

为了正确地组织交通运输业成本核算,如实反映企业在组织生产经营活动中发生的各项耗费,在核算交通运输业成本时,一般需要设置如下有关账户。

1."运输支出"账户

该账户是损益类账户,核算沿海、内河、远洋、汽车和铁路运输企业经营旅客、货物运输业务所发生的各项费用支出。其借方登记企业经营运输业务所发生的各项直接费用,贷方登记期末转入"本年利润"账户的费用,结转后该账户无余额(海洋运输企业除外)。该账户应按运输工具类(货轮、客车轮、油轮、拖轮、驳船、货车、客车)或单车设立明细账,并按规定的成本项目进行明细账核算。

2."装卸支出"账户

该账户是损益类账户,核算海、河港口企业,汽车、火车运输企业因经营装卸业务所发生的费用。其借方登记企业经营装卸业务所发生的各项直接费用,贷方登记期末转入"本年利润"账户的费用,结转后该账户无余额。

3."堆存支出"账户

该账户是损益类账户,核算企业因经营仓库和堆场业务发生的费用。其借方登记企业经营堆存业务所发生的各项直接费用,贷方登记期末转入"本年利润"账户的费用,结转后该账户无余额。

4."代理业务支出"账户

该账户是损益类账户,核算企业经营各种代理业务所发生的各项费用。其借方登记企业经营代理业务所发生的各项直接费用,贷方登记期末转入"本年利润"账户的费用,结转后该账户无余额。

5."其他业务支出"账户

该账户是损益类账户,核算企业除营运业务以外的其他业务所发生的各项支出。其借方登记企业经营其他业务所发生的各项直接费用,贷方登记期末转入"本年利润"账户的费用,结转后该账户无余额。

6."辅助营运费用"账户

该账户是成本类科目,核算运输、港口企业所发生的辅助船舶费用和企业辅助生产部门生产产品和供应劳务所发生的辅助生产费用。其借方登记企业经营辅助营运业务所发生的各项费用,贷方登记期末分配转入"运输支出""装卸支出""堆存支出""代理业务支出""其他业务成本""在建工程"等账户的费用,结转后该账户无余额。

7."营运间接费用"账户

该账户是成本类账户,核算运输、港口企业在营运过程中所发生的不能直接计入成本计算对象的各种间接费用,但不包括企业管理部门的管理费用。其借方登记企业发生的各种营运间接费用,贷方登记期末分配转入"运输支出""装卸支出""堆存支出""代理业务支出""其他业务成本""辅助营运费用"等账户的费用,结转后该账户无余额。

三、交通运输企业营运成本的构成

运输企业的生产过程也就是它的销售过程,由于生产和销售同时进行,因此运输企业一般没有在产品,也没有储存待销的产成品,一般不存在将营运成本划分为当期营运成本和下期营运成本的问题,也没有在产品成本,所以,在运输过程中发生的各种消耗就直接构成了运输产品的成本,将各类业务所发生的费用支出在"运输支出"账户归集分配后,便可计算各种营运成本,并直接转入本期损益。

运输企业的营运业务涉及范围较广,概括起来主要包括运输、装卸、堆存、代理、港务管理业务等。运输企业的营运成本就是指运输企业在营运过程中实际发生的与上述业务直接相关的各项支出。其主要内容包括:

(1)企业在营运过程中实际消耗的各种燃料、材料、油料、备品配件、垫隔材料、专用工器具、动力照明、低值易耗品等物质性支出。

(2)企业直接从事生产活动人员的薪酬费用。

(3)企业在营运过程中实际发生的固定资产折旧费、租赁费、取暖费、水电费、办公费、保险费等。

四、运输企业的成本核算

(一)汽车运输企业的成本核算

汽车运输企业一般采用公司和车队两级核算;有分公司和车队的企业,可以采取三级核算。车队一般只核算直接发生的各项费用和车队管理费用,车站管理费、企业管理部门管理费用、材料价格差异可以不在车队间进行分配。车队成本核算一般是通过各种原始凭证汇总表,分配表汇集计算的,不进行账务处理。公司根据各车队提供的成本资料进行汇集,并调整材料价格差异,加计车站管理费和公司管理部门管理费按照规定的成本项目,汇集计算成本。

1. 成本计算对象

汽车运输成本的计算对象是客运成本和货运成本的运输支出,即按客车运输和货车运输分别汇集费用计算成本。挂车运输不单独计算成本,随主车计入客车运输和货车运输有关成本项目内。车队为考核同类车型成本和大、中、小型车辆的经济效果,还可以进一步计算主要车型成本。凡作为成本计算对象的车型,都要单独汇集费用计算成本。

2. 成本计算单位

汽车运输企业采用复合计量单位计量产量(周转量)。一般客车运输以载乘客为主,其成本计算单位为元/人千米;货车运输以载物为主,其成本计算单位为元/吨千米;客货综合运输业务应换算为元/人千米或元/吨千米。

3. 成本计算期

汽车运输企业的成本计算期一般采用月历制,汽车运输成本按月、季、年计算。

4. 成本项目

(1) 车辆费用。车辆费用是指营运车辆(汽车和挂车)从事运输生产所发生的各项费用。它又可具体分为工资及福利费、燃料、轮胎、保养修理费、递延资产、累计折旧、养路费、其他费用等项目。

(2) 管理费用。管理费用是指企业为管理和组织运输生产所发生的各项管理费用、财务费用和营运间接费用。

5. 汽车运输业的成本计算

汽车运输业应分别计算客、货车运输业务的运输成本。客、货车营运成本是由与客、货车运输生产过程直接有关的各项营运费用所形成的。由于运输过程同时也是运输的消费过程,运输产品的营运成本计算期和其生产周期是一致的,因此根据记入"运输支出"账户的本期营运费用净额便可以计算出本期客、货车运输业务的营运总成本。营运费用净额是指记入"营运支出"账户借方的费用总额减去记入"运输支出"账户贷方的费用数后的余额。将计算出的营运总成本除以本期运输周转量,即可确定客、货车运输业务的营运单位成本。其计算公式如下:

$$客车营运单位成本 = \frac{客车营运总成本(元)}{客车运输周转量(人千米)}$$

$$货车营运单位成本 = \frac{货车营运总成本(元)}{货车运输周转量(吨千米)}$$

(二) 铁路运输企业的成本核算

铁路运输是国民经济的大动脉。它通过运送旅客和货物,在沟通工业和农业、连接城市和农村的经济发展中起到了十分重要的作用。铁路运输与其他运输相比,其特点表现在：①全国铁路对客运、货运实行一票直通的办法，但管理上必须分若干铁路局分管实际的具体业务工作。这样，运输作业是由几个铁路局共同完成的，但运输成本又很难在铁路局管之间划分清楚。②铁路运输作业是由铁路沿线上的站、段（诸如：车站、列车段、机务段、车辆段、工务段、电务段、水电段、建筑段、供应段、桥梁段）等基层单位相互协作共同完成的，其运输费用的绝大部分是发生在一定的基层单位，这样就给铁路运输成本计算和分析带来了一定的困难。③由于铁路运输费用中的间接计入费用占总费用的比重较大，所以正确地选择费用分配标准至关重要。④铁路运输费用除与其他运输方式类似的有关费用以外，还包括其他运输方式没有的运输路线的折旧费和维修费。

1. 成本计算对象

由于铁路运输费用的特点，决定了铁路运输作业的成本计算对象为客运作业和货运作业。

2. 成本计算单位

铁路客运作业的成本计算单位是千人千米，铁路货运作业的成本计算单位为元/千吨千米。其实物量的换算公式为 1 千人千米＝1 千吨千米。

3. 成本计算期

由于铁路运输作业是由铁路线上许多基层单位共同完成的，而且按月计算成本比较困难，一般以季或年作为成本计算期。

4. 成本项目

铁路运输成本项目根据实际情况和管理要求可分为营运直接费用和营运间接费用两大部分。营运直接费用还可以按其经济内容分为若干项目，如铁路营运人员的工资及福利费，运输过程中耗用的材料、配料、低值易耗品等物料，铁路运行中耗用燃料费和电力费，铁路运输设备等固定资产的折旧费、维修费以及在铁路运输、货运成本的各项间接费用，即铁路沿线各站段等基层单位为保证铁路正常运行而发生的各项费用。这些费用先在"营运间接费用"账户归集，期末按规定的分配计入各有关成本计算对象。

5. 铁路运输成本计算

为了分别计算客运成本和货运成本，必须先将运输费用划分为客运费用和货运费用并分别在"运输支出"的两个明细账户内核算。能划分清楚客运发生的费用，直接记入"运输支出——客运支出——货运支出"明细账户。与客、货运有关的混合费用，按适当的标准分配计入客、货运输支出内。

需要注意的是铁路运输支出计算强调费用发生地点，并按发生地点归集费用。由于铁路运输管理上的自身特点和成本核算要求，有些费用需要按具体情况作处理。例如，客、货运输跨局发生的运输费用，应按会计的重要性原则作不同的处理。经常发生且数额较大的费用,应及时清算;不经常发生或虽然经常发生但数额较小的费用,不必清算。铁道部集中管理,并服务于各铁路局的各项费用,由铁道部编制计划,并按各局换算周转量比例,分配计入各局运输支出;铁路基层单位在发生运输费用的同时,可能收到一些与之相关而又不宜计入营业收入的金额,为简化核算工作量,可直接冲减运输费用。

企业在一定时期内分别归集的客、货运输支出总额,即为该期的运输总成本。将客运支出总额除以客运周转总量,计算出单位客运成本;将货运支出总额除以货运周转总量,计算出单位货运成本。其计算公式如下:

$$客运总成本 = 客运直接费用 + 分配计入客运的营运间接费用$$

$$客运单位成本 = \frac{客运总成本}{客运周转量}$$

$$货运总成本 = 货运直接费用 + 分配计入货运的营运间接费用$$

$$货运单位成本 = \frac{货运总成本}{货运周转量}$$

(三) 水上运输企业的成本核算

水上运输按船舶航行水域不同,可分为沿海运输、远洋运输和内河运输。沿海运输是海运企业船舶在近海航线上航行,往来于国内各沿海港口之间,负责运送旅客和货物的运输业务。远洋运输是远洋运输企业的船舶在国际航线上航行,往来于国内外港口之间,负责运送旅客和货物的运输业务。内河运输是内河运输企业的船舶航行在江河航线上,往来于国内河港口之间,负责运送旅客和货物的运输业务。各种运输由于使用的船舶、运输距离、航次时间等有很大的差别,因此成本计算上也各具特点。

1. 水上运输成本计算对象

航运企业,不论是沿海、内河还是远洋,其业务活动过程就是通过船舶的运行,将货物从一个港口运送到另一个港口。一个"航次"就是船舶运输的一个生产过程,其所需时间为营运周期。航运企业的营运特点是大量重复地进行单一的运输旅客、货物和提供劳务作业。因此,沿海、远洋和内河运输企业的成本计算对象均是客、货运输业务。

为了加强成本管理,除以客、货业务为成本计算对象外,考虑到船舶的吨位、船舶的技术性能差别和不同货物种类对成本的影响,还可以分别采用以下内容为成本计算对象:

(1) 以船舶类型为成本计算对象。

(2) 以单船为成本计算对象。

(3) 以航线为成本计算对象。

(4) 以货物种类为成本计算对象。

(5) 以航次为成本计算对象。

2. 成本计算单位

客运成本计算单位是千人海里，货运成本的计算单位是千吨海里。客、货运周转量的换算比例是：沿海运输港口内河运输为1个铺位人海里或3个座位人海里＝1吨海里；远洋运输为1人海里＝1吨海里。

3. 成本计算期

沿海和内河运输的航次时间较短，未完航次的费用比较少，也比较稳定，所以一般以月、季、年作为成本计算期；远洋航次成本计算期为航次时间。远洋运输企业只计算报告期内已完成的航次成本，而将未完成的航次的运输费用转入下期。

4. 成本项目

航运企业在运输过程中所发生的费用内容基本相同，其成本项目可设航次运行费用、船舶固定费用、集装箱固定费用、船舶维修费用、辅助营运费用和营运见解费用等项目。

5. 水上运输成本的计算

1) 航次运行费用

航次运行费用或船舶费用是水上运输业务的直接费用。沿海、远洋及内河运输业务所发生的船舶费用在"运输支出"账户中进行归集。

客、货轮航次运行费用按直接由客运和货运负担的费用，应直接分别计入客运成本和货运成本。货物费、中转费、垫隔材料、货物损失费，直接计入营运成本；客运费、旅客伤亡事故损失等则直接计入客运成本。客、货轮船舶固定费用中凡可以直接由客运和货运负担的费用（如客运业务员、货运业务员的工资及福利费等），也应直接分别计入客运成本和货运成本。

客、货轮航次运行费用和船舶固定费用中，凡不能直接计入客运、货运成本的共同性费用应采用一定的分配方法分配计入客运成本和货运成本。

2) 集装箱固定费用

企业应设置"集装箱固定费用明细账"，归集集装箱固定费用。月末，企业应编制"集装箱固定费用分配计算表"，根据集装箱固定费用明细账归集的总额和全部船舶装运集装箱的箱数和天数，计算出集装箱每箱每天的固定费用，作为集装箱固定费用的分配标准。其计算公式如下：

$$某船集装箱固定费用分配额 = \frac{集装箱固定费用天数}{全部船舶的使用天数 \times 集装箱箱数} \times 该船使用箱数 \times 使用天数$$

根据分配结果将集装箱固定费用转入"运输支出"账户的相应项目。

3) 营运间接费用(船队费用)

企业应设置"营运间接费用明细账",归集不能直接记入"运输支出"账户的间接营运费用。月末,企业采用适当的标准将其费用分配到各成本计算对象。其分配方法如下:

$$某船舶营运间接费用分配额 = \frac{营运间接费用总额}{全部船舶艘天数} \times 该船艘天数$$

4) 传播维护费用

内河运输企业在非通航期发生的船舶维护费用,应设置"船舶维护费用明细账"予以归集。冬季航道封冻、枯水的内河运输企业的传播维护费,可按航期前后分别设置明细账予以归集。船舶维护费由通航期各成本计算期的运转成本负担,其分配方法如下:

$$计划分配率 = \frac{船舶维护费用全年预算数}{全年计划通航期天数}$$

$$通航期某月运输成本应负担的船舶维护费 = 该月份通航天数 \times 计划分配率$$

平时按计划分配率分配船舶维护费用,年终时,应将年船舶维护费用的实际数与计算分配数的差异调整当年的运输成本。

5) 运输成本计算

运输成本的相关计算公式如下:

$$运输总成本 = 航次运行费用 + 船舶固定费用 + 营运间接费用$$

$$运输单位成本 = \frac{沿海运输总成本}{客货运输换算周转量}$$

$$客运单位成本 = \frac{客运总成本}{客运周转量}$$

$$货运单位成本 = \frac{货运总成本}{货运周转量}$$

(四) 航空运输企业的成本核算

民航运输企业(即航空公司)与工业企业不同,它并不生产新的实物产品,只是实现社会产品空中位置的转移和进行空中作业。因此,"吨千米"和"通用航空飞行小时"或"作业面积"就是航空公司的产品。但是,社会产品空间位置的转移和通用航空的空中作业是通过其主要生产工具——飞机的生产飞行而实现的。由于各型飞机的经济技术性能不同,因而所产生的吨千米和通用航空飞行小时的成本有很大差别。为了便于成本管理和经济效益分析,航空公司的成本核算必须以每种机型为基础,归集和分配各类费用,计算每种飞机的机型总成本,进而计算任务成本和航线成本。

民航业务包括运输飞行和专业飞行。运输飞行分为旅客运输和货邮运输。专业飞行的项目很多,包括护林防火、飞机造林、森林普查、航空探矿、航空测量、飞机播种、人工降雨、海上服务、抢险救灾、防治虫害、施肥除草等。因此,航空又是一个直接为工农业服务的生产部门。

1. 民航运输企业的成本计算对象

民航运输企业以每种机型作为成本计算对象,归集分配各类费用,计算每种飞机的机型成本,并在此基础上进一步计算和考核每种飞机的运输周转量的单位运输成本。

2. 成本计算期

民航企业每月计算一次成本。

3. 成本计算单位

民航运输周转量的成本核算单位是吨公里。货物周转量和旅客周转量的换算比例为:国内航线1人千米=72千克千米;国际航线为1人千米=75千克千米。

4. 成本项目

民航运输企业的生产费用按其经济用途分为以下几类:

(1) 飞行费用。它是指与飞行有关的各种费用。

(2) 飞行维修费。它是指飞机、发动机除大修、改装以外的各级检修技术维护费,以及零附件的修理费。

(3) 经营业务费。它是指航空运输部门的经营费以及驻国外办事处的费用。

(4) 管理费用。它是指各地区管理局、省(市、区)局航空公司所支出的行政管理费用。

5. 民航运输企业成本核算

(1) 飞行费用的归集和分配。运输成本一般划分为两部分:一部分是能直接计入机型成本的直接营运费用;另一部分是不能直接计入机型成本,须按一定标准分配的间接营运费用。

为了核算企业在执行航空运输业务中所发生的各项费用,民航企业应设置"运输成本"账户。各个企业可根据自己的特点、规模大小和管理项目的内容、种类设置明细账户,按费用项目的内容、种类设置明细账户,也可将机型机号设为明细账户,而将费用项目设为二级账户。

(2) 飞机维修费的归集和分配。飞机维修费是飞机、发动机维护检修所发生的费用及零附件的修理费用,包括材料费、人工费和间接维修费三个项目。企业发生的维修费应设"飞机维修费"账户,下设材料费、人工费、间接维修费三个明细账户进行归集,月末再分配计入各机型成本。①材料费用应根据领料凭证直接计入各机型成本。②人工费应按各机型维修实际耗用工时比例分配计入各机型成本。

(3) 辅助生产费用的归集和分配。民航企业的辅助生产费用,如供水、供电、排污、汽车运输等辅助生产部门所发生的费用归集后,于月末根据各单位耗用量按上月实际单位成本结转到各受益单位。

(4)经营业务费用的归集与分配。经营业务费用是指民航运输企业所发生的间接经营费用,如民航派往国外的办事处所发生的经营费用等。经营业务费应按照各机型完成的运输周转量比例进行分配,计入各机型成本。

(5)期末,按机型编制运输成本计算表,计算运输总成本和单位成本。

第四节 建筑施工企业的成本核算

一、建筑施工企业概述

建筑施工企业是专门从事建筑安装工程施工的生产单位。它的任务是建造各种房屋、建筑物;安装各种机械设备;对原有房屋、建筑物进行修理和改造。

建筑施工企业与工业企业相比,在产品生产过程上都具有阶段性和连续性,但又有其自身的特点,归纳起来,主要表现在以下几个方面:①产品生产的多样化。建筑施工企业的产品生产,是按照使用单位的特定要求进行的,每件产品在规模、外观、结构上各有不同。即使是同类型产品,也会由于建设地点、自然条件的区别而有所差异。为此,建筑施工企业生产的产品是没有重复、多种多样的,每件产品具有单件独立性。②产品生产周期长。建筑产品规模较大、结构复杂,通常需要跨年度施工生产;另外,其生产还受到自然、气候条件以及施工现场与工艺本身的要求等的直接影响,往往导致产品生产周期较长。③产品生产地点的流动性。建筑施工企业的产品生产是在事先确定好的地点进行的,产品属于不动产。因此,建筑施工企业生产就需要随产品生产的地点不同,不断地从一个地点转到另一个地点,具有很强的流动性。

二、建筑施工企业成本核算的特点

建筑施工企业在施工过程中要发生各种各样的耗费。建筑施工企业在一定时间内为建筑和安装一定种类和数量的工程所发生的耗费总和称为工程成本。建筑施工企业为了提高经营管理水平,降低工程成本,增加企业盈利,必须正确地计算工程成本,按期、及时地提供成本信息。

(一)工程成本核算对象

一般来说,建筑施工企业应以每一个单位工程作为成本核算对象。这是因为施工图预算是按单位工程编制的,所以按单位工程来确定它的实际成本,便于与工程的预算成本相比较,以检查工程预算的执行情况。但是,一个建筑施工企业要承包的建设项目很多,每个建设项目的具体情况往往也不相同,有的工程规模很大,工程期很长,有的是规模较小,工期短的零星改、扩建工程;还有的是建设项目,在一个工地上有若干个结构类型相同的单位工程同时施工,交叉作业,共同耗用现场堆放的大堆材料等。因此,工程成本核算对象的核定,一般要根据应与施工图预算相适应的原则,根据本企业施工组织的特点,承包工程的实际情况和加强成本管理的要求,确定建筑安装工程成本核算对象。划分成本计算对象的方法如下:

(1) 建筑安装工程一般应以每一独立编制施工图预算的单位工程为成本核算对象。

(2) 一个单位工程如果由几个施工单位共同施工的,各施工单位都应以同一单位工程为成本核算对象,各自核算自行完成的部分。

(3) 对规模大、周期长的单位工程,可以将工程划分为若干部位,以分部位的工程作为成本核算对象。

(4) 同一建设项目,由同一单位施工,同一施工地点、同一结构类型、开竣工时间相近的若干个单位工程,可以合并作为一个成本核算对象。

(5) 改、扩建的零星工程,可以将开竣工时间相接近,属于同一建设项目的各个单位工程,合并为一个成本核算对象。

(6) 土石方工程、打桩工程,可以根据实际情况和管理需要,以一个单位工程作为成本核算对象,或将同一施工地点的若干个工作量较小的单项工程,合并为一个成本核算对象。

(二) 成本计算期

建筑施工企业应根据施工合同确定的工程价款结算办法,按月或按期结算已完工的工程成本。采用按月结算工程价款办法的工程,应按月计算已完工程和未完工程的实际成本;采用竣工后一次结算或分段结算工程价款办法的工程,应按合同规定的工程价款计算期,计算已完工程和未完工程的实际成本。在此期间,各月发生的施工生产费用的累计数,均为未完工程成本。

(三) 工程成本项目

根据我国现行制度规定,建筑安装工程成本项目主要包括:

(1) 人工费:是指在施工过程中直接从事工程施工的建筑安装工人以及在施工现场直接为工程制作构件和运料、配料等工人的工资及福利费等。

(2) 材料费:是指在工程施工过程中耗用的构成工程实体的材料、结构件、零件、半成品的费用和有助于工程形成的其他材料,以及周转材料的摊销费和租赁费。

(3) 机械使用费:是指工程施工过程所使用的施工机械台班费和小型机械使用费,包括自有施工机械所发生的机械使用费、租用外单位施工机械的租赁费,以及按照规定支付的施工机械安装拆卸费和进出场费等。

(4) 其他直接费:是指不包括在人工费、材料费、机械使用费项目内,现场施工过程中发生的冬季施工增加费、夜间施工增加费、流动施工津贴、材料二次搬运费、生产工具用具使用费、检验试验费、工程定位复测费、工程点交费、场地清理费等。

第六章 其他行业的成本核算

(5) 间接费用：是指为组织和管理建筑安装工程施工生产活动所发生的各项费用。

前四项成本项目构成工程的直接成本费用，直接计入有关工程成本，第(5)项间接费用可在月份终了，再按一定分配标准，分配计入有关的工程成本。

(四) 工程成本的账户设置

建筑施工企业应设置的有关账户如下。

1. "工程施工"账户

该账户用来核算监督企业进行建筑安装施工所发生的各项费用支出。它应按成本计算对象设置明细账，并按成本项目设置专栏。直接费用直接计入成本计算对象，间接费用应按一定的分配标准分配计入有关的成本计算对象。费用发生时，借记"工程施工"账户，贷记"库存材料""应付职工薪酬""辅助生产""银行存款""机械作业"等账户；工程完工时，按合同规定办理工程价款结算时，根据已完工程的实际成本，借记"工程结算成本"账户，贷记"工程施工"账户；该账户的月末余额表示期末未完工程的实际成本。

2. "机械作业"账户

该账户用来核算监督企业及其内部独立核算的施工单位、机械站和运输队使用自有施工机械和运输设备进行机械作业所发生的各项费用。应当注意的是，企业及其内部独立核算的施工单位，如果从外单位其他内部独立核算的机械站租入施工机械，其所支付的机械租赁费，应直接记入成本核算对象的"机械使用费"成本项目中，不通过该账户核算。该账户应按施工机械或运输设备的种类等成本核算对象设置明细账，并按规定的成本项目分设专栏。发生机械作业费支出时，借记"机械作业"账户，贷记"库存材料""应付职工薪酬""累计折旧"等账户。月终时应根据不同情况进行分配和结转。如果是为本单位承包工程进行机械化施工和运输作业发生的成本，应转入承包工程成本，借记"工程施工"账户，贷记"机械作业"账户；如果是为外单位其他内部独立核算单位以及专项工程等提供机械化作业(包括运输设备)发生的成本，应借记"其他业务成本""专项工程支出"等账户，贷记"机械作业"账户；该账户月末应无余额。

3. "辅助生产"账户

该账户用来核算企业非独立核算的辅助生产部门为工程施工、机械作业、专项工程等提供劳务所发生的各项费用。辅助生产部门所发生的各项费用应按成本核算对象和成本项目进行汇集。成本核算对象一般可按提供的劳务类别确定。费用发生时，借记"辅助生产"账户，贷记"库存材料""应付职工薪酬"等账户。该账户的贷方核算分配结转的费用。月份终了，分别不同情况进行分配结转：凡为本单位有关方面提供的费用，借记"工程施工""机械作业""管理费用"等账户，贷记"辅助生产"账户；凡对外提供的费用，借记"其他业务成本"账户，贷记"辅助生产"账户。该账户月末余额表示辅助生产部门尚未完工的在产品的实际成本。

4. "工程结算成本"账户

该账户用来核算监督企业已办理工程结算的已完工程实际成本。实行合同完成后一次结算办法的合同工程,其本期已结算的已完工程成本是指合同执行期间发生的累计合同工程,其本期已结算的已完工程成本,应根据期末未结算工程成本累计,减去期末未完工程成本进行计算。期末未完工程是指期末尚未办理价款结算的工程成本。

每月末,企业应根据本月已办理工程价款结算的已完工程实际成本,借记"工程结算成本"账户,贷记"工程施工"账户;并将该账户的余额全部转入"本年利润"账户,借记"本年利润"账户,贷记"工程结算成本"账户。结转后,该账户月末应无余额。

此外,企业发生的期间费用,应通过"管理费用""财务费用"账户分别进行核算;还应开设"预付账款""其他应付款"账户(详细内容从略)。

根据以上各成本核算账户所反映的内容,工程成本总分类核算的一般程序如图6-2所示。

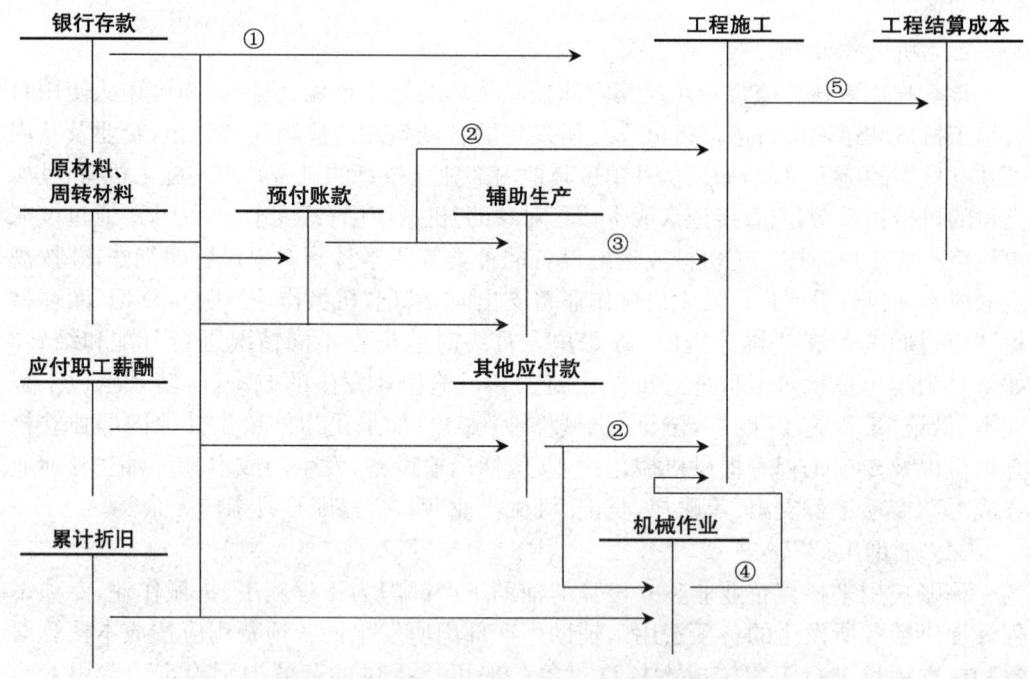

图 6-2 工程成本总分类核算的一般程序

注:图 6-2 的分配程序中,①为分配各项施工费用。②为期末分配和预提,由本月工程成本负担的预付账款和其他应付款。③为期末分配结转应由本期工程成本负担的辅助生产费用。④为期末分配结转机械使用费。⑤为结转已完工程实际成本。

(五) 工程成本的核算

1. 人工费的核算

由于工资制度不同,建筑施工企业的人工费计入工程成本的方法也不同。在计件工资制下,生产工人的工资一般是根据产量凭证计算工资费用,直接计入工程成本。在计时工资制下,如果只有一项工程,那么所发生的人工费属于直接费用,可直接计入此项工程的成本;如果是多项工程的人工费,则应采用一定的分配标准分配计入各项工程的成本。人工费的分配方法,一般按各项工程实耗工日比例进行分配。其计算公式如下:

$$人工费分配率 = \frac{人工费用总额}{实耗总工日数}$$

某工程应分配人工费 = 该项工程实耗工日数 × 人工费分配率

【例 6-8】 天津市第一建筑公司某施工单位本期承包 A、B 两项工程。该工程单位实行计时工资制度。施工单位财会部门应根据有关记录编制"人工费分配表",如表 6-12 所示。

表 6-12

人工费分配表

施工单位:　　　　　　　　　　20××年3月

工程名称	生产工日（日）	工资（分配率:2元）	其他薪酬（分配率:1.05元）	人工费合计（元）
A 工程	3 500	7 000	3 675	10 675
B 工程	2 500	5 000	2 625	7 625
合　　计	6 000	12 000	6 300	18 300

根据表 6-12"人工费分配表",作会计分录如下:

借:工程施工——A 工程　　　　　　　　　　　　　　　　　　10 675
　　　　　　——B 工程　　　　　　　　　　　　　　　　　　 7 625
　贷:应付职工薪酬——工资　　　　　　　　　　　　　　　　12 000
　　　　　　　　——其他薪酬　　　　　　　　　　　　　　　 6 300

根据以上会计分录登记有关施工单位"工程施工"明细账和工程成本卡的"人工费"成本项目。

2. 材料费用的核算

工程施工的各种材料耗费,由施工单位会计部门根据"领料单""限额领料单""材料耗用计算单""退料单"等原始凭证,经过审核进行计算。施工单位对于工程领料,应按成本核算对象编制"材料耗用分配表"汇总计算各个成本核算对象所耗材料的实际成本。

【例 6-9】 天津市第一建筑公司某施工队根据 A、B 两项工程所消耗的材料，编制"材料耗用分配表"，如表 6-13 所示。

表 6-13

材料耗用分配表

20××年 3 月　　　　　　　　　　　　　　　　　　　　单位：元

材料类别	工程名称	A 工程	B 工程	合计
主要材料	计划成本	25 000	85 000	110 000
	材料成本差异	250	850	1 100
结构件	计划成本	67 000	89 000	156 000
	材料成本差异	670	890	1 560
小　计	计划成本	92 000	174 000	266 000
	材料成本差异	920	1 740	2 660
周转材料摊销		12 000	10 500	22 500

表 6-13 中材料成本差异率为超支 1‰。

根据表 6-13 分配表，编制会计分录如下：

```
借：工程施工——A 工程                         92 000
        ——B 工程                            174 000
    贷：库存材料                              266 000
借：工程施工——A 工程                            920
        ——B 工程                              1 740
    贷：材料成本差异                            2 660
借：工程施工——A 工程                         12 000
        ——B 工程                             10 500
    贷：周转材料                               22 500
```

根据上述分录及分配表登记"工程施工"明细账和工程成本卡的"材料费"成本项目。

3. 机械使用费的核算

施工单位使用的施工机械，主要有租赁和自行管理两种，其核算方法也不同。

施工单位租赁机械所发生的费用,可根据租赁结算直接计入各有关工程成本。

【例 6-10】 银行转来结算单,某施工机械站的挖土机为 A 工程开挖地槽,支付租赁费用 4 000 元。

施工单位财会部门根据结算凭证,编制会计分录如下:

借:工程施工——A 工程　　　　　　　　　　　　　　　　　　　　4 000
　　贷:银行存款　　　　　　　　　　　　　　　　　　　　　　　　　　4 000

施工单位自行管理的施工机械所发生的各项费用,如人工费、燃料动力、折旧及修理费、其他直接费用和间接费用等,应通过"机械作业"账户借方核算,月末分配时记入该账户贷方,该账户月末应无余额。该账户应按不同类别的施工机械设置明细账,以分别计算各类机械单位台班或单位工程量的实际成本,然后再根据"机械使用任务单"所列各项工程使用台班数或完成的工程量,将当月发生的机械使用费分配给各工程成本核算对象。机械使用费的分配方法如下。

1) 单位成本分配法

施工单位对各类机械单独进行明细核算时,可采用该方法。其计算公式如下:

$$单位台班工程量成本 = \frac{某类机械本期发生费用总额}{某类机械本期工作台班或完工工程量总数}$$

$$某工程应分配的机械使用费 = 该工程本期使用台班数(或完成工作量) \times 单位台班工作量成本$$

【例 6-11】 某施工单位搅拌机本月共发生机械使用费总额为 8 000 元,本月共完成混凝土工程量为 400 m^3,其中 A 工程完成 240 m^3,B 工程完成 160 m^3。要求计算 A、B 工程应分配的机械使用费。

单位工程量成本 = 8 000 ÷ 400 = 20(元/m^3)

A 工程应分配机械使用费 = 240 × 20 = 4 800(元)

B 工程应分配机械使用费 = 160 × 20 = 3 200(元)

2) 定额比例分配法

如果施工单位不按机械类别对机械使用费组织明细核算,只反映各种机械使用费总额,如采用上述分配方法,会影响费用计算的准确性。因为不同类别机械的单位(台班或工作量)成本有的相差悬殊,不适合按平均单位成本法计算。这时,可以采用定额比例法分配机械使用费,计算如下:

(1) 归集实际发生的机械使用费总额。根据机械作业明细账资料,本月发生费用如下:

机械操作人员人工费	1 500元
机械所耗燃料动力费	2 500元
机械折旧、修理费	1 200元
替换工具、部件费	500元
其他	150元
合计	5 850元

(2) 计算各类机械的定额成本。定额成本可根据不同机械单位(台班或工作量)的预算定额和本期实际完成的台班数(或工作量)的乘积求得。其计算公式如下：

$$某类机械定额成本 = 某类机械本期实际工作台班 \times 单位台班定额成本$$

【例 6-12】 假如吊车的每台定额成本为 150 元，共 15 台，搅拌机每立方米的定额成本为 30 元，共搅拌 150 m^3。相关计算如下：

$$吊车的定额成本 = 15 \times 150 = 2\ 250(元)$$
$$搅拌机定额成本 = 150 \times 30 = 4\ 500(元)$$
$$本期定额成本合计 = 2\ 250 + 4\ 500 = 6\ 750(元)$$

(3) 计算机械使用费分配率。机械使用费分配率可根据实际发生的机械使用费总额除以按定额成本计算的机械使用费总额进行计算。其计算公式如下：

$$分配率 = \frac{本期实际发生机械使用费总额}{本期按定额成本计算的机械费总额} = \frac{5\ 850}{6\ 750} = 0.866\ 67$$

(4) 将实际发生的机械使用费在各工程之间进行分配，并编制机械使用费分配表，如表 6-14 所示。

表 6-14

机械使用费分配表

金额单位：元

工程名称	按台班定额成本计算				合计	分配率	应分配机械使用费
	吊车台班 (定额 150 元)		搅拌机单位 (工程量定额 30 元)				
	班	金额	工程量(m^3)	金额			
A 工程	10	1 500	70	2 100	3 600	0.866 67	3 120
B 工程	5	750	80	2 400	3 150	0.866 67	2 730
合计	15	2 250	150	4 500	6 750		5 850

根据表 6-14,编制会计分录如下:

借:工程施工——A 工程　　　　　　　　　　　　　　　　　　3 120
　　　　　　——B 工程　　　　　　　　　　　　　　　　　　2 730
　贷:机械作业　　　　　　　　　　　　　　　　　　　　　　5 850

根据以上分录,将各工程分配的机械使用费记入该施工单位"工程施工明细账"和按各该成本核算对象设置的"工程成本卡"的"机械使用费"成本项目内。

4. 其他直接费的核算

其他直接费如能确定受益对象的应直接计入,不能直接确定受益对象的,可采用合理的分配方法,分配计入有关的受益对象。

【例 6-13】 某施工单位本月份发生临时设施摊销费 1 000 元,其中 A 工程应负担 540 元,B 工程应负担 460 元。会计部门应编制"临时设施摊销表",编制会计分录如下:

借:工程施工——A 工程　　　　　　　　　　　　　　　　　　540
　　　　　　——B 工程　　　　　　　　　　　　　　　　　　460
　贷:临时设施摊销　　　　　　　　　　　　　　　　　　　　1 000

根据以上分录,将各工程应负担的其他直接费用登记在施工单位"工程施工"明细账和按各成本核算对象设置的"工程成本卡"的"其他直接费"成本项目内。

5. 间接费用的核算

汇集分配施工单位发生的各项间接费用,应设"工程施工——间接费用"明细账户。发生的各项间接费用记入该明细账的借方;月份终了,按照适当的分配标准,分配计入各项工程成本时记入该明细账户的贷方;该明细账户期末应无余额。

间接费用的分配标准的选择问题,应考虑便于对实际成本与预算成本进行比较分析。间接费用的分配标准,应尽量同预算口径相一致,即要根据不同情况分别以工程直接费和工程人工费为分配标准。一般建筑工程应以各工程的直接费和工程人工费为分配标准;设备安装工程应以各工程的人工费成本为分配标准。如果一个施工单位既有建筑工程,又有设备安装工程,那么,间接费用应先在不同类别的工程之间,以人工费为分配标准,进行第一次分配。其计算公式如下:

$$间接费用分配率 = \frac{本期实际发生的间接费用总额}{本期各类工程成本中的人工费总额}$$

某类工程应分配间接费用 = 该类工程成本中的人工费 × 间接费用分配率

在各类工程应分配的间接费用计算出来后,间接费用再进行第二次分配。其计算公式如下:

$$建筑工程间接费用分配率 = \frac{建筑工程成本应分配间接费用总额}{各项建筑工程直接费用总额}$$

某建筑工程应分配间接费用 = 该建筑工程直接费成本 × 建筑工程直接费用分配率

$$安装工程间接费用分配率 = \frac{安装工程成本应分配间接费用总额}{各安装工程的人工费成本总额}$$

某安装工程应分配间接费用 = 该安装工程人工费成本 × 安装工程间接费用分配率

【例 6-14】 某施工单位只有建筑工程,本月发生间接费用共 52 000 元,采用工程直接费标准分配。

a. 计算各工程本期直接费用成本。各工程本期直接费用成本,可根据按工程设置的"工程成本卡"计算。

A 工程直接成本 = 10 675(人工费) + 104 920(材料费) + 7 120(机械使用费) + 540(其他直接费)
    = 123 255(元)

B 工程直接成本 = 7 625(人工费) + 186 240(材料费) + 2 730(机械使用费) + 460(其他直接费)
    = 197 055(元)

b. 计算间接费用分配率。

$$分配率 = \frac{52\ 000}{123\ 255 + 197\ 055} = 0.162\ 3$$

c. 计算各工程应分配间接费用。

A 工程应分配间接费用 = 123 255 × 0.162 3 = 20 004.286(元)

B 工程应分配间接费用 = 52 000 − 20 004.286 = 31 995.714(元)

根据以上分配结果,编制间接费用分配表,如表 6-15 所示。

表 6-15

间接费用分配表

单位:元

工程名称	直接费用	分配率	应分配金额
A 工程	123 255	0.162 3	20 004.286
B 工程	197 055	0.162 3	31 995.714
合　计	320 310		

根据"间接费用分配表",编制会计分录如下:

借:工程施工——A 工程　　　　　　　　　　　　　　　20 004.286
　　　　　　——B 工程　　　　　　　　　　　　　　　31 995.714
　　贷:工程施工——间接费用　　　　　　　　　　　　　52 000.000

根据以上分录,将各工程分配的间接费用记入该施工单位"工程施工明细账"和按各该成本核算对象设置的"工程成本卡"的间接费用成本项目中。"工程成本明细账"和各工程的"工程成本卡"如表 6-16、表 6-17、表 6-18 所示。

表 6-16

工程成本明细账

施工单位:　　　　　　　　　　　　　　　　　　　　　　　　　　　单位:元

20××年		凭证字号	摘要	直接费用				间接费用	成本合计
月	日			人工费	材料费	机械使用费	其他直接费		
(略)	(略)	(略)	期初未完工工程成本	125 000	520 000	12 000	3 000	123 000	783 000
			分配人工费	18 300					18 300
			分配材料费		288 500				288 500
			分配材料成本差异		2 660				2 660
			分配机械使用费			4 000			4 000
			分配机械使用费			5 850			5 850
			分配其他直接费				1 000		1 000
			分配间接费用					52 000	52 000
			本期施工费发生额	18 300	291 160	9 850	1 000	52 000	372 310
			减:本期已完工程成本	143 000	798 320	20 960	3 880	170 497.7	1 136 657.7
			期末未完施工成本	300	12 840	890	120	4 502.3	18 652.3

253

表 6-17

工程成本卡

工程名称：A 工程　　　　　　　　　　　　　　　　　　　　　　　　　　单位：元

20××年		凭证字号	摘要	直接费用				间接费用	成本合计
月	日			人工费	材料费	机械使用费	其他直接费		
(略)	(略)	(略)	期初未完工工程成本	125 000	520 000	12 000	3 000	123 000	783 000
			分配人工费	10 675					10 675
			分配材料费		104 000				104 000
			分配材料成本差异		920				920
			分配机械使用费			3 120			3 120
			分配机械使用费			4 000			4 000
			分配其他直接费				540		540
			分配间接费用					20 004.286	20 004.286
			本期施工费发生额	10 675	104 920	7 120	540	20 004.286	143 259.286
			减：本期未完施工成本	—	—	—	—	—	—
			本期竣工工程实际成本	135 675	624 920	19 120	3 540	143 004.286	926 259.286

表 6-18

工程成本卡

工程名称：B 工程　　　　　　　　　　　　　　　　　　　　　　　　　　单位：元

20××年		凭证字号	摘要	直接费用				间接费用	成本合计
月	日			人工费	材料费	机械使用费	其他直接费		
(略)	(略)	(略)	期初未完工工程成本						
			分配人工费	7 625					7 625

(续表)

20××年 月	日	凭证字号	摘要	直接费用 人工费	材料费	机械使用费	其他直接费	间接费用	成本合计
(略)	(略)	(略)	分配材料费		184 500				184 500
			分配材料成本差异		1 740				1 740
			分配机械使用费			2 730			2 730
			分配其他直接费				460		460
			分配间接费用					31 995.714	31 995.714
			本期施工费发生额	7 625	186 240	2 730	460	31 995.714	229 050.714
			减:期末未完施工成本	300	12 840	890	120	4 502.300	18 652.300
			本期已完工程实际成本	7 325	173 400	1 840	340	27 493.414	210 398.414

6. 工程实际成本的核算

建筑安装工程成本一般是以单位工程为成本计算对象。期末,如果所施工的单位工程全部完工,则称为竣工工程;如果单位工程尚未全部完工,只是其中某项部分工程或分项工程完成了预算定额规定的内容,则称为已完工程或已完施工。已完工程实际成本的核算应和工程价款的结算相配比。

工程价款的结算主要有竣工后一次结算(或分段结算)和按月结算等方式。采用竣工后一次结算(或分段结算)工程价款方式的工程,应按合同确定的工程价款结算期结算已完工程成本;采用按月结算工程价款方式的工程,应按月结算已完工程实际成本。

采用竣工后一次结算工程价款方式的工程,当期竣工后,"工程成本卡"上自开工之日起归集的累计施工费用,就是该竣工工程全部实际成本。

【例 6-15】 假设 A 工程实行竣工后一次结算,根据该工程"工程成本卡"的记录,其竣工工程实际成本为 926 259.286 元(期初未完施工费用 783 000 + 本期发生的

施工费用 143 259.286),据以办理转账手续。编制会计分录如下:

  借:工程结算成本   926 259.286
   贷:工程施工——A 工程   926 259.286

  根据以上分录,将该工程的竣工工程的实际成本记入"工程成本明细账"和该工程的"工程成本卡"。"工程成本卡"应无余额。

  如采用按月结算工程价款方式,月末计算工程实际成本时,应区别不同情况进行不同处理。如果某项工程虽尚未竣工,但都是已完工程,则"工程成本卡"上的本月实际施工费用(如果有月初余额,还应包括月初未完工成本)之和,就是本期已完工程的实际成本;如果该项工程本月没有已完工程,则"工程成本卡"上的实际施工费用之和,就是该工程未完工程成本;如果该工程既有已完工程又有未完工程,则"工程成本卡"上的实际施工费用之和,还应在本月已完工程与期末未完工程之间进行分配,确定本期已完工程和未完工程的实际成本。一般采用按预算价格计算的工作量为分配标准。这就需要先确定本期已完工程的工作量和期末未完工程的工作量。已完工程的工作量可按本期统计资料求得。未完工程的工作量可用"估量法"计算确定,可以通过盘点确定的期末未完施工实物量,估计折合成相当于已完工程的实物量,然后再乘以"工程预算定额"中该项工程已完工程的预算价格,即可求得未完工程的工作量。其计算公式如下:

$$未完工程工作量(建筑工程) = 未完工程折合已完工程实物量 \times 预算单价 \times (1 + 间接费用率)$$

$$未完工程工作量(安装工程) = 未完工程折合已完工程实物量 \times 预算单价 + (未完工程的人工费 \times 间接费用率)$$

  未完工程工作量求出后,本期实际施工费用总额便可按已完工程和未完工程的工作量比例进行分配,分别求出本期已完工程和期末未完工程的实际成本。但在一般情况下,当期完成的全部工作量中未完施工所占的比重往往很小。为了简化成本计算手续,在实际工作中,企业可将未完工程的工作量视同实际成本,可不必进行分配,同时对已完工程实际成本的计算影响也不大。其计算公式如下:

$$本期已完工程实际成本 = 期初未完施工实际成本 + 本月发生的施工费用 - 期末未完工程实际成本$$

  【例 6-16】 B 工程采用按月结算工程价款方式,该工程本月开工,月末采用"估量法"计算确定的未完工程工作量为 18 652.30 元。根据该工程"工程成本卡"的记录,本月已完工程实际成本为 210 398.414 元,据以办理转账手续。编制会计分录如下:

  借:工程结算成本   210 398.414
   贷:工程施工——B 工程   210 398.414

第六章　其他行业的成本核算

根据以上分录,将该工程的本月已完工程实际成本记入"工程成本明细账"和该工程的"工程成本卡"。

本章小结

本章主要讲解了工业企业以外的其他主要行业的成本核算,包括商品流通企业、农业企业、交通运输企业和建筑施工企业。

商品流通企业通过商品购进、销售、调拨、储存(包括运输)等经营业务实现商品流转,成本对象是其经营的商品,一般不存在期末在产品,成本计算期比较单一,通常以月为单位进行。根据批发和零售两种商业企业的经营特点和管理需要,核算方法也分为两种,批发企业是按进价核算,包括数量进价金额核算和进价金额核算;零售企业是按售价核算,包括数量售价金额核算和售价金额核算。

农业企业主要包括农、林、牧、副、渔各业,通常以主要产品作为成本计算对象。由于受自然生长周期的影响,农业产品成本计算期可以是定期的,也可以是不定期的,要分别确定。

交通运输企业的业务范围主要是旅客和货物运输,其成本计算对象具有多样性,通常采用人公里(海里)或吨公里(海里)作为运输成本计算单位;生产过程和销售过程同步,运输成本即为销售成本;成本计算周期通常较短,没有在产品,一般不存在将营运费用划分为当期营运成本和下期运营成本的问题;其成本内容除了材料费、人工费外,不同类型的运输企业有不同的成本构成。

建筑施工企业的业务范围主要包括建筑工程和设备安装工程两类,依据建造合同为客户进行工程施工。其成本计算对象可以是单项建造合同工程,可以是同建造合同中的每个工程,可以是一组建造合同工程,也可以是由不同施工单位完成的部分工程,建筑施工企业成本计算期具有类似于工业企业分批法的特点,成本计算期不确定,与施工周期相一致,不存在生产成本在完工产品与期末在产品之间进行分配的问题。

> **知识链接**
>
> 医院成本是指医院在医疗活动中所消耗的资金总和,包括医疗成本和药品成本。医院追求经济效益但不以营利为目的,以社会效益为最高原则,因此不同于企业、行政单位的成本核算。医院成本核算是指依据成本会计核算原则,对医疗服务过程中发生的各种耗费进行分类、记录、归集和分配,以提供给医院总成本、科室成本、服务单元成本等相关成本信息的经济管理活动。成本计算遵循权责发生制原则。

(续上)

医院成本核算的内容。

(一) 成本核算对象

医院以科室成本中心为成本计算对象。医院科室按服务性质可分为直接医疗类、医疗技术类、药品类、医疗辅助类和行政类等科室。

(1) 直接医疗类科室是指直接为病人提供医疗服务的科室,包括门诊科室和住院科室。

(2) 医疗技术类科室是指为直接医疗科室和病人提供医疗技术服务的科室,包括手术室、检验科、放射科等。

(3) 药品类科室是指为直接医疗科室和病人提供药品的科室,包括药剂科、药房等。

(4) 医疗辅助类科室是指为直接医疗科室和医疗技术科室提供辅助服务的科室,包括锅炉房、员工食堂、收费处、挂号处、保管室等。

(5) 行政类科室是指为组织和管理医院业务开展的行政管理科室,包括院办、党办、宣传科、团委、财务科、保卫科等。

其中,直接医疗类、医疗技术类和药品类等科室为直接成本中心,医疗辅助类和行政类等科室是间接成本中心。医院成本计算周期与会计期间一致。

(二) 成本项目构成

按照医院的业务特点和各类费用的经济用途,一般将医院的成本项目分成以下几类:

(1) 人力资源费,主要核算在职人员的基本工资、津贴、绩效工资、奖金和其他福利支出等。

(2) 一般卫生材料费用,主要核算用于医疗服务的各种卫生材料、一次性材料、医用的低值易耗品等。

(3) 专属卫生材料费用,主要核算需要单独核算计价的卫生材料。

(4) 药品费用,主要核算医院的药品采购成本。

(5) 公用经费,主要核算办公费、工会经费、差旅费、宣传学习费等。

(6) 其他费用,包括折旧费、水电气费、清洁卫生材料等其他费用。

(三) 成本核算账户

为准确地核算和反映医院成本,可设置以下账户进行成本核算:

(1) "医疗直接成本"账户。该账户核算开展业务活动过程中发生的各种直接医疗服务成本,可按照门诊医疗科室、住院临床科室、医技科室等成本中心进行明细核算。

(2) "药品直接成本"账户。该账户归集核算医疗服务过程中所用药品的各种

(续上)

成本费用,可按照门诊药房和住院药房进行明细核算。

(3)"辅助业务成本"账户。该账户归集为基本业务服务进行的后勤保障供应而发生的辅助业务成本,可按照门诊辅助科室、住院辅助科室、药品辅助科室、后勤保障供应科室等成本中心进行明细核算。

(4)"管理费用"账户。该账户核算为组织和管理医院各种活动而发生的成本费用。

以上各账户期末均无余额。

(四)成本核算程序

医院总成本由医疗直接成本、药品直接成本、辅助成本和管理成本构成。医院发生的各项成本支出,首先通过费用要素进行归集,凡是能直接计入各科室的费用,应该直接计入科室成本;凡是不能直接计入科室的费用,先归集,再用合理的方法分摊计入。辅助成本按一定的方法分摊,管理成本可按照人员比例法、收入比例法、科室房屋面积比例法和科室固定资金比例法进行分摊。

(1)直接成本核算:对于发生的能直接计入各科室的成本,按照成本核算单元、费用发生明细进行追溯,直接计入成本。

(2)辅助费用分摊:将医疗辅助科室的成本按照服务对象分摊至直接医疗科室、医疗技术科室、药品供应科室,计算出直接医疗类的项目成本(医务成本)、医疗技术类的项目成本(医务成本)、药品供应类的药事成本。

(3)管理成本分摊:将管理服务类科室的管理成本分摊至直接医疗科室、医疗技术科室、药品供应科室,计算出直接医疗类的项目成本(医疗成本)、医疗技术类的项目成本(医疗成本)、药品成本等。

(4)医疗技术成本分摊:将医疗技术成本分摊至直接医疗科室,计算出直接医疗科室的医疗总成本和诊次医疗成本、单病种医疗成本等。

(5)药品成本分摊:将药品成本分摊至直接医疗科室,计算出直接医疗科室的医疗总成本和诊次成本、单病种成本等单位成本。

资料来源:李玉周.成本会计[M].北京:机械工业出版社,2017.

复习思考题

1. 商品流通企业成本核算的特点是什么?其与工业企业有什么不同?
2. 农业企业成本核算的特点是什么?生物资产有哪几类?生物资产有哪些特点?
3. 运输企业成本核算的特点是什么?

4. 建筑施工企业成本核算的特点是什么?

练 习 题

一、单选题

1. 在商品流通企业中,核算售价与进价之间的差额的会计科目是( )。
   A. "产品进销差价" B. "材料成本差异"
   C. "商品进销差异" D. "材料进销差异"
2. 零售企业的成本核算方法是( )。
   A. 售价金额核算法 B. 售价数量核算法
   C. 进价金额核算法 D. 进价数量核算法
3. 施工企业的特点是( )。
   A. 产品单一 B. 产品周期长
   C. 以整体工程作为成本核算对象 D. 成本计算期固定
4. 下列关于运输企业的说法中,不正确的是( )。
   A. 产品没有实物形态 B. 以运输工具作为成本计算对象
   C. 成本计算单位为周转量 D. 一般是按月计算成本
5. 下列关于农业企业成本核算特点的说法中,不正确的是( )。
   A. 生产费用支出在各月之间比较均衡 B. 成本计算方法多样
   C. 成本计算期较长 D. 需要按作业进行核算

二、判断题

1. 施工企业的成本核算对象为动产。 ( )
2. 施工企业的施工活动中不包括安装工程。 ( )
3. 施工企业的成本包括机械使用费。 ( )
4. 进货费用不计入商品流通企业中商品的采购成本。 ( )
5. 批发企业采用的成本核算方法是售价金额核算法。 ( )

三、计算题

1. 某零售商店采用综合差价率计算法,计算已销商品进销差价,本月结账前"商品进销差价"账户贷方余额是 85 800 元,月末"库存商品"账户借方余额为 180 000 元,本月"主营业务成本"账户借方发生额为 600 000 元。

要求:根据以上资料,计算已销商品的进价成本,并编制会计分录。

2. 某批发企业甲类商品 20××年第一季度实际毛利率为 8%,第二季度各月份的商品销售额分别为 11 500 元、25 000 元和 18 000 元。6 月末按加权平均法计算的甲类各种商品的结存额为

第六章　其他行业的成本核算

6 416元。其他有关资料如表6-19所示。

表6-19

商品存货明细账

类别：甲类　　　　　　　　　　　　　　　　　　　　　　　　　　　单位：元

20××年		凭证		摘要	借方	贷方	结余
月	日	字	号				
4	1	（略）	（略）	月初结余			6 000
	8			购进	8 000		
	15			购进	7 000		
	30			结转成本			
				本月合计			
5	15			购进	15 000		
	28			购进	6 000		
	31			结转成本			
				本月合计			
6	10			购进	3 000		
	20			购进	10 000		
	30			结转成本			
6	30			本月合计			
				季结			

要求：计算第二季度各月份商品销售成本及第二季度实际毛利率，并填写表6-19中的相应内容。

第七章 成本报表

学习目的与要求

本章主要介绍成本报表的编制与分析。通过本章学习,学生应了解成本报表的含义、作用、种类、特点、报表的编制要求和依据的基础;掌握全部商品产品成本表、主要产品单位成本表及各种费用明细表的结构和编制方法;了解成本分析的含义、作用;理解影响产品成本的各个因素以及成本分析的原则与评价标准;掌握成本报表分析的基本方法和程序;熟悉全部商品产品成本表和主要产品单位成本表的分析内容和方法,重点掌握可比产品成本降低计划完成情况的分析。

难点

1. 掌握可比产品成本降低计划完成情况的分析。
2. 掌握因素分析法(连环替代法)的运用。

第一节 成本报表概述

一、成本报表的内涵

成本报表是根据日常成本核算资料及其他有关资料定期编制,用来反映和监督企业一定时期内产品成本水平和构成情况以及各项费用支出情况,据以分析企业成本计划执行情况和结果的报告文件。正确、及时地编制成本报表是成本会计的一项重要内容。

成本报表与财务报表同属于会计报表体系。财务报表包括资产负债表、利润表、现金流量表和有关附表、附注及财务情况说明书,是企业向外提供财务状况和经营成果的对外报表;成本报表则主要为企业内部管理服务,属于对内报表,是商业机密。相对于财务报表而言,成本报表在编报的时间、格式与内容上,具有一定的灵活性。

二、成本报表的作用

1. 全面、综合地反映企业报告期内的成本、费用水平

企业在生产经营过程中要发生各种耗费,产品成本和费用是综合反映这些生产

耗费的指标。通过编制成本报表,不仅可以提供有关产品的实际成本和各项费用支出的实际情况,而且能够及时地发现企业在生产、技术、质量和管理等方面存在的问题,从而达到降低产品成本、提高经济效益的目的。

2. 评价和考核企业内部成本管理业绩

企业通过编制成本报表,不仅可以满足自身日常的成本、费用管理需要,而且可以明确有关部门和人员执行成本计划的责任,分析其预算完成情况,并在此基础上,进行适当的奖惩,以增强职工的责任感,为全面完成降低成本的任务而努力。

3. 为成本计划和成本控制提供重要依据和工具

企业通过编制成本报表,可以为自身制定标准成本提供有利信息,为制定将来的成本计划提供科学的依据。此外,通过报表分析,企业管理者可以及时掌握成本计划的执行情况及存在的差异,从而为成本预测、决策提供重要依据。

三、成本报表的种类

成本报表作为对内报表主要是为企业内部经营管理的需要而编制的。报表的种类、格式、指标的设计、编制方法、编报日期和具体的报送对象,都由企业自行决定。根据企业管理的需要,当前多数企业主要编制以下几种成本报表:①反映成本计划执行情况的报表,如全部商品产品成本表、主要商品产品单位成本表。②反映费用支出情况的报表,如制造费用明细表、各种期间费用明细表。③反映企业生产经营情况的报表,如生产情况表、材料耗用量月报表、材料耗用成本月报表、材料价格差异分析月报表、工人工作效率月报表等。此外,企业还可以根据自身的生产特点和管理要求,对上述成本报表做必要的补充,也可以结合本企业经营决策的实际需要,编制其他必要的内部成本报表。

四、成本报表的编制要求

成本报表的编制应符合下列要求:①数字真实,内容可靠。这是指报表的指标必须如实反映情况,不能任意估计数字,更不能弄虚作假,篡改数字。在编制报表前,所有经济业务都应登记入账,检查是否有不应列为成本的费用,做到先结账后编表;定期清查财产物资,做到账实相符;核对各种账簿之间的记录,做到账账相符;报表编制完毕还应检查各个报表中相关指标的数字是否一致,做到表表相符。②内容完整,便于理解。这是指应编制的成本报表的种类必须齐全,应填列的报告指标和文字说明必须全面;表内项目和表外补充资料,不论根据账簿资料直接填列,还是分析计算填列,都应当完整无缺,不得随意取舍。③编报及时,信息相关。这是指报表应按规定时间编制和报出,以便及时地对企业成本计划完成情况进行检查分析,从中发现问题,采取措施加以解决,充分发挥成本报表应有的作用。④方法一致,信息可比。这是指会计报表前后各期应保持方法的一致性,计量选择不能随意改动。当情况发生变化使得计量和填报方法必须变化时,应及时做出说明,避免前后各期成本信息的波动给报表使用者造成误导。

第二节 成本报表的编制

一、全部商品产品成本表的编制

全部商品产品成本表是反映企业在一定时期内所生产的全部商品产品的总成本以及各种主要商品产品的总成本和单位成本的会计报表。

该报表主要反映以下内容:各种产品的产量;各种产品的上年实际平均单位成本和按上年实际平均单位成本和本年产量计算的总成本;各种产品的计划单位成本和按计划单位成本及今年产量计算的总成本;各种产品的实际单位成本和总成本;全部可比产品的总成本;全部不可比产品的总成本;全部商品产品总成本以及各种产品总成本的降低额和降低率。

通过编制全部商品产品成本表,可以考核全部商品产品和主要商品产品成本计划的执行情况,分析各种可比产品成本降低任务的完成情况。可比产品是指以前年度曾经正式生产过,有完整的成本资料,可以进行比较的产品,其本期实际成本不仅能同计划成本比较,考核计划成本的完成程度,而且还能同上年的实际平均成本比较,以衡量本期实际成本与上年成本相比是提高还是降低,借以考核企业的生产经营管理工作。不可比产品是指企业本年度初次生产的新产品或虽非初次生产,但以前仅属试制而未正式投产的产品,缺乏可比的成本资料,所以它的实际成本只能与计划成本相比较。

全部商品产品成本表按可比产品、不可比产品以及全部商品产品制造成本分别填列,分为产品名称、实际产量、单位成本、本月总成本和本年累计总成本五栏填列。

(1)"产品名称"栏按可比产品、不可比产品及全部商品产品制造成本分别填列。

(2)"实际产量"栏里分别反映本月和从年初起至本月末止各种主要商品产品的累计实际产量,应根据"成本计算单"或"产成品明细账"的记录计算填列。

(3)"单位成本"栏又分为上年实际平均、本年计划、本月实际、本年累计实际平均四项。"上年实际平均单位成本"应根据上年12月份本表所列的各种可比产品的本年累计实际平均单位成本填列,反映各种可比产品的上年实际平均单位成本;"本年计划单位成本"应根据本年度成本计划的有关数字填列,反映各种主要商品产品的本年计划单位成本;"本月实际单位成本"应根据本月成本计算单中有关资料计算填列,反映本月生产的各种商品产品的实际单位成本,其计算公式如下:

$$某产品本月实际单位成本 = \frac{某产品本月实际总成本}{某产品本月实际产量}$$

"本年累计实际平均单位成本"应根据各月成本计算单有关资料计算填列,反映本年1月份至编制报表月份之间产品的平均单位成本,其计算公式如下:

$$某产品本年累计实际平均单位成本 = \frac{某产品本年累计实际总成本}{某产品本年累计实际产量}$$

(4)"本月总成本"栏按本月实际产量分别乘以"上年实际平均单位成本""本年计划单位成本""本月实际单位成本",计算出三个总成本,便于本月实际总成本同计划总成本、上年实际总成本比较,以检查计划执行情况和与上年比较成本的升降情况。

(5)"本年累计总成本"栏按各种主要产品本年累计实际产量分别乘以"上年实际平均单位成本""本年计划单位成本""本年累计实际平均单位成本",计算出三个总成本,便于本年累计实际总成本同计划累计总成本、上年累计实际总成本比较,以检查计划执行情况和与上年比较成本的升降情况。

全部商品产品成本表在正式表格下面还附有两项补充资料:

一是可比产品成本降低额:是指可比产品累计实际总成本比按上年实际单位成本计算的累计总成本降低的数额,超支额用负数表示。其计算公式如下:

$$可比产品成本降低额 = 可比产品按上年实际平均单位成本计算的总成本 - 可比产品本年累计实际总成本$$

二是可比产品成本降低率:是指可比产品本年累计实际总成本比按上年实际平均单位成本计算的累计总成本降低的比率,超支率用负数表示。其计算公式如下:

$$可比产品成本降低率 = \frac{可比产品成本降低额}{可比产品按上年实际平均单位成本计算的总成本} \times 100\%$$

【例7-1】 现举例说明全部商品产品成本表的编制方法,如表7-1所示。根据"全部商品产品成本表"中有关数字计算可比产品成本降低额和可比产品成本降低率。

表 7-1

全部商品产品成本表

编制单位：　　　　　　　　　　　　20××年×月　　　　　　　　　　金额单位：元

产品名称	计量单位	实际产量			单位成本			本月总成本			本年累计总成本		
		本月①	本年累计②	上年实际平均③	本年计划④	本月实际⑤=⑨÷①	本年累计实际平均⑥=⑫÷②	按上年实际平均单位成本计算⑦=①×③	按本年计划单位成本计算⑧=①×④	本月实际⑨	按上年实际平均单位成本计算⑩=②×③	按本年计划单位成本计算⑪=②×④	本年实际⑫
可比产品成本合计							310		71 460	71 250	118 400	113 720	116 500
其中 甲	件	120	190	320	308	300		74 400	36 960	36 000	60 800	58 520	58 900
乙	件	150	240	240	230	235	240	38 400	34 500	35 250	57 600	55 200	57 600
不可比产品成本合计								36 000	77 200	76 000		126 000	125 100
其中 丙	件	80	120		540	550	555		43 200	44 000		64 800	66 600
丁	件	50	90		680	640	650		34 000	32 000		61 200	58 500
全部商品产品制造成本									148 660	147 250		239 720	241 600

补充资料：（本年累计实际数）

（1）可比产品成本降低额为 1 900 元。

（2）可比产品成本降低率为 1.6%。

可比产品成本降低额 = 118 400 − 116 500 = 1 900(元)

可比产品成本降低率 = (1 900 ÷ 118 400) × 100% = 1.6%

二、主要产品单位成本表的编制

主要产品是指企业经常生产，在企业全部产品中所占比重较大，能概括反映企业生产经营状况的那些产品。

主要产品单位成本表是反映企业报告期内所生产的各种主要产品单位成本的构成情况和各项主要技术经济指标执行情况的报表。它是对全部商品产品成本表的有关单位成本做进一步补充说明的报表。利用该表可以考核和分析各种主要产品单位成本计划的完成情况，分析各该产品各成本项目的变动情况和原因；利用该表可以按照成本项目将本月实际和本年累计实际平均单位成本与上年实际平均和历史先进水平进行对比，了解单位成本的变动情况；利用该表可以分析和考核各种主要产品的主要技术经济指标的执行情况，进而查明主要产品单位成本升降的具体原因。

主要产品单位成本表应按各种主要产品分别编制。该表可分为三大部分：

第一部分为产品产量，包括本月计划产量、本月实际产量、本年累计计划产量、本年累计实际产量和销售单价等项目。本月计划产量及本年累计计划产量应根据本月和本年产品产量的计划资料填列；本月实际产量及本年累计实际产量应根据产品成本明细账或产成品成本汇总表填列；销售单价应根据产品销售价格目录填列。

第二部分为单位成本，包括历史先进水平、上年实际平均、本年计划和实际成本四项。历史先进水平应根据历史上该种产品成本最低年度本表的实际平均单位成本填列；上年实际平均单位成本应根据上年度本表的本年累计实际平均单位成本填列；本年计划单位成本应根据本年度成本计划填列；实际成本又分为本月实际、本季度实际和本年累计平均实际成本三项。本月实际成本应根据本月成本计算单填列；本季度实际成本应根据本表本季度各月的实际单位成本计算填列；本年累计平均单位成本应根据本年年初至本月末止该种产品的实际总产量和总成本计算填列。另外，在填列此表时应注意该表与全部商品产品成本表之间的钩稽关系。该表中的单位成本，应当与"全部商品产品成本表"中的单位成本相一致。

第三部分为主要技术经济指标，主要反映该产品消耗原材料、主要材料、燃料和动力、工时等的情况，又具体分为历史先进水平、上年实际平均、本年计划、本年实际等四部分。该四部分可依次根据生产统计部门的统计资料填列。

【例 7-2】 现举例说明主要产品单位成本表的编制方法，如表 7-2 所示。

表7-2

主要商品产品单位成本表

编制单位:　　　　　　　　　　　　　20××年×月　　　　　　　　　　　　　金额单位: 元

产品名称	甲	计量单位	件	本月计划产量	100	本年累计计划产量	200
规格		销售单价	450	本月实际产量	120	本年累计实际产量	190

成本项目	行次	历史先进水平(20××年)	上年实际平均	本年计划	单位成本 实际		
					本月份	本季度	本年累计平均
直接材料	1	184	192	184	180	186	186
直接人工	2	54	67	58	54	68	68
制造费用	3	68	61	66	66	56	56
合　计	4	306	320	308	300	310	310

主要技术经济指标	5	用量	金额	用量	金额	用量	金额	用量	金额	用量	金额	用量	金额
原材料A(千克)	6	20	100	19.3	116	18.3	110	18	108	18.3	112	18.3	112
原材料B(千克)	7	14	84	13.8	76	14	74	13.8	72	14	74	14	74

三、制造费用明细表的编制

制造费用明细表是反映企业在报告期内发生的各项制造费用的报表。利用该表,可以分析制造费用的构成和各项制造费用的增减变动情况,考核制造费用预算的执行结果,以便进一步采取措施节约开支、降低费用,从而降低产品的制造成本。

制造费用明细表应按制造费用项目,分"本年计划""上年同期实际""本年累计实际"三个栏次填列。"本年计划"栏应根据制造费用的年度计划数填列;"上年同期实际"栏应根据上年同期本表的本年累计实际数填列。如果表内所列项目和上年度的费用项目在名称或内容上不一致,应对上年度的各项数字按照表内规定的项目进行调整;"本年累计实际"栏根据自年初起至编报月月末止各月的"制造费用明细账"的记录计算填列。

制造费用明细表的格式如表 7-3 所示。

表 7-3

制造费用明细表

编制单位:　　　　　　　　　　20××年×月　　　　　　　　　　单位:元

项　　目	行次	本年计划	上年同期实际	本月计划	本月实际	本年累计实际
职工薪酬	1					
折旧费	2					
办公费	3					
取暖费	4					
水电费	5					
机物料消耗	6					
低值易耗品摊销	7					
劳动保险费	8					
租赁费	9					
运输费	10					
保险费	11					
设计制图费	12					
试验检验费	13					
其他	14					
合　　计	15					

四、期间费用明细表的编制

期间费用明细表是反映企业在报告期内发生的管理费用、财务费用和销售费用的报表。利用该表,可以考核期间费用计划或预算的执行情况,分析各项费用的构成和增减变动情况,以便查找原因,采取措施,降低各项费用水平。

管理费用明细表、财务费用明细表和销售费用明细表应根据费用项目,分"本年计划""上年实际""本年实际"三个栏次填列。"本年计划"栏应根据本年度各项费用预算填列;"上年实际"栏应根据上年度本表的"本年实际"栏相应数字填列,如果表内所列费用项目和上年度的费用项目在名称或内容上不一致,应对上年度的各项数字按本年度表内项目的规定进行调整;"本年实际"栏应根据本年度"管理费用明细账""财务费用明细账""销售费用明细账"中各项费用的累计数填列。

"管理费用明细表""财务费用明细表""销售费用明细表"的格式如表 7-4 至表 7-6 所示。

表 7-4

管理费用明细表

编制单位:　　　　　　　　20××年×月　　　　　　　　单位:元

项目	行次	本年计划	上年同期实际	本月计划	本月实际	本年累计实际
职工薪酬	1					
折旧费	2					
办公费	3					
差旅费	4					
运输费	5					
保险费	6					
租赁费	7					
修理费	8					
咨询费	9					
诉讼费	10					
排污费	11					
绿化费	12					
物料消耗	13					
低值易耗品摊销	14					

第七章 成本报表

(续表)

项　　目	行次	本年计划	上年同期实际	本月计划	本月实际	本年累计实际
无形资产摊销	15					
业务招待费	16					
存货盘亏和毁损（减盘盈）	17					
其他	18					
合　计	19					

表 7-5

财务费用明细表

编制单位：　　　　　　　　　　20××年×月　　　　　　　　　　单位：元

项　　目	行次	本年计划	上年同期实际	本月计划	本月实际	本年累计实际
利息支出	1					
汇兑损失	2					
金融机构手续费	3					
其他	4					
合　计	5					

表 7-6

销售费用明细表

编制单位：　　　　　　　　　　20××年×月　　　　　　　　　　单位：元

项　　目	行次	本年计划	上年同期实际	本月计划	本月实际	本年累计实际
职工薪酬	1					
业务费	2					
运输费	3					
装卸费	4					
包装费	5					
保险费	6					
展览费	7					

（续表）

项 目	行次	本年计划	上年同期实际	本月计划	本月实际	本年累计实际
广告费	8					
差旅费	9					
租赁费	10					
低值易耗品摊销	11					
销售部门办公费	12					
委托代销手续费	13					
销售服务费	14					
折旧费	15					
其他	16					
合 计	17					

五、其他成本报表的编制

由于成本报表是内部报表，所以其在设置上有较大的灵活性和多样性。以上介绍的只是企业常见的几张报表，企业还可以根据本企业生产特点和管理要求，编制其他有利于企业成本管理的报表，如生产情况表、材料耗用量月报表、材料耗用成本月报表、材料价格差异分析月报表、工人工作效率月报表等。它们的基本格式如表7-7至表7-11所示。

表7-7

生产情况表

车间：
产品：
编制单位： 20××年×月 金额单位：元

日期	摘要	生产数量（件）				直接材料	直接人工	制造费用	其他	合计
		投产数	完工入库数	在产品数	废品数					

表 7-8

材料耗用量月报表

材料名称：
编制单位：　　　　　　　　20××年×月　　　　　　　　单位：件

日期	本日数				本月累计数				本年累计数			
	实际用量	标准用量	差异数	差异率	实际用量	标准用量	差异数	差异率	实际用量	标准用量	差异数	差异率

表 7-9

材料耗用成本月报表

编制单位：　　　　20××年×月×日至20××年×月×日　　　　单位：元

部门	实际成本（实际用量×计划单价）	标准成本（标准用量×计划单价）	差异数	差异率

表 7-10

材料价格差异分析月报表

编制单位：　　　20××年×月×日至20××年×月×日　　　金额单位：元

采购单编号	供货单位	材料名称	计量单位	采购数量	实际成本		计划成本		差异		
					单位成本	总成本	单位成本	总成本	单位成本	总成本	差异额

表 7-11

工人工作效率月报表

班组：
编制单位：　　　　　　　　20××年×月　　　　　　　　单位：小时

工人姓名或工号	实际工时	完成定额工时	工作效率

第三节 成本分析

一、成本分析的含义和意义

成本分析是利用成本核算及其他相关资料,对成本水平与构成的变动情况进行分析评价,以揭示影响成本升降的各种因素及其变动的原因,寻找降低成本途径的一种管理活动。它是成本会计的重要组成部分,是成本管理工作的重要环节。广义地说,成本分析可以在成本形成前后进行事前、事中和事后分析。在成本形成之前,为了选择降低成本的最佳方案,确定目标成本,编制成本计划,需要对成本进行预测分析,即事前分析。在成本形成过程中,为了随时检查各项定额和成本计划的执行情况,控制各种消耗、费用支出,保证目标成本的实现,企业需要进行成本控制情况的分析,即事中分析。在成本形成后,企业应把成本核算数据与其他资料结合起来,评价成本计划的执行结果,揭露矛盾,总结经验教训,以便指导未来,需要进行成本计划执行情况的考核分析,即事后分析。所以,成本分析贯穿于成本会计的全过程,它对充分发挥成本会计的积极作用具有重要意义。

狭义地说,成本分析主要指事后成本分析。成本事后分析是以成本核算提供的数据为主,结合有关的计划、定额、统计、技术和其他调查资料,按照一定的原则,应用一定的方法,对影响成本和成本效益升降的各种因素进行科学的分析,查明效益变动的原因,制定降低成本的措施,以便充分挖掘企业内部降低成本和提高成本效益的潜力,用较少的劳动消耗取得较大的经济效益。

从降低本期成本出发,事前成本分析与事中成本分析的作用大于事后成本分析。但是,事后成本分析另有其特定的作用。这种分析对于检查成本计划执行情况,评价工作业绩,指导下期成本工作都具有明显的积极意义。因此,事后分析是成本分析的一项必不可少的内容。本节所讲的成本分析的方法和内容主要是从狭义成本分析的角度进行的。

成本分析的意义主要体现在以下几个方面:

第一,成本是一个综合性很强的指标,它在工业企业中处在极其重要的地位。成本不仅是补偿生产耗费的重要尺度,而且也是制定价格的基础,是决策的重要因素。成本指标可以综合反映企业供应、生产、销售、管理等各个方面活动的成果。例如,通过产品成本水平的高低可以反映设备利用的程度,产量和质量的变动情况,原材料的消耗水平,奖金的节约或浪费情况,管理工作效率的高低等。通过成本分析,既可以考察成本指标升降情况及其原因,又可以评价整个企业生产经营活动的综合效果。

第二,成本的降低,不仅可以降低生产经营过程中的人力、物力、财力的消耗,而且也可以增加企业的利润,从而导致了可供分配利润的增加。当生产同种产品的多数企业的成本普遍降低时，就有可能降低该种产品的价格，从而为消费者带来益处。通过成本分析可以使企业寻求降低成本的有效途径，努力提高经济效益，保持企业在激烈的市场竞争中立于不败之地。

第三，成本管理是由预测、决策、计划、核算、控制、分析、考核等环节所组成的循环，在这一循环过程中，分析处于重要地位。成本分析是重新编制成本计划，进行新一轮成本预测、决策的重要依据，是成本核算和成本控制的继续和发展。只有深入开展成本分析，才能使企业成本管理水平推向更高的阶段。

第四，通过成本分析，可以促进企业完成和超额完成成本计划，查明成本计划完成或未完成的原因，对成本计划本身及其执行结果进行评价，总结成本管理的经验教训，认识和掌握成本变动的规律；同时也可以检查企业成本管理行为的合理合法性，从而促进企业更好地贯彻执行国家有关成本管理的法规和制度，划清成本管理的经济责任，了解各项成本管理责任制度是否健全，促进企业完善成本管理责任制。

二、成本分析的原则和评价标准

（一）成本分析的原则

成本分析的原则是组织成本分析工作的规范，是发挥成本分析职能作用，完成成本分析任务和使用成本分析方法的准绳。概括地说，成本分析的一般原则是：以党和国家有关的方针、政策、法令为依据，以目标成本和定额成本为标准，以健全的成本信息系统为手段，以提高经济效益为核心，全面、系统、及时地对企业的成本和成本效益进行分析，并给予正确评价。具体地说，在分析时要着重掌握下列原则。

1. 全面分析与重点分析相结合

所谓全面分析，并不是单指分析内容的全面性，而是指成本分析要着眼于整体，要树立全局观念，切忌片面性，必须将企业的成本效益与社会的效益结合起来进行分析。分析人员要运用辩证观点和方法对成绩和经验、缺点和存在问题、有利因素和不利因素、主流和支流进行全面、客观地分析与评价；必须坚持实事求是的精神，不能强调一个方面而忽视另一个方面；要以产品成本形成的全过程为对象，结合生产经营各阶段的不同性质和特点进行成本分析。必须指出，全面分析并不意味着要对同成本有关的生产经营活动进行面面俱到、事无巨细的分析，而要按照例外管理原则抓住重点矛盾，找出关键性问题进行深入剖析。一般说来，企业日常出现的成本差异是很繁多的。为了提高成本分析的工作效率，分析人员要把精力集中在例外差异上，即对那些差异率或差异额较大、差异持续时间较长、影响了企业长期盈利能力的项目进行重点分析，并及时反馈给有关责任单位，迅速采取措施予以消除。

2. 定性分析与定量分析相结合

所谓定性分析，是对成本变动性质的分析，其目的在于揭示影响成本费用各种因素的性质、内部联系及其变动趋势。而对成本变动数量的分析，称为定量分析，其目的在于确定成本指标变动幅度及其各因素影响程度。两者有着密切联系,定性分析是定量分析的基础,定量分析是定性分析的深入。仅有定性分析说明而无定量分析资料作依据,或仅有定量分析结果而无定性分析说明,多不可能发挥成本分析应有的作用。因此,在成本分析中必须贯彻定性分析与定量分析相结合的原则。

3. 事后分析与事前、事中分析相结合

现代成本分析不能局限于事后分析,还应包括事中分析,特别是要开展事前分析。这三个分析阶段相互联系,各有其特定作用,不可偏废哪一种。只有在成本发生之前就开展预测分析,在成本发生过程中,实行控制分析,在成本形成之后,搞好考核分析,把事前分析、事中分析和事后分析结合起来,建立起完整的分析体系,才能将成本分析贯穿于企业再生产全过程,从而做到事前发现问题,事中及时揭示差异,事后正确评价业绩。这对于企业提前采取相应措施,把影响成本升高因素消灭在发生之前或萌芽状态之中,以及总结经验教训、指导下期成本工作,都具有明显的积极意义。

4. 纵向分析与横向分析相结合

纵向分析是指企业内部范围内的纵向对比分析,包括本期实际与上期实际比较、与上年同期实际比较、与历史最高水平比较、与有关典型意义的时期比较等等。纵向分析是成本分析的主要内容,通过其可以观察企业成本的变化趋势。但在市场经济条件下,企业必须面向市场、面向世界,为了增强竞争力,企业还要收集和掌握国内外同类型企业成本的先进水平资料,广泛开展横向分析。横向分析有助于企业在更大范围内找到差距,促使自身产生紧迫感,激发降低成本的潜力。

5. 经济分析与技术分析相结合

成本的高低既受经济因素影响,又受技术因素影响,在一定程度上技术因素起决定性作用。所以,成本分析如果只停留在经济指标的分析上,而不深入技术领域,结合技术指标进行分析,就不能达到其目的。为此,必须要求分析人员具备一些专业技术知识并注意发动技术人员参加成本分析,把经济分析与技术分析结合起来。所谓经济分析与技术分析相结合,就是通过经济分析为技术分析提供课题,增强技术分析的目的性;而技术分析又可反过来提高经济分析的深度,并从经济效果角度对所采取的技术措施加以评价,从而通过改进技术来提高经济效果。这两方面分析的结合,就能防止片面性,并能结合技术等因素查明成本指标变动的原因,以全面改进成本管理工作,提高经济效益。

6. 专业分析与群众分析相结合

成本涉及企业所有部门及全体职工的工作业绩,为了使成本分析能够做到经常性和有效性,真正达到成本分析的目的,必须发动群众参加,将分析化为广大群众的自觉性行动。这就要求成本分析上下结合,专群结合,充分发挥每个部门和广大群众分析成本、挖掘降低成本潜力的积极性,把专业分析建立在群众分析的基础上。这样才能充分揭露矛盾,深挖提高成本效益的潜力,把成本分析搞得生机勃勃,充分发挥其应有的作用。

(二)成本分析的评价标准

确立成本分析评价标准是成本分析的一个基本前提,也是成本分析的一项重要内容。不同的成本分析评价标准,会对同一分析对象得出不同的分析结论。正确选择和确定成本分析评价标准,对于发现问题、找出差距,正确评价成本分析对象,有着十分重要的意义和作用。成本分析评价标准主要有历史标准、行业标准和预算标准等。

1. 历史标准

所谓历史标准,是指企业在以前年度中某项成本指标的最低水平。历史标准不会一直保持不变,如果企业以后年度中成本指标有了新的突破,历史标准将被更新、更好的指标所代替,直到企业重新产生新的标准。历史标准,资料真实可靠、可比性强。通过与历史标准进行比较,可以及时发现企业存在的差距。不过,历史标准比较保守,不能评价企业在同行业中的地位和水平。在外部分析中仅仅用历史成本是远远不够的。

2. 行业标准

所谓行业标准,是指由企业主管部门根据所属行业生产经营的实际情况所制定的同行业的成本指标水平。行业标准应是体现全行业平均水平的成本指标,一般情况下,大多数企业经过努力可以达到这一标准。根据这一指标,企业可以了解自己在同行业中所处的水平,是超过同行业平均水平,还是未达到同行业平均水平,从而可以促使企业努力采取措施,赶超先进。

3. 预算标准

所谓预算标准或称计划标准或目标标准,是指企业根据自身经营条件或经营状况预先规定的在计划期内产品生产耗费和各种产品的成本水平。根据预算标准,企业可以分析其实际生产消耗水平与预算之间的差异,并通过分析差异原因,使之在以后的经营管理中,力争成本消耗不突破预算,使成本水平不断降低,从而增加企业经济效益。尤其是对于内部成本分析而言,预算标准更有其优越性。它可以考核评价各级、各部门经营者的经营业绩及其对企业总体目标实现的影响。但是预算标准对于外部成本分析的作用不明显,有时还会受到人为因素的干扰。

在实际成本分析过程中,企业应结合不同的评价标准,运用不同方法,从不同角度对企业经营状况和成本状况进行评价。

三、成本分析的一般程序和基本方法

(一)成本分析的一般程序

成本分析程序就是确定分析工作各个步骤的名称、顺序、内容和要求。通常情况下,成本分析主要包括以下几个阶段和步骤。

1. 准备阶段

在准备阶段,成本分析主要包括以下三个步骤:

(1) 明确成本分析的目的。成本分析的主要目的是全面分析成本水平与构成的变动情况,研究影响成本升降的各种因素及其变动原因,以便挖掘降低成本的潜力,进而控制成本,促使经济效益提高。只有明确了成本分析的目的,制订了成本分析计划,才能正确地收集、整理资料,才能保证分析工作有目的、有步骤地进行。

(2) 明确成本分析标准。有了明确的分析目的,还必须确立正确的分析评价标准。不同的分析目的,其分析评价标准是不同的。有的可用绝对标准,有的可用相对标准,有的可用历史标准,有的可用预算标准。具体做法是将企业的实际成本指标与计划进行对比,指出差异,并分析原因,也可将企业的实际成本指标与历史标准、同行业标准等进行对比。

(3) 收集、整理成本分析资料。收集大量完备的各种资料,是正确进行成本分析的基础。分析所需要的资料是多方面的,有实际资料的收集,也有计划、定额资料的收集;有数据资料的收集,也有文字资料的收集。收集时,不仅需要国内同行业先进企业的有关资料,而且需要国际先进企业的资料。同时必须注意资料的日常积累,只有这样,才能及时提供成本分析所需要的资料。

2. 实施阶段

成本分析的实施阶段即具体分析阶段,是在成本分析准备阶段的基础上进行的。它主要包括以下三个步骤:

(1) 报表整体分析。进行成本分析时,首先要对成本报表整体进行分析。主要运用水平分析法、垂直分析法以及趋势分析法等对各主要成本费用会计报表进行全面分析。如通过对成本报表的垂直分析,可以反映各成本项目的构成变动情况,说明成本升降的原因等。报表整体分析对于全面反映企业成本状况具有重要作用。

(2) 成本指标分析。对成本指标进行分析,是成本分析的主要内容。成本指标分析可分为绝对指标分析和相对指标分析两种,通常也将其称为指标对比分析法和比率分析法。进行成本指标分析,应先根据分析的目的和要求选择正确的分析指标,这是正确判断与评价企业成本状况的关键所在。

(3) 基本因素分析。成本分析不仅要解释现象,而且应分析原因。因素分析就是要在报表整体分析和成本指标分析的基础上,对一些主要指标的完成情况,从其影响因素角度,深入进行定量分析,确定各因素对其影响的方向和程度,为企业正确进行成本分析提供最基本的依据。

3. 报告阶段

成本分析的报告阶段是在成本分析的实施阶段后进行的,主要包括以下三个

步骤:

(1) 得出成本分析结论。成本分析结论是在应用各种成本分析方法进行分析的基础上,将定量分析结果、定性分析判断及实际调查情况结合起来而得出的。成本分析结论是成本分析的关键步骤,结论的正确与否是判断成本分析质量的唯一标准。一个正确的分析结论,往往需要经过几次反复才能得出。

(2) 提出可行性措施建议。分析问题是为了解决问题,因此,成本分析不能仅满足于分析原因,得出结论,重要的是必须针对问题提出切实可行的措施,为解决问题提供决策依据。

(3) 编写成本分析报告。成本分析报告是成本分析的最后步骤。它将成本分析的基本问题、基本结论,以及针对问题提出的措施建议以书面的形式表示出来,为成本分析主体及其他受益者提供决策依据。成本分析报告作为对成本分析工作的总结,还可作为历史资料,以供以后分析时参考,以保证成本分析的连续性。

(二) 成本分析的基本方法

成本分析的方法在实践中是多种多样的。采用哪种方法,要按分析的目的、分析对象的特点、所掌握的计划资料和核算资料的性质和内容来决定。其通常采用的分析方法有以下三种。

1. 对比分析法

对比分析法也称比较分析法,它是通过实际数与基数的对比来揭示实际数与基数之间的差异的一种分析方法。在实际工作中,分析的目的不同,用于对比的基数也不同,常见的有计划数、定额数、前期实际数以及本企业的历史先进水平和国内外同行业的先进水平等。

(1) 实际数与计划数(定额数)对比。这种比较方法要先将企业实际数与计划数(定额数)进行比较,为进一步分析指明方向,但在比较时,必须检查计划(定额)本身质量,如果计划(定额)制订得过于保守或冒进,就失去可比的客观依据。

(2) 本期实际数与以前(上期、上年同期或历史最高水平)实际数的对比。这种比较方法可以观察企业成本的变化趋势,改善企业经营管理的情况。另外,有些经济技术指标未规定计划数,则可将其实际数与前期实际数进行对比,以便找出差距,从中吸取经验,改进工作。

(3) 本期实际数与国内外同类型企业的先进指标相比较,或在企业内部开展与先进车间、班组和个人的指标相比较。这种比较方法可以扩大眼界,防止骄傲自满,在更大范围内发现先进与后进的差距,促使学人之长,补己之短,以提高经营管理水平。

对比分析法只适用于同质指标之间的数量对比。进行对比时,要注意各指标在内容、计价标准、时间长度和计算方法等方面具有可比性。另外在与国内外同类型企业的成本指标对比时,还要考虑选择客观条件、技术、经济等方面都比较接近的企业,以保证比较结果有实际价值。

2. 比率分析法

比率分析法是将反映成本状况或与成本水平相关的两个因素联系起来,通过计算比率,反映它们之间的关系,借以评价企业成本状况和经营情况的一种成本分析方法。在实际工作中,分析的目的不同,需计算的指标形式也不同,常见的比率分析法有相关比率分析法、构成比率分析法和趋势比率分析法三种。

(1) 相关比率分析法。它是指通过计算两个性质不同而又相关的指标的比率进行数量分析的一种方法。在实际工作中,单纯地将同质指标进行对比往往不能说明企业经济效益的好坏,为了深入了解生产经营中的某方面情况,可以计算相关比率进行分析。如将利润项目同销售成本项目对比,求出成本利润率,从而可以观察比较企业成本效益水平的高低。

(2) 构成比率分析法。它是指通过计算某一经济指标各个组成部分占总体的比重进行数量分析的方法。例如计算各成本项目在成本总额中所占的比重,并同其他各种标准进行比较,可据以了解成本构成的变化,明确进一步降低成本的重点。由于这种方法计算的是部分与总体的比率,因此也称作比重分析法。

(3) 趋势比率分析法。它是指通过将几个时期同类指标的数字对比以求出比率进行数量分析的方法。通过计算趋势比率可以判断企业成本的变化速度与变化趋势,并从其变化中发现企业在经营方面所取得的成果或不足。

比率分析法计算简便,而且对其结果也比较容易判断,可以使某些指标在不同规模的企业之间进行比较,甚至也能在一定程度上超越行业间的差别进行比较。

3. 因素分析法

因素分析法是依据分析指标与其影响因素之间的关系,按照一定的程序和方法,确定各因素对各分析指标差异影响程度的一种技术分析方法。根据其分析特点,因素分析法可分为连环替代法和差额分析法两种。

1) 连环替代法

连环替代法是从数值上测定各个相互联系因素对有关经济指标的差异影响程度的一种分析方法。其计算程序如下:

(1) 确定分析指标与其影响因素之间的关系。确定分析指标与其影响因素之间的关系,通常是用指标分解法,即将经济指标在计算公式的基础上进行分解或扩展,得出各影响因素与分析指标之间的关系式。如对于材料费用指标,要确定它与影响因素之间的关系,可进行如下公式分解:

$$材料费用 = 产品产量 \times 单位产品材料费用$$
$$= 产品产量 \times 单位产品材料消耗量 \times 材料单价$$

分析指标与影响因素之间的关系式,既说明哪些因素影响分析指标,又说明这些因素与分析指标之间的关系及顺序。如上式中影响材料费用的有产品产量、材料单耗和材料单价三个因素。它们都与材料费用呈正比关系。它们的排列顺序是:产品产量在先,之后是材料消耗,最后是材料单价。

(2) 根据分析指标的报告期数值与基期数值列出关系式或指标体系,确定分析对象。例如,材料费用的指标体系如下:

$$基期材料费 = 基期产品产量 \times 基期材料单耗 \times 基期材料单价$$

$$实际材料费用 = 实际产品产量 \times 实际材料单耗 \times 实际材料单价$$

$$分析对象 = 实际材料费用 - 基期材料费用$$

(3) 连环顺序替代,计算替代结果。所谓连环顺序替代,就是以基期指标体系为计算基础,用实际指标体系中的每一因素的实际数顺序地替代其相应的基期数。每进行一次替代,替代的实际数保留下来。有几个因素就替代几次,并相应确定计算结果。

(4) 比较各因素的替代结果,确定各因素对分析指标的影响程度。比较替代结果是连环进行的,即将每次替代所计算的结果与这一因素被替代前的结果进行对比,两者的差额就是替代因素对分析对象的影响程度。

(5) 检验分析结果。即将各因素对分析指标的影响额相加,其代数和应等于分析对象。如果两者相等,说明分析结果可能是正确的;如果两者不相等,则说明分析结果一定是错误的。

连环替代法的程序和原理也可用简单的数学公式表示。

设某一经济指标 N 是由相互联系的 A、B、C 三个因素组成,计划指标和实际指标的公式如下:

$$计划指标\ N_0 = A_0 \cdot B_0 \cdot C_0$$

$$实际指标\ N_1 = A_1 \cdot B_1 \cdot C_1$$

该指标实际脱离计划的差异 $D(N_1 - N_0 = D)$ 可能同时是上列三个因素变动的影响。在测定各个因素的变动对指标 N 的影响程度时可顺序计算如下:

计划指标 $N_0 = A_0 \cdot B_0 \cdot C_0$	①
第一次替代 $N_2 = A_1 \cdot B_0 \cdot C_0$	②
第二次替代 $N_3 = A_1 \cdot B_1 \cdot C_0$	③
第三次替代 $N_1 = A_1 \cdot B_1 \cdot C_1$	④

其中: ②式 - ①式 $= N_2 - N_0$,是由 $A_0 \to A_1$ 产生的影响

③式－②式＝$N_3 - N_2$，是由 $B_0 \to B_1$ 产生的影响

④式－③式＝$N_1 - N_3$，是由 $C_0 \to C_1$ 产生的影响

把各因素变动的影响程度综合起来：

$$(N_2 - N_0) + (N_3 - N_2) + (N_1 - N_3) = N_1 - N_0 = D$$

现举例说明连环替代法的运用。

【例7-3】 计划生产 A 产品 1 000 件，每件消耗材料 100 千克，计划单价为 10 元；实际生产 A 产品 1 200 件，每件消耗材料 95 千克，实际单价为 12 元。采用连环替代法进行 A 产品原材料费用的计划完成情况分析及原因分析。

第一步：计算综合超支差异，分析影响 A 产品材料费用的产量、消耗量和材料单价三个因素。

A 产品材料费用＝产量×单位产品耗用量×材料单价

A 产品计划材料费用＝1 000×100×10＝1 000 000（元）

A 产品实际材料费用＝1 200×95×12＝1 368 000（元）

A 产品材料费用超支 368 000 元（1 368 000－1 000 000），是产量、单位产品耗用量、单价三个因素共同影响的结果。

第二步：利用连环替代法计算各因素影响程度。

a. 确定各因素的排列顺序：假设影响 A 产品材料费用的各因素的顺序为：产品产量、单位产品材料消耗量、材料单价。

b. 计算计划材料费用。

计划材料费用 ＝ 1 000×100×10 ＝ 1 000 000（元）

c. 第一次替代，把产量因素替换成实际数。

第一次替代：1 200×100×10 ＝ 1 200 000（元）

产量增长对材料费用的影响：

1 200 000－1 000 000 ＝ 200 000（元）

d. 第二次替代，把单位产品消耗量因素替换成实际数（已经替换的第一个产量因素保留）。

第二次替代：1 200×95×10 ＝ 1 140 000（元）

单位消耗量变化对材料费用影响：

1 140 000－1 200 000 ＝－60 000（元）

e. 第三次替代,把单价因素替换成实际数(已经替换的前两个因素都保留)。

第三次替代：$1\,200 \times 95 \times 12 = 1\,368\,000$(元)

单价变动对材料费用影响：

$$1\,368\,000 - 1\,140\,000 = 228\,000\text{(元)}$$

第三步：将三次替代的结果加总,检验是否等于第一步计算的总差异。

$$200\,000 - 60\,000 + 228\,000 = 368\,000\text{(元)}$$

应用连环替代法时,必须掌握以下四个基本要点：

一是因素分解的相关性。所谓因素分解的相关性,是指分析指标与其影响因素之间必须真正相关,各影响因素的变动确实能说明分析指标差异产生的原因,即有实际经济意义。这就是说,经济意义上的因素分解与数学上的因素分解不同,不是在数学算式上相等就行,而要看有无经济意义。

二是分析前提的假定性。所谓分析前提的假定性,是指在分析某一因素对经济指标差异的影响时,必须假定其他因素不变,否则就不能分清各单一因素对分析对象的影响程度。实际上,有些因素对经济指标的影响是共同作用的结果,共同影响的因素越多,那么这种假定的准确性就越差,分析结果的准确性也就会降低。因此,在因素分解时,并非分解的因素越多越好,而应根据实际情况,具体问题具体分析,尽量减少对相互影响较大的因素再分解,使之与分析前提的假设基本相符。否则,因素分解过细从表面看有利于分清原因和责任,但是在共同影响因素越多时,反而影响了分析结果的正确性。

三是因素替代的顺序性。因素分解不仅因素确定要准确,而且因素排列顺序也不能变更,这里特别要强调的是不存在乘法交换率问题。因为有分析前提假定性的原因,按不同顺序计算的结果是不同的。那么,如何确定正确的替代顺序呢？传统的方法是依据数量指标在前,质量指标在后的原则进行排列。现在也有人提出依据重要性原则排列,即主要的影响因素排在前面,次要的影响因素排在后面。但是无论何种排列方法,都缺少坚实的理论基础。正因为如此,许多人对连环替代法提出异议,并试图加以改善,但至今仍然无人们公认的最好的解决方法。

四是顺序替代的连环性。连环性是指在确定各因素变动对分析对象影响时,都是将某因素替代后的结果与该因素替代前的结果对比,一环套一环,这样才能既保证各因素对分析对象影响结果的可行性,又便于检验分析结果的准确性。因为只有连环替代并确定各因素影响额,才能保证各因素对经济指标的影响之和与分析对象相等。

2) 差额分析法

差额分析法是连环替代法的一种简化形式,它是利用各个因素的实际数与基数之间的差额,直接计算各个因素对经济指标差异的影响数值。应用这种方法与应用连环替代法的要求相同,只是在计算上简化一些。所以,其在实际工作中应用比较广泛。其计算过程如下:

(1) 确定各因素的实际数与基数的差额。

(2) 以各因素的差额,乘上计算公式中列在该因素前面的各因素的实际数和列在该因素后面的其余因素的基数,就可求得各因素的影响值。

(3) 将各个因素的影响值相加,其代数和就是该项经济指标的实际数与基数之差。

【例7-4】 仍用[例7-3]资料,计算过程如下:

a. 计算产量增加对材料费用的影响:

$$(1\,200 - 1\,000) \times 100 \times 10 = 200\,000(元)$$

b. 计算材料消耗节约对材料费用的影响:

$$(95 - 100) \times 1\,200 \times 10 = -60\,000(元)$$

c. 计算价格提高对材料费用的影响:

$$(12 - 10) \times 1\,200 \times 95 = 228\,000(元)$$

可见,采用差额分析法的计算结果与连环替代法的计算结果一致。

四、全部商品产品成本计划完成情况的分析

工业企业的全部商品产品可以分为可比产品和不可比产品两大类。它们在核算和分析方法上是不同的。在对可比产品进行分析时,分析人员一方面可以将其实际成本同计划成本相比较,以考核成本计划的完成情况;另一方面还可以将其实际成本同上年的实际平均成本相比较,以衡量报告期实际成本较上年成本降低的数额和幅度。在对不可比产品进行分析时,由于不可比产品在以前年度没有正式生产过,因此,其实际成本就只能与计划成本相比较,以考核成本计划的完成程度。由于全部商品产品既包括可比产品又包括不可比产品,因此,对全部商品产品的成本分析就只能以其实际总成本同计划总成本相比,以确定实际成本较计划成本的降低额和降低率。

全部商品产品成本的分析,可以借助于企业内部成本报表中的全部商品产品成本表和成本计划等相关资料来进行。具体又可分为按产品类别反映的全部商品产品成本表分析和按成本项目反映的全部商品产品成本表分析两种。

(一) 按产品类别反映的全部商品产品成本表分析

按产品类别对全部商品产品成本计划完成情况进行分析,就是按产品类别将本

期实际总成本与按本期实际产量计算的计划总成本(或上期总成本)进行比较,确定其差异额和差异率,以及这些差异对全部商品产品总成本的影响程度。现举例说明如下。

【例 7-5】 某企业本年的"全部商品产品成本表"如表 7-12 所示。

表 7-12

全部商品产品成本表

编制单位:　　　　　　　　　　　20××年度　　　　　　　　　　金额单位:元

产品名称	规格	计量单位	本年实际商品产量(件)	单位成本			总成本		
				上年实际	本年计划	本年实际	按上年实际单位成本计算	按本年计划单位成本计算	本年实际
可比产品	(略)								
甲		件	80	500	460	480	40 000	36 800	38 400
乙		件	100	800	750	720	80 000	75 000	72 000
可比产品合计							120 000	111 800	110 400
不可比产品									
丙		件	50		400	401.64		20 000	20 082
不可比产品合计								20 000	20 082
全部商品产品成本							120 000	131 800	130 482

根据表 7-12 及有关成本计划资料,按产品类别编制"全部商品产品成本计划完成情况分析表"如表 7-13 所示。

表 7-13

全部商品产品成本计划完成情况分析表(按产品类别)

20××年度　　　　　　　　　　　　　　　　单位:元

产品名称	本年实际产量的总成本		实际比计划	
	计划总成本	实际总成本	差异额	差异率
可比产品				
甲	36 800	38 400	+1 600	+4.35%
乙	75 000	72 000	-3 000	-4.00%
可比产品合计	111 800	110 400	-1 400	-1.25%

(续表)

产品名称	本年实际产量的总成本		实际比计划	
	计划总成本	实际总成本	差异额	差异率
不可比产品				
丙	20 000	20 082	+82	+0.41%
全部商品产品成本	131 800	130 482	−1 318	−1.00%

从表 7-13 的分析结果可以看出,本年全部商品产品实际总成本比计划降低了 1 318 元,降低率为 1‰。但分别从可比产品、不可比产品来考查,就发现了问题。可比产品实际总成本比计划降低了 1 400 元,降低率为 1.25%,而不可比产品实际总成本比计划增高了,增高率为 0.41%。另外,虽然可比产品甲、乙总的成本计划完成了,但其中甲产品却超支了。这说明该厂并未全面完成成本计划,应进一步分析甲、丙产品成本超支的原因。

(二)按成本项目反映的全部商品产品成本表分析

按成本项目对全部商品产品成本计划完成情况进行分析,就是按成本项目将本期实际总成本与按本期实际产量调整的计划(或上期)总成本进行比较,确定其差异额和差异率,以及各项成本差异对全部商品产品总成本的影响程度。

【例 7-6】 仍用[例 7-5]资料,根据成本计划和本年有关成本核算资料,按成本项目进行全部商品产品成本计划完成情况的分析,如表 7-14 所示。

表 7-14

全部商品产品成本计划完成情况分析表(按成本项目)

20××年度 单位:元

成本项目	本年实际产量的总成本		实际比计划		各成本项目差异对总成本的影响程度
	计划总成本	实际总成本	差异额	差异率	
直接材料	80 000	76 080	−3 920	−4.90%	−2.97%
直接人工	25 000	29 700	+4 700	+18.80%	+3.57%
制造费用	26 800	24 702	−2 098	−7.83%	−1.60%
商品产品成本	131 800	130 482	−1 318	−1.00%	−1.00%

从表 7-14 中可以看出,本年全部商品产品实际总成本比计划降低 1 318 元,降低率为 1‰。但从成本项目来看,则有升有降,其中,直接材料降低率为 4.9%;制造费用降低率为 7.83%;而直接人工则增加幅度较大,达到 18.8%。因此,对这些成本项目升降的原因要做进一步分析,以便采取相应措施,扩大有利差异,消除不利差异。

如果企业生产的产品全部是可比产品,则按成本项目进行全部商品产品成本分析时,还可以将本年实际与上年实际相比较,以便从总体上了解各成本项目的差异。

值得注意的是,前面是从成本项目角度,分析了每个成本项目相对于自身的成本计划完成情况,我们也可以分析每个成本项目相对于总成本的成本计划完成情况,如直接材料成本项目实际比计划降低了 3 920 元,该降低额相对于自身而言降低了 4.9%,但相对于计划总成本而言,降低了 2.97%(3 920÷131 800)。实际上,这个降低率 2.97%就是在降低率 4.9%的基础上,进一步考虑了直接材料成本项目权重的影响而得来的,即 $-2.97\% = (-4.9\%) \times (80\,000 \div 131\,800)$。

五、可比产品成本降低任务完成情况的分析

在大多数工业企业中,可比产品在全部产品中所占的比重较大,因此,可比产品成本是成本分析的重点,也是企业降低成本的重点。

(一) 可比产品成本分析的步骤

第一,将本年实际成本、计划成本分别与上年实际成本相比,计算确定可比产品成本的降低额,以分析成本降低任务的完成情况。其计算公式如下:

可比产品成本降低额 = 可比产品成本实际降低额 − 可比产品成本计划降低额

可比产品成本实际降低额 = $\sum$[本年实际产量×(上年实际平均单位成本 − 本年实际单位成本)]

可比产品成本计划降低额 = $\sum$[本年计划产量×(上年实际平均单位成本 − 本年计划单位成本)]

第二,在计算可比产品成本降低额的同时,计算可比产品成本降低率,以全面分析评价成本降低指标的完成情况。其计算公式如下:

可比产品成本降低率 = 可比产品成本实际降低率 − 可比产品成本计划降低率

$$可比产品成本实际降低率 = \frac{可比产品成本实际降低额}{\sum(本年实际产量 \times 上年实际平均单位成本)} \times 100\%$$

$$可比产品成本计划降低率 = \frac{可比产品成本计划降低额}{\sum(本年计划产量 \times 上年实际平均单位成本)} \times 100\%$$

在对可比产品成本降低任务完成情况进行分析时,要同时计算降低额与降低率两项指标。这是因为影响这两项指标的因素并不相同,降低额受产品产量、产品品种结构、单位成本等因素的影响,而降低率只受产品品种结构和单位成本两个因素的影响。当产品产量计划和产品单位成本计划完成程度不相适应时,成本降低额和降低率就可能发生相背离的情况,即成本降低额增加,但成本降低率却并没有提高,或者是成本降低额减少,但成本降低率却表现为上升,因此,同时分析降低额、降低率两项指标,有利于促进企业全面完成生产、成本计划,促使企业从增产和节约两方面努力,以达到降低成本的目的。

【例 7-7】 某企业某年度可比产品成本降低任务和实际完成情况的有关资料如表 7-15 和表 7-16 所示。

表 7-15

可比产品成本计划降低表

20××年度　　　　　　　　　　　　　　　　　　金额单位：元

可比产品名称	计划产量（件）	单位成本		总成本		计划降低任务	
		上年实际	本年计划	按上年实际单位成本计算	按本年计划单位成本计算	降低额	降低率
甲	110	500	460	55 000	50 600	4 400	8%
乙	90	800	750	72 000	67 500	4 500	6.25%
合　计				127 000	118 100	8 900	7.008%

表 7-16

可比产品成本实际降低表

20××年度　　　　　　　　　　　　　　　　　　金额单位：元

可比产品名称	实际产量（件）	单位成本		总成本			实际降低情况	
		上年实际	本年实际	按上年实际单位成本计算	按本年计划单位成本计算	按本年实际单位成本计算	降低额	降低率
甲	80	500	480	40 000	36 800	38 400	1 600	4%
乙	100	800	720	80 000	75 000	72 000	8 000	10%
可比产品合计				120 000	111 800	110 400	9 600	8%

从表 7-15 和表 7-16 的计算结果中可以看出，该厂可比产品实际降低额比计划降低 700 元(9 600－8 900)，实际降低率比计划降低 0.992%(8%－7.008%)。在此基础上应进一步分析影响可比产品成本降低任务完成情况的各种因素，以便做出正确的评价，并提出改进工作的有效措施。

（二）影响可比产品成本降低任务完成情况的因素

影响可比产品成本降低任务完成情况的因素，概括起来有以下三个。

1. 产品产量

因为成本计划降低任务是根据各种产品计划产量制定的，而实际成本降低额和降低率是根据实际产量计算的。所以，产品品种构成和单位成本不变时，产品产量的增减，就会使成本降低额发生同比例的增减，但成本降低率却不会发生变化。

第七章 成本报表

【例 7-8】 仍用[例 7-7]资料,假定该企业本期各种产品产量都比计划增长了 4.5%,实际单位成本又完全等于计划单位成本,编制"产品产量变动影响分析表",如表 7-17 所示。

表 7-17

产品产量变动影响分析表

20××年度　　　　　　　　　　　　　　　　　　金额单位：元

可比产品名称	实际产量（件）	单位成本		总成本		实际降低情况	
		上年实际	本年计划	按上年实际单位成本计算	按本年计划单位成本计算	降低额	降低率
甲	115	500	460	57 500	52 900	4 600	8%
乙	94	800	750	75 200	70 500	4 700	6.25%
可比产品合计				132 700	123 400	9 300	7.008%

表 7-17 两种产品的实际产量比计划增长了 4.5%,因而使成本降低额相应地从计划的 8 900 元增加到 9 300 元,增长了 4.5%,但成本降低率却仍然是 7.008%。由此可见,在其他因素不变的条件下,产品产量的变动只影响产品成本降低额,而不影响成本降低率。

2. 产品品种构成

由于各种可比产品成本降低率的不同,有的大些,有的小些。如果成本降低率大的产品在全部可比产品产量中所占的比重提高,全部可比产品成本降低率就会多降低,降低额也会相应地加大;反之,降低率和降低额则会缩小。

上述全部可比产品成本计划降低率为 7.008%,它是以各种产品计划成本降低率为基础,以各种产品比重为权数计算出来的,其计算公式如下:

$$\text{可比产品成本计划降低率} = \frac{\sum \text{可比产品按上年实际平均单位成本计算的总成本} \times \text{该产品成本计划降低率}}{\text{可比产品按上年实际平均单位成本计算的总成本}} \times 100\%$$

将表 7-15 中的有关数字代入上述计算公式,则:

$$\text{可比产品成本计划降低率} = \frac{55\,000 \times 8\% + 72\,000 \times 6.25\%}{127\,000} \times 100\%$$

$$= 43.31\% \times 8\% + 56.69\% \times 6.25\% = 7.008\%$$

上述计算中,甲、乙产品上年成本占可比产品上年总成本的比重,即产品品种构成。通过计算,可以看出即使个别产品成本降低率没有变化,但只要产品品种构成变动,全部可比产品成本降低率也会发生变化。

3. 产品单位成本

企业可比产品成本的计划降低任务和实际完成情况,都是以上年实际平均单位成本作为计算基础的,因此,可比产品成本降低任务的完成程度,实际上是由各种产品单位成本发生变动形成的。在其他因素不变的情况下,产品单位成本的实际数比计划数降低越多,成本降低额和降低率的实际数也就会比计划数越多;反之,则会越少。

综上所述,影响可比产品成本降低任务完成情况的因素有三个:一是产品产量;二是产品品种构成;三是产品单位成本。影响可比产品成本降低率任务完成情况的因素有两个:一是产品品种构成;二是产品单位成本。

(三) 可比产品成本降低任务完成情况的因素分析方法

【例 7-9】 下面运用连环替代法原理,结合[例 7-7]资料,分别计算确定产品产量、品种构成和单位成本三个因素变动对可比产品成本降低任务完成情况的影响。

第一步,确定实际降低额与计划降低额的差异,及实际降低率与计划降低率的差异。

$$降低额差异 = 实际降低额 - 计划降低额 = 9\,600 - 8\,900 = 700(元)$$

$$降低率差异 = 实际降低率 - 计划降低率 = 7.008\% - 8\% = 0.992\%$$

第二步,运用连环替代法,计算每次替代后的可比产品成本降低额和降低率。

(1) 第一次替代:用实际产量替换计划产量,即按实际产量、计划品种结构和计划单位成本计算成本降低额和成本降低率。

在实际生产经营过程中,因为既然用的是实际产量,品种结构一般也就变成了实际品种结构,不会依然保持计划品种结构,除非像[例 7-8]那样,所有可比产品实际产量比照计划产量均发生等比例变动,此时,实际产量变化,但品种结构没变,所以不会存在实际产量已经变化而产品结构不变的情况。因此在计算产量因素对成本降低额的影响时,一般没有办法直接计算,但可以间接计算。即可根据前面推导得出结论,实际产量发生变化会导致成本降低额发生变化,但成本降低率不变。根据这一结论,可以采用间接办法,先确定成本降低率(等于计划降低率),再确定成本降低额。

$$成本降低率 = 计划降低率 = 7.008\%$$

$$成本降低额 = 120\,000 \times 7.008\% = 8\,409.6(元)$$

(2) 第二次替代:用实际品种结构替换计划品种结构,即按实际产量、实际品种结构和计划单位成本计算成本降低额和成本降低率。

$$成本降低额 = 120\,000 - 111\,800 = 8\,200(元)$$

$$成本降低率 = \frac{8\,200}{120\,000} \times 100\% = 6.833\%$$

(3) 第三次替代：用实际单位成本替换计划单位成本。即按实际产量、实际品种结构和实际单位成本计算成本降低额和成本降低率。

$$成本降低额 = 120\,000 - 110\,400 = 9\,600(元)$$

$$成本降低率 = \frac{9\,600}{120\,000} \times 100\% = 8\%$$

第三步，分析各因素对可比产品成本降低额和降低率的影响。

(1) 各因素对可比产品成本降低额的影响：

$$产品产量：8\,409.6 - 8\,900 = -490.4(元)$$

$$产品品种结构：8\,200 - 8\,409.6 = -209.6(元)$$

$$产品单位成本：9\,600 - 8\,200 = 1\,400(元)$$

合计影响：700 元

(2) 各因素对可比产品成本降低率的影响：

$$产品产量：7.008\% - 7.008\% = 0$$

$$产品品种结构：6.833\% - 7.008\% = -0.175\%$$

$$产品单位成本：8\% - 6.833\% = 1.167\%$$

合计影响：0.992%

将以上结果编制"可比产品成本降低任务完成情况因素分析表"，如表 7-18 所示。

表 7-18

可比产品成本降低任务完成情况因素分析表

20××年度　　　　　　　　　　　　　　　　金额单位：元

影响因素	可比产品成本降低额	可比产品成本降低率
产品产量	-490.4	—
产品品种构成	-209.6	-0.175%
产品单位成本	1 400	1.167%
合　　计	700	0.992%

通过以上分析可以看出，可比产品降低任务超额完成主要是由于产品单位成本降低。但是产品品产量变动和品种结构变动使降低额少完成 700 元，应深入分析，查明产量和品种结构变动的原因。

六、主要产品单位成本的分析

通过对全部商品产品成本计划完成情况和可比产品成本降低任务完成情况的分析,我们可以从总体上了解企业成本计划的完成情况。此外,在上述分析的基础上,我们还必须对主要产品单位成本进行具体分析。

通过对主要产品单位成本的分析,我们可以揭示各种主要产品单位成本及其各个成本项目的变动情况,尤其是各项消耗定额的超支和节约情况,并且能够结合产品设计、生产工艺和操作方法的变化,确定各项技术经济指标对单位成本的影响,从而评价各项技术经济措施的经济效果,找出各种产品成本降低的具体原因;同时,也只有对各种产品单位成本进行科学的分析,我们才能确切查明全部商品产品和可比产品脱离计划的具体原因,从而正确地评价企业成本计划的完成情况。

主要产品单位成本分析,一般是先检查本期实际单位成本比计划、比上期、比历史先进水平的超支或节约情况;再按照直接材料、直接工资和制造费用等主要成本项目进行具体分析,查明造成单位成本超降的具体原因。

(一)主要产品单位成本计划完成情况的分析

主要产品单位成本计划完成情况的分析,可根据主要产品单位成本表中的有关资料进行。

【例7-10】 某企业某年度甲产品单位成本表如表7-19所示。

表7-19

主要产品单位成本表

编报单位:　　　　　　　　　　20××年度　　　　　　　　　　金额单位:元

产品名称		甲产品		计量单位	吨	计划产量 90
						实际产量 75
成本项目		上年实际平均单位成本		本年计划单位成本		本年实际平均单位成本
直接材料		588		499.5		547.5
直接人工		345		337.5		360
制造费用		267		243		232.5
合　计		1 200		1 080		1 140
明细项目	单位	上年数		计划数		实际数	
		单位用量	金额	单位用量	金额	单位用量	金额
原材料A	千克	34.5	276	30	270	33	264
原材料B	千克	19.5	312	15	229.5	18	283.5
工时(小时)		315		270		300	

根据表 7-19 提供的资料编制"甲产品单位成本分析表",如表 7-20 所示,通过该表我们可以了解甲产品成本升降的具体情况和一般原因。

表 7-20

甲产品单位成本分析表

20××年度　　　　　　　　　　　　　　　　　　　金额单位:元

成本项目	计划成本	实际成本	降低(一)或超支(+)		各项目升降对单位成本的影响率
			金额	百分比	
直接材料	499.5	547.5	+48	+9.61%	+4.44%
直接人工	337.5	360	+22.5	+6.67%	+2.08%
制造费用	243	232.5	−10.5	−4.32%	−0.96%
合　计	1 080	1 140	+60	+5.56%	+5.56%

从表 7-20 可见,甲产品的实际单位成本比计划超支 60 元,超支率为 5.56%,成本超支主要是由于直接材料和直接人工的升高所致,至于升高的具体原因还需要进一步分析。

(二)主要产品单位成本表各成本项目的分析

为了进一步查明主要产品单位成本发生变动的具体原因,还应在对主要产品单位成本计划完成情况进行一般分析的基础上,对各成本项目进行具体分析。

1. 直接材料项目的分析

在一般情况下,直接材料成本在产品单位成本构成中比重较大,其升降对产品单位成本以及总成本水平都有着重大影响。所以,直接材料成本项目分析是产品单位成本分析的重点。在分析直接材料项目时,首先,将各种主要材料的实际成本与计划成本或上年成本相比较,查明哪些材料成本的差异额较大;其次,分析材料成本升降的原因。一般来说,材料成本取决于单位产品材料耗用数量和材料的单价两个因素,其计算公式如下:

$$\text{单位产品直接材料成本} = \text{单位产品材料消耗量(即单耗)} \times \text{材料单价}$$

采用因素分析法,分析两个因素变动对材料成本的影响,其计算公式如下:

$$\text{材料耗用量差异的影响} = \sum[(\text{实际单耗量} - \text{计划单耗量}) \times \text{材料计划单价}]$$

$$\text{材料价格差异的影响} = \sum[\text{实际单耗量} \times (\text{材料实际单价} - \text{材料计划单价})]$$

【例 7-11】 现仍沿用[例 7-10]资料,分析影响甲产品材料成本的因素及其影响程度,分析结果如表 7-21 所示。

表 7-21

直接材料成本分析表

20××年度　　　　　　　　　　　　　　　　　金额单位：元

材料名称	计量单位	耗用量		材料单价		材料成本		差异分析	
		计划	实际	计划	实际	计划	实际	数量	价格
A	千克	30	33	9	8	270	264	+27	−33
B	千克	15	18	15.3	15.75	229.5	283.5	+45.9	+8.1
合　计						499.5	547.5	+72.9	−24.9

表 7-21 中,直接材料成本实际比计划超支 48 元,其中:

材料耗用量差异的影响 = (33−30)×9+(18−15)×15.3 = 72.9(元)

材料价格差异的影响 = (8−9)×33+(15.75−15.3)×18 = −24.9(元)

合计影响 = 72.9+(−24.9) = 48(元)

甲产品直接材料成本超支,主要是由于材料消耗量上升所致,另外,因材料单价降低,使直接材料成本超支数由 72.9 元下降到 48 元。在上述分析的基础上,应进一步分析材料耗用量、材料价格差异的原因,以找出降低原材料成本的具体途径。

2. 直接人工项目的分析

直接人工成本包括企业直接从事产品生产人员的工资、奖金、津贴、职工福利费、社会保险、住房公积金、工会经费和教育经费等。如果企业生产各种产品,直接人工成本一般应按生产工时消耗分配计入各种产品成本。所以,单位产品直接人工成本取决于单位产品的生产工时(效率指标)和小时工资率(工资率指标)两个因素,其计算公式如下:

$$单位产品直接人工成本 = 单位产品生产工时 \times 小时工资率$$

其中:　　　$$小时工资率 = \frac{直接人工成本总额}{生产工时消耗总额}$$

采用因素分析法,分析两个因素变动对人工成本的影响,其计算公式如下:

$$效率差异的影响 = \sum[(实际单位产品生产工时 - 计划单位产品生产工时) \times 计划小时工资率]$$

$$工资率差异的影响 = \sum[实际单位产品生产工时 \times (实际小时工资率 - 计划小时工资率)]$$

【例 7-12】 现仍沿用[例 7-10]资料,分析影响甲产品直接人工成本的因素及其影响程度,分析结果如表 7-22 所示。

表 7-22

直接人工成本分析表

20××年度　　　　　　　　　　　　　　　　　　　金额单位：元

项　目	计划数	实际数	差　异
单位产品的生产工时（小时）	270	300	＋37.5（效率差异）
小时工资率	1.25	1.2	－15（工资率差异）
单位产品的直接工资	337.5	360	＋22.5

表 7-22 中，直接人工成本实际比计划超支 22.5 元，其中：

$$效率差异的影响 = (300-270) \times 1.25 = 37.5(元)$$

$$工资率差异的影响 = (1.2-1.25) \times 300 = -15(元)$$

$$合计影响 = 37.5 + (-15) = 22.5(元)$$

甲产品直接人工成本超支，主要是产品生产工时上升的结果，而每小时的工资费用则是下降的，从而使直接人工成本超支数由 25 元下降到 15 元。在此基础上，还应进一步分析生产工时、小时工资率差异的原因，以找出降低直接人工成本的具体途径。

3. 制造费用项目的分析

甲产品直接人工超支，主要是产品生产工时上升的结果，而每小时的工资费用则是下降的，从而使直接人工成本超支数由 25 元下降到 15 元。在此基础上，还应进一步分析生产工时、小时工资率差异的原因，以找出降低直接人工成本的具体途径。制造费用是指企业各生产单位为组织和管理生产所发生的各项费用，以及企业各生产单位所发生的固定资产折旧费和维护费等。制造费用项目的分析类似于单位产品人工费用的分析，其计算公式如下：

$$单位产品的制造费用 = 单位产品生产工时 \times 小时费用率$$

其中：　　　$$小时费用率 = \frac{制造费用总额}{生产工时消耗总额}$$

采用因素分析法，分析两个因素变动对制造费用的影响，其计算公式如下：

$$效率差异的影响 = \sum[(实际单位产品生产工时 - 计划单位产品生产工时) \times 计划小时费用率]$$

$$费用率差异的影响 = \sum[实际单位产品的生产工时 \times (实际小时费用率 - 计划小时费用率)]$$

【例 7-13】 现仍沿用[例 7-10]资料，分析影响甲产品制造费用的因素及其影响程度，分析结果如表 7-23 所示。

表 7-23

制造费用分析表

20××年度 单位：元

项　　目	计划数	实际数	差异
单位产品的生产工时	270	300	+27（效率差异）
小时费用率	0.9	0.775	−37.5（费用率差异）
单位产品的制造费用	243	232.5	−10.5

表 7-23 中，制造费用实际比计划节约 10.5 元，其中：

$$效率差异的影响 = (300 - 270) \times 0.9 = 27(元)$$

$$费用率差异的影响 = (0.775 - 0.9) \times 300 = -37.5(元)$$

$$合计影响 = 27 + (-37.5) = -10.5(元)$$

为了进一步了解制造费用变动的原因，提出改进措施，降低单位产品成本，我们还应按制造费用项目的项目进行分析，并在此基础上，结合生产环节的具体资料，联系责任单位和责任人具体查明各项制造费用超支或节约的原因。

本 章 小 结

成本报表是企业会计报表的重要组成部分，是反映企业成本会计信息的报告性文件。作为企业的内部报表，成本报表主要用于反映和监督企业报告期内的成本、费用水平，评价和考核企业内部成本管理业绩，为成本计划和成本控制提供重要依据和工具。成本报表与对外报送的报表不同，报表的种类、格式、指标的设计、编制方法、编报日期和具体的报送对象，都由企业自行决定。企业成本报表按其反映的内容主要分为全部商品产品成本表、主要产品单位成本表、制造费用明细表、期间费用明细表和其他成本报表。

成本分析是为了更为有效地利用成本信息，实施成本管理而以成本报表为主要对象所进行的一种管理活动。成本分析主要是通过比较分析、比率分析、因素分析等方法对企业的成本信息进行解读，明确企业成本现状、影响因素和发展趋势，从而有针对性地实施成本管理与控制，以达到合理降低成本的目的。成本分析是成本管理的一个重要组成部分，也是进行成本预测、决策、控制与考核等各项管理工作的基础。成本分析主要包括全部商品产品成本计划完成情况的分析、主要产品单位成本分析等。

知识链接

技术经济指标变动对产品成本的影响

技术经济指标是指与企业的生产技术特点有内在联系的各种经济指标。由于各企业的生产工艺技术特点不同,用于企业成本分析的技术经济指标也各不相同,常用的技术经济指标包括产品产量、产品质量、原材料消耗和劳动生产率。对这些指标进行分析,一方面可以促使技术分析与经济分析相结合,具体查明影响成本升降的各个生产技术因素;另一方面可以将技术经济指标分解落实到各个生产技术岗位,促使员工关心生产技术、工艺操作的质量和效果,不断研究改进,提高生产技术水平,从而有效控制产品成本。

一、产量变动对产品成本的影响

按照成本习性,产品的成本可以分为固定成本和变动成本两部分。变动成本总额会随着产量的变动呈正比例变动,而固定成本总额则会在一定时间和产量范围内保持不变。因此,对于单位产品成本而言,其变动成本与产量变动没有关系,而单位固定成本则会随着产量的增加而减少;反之,亦然。所以,企业在现有生产能力允许且市场不饱和的前提下,适当增加产品产量是降低产品单位成本的有效途径。由于产量的增加导致单位产品固定成本降低,从而提高单位产品利润,并使利润增长率大于产销量增长率,这个现象称作经营杠杆或营业杠杆。

二、质量变动对产品成本的影响

在生产耗费水平不变的前提下,提高产品质量是降低产品单位成本的又一途径。原因在于产品质量的提高,能减少废品和返修品,从而减少合格品所负担的废品损失。衡量产品质量的指标一般包括合格品率、废品率、返修率以及产品等级系数等,分析产品质量对产品单位成本的影响主要是分析以上经济指标的影响。

三、原材料利用率变动对产品成本的影响

原材料费用一般在产品成本中占有很大比重,减少原材料的耗用量,对降低产品成本有着重要的影响。降低单位产品材料消耗的措施很多,包括提高材料质量、改进产品设计和工艺加工过程、合理下料、边角余料综合利用等。无论采用哪种措施,都是为了提高材料的利用率以降低单位产品的成本。原材料利用率是指实际利用材料的重量与投入材料的重量的比例。

四、劳动生产率变动对产品成本的影响

劳动生产率是反映劳动者的劳动成果与劳动消耗量之间的关系。不同企业对劳动生产率的表示方法不同,可以用同一劳动在单位时间内生产某种产品的数量来表示,也可以用生产单位产品所耗费的劳动时间来表示。劳动生产率的提高表

（续上）

示劳动时间的节约和劳动效率的提高。在其他条件不变的情况下，劳动生产率提高，意味着生产单位产品所耗用的工时减少，然而在实务中，为了调动工人的积极性，劳动生产率的提高还往往伴随着工人工资的增长，只有当工人的平均工资增长速度不超过工人平均产量（劳动生产率）的增长速度时，才能使产品的单位成本下降。

资料来源：夏鑫，田志莹．成本会计学[M]．北京：清华大学出版社，2016．

复习思考题

1. 成本报表作为内部报表具有哪些特点？它的作用是什么？
2. 常见的成本报表有哪几种？各种成本报表的主要内容是什么？
3. 成本报表应遵循哪些原则？
4. 成本报表的编制方法有哪些？它们有何特点？
5. 什么是因素分析法？如何运用因素分析法进行成本分析？
6. 成本分析的一般程序是什么？
7. 成本分析的方法有哪些？各有什么作用？
8. 如何对可比产品进行成本分析？
9. 主要产品单位成本的分析内容有哪些？
10. 如何对可比产品成本降低计划的完成情况进行分析？

练 习 题

一、单选题

1. 按照《企业会计准则》的规定，成本报表是（　　）。
   A. 对内报表
   B. 对外报表
   C. 既是对内报表又是对外报表
   D. 对内还是对外，由企业管理层决定
2. 成本报表的种类、格式、指标的设计和编制方法、编报日期、具体报送对象，由（　　）。
   A. 国家统一规定　　　　　　　　B. 企业自行决定
   C. 上级部门规定　　　　　　　　D. 行业协会规定
3. 可比产品是指（　　）、有完整的成本资料可以进行比较的产品。

A. 企业曾经试制过 B. 企业一直在生产
C. 以前年度曾经正式生产过 D. 国内曾经正式生产过

4. 下列关于主要产品单位成本表的说法中,不正确的是(   )。
A. 是对全部商品产品成本表的补充说明
B. 应按各种主要产品分别编制
C. 反映企业报告期内所生产的主要产品的单位成本构成情况
D. 反映企业报告期内所生产的全部产品的单位成本构成情况

5. 下列各项中,不属于成本报表的是(   )。
A. 全部商品产品成本表 B. 制造费用明细表
C. 管理费用明细表 D. 所有者权益变动表

二、判断题

1. 成本报表可作为会计报表的附表,上报企业的上级主管部门。   (   )
2. 主要产品单位成本分析首先要进行实际单位成本的比较,其次要分成本项目查明原因。
                                                                        (   )
3. 产品品种构成和单位成本不变时,产品产量的增减会使成本降低率发生同比例的增减变化。   (   )
4. 不可比产品是指企业初次生产的新产品。   (   )
5. 采用连环替代法时,由于替换顺序不同,各因素变动影响的总和可能有所不同。   (   )

三、计算题

1. 某企业生产 A、B、C 三种产品,前两种产品在上年度已生产过,后一种产品系本期新产品。本期各种产品产量和单位成本如表 7-24 所示。

表 7-24

产量和成本情况表

产品	产量(件)		单位成本(元)		
	计划	实际	上期实际	本期计划	本期实际
A	240	270	240	225	204
B	600	600	93	90	87
C	270	300		150	153

要求:分析全部商品产品成本计划的完成情况,并对可比产品成本的降低任务及实际完成情况进行分析。

2. 某企业生产甲产品所耗材料的计划数和实际数如表 7-25 所示。

表 7-25

甲产品所耗材料的计划数和实际数

项目	计划数	实际数
产品产量(件)	165	168
材料单耗(千克)	45	42
材料单价(元)	90	95
材料成本(元)	668 250	670 320

要求：计算实际材料成本与计划材料成本的差异，并用因素分析法分析各因素的影响程度。

第八章 作业成本法

学习目的与要求

本章主要介绍作业成本法的原理及一般核算过程。通过本章学习,学生应了解作业成本法的产生背景、相关概念、含义及特点、一般原理和基本计算程序;掌握作业成本法与传统成本法的本质区别;深刻理解成本动因的含义、种类和作用;理解多重成本动因对产品间接成本分配的影响;掌握作业成本法的基本核算程序;理解作业成本法下费用的两阶段分配原理;重点掌握作业成本法的基本思路,即生产费用先根据其产生的原因汇集到作业,计算出作业成本,再按产品生产所消耗的作业,将作业成本分配到产品成本中。

难点

1. 如何划分作业及作业中心?
2. 怎样选择合适的资源动因及作业动因才能使成本分配更准确?

第一节 作业成本法概述

一、作业成本法产生的背景

作业成本法(Activity-Based Costing,ABC)最早是由美国会计学家埃里克·科勒(Eric Kohler)教授在20世纪30年代末40年代初提出的,但对它的全面研究却是20世纪七八十年代,它在企业中的应用则始于20世纪80年代末期。作业成本法的产生与发展和其他理论与方法一样,都不是偶然的,而是众多因素综合作用的结果。

(一)技术革命与制造环境的改变

自20世纪80年代以来,社会正经历着一场以微电子技术为核心的高新技术革命,企业的经营环境也发生了巨大的变化,生产过程日趋自动化,电脑辅助设计(CAD)、计算机辅助工程(CAE)等得到了广泛应用。特别是计算机集成制造系统的应用,使产品从订货开始,直到设计、制造、销售等所有阶段,都可以由计算机进行统一调控。企业使用了大量由计算机进行控制的机器设备,产品的技术含量不断增加,这样就会导致制造费用规模大幅上升,而传统的人工成本在产品成本中的比重则大幅下降。产品成本结构发生如此重大改变,再按照传统的以人工成本、机器工时等简单数量标准来分配制造费用,必然会造成技术含量低、产量高的产品成本偏高,而技术含量高、产量低的产品成本偏低,从而造成产品成本信息的严重失实,引起成本控制失效或成本决策失误。

(二)产品与服务的多样化需求

科学技术在生产领域的广泛应用,极大地促进了社会经济的发展,社会经济的发展也使得人们对生活质量的要求越来越高。人们的消费观念发生了很大变化,越来越追求产品的个性化、多样化。同时,随着技术的发展,市场由卖方转向了买方,企业之间的竞争更加激烈,新产品不断地被投放到市场,产品的生命周期越来越短。在多样化的社会需求、激烈的市场竞争及世界经济一体化环境下,现代企业必须以市场为导向,放弃传统的以追求规模经济为目标的大批量生产方式,而改用能对顾客多样化以及日新月异的需求做出迅速反应的弹性制造系统(FMS)。多样化、小批量的需求会增加企业生产的复杂性,生产的复杂性必然造成制造费用的增高,这也是现代企业制造费用比例大幅上升的另一个重要原因。

(三)管理理念与方法的创新

科技技术的发展,先进制造系统的推广也带来了管理理念和方法的变革。适时生产系统(Just-in-time System,JIT System)、全面质量管理(Total Quality Management,TQM)等管理理念和方法得到了普遍应用。适时生产系统与传统生产系统不同,它强调以必要的劳动,确保在必要的时间内,按必要的数量,生产必要的产品,以期达到杜绝浪费和降低成本、提高企业经济效益的目的。传统生产系统是一种由前向后推动式的生产系统,而适时制生产系统是一种由后向前拉动式的生产系统。在适时生产系统下,产品成本不只是在生产环节被关注,而是与产品有关的所有环节,一环扣一环,形成一个链条。在这个链条中,一些传统上被认为间接费用的折旧费、修理费可能变成了某些经营单元的直接费用。此外,大量的自动化设备的使用加大了固定性制造费用的比重,使传统的产品成本结构发生改变。适时生产系统的运用还需要企业实行全面质量管理,它区别于传统的事后质量管理,强调每一个员工全程实时自我质量监控,这样才能及时发现错误,及时纠正,真正实现适时生产系统的"零存货""零缺陷"思想。综上所述,适时生产系统的产生和全面质量管理是作业成本会计产生的必要条件。

二、作业成本法的相关概念

要掌握作业成本法的计算,必须先了解与之相关的概念。这些概念在作业成本法下都有特定的含义。

1. 资源

简单地说,资源就是能给企业带来价值的源泉,其外延相当广泛。企业在生产经营过程中所耗费的一切人力、物力、财力,都属于资源的范畴,具体包括原材料、人力、动力、厂房、机器设备、税金、办公费等,换言之,资源就是各项费用的总和。资源的耗费可以通过各种费用总账及明细账进行记录和归集。

2. 作业

作业是企业为了某种目的而进行的耗费资源的一切活动。它反映了企业实施的工作,是企业生产经营过程中相互联系、各自独立的活动。企业经营过程中的每个环节,或者是生产过程中的每道工序,都可以视作一项作业。可以说,企业的整个经营过程就是由一系列作业构成的。例如,材料采购过程中,需要进行签订合同、运输、质量检验、入库、登记明细账等作业;机加工车间需要进行车、铣、刨、磨等加工作业,以及产品质量检验、包装、入库等作业。作业可能是一项非常具体的工作,如车工作业,也可能泛指一类活动,如机加工车间的车、铣、刨、磨等作业统称为机加工作业。因此作业的界定应视企业具体情况而定。

在作业成本法下,作业可以按照不同的标准分类,如,按照是否增加产品或服务的价值,作业分为增值作业和非增值作业;按照重要程度,作业分为核心作业、支持作业和牵制作业。其中,按照受益对象的不同,作业分为以下四种,也是最重要的分类方式:

(1) 单位层次作业。它是指对每单位产品或服务所进行的作业,是使单位产品受益的作业。单位层次作业所耗用的资源量是与产品产量或服务量呈正比的。例如,产品质检所发生的人工成本与产品检查的数量呈正比,则质检作业就是单位层次作业。

(2) 批量层次作业。它是指对每批产品或服务所进行的作业,是使每批产品受益的作业。批量层次作业所耗用的资源量是与产品或服务的批次呈正比而与生产数量无关。例如,为了生产一批产品需要进行机器准备,会发生一些成本,一旦机器准备好,成本发生完毕,则无论该批产品是生产100件还是1 000件,该机器准备成本都不变,则该准备作业就是批量层次作业。

(3) 产品层次作业。它是指对每类产品或服务所进行的作业,是使每类产品都受益的作业。产品层次作业所耗用的资源量是与产品的种类或产品线的数量呈正比而与产品产量及产品批数都无关。例如,为了生产某新产品要进行市场调研,围绕调研所发生的一切成本只是与该类新产品有关,而与该新产品今后生产多少批,每批生产多少数量都无关,则该调研作业就是产品层次作业。

(4) 维持层次作业。它是指维持企业的生产能力进行正常经营运转而发生的作业,是使企业某机构、某部门甚至是企业整体都受益的作业。维持层次作业所耗用的资源量一般随企业的整体情况发生变动,而与产品的种类、批次、数量都无关。例如,企业发生的绿化费、暖气费、房屋维修费、保安费以及各行政管理部门如财会部门、人力资源管理部门等发生的费用都属于维持层次作业发生的成本。也就是说,这些作业的成本是企业全部产品都应该承担的共同成本。

3. 作业中心及作业成本库

作业中心是指由一系列相互联系、能够实现某种特定功能的作业集合。例如原材料采购作业中,材料采购、材料检验、材料入库、材料仓储保管等都是相互联系的,实现一个共同的材料采购职能,可以把这些作业合并在一起,称作材料采购作业中心。企业划分作业中心时要基于两个原则:一是重要性原则。如果某个作业非常重要,则应将其作为一个独立的作业中心;反之,则可以与其他作业合并为一个作业中心。二是相关性原则。组成作业中心的作业必须是相关的,其相关性主要表现在具有相同的成本驱动因素。

把作业中心消耗的各类资源进行汇总,就构成了该作业中心的作业成本库。作业成本库是作业中心的货币表现形式。

4. 作业链及价值链

与作业相关联的另外两个概念是作业链和价值链。企业为了满足顾客需要而建立的一系列前后有序的作业集合,就是作业链。在作业链上存在着这样一种关系:"资源—作业—产品",其含义为:作业消耗资源,产品消耗作业。企业每完成一项作业,就会有一定量的资源被消耗,同时又有一定价值量的产出转移到下一项作业,如此逐步结转下去,形成企业的最终产品。不同行业、不同企业、不同产品的作业链是不同的。通过对作业链的分析、改进与优化,可以达到降低产品成本,获取竞争优势的目的。

价值链是企业作业链的价值表现,它与作业链紧密地联系在一起。作业链的形成过程也表现为价值链的形成过程。作业的转移表现为价值在企业内部的逐渐积累,最后形成转移给顾客的产品及价值。作业链反映了资源的消耗,价值链反映了价值的产生,两者的差就是企业的盈利。要想提高企业的价值链,就必须改进作业链;反之,作业链的改进也是从对价值链的分析开始的。

5. 成本动因

成本动因是指引起成本发生的驱动因素,又称成本驱动因素。成本动因支配着成本行为,决定着成本的产生,是成本分配的标准。在作业成本法下,资源的消耗产生了作业,作业的消耗产生了产品,相应地,成本动因也分成两种:一是引起资源消耗的原因,即资源动因;二是引起作业消耗的原因,即作业动因。

资源动因:作业量决定着资源的消耗量,这种资源消耗量与作业量之间的关系称作资源动因。资源动因是衡量资源消耗量与作业量关系的计量标准,是资源被各种作业消耗的方式和原因,是资源成本分配到作业的依据。实际上,费用总分类账上归集的各项资源就是按照资源动因分配到各项作业上的。因此,资源动因是连接资源和作业的中介。

作业动因：产品产量决定着作业的消耗量，这种作业消耗量与产品之间的关系称作作业动因。作业动因是把作业成本分配到产品的标准，它反映了产品消耗作业的情况，是沟通资源消耗与最终产品的中介。例如，产品在入库前要进行质量检验，假设每批次的质检成本相同，则质检次数就是引起产品质检成本发生变动的原因。用某期间某质检中心所发生的检验作业总成本除以检验总次数，就是每次质检的单位成本。假设某产品本期质检了五次，则该产品所分摊的质检成本等于质检次数五次乘以质检单位成本。

作业动因的选择与前述作业按层次的分类有关。一般情况下，单位层次作业的作业动因是产量，批次层次的作业动因是产品的批次。作业的类别划分得越细，作业动因的选择就越准确，但是作业划分得越细，成本的计算工作量也就越大。因此作业类别的划分过程也是成本与效益的权衡过程。

三、作业成本法的含义及特征

（一）作业成本法的含义

作业成本法是先将企业消耗的资源按资源动因分配到作业，再将作业成本按作业动因分配给产品的一种成本计算方法。作业成本法与传统成本法之间既有联系也有区别。联系主要表现为：①它们的最终目的都是计算产品的成本。②作业成本法不能单独使用，需要与品种法、分批法、分步法等基本成本计算方法结合使用。③对产品直接成本的处理方式是一致的，即直接追溯至产品成本，但对于间接成本的分摊，作业成本法与传统成本法相比，在分摊方法及分摊范围上则明显不同。

传统成本法先将间接成本归集于部门，再将部门的成本分配至产品；而作业成本法则先将间接成本按作业进行归集，再将作业成本分配至产品。两者的区别如表8-1所示。

表8-1

作业成本法与传统成本法的区别

项　　目	两个阶段
传统成本法	间接成本→部门→产品
作业成本法	间接成本→作业活动→产品

（二）作业成本法的特征

作业成本法的具体特征表现为：

（1）成本驱动因素不同。成本驱动因素也称作成本动因。作业成本法根据企业经营过程中形成的资源—作业—产品之间的关系，寻找不同阶段成本发生的真正原因,并以此作为分配基础,将各项资源耗费分配到产品成本中去。传统成本计算方法的分配基础多是财务性指标,如直接人工成本、直接材料成本,非财务性指标也仅限于人工工时、机器工时等,分配基础与成本之间不一定具有高度的因果关系。作业成本法的分配基础更强调非财务性因素,测试时间、采购次数、产品的零部件数量、设备的调整准备次数等都是常用的分配动因。成本动因的多样化极大地提高了成本与作业量之间的因果关系,从而提高了成本信息的真实性及成本决策的有用性。

(2) 成本计算对象不同。传统成本计算方法以"产品"为成本计算对象,与产品有直接关系的原材料、薪酬等费用称作直接费用,直接计入产品成本,与产品没有直接关系的车间维护等费用称作间接费用,也叫制造费用,采用人工工时、机器工时等标准,分配到产品成本中。作业成本计算方法下,"作业"是成本计算的核心和基本对象,尽管产品成本或服务成本是实际耗用企业资源成本的终结,但从成本控制和管理的角度来说,真正有价值的信息是作业的成本。企业可以通过控制作业的成本动因,控制成本的发生,使成本得以降低。传统成本计算法关注的是产品成本的结果,作业成本计算法关注的是产品成本的形成过程及成因。

(3) 成本的经济内容不同。传统成本计算法下,产品成本在经济内容上只包括生产车间发生的与产品有关的成本,如直接材料、直接人工、制造费用等,而用于企业管理和组织生产经营的费用以及产品销售费用则作为期间费用处理;另外传统成本法按照费用的经济用途设置成本项目并据以登记成本计算单。在作业成本法下,产品成本则是指与产品有关的全部成本,它不仅包括生产车间的成本,还包括其他部门发生的合理的、有效的支出,如产品设计、营销成本,即只要是对最终产品有益的支出,都应该计入产品成本。作业成本计算强调费用支出的合理有效性,而不论其是否与产出直接相关,提供的成本信息更有利于企业进行产品的定价决策;另外,作业成本法是按照作业设置成本项目并据以登记成本计算单的。

(4) 对管理的影响不同。传统成本计算局限于产品的生产制造过程,只重视计算结果,忽视了成本的管理职能。作业成本法立足于全程的成本概念,将成本视野向前延伸到产品的市场需求,产品的研发设计,向后延伸到顾客的使用、产品维修及处置等。作业成本法强调在设计过程中即消除不增加价值的作业,同时在生产过程中尽可能增加增值作业的价值。因此,作业成本法不仅是一种成本计算方法,更是一种成本管理工具。基于作业成本法的新的现代管理思想——作业管理正在形成,它把管理重心深入作业层次。除了研究生产过程的成本管理之外,还把供应商、顾客这类作业链的投入端与产出端作为独立的研究对象,将企业整体作为一个作业链进行分析。

第二节 作业成本法的应用

一、作业成本法的计算程序

（一）确认各类资源，并设立相应的资源成本库

企业在生产产品或提供服务过程中会消耗各种资源。如前所述，企业在生产经营中消耗的所有的人力、物力、财力都属于资源的范畴。这些资源主要分为货币资源、材料资源、人力资源、动力资源、厂房设备资源等大类。企业应分别为各项资源设立相应的资源成本库，并将一定会计期间内消耗的资源价值加以计量，将计量结果归集到各资源成本库中。此步骤相当于传统成本计算中对各项生产费用的归集。

（二）确认作业，划分作业中心

确认作业是作业成本计算的基础，也是作业成本法区别于传统成本计算的关键所在。一般来讲，作业的划分可以从产品设计开始，到材料供应、生产、包装、质检、销售等全过程。划分作业时要考虑成本效益原则以及企业对成本信息的需要。如果企业需要高度精确的成本信息，可以把一个作业划分成几个作业；反之，也可以把几个作业合并成一个作业。此外，在实际工作中，企业通常把一些在职能上紧密联系的作业划分成一个作业中心，不同的作业中心实施不同的职能。

（三）确定资源动因，将资源分配给作业或作业中心

资源动因是把资源分配给作业的标准和依据。不同的资源会有不同的资源动因，如，电力资源的资源动因是"消耗的电力度数"，人力资源的资源动因是"工人人数"或"生产工时"等。分配资源成本时，一般先用资源成本库归集的成本除以资源动因数，得到单位资源成本或资源成本分配率，然后用某作业消耗的资源动因数量乘以资源成本分配率，得到该作业消耗的该资源成本。例如，某企业消耗的电力资源价值为 80 万元，电力消耗总度数为 160 万度，则每度电的成本为 0.5 元（80÷160）。假设该企业的"机器准备"作业中心本月消耗了 10 万度电，则该"机器准备"作业成本库本月就归集了 5 万元（10×0.5）的电费。

值得说明的是，有时某项作业所消耗的资源具有"专属性"，也就是说，某资源能够直接判定是由哪个作业消耗的，此时，该资源不用分配而是直接计入该作业的成本库中。例如，从事"订单处理"作业的所有人员的工资，可直接计入"订单处理"作业的成本库中。

（四）确定作业动因，将作业成本分配给最终产品

作业动因是引起产品成本变动的因素，是把作业成本分配到产品的标准。产品产出量与作业消耗量之间的关系不同，作业动因也不同。例如，整理准备作业的作业

动因是"整理准备小时"或"整理准备次数";订单处理作业的作业动因是"订单处理份数"等。分配作业成本时,我们一般先用作业成本库归集的成本除以作业动因数量,得到单位作业成本或作业成本分配率;再用某产品消耗的作业量乘以作业成本分配率,得到该产品消耗的该作业成本。例如,某企业"订单处理"作业成本库归集的成本为10 000元,作为成本动因的"订单处理份数"为100份,则每份订单处理成本为100元(10 000÷100)。假设该企业的甲产品本月处理的订单份数为50份,则甲产品本月应负担的订单处理成本为5 000元(50×100)。

将某产品所应负担的各项作业成本进行汇总,就可以得到该种产品的总成本。

作业成本法的计算程序如图8-1所示。

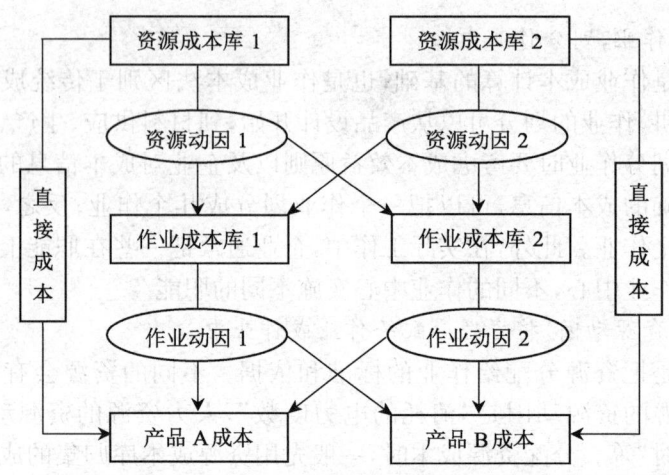

图8-1 作业成本法的计算程序

二、作业成本法的账户设置

作业成本法在成本核算内容上与传统成本法有明显的不同,即作业成本法除了要核算产品生产过程中的成本外,还包括产品设计、产品销售等过程中与产品有关的所有成本,因此,在账户设置上也应该与核算内容相一致。

（一）一级账户的设置

（1）设置"生产成本"一级账户。该账户核算产品的各项直接成本,如直接材料和直接人工等,其核算内容与传统成本法下的"生产成本"账户一致。

（2）设置"作业成本"一级账户。该账户与传统成本法下的"制造费用"账户性质相近,也是核算产品的各项间接成本,但核算内容更广泛。

第八章 作业成本法

（二）明细账户的设置

（1）"生产成本"一级账户下不再设置"基本生产成本"和"辅助生产成本"两个二级账户。因为，在作业成本法下，我们可以把辅助生产视作一项作业，辅助生产的成本可以通过设置一个或几个成本库进行核算。当企业采用品种法、分批法、分步法等基本方法进行成本核算时，"生产成本"一级账户只需要按照品种、批别、生产步骤设置二级明细账，并在二级明细账下设置成本计算单。成本计算单通常按照"直接材料""直接人工""作业成本"设置专栏。

（2）"作业成本"一级账户下按照作业成本库的名称设置二级账户，如材料处理作业、机器准备作业等，账内再根据作业耗用的各项资源名称设置专栏，如机物料消耗、职工薪酬、折旧等。专栏的名称应尽量与会计准则规定的制造费用明细项目的名称相一致，以便在对外提供财务报表时，将作业所耗用的各项资源成本还原为制造费用。

在作业成本法下，"生产成本"账户和"作业成本"账户之间的关系如图 8-2 所示。

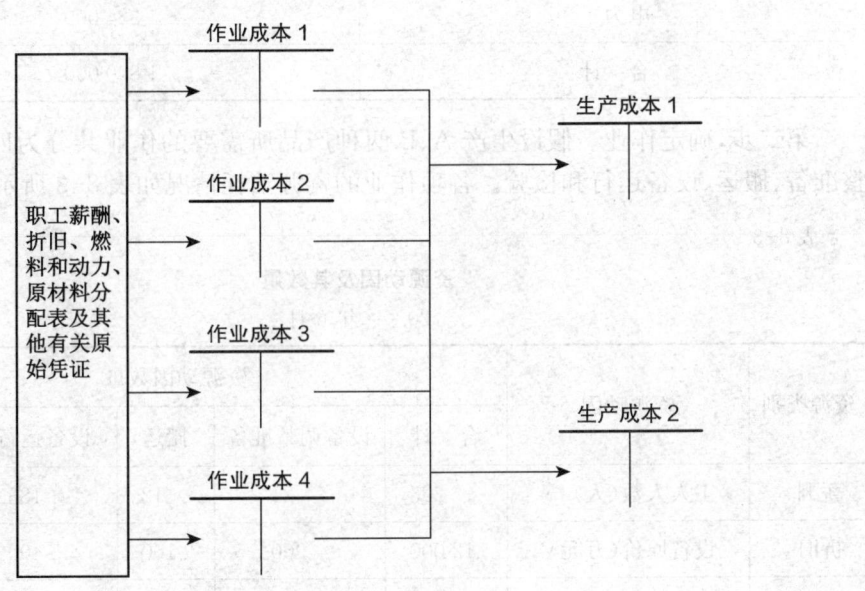

图 8-2 作业成本法下账户关系图

三、作业成本法计算举例

【例 8-1】 某企业生产 A、B 两种产品，采用作业成本法进行成本核算。与传统成本计算方法相类似，直接材料和直接人工属于直接成本，直接计入两种产品的产品成本计算单，间接费用则按照作业成本法的计算原理，首先计算各种作业的成本，其次再将各种作业成本分配计入产品成本。计算过程如下：

第一步，确定资源成本库。20××年6月，该企业的制造费用明细账如表8-2所示。制造费用明细账中所列的各个项目，就是作业消耗的各类资源。

表8-2

制造费用明细账

20××年6月　　　　　　　　　　　　　　　　　　　　　单位：元

项　目	金　　额
薪酬	162 000
折旧	1 008 000
办公费	216 000
维修费	90 000
电力	324 000
合　计	1 800 000

第二步，确定作业。假设生产A、B两种产品所需要的作业共分为四类：设备调整准备、搬运、设备运行和检验。各项作业的资源消耗情况如表8-3所示。

表8-3

资源动因及其数量

20××年6月

资源类别	资源动因	资源动因数量				
		合　计	设备调整准备	搬运	设备运行	检验
薪酬	工人人数（人）	225	21	12	183	9
折旧	设备原价（万元）	12 000	900	2 100	5 400	3 600
办公费	工人人数（人）	225	21	12	183	9
维修费	维修时间（小时）	3 000	450	900	1 500	150
电力	用电量（度）	300 000	51 000	3 000	240 000	6 000

第三步，将资源分配给作业。根据表8-2和表8-3，可以计算出资源动因分配率，并进一步把资源分配给各作业，得到各作业成本库的资料，如表8-4所示。

表 8-4

资源向作业成本库的分配

20××年6月　　　　　　　　　　　　　　　　　　　金额单位：元

资源类别	资源价值	资源动因	资源动因合计	资源动因分配率	资源动因数量			
					设备调整准备	搬运	设备运行	检验
薪酬	162 000	工人人数（人）	225	720	15 120	8 640	131 760	6 480
折旧	1 008 000	设备原价（万元）	12 000	84	75 600	176 400	453 600	302 400
办公费	216 000	工人人数（人）	225	960	20 160	11 520	175 680	8 640
维修费	90 000	维修时间（小时）	3 000	30	13 500	27 000	45 000	4 500
电力	324 000	用电量（度）	300 000	1.08	55 080	3 240	259 200	6 480
合计	1 800 000				179 460	226 800	1 065 240	328 500

第四步，将作业成本分配给各产品。

首先，为了将各种作业成本分配到 A、B 两种产品中，需要收集两种产品消耗作业的资料，如表 8-5 所示。

表 8-5

作业动因及其数量

20××年6月

作业动因	作业动因合计	A产品	B产品
设备调整准备次数（次数）	1 500	1 050	450
搬运次数（次数）	75	22.5	52.5
设备运行小时数（小时）	15 000	6 000	9 000
检验次数（次数）	150	120	30

其次，根据表 8-4 和表 8-5，可以计算出各作业成本动因的分配率，并将各种作业成本分配到 A、B 两种产品中，如表 8-6 所示。

表 8-6

作业成本向产品的分配

20××年 6 月　　　　　　　　　　　　　　　　金额单位：元

作业成本库	作业成本合计	作业动因合计	作业动因分配率	A 产品	B 产品
设备调整准备	179 460	1 500	119.64	125 622	53 838
搬运	226 800	75	3 024	68 040	158 760
设备运行	1 065 240	15 000	71.016	426 096	639 144
检验	328 500	150	2 190	262 800	65 700
合　计	1 800 000			882 558	917 442

最后，将表 8-6 的制造费用分配结果计入 A、B 两种产品的产品成本计算单，并据以计算两种产品的完工产品总成本和单位成本，分别如表 8-7 和表 8-8 所示。假设 A、B 两种产品的月初、月末在产品成本，本月发生的直接材料和直接人工费用均已知。

表 8-7

产品成本计算单

产品名称：A 产品　　　　　20××年 6 月　　　　　完工数量：200 件　　单位：元

项　目	直接材料	直接人工	制造费用	合计
月初在产品成本	49 520	75 300	87 800	212 620
本月发生的生产费用	375 880	599 700	882 558	1 858 138
合　计	425 400	675 000	970 358	2 070 758
完工产品成本	386 000	589 400	882 360	1 857 760
单位成本	1 930	2 947	4 411.8	9 288.8
月末在产品成本	39 400	85 600	87 998	212 998

表 8-8

产品成本计算单

产品名称：B 产品　　　　　20××年 6 月　　　　　完工数量：1 000 件　　单位：元

项　目	直接材料	直接人工	制造费用	合计
月初在产品成本	184 320	134 640	87 620	406 580
本月发生的生产费用	975 860	439 700	917 442	2 333 002

(续表)

项　　目	直接材料	直接人工	制造费用	合计
合　　计	1 160 180	574 340	1 005 062	2 739 582
完工产品成本	966 000	452 000	910 800	2 328 800
单位成本	966	452	910.8	2 328.8
月末在产品成本	194 180	122 340	94 262	410 782

四、作业成本法的优点、缺点及适用范围

（一）作业成本法的优点

1. 成本计算更准确

作业成本法对间接成本进行分配时，采用了多样化的分配标准，突出了成本与分配标准之间的因果关系，从而使成本的计算更为精确，成本信息的可信度更高。而且作业的界定不仅限于产品的生产过程，作业成本法的成本涵盖了与产品有关的所有成本，这样计算出来的产品成本，信息更为完整，并且能够提高产品定价、生产、销售决策的相关性，从而做出有利于企业整体的最优决策。

2. 成本控制更有效

通过分析作业及其相关成本，作业成本法可以揭示资源耗费、成本发生的前因后果，有利于管理人员了解公司资源运用的情况和各项作业成本的多少，从而有助于合理地规划资源，有效地进行成本控制；同时，在作业成本法下，成本动因是真正引发作业活动成本发生的原因，因此，通过对成本动因的管理、通过对各项成本按作业的追溯，管理人员可以找出那些无价值增值的活动，并尽可能地减少或消除此类活动。

3. 责任归属更明确

企业可以比照传统成本法下制造费用预计分摊率的确定，由相关人员共同协商制定各作业成本的预计分摊率。将各项作业的实际成本与预计成本比较，就可以发现存在问题的作业及其责任人或责任单位。因此，从绩效考评的角度来讲，作业成本法比传统成本法更容易明确责任。

（二）作业成本法的缺点

1. 计算过程中带有一定的主观性

作业成本法在作业的划分、作业中心的选择、成本动因的确定等方面都带有一定的主观性。有些作业活动的成本动因不易确认，必须依赖人为的主观判断，尤其是与全厂生产有关的作业活动，常常使用面积、员工人数等主观选定的基础分摊成本，从而降低了成本的精确性。

2. 实施的收益未必高于成本

作业成本法将企业整体的经营活动划分为不同的作业,作业的划分往往要花费巨大的费用,作业划分得越细,成本计算越准确,但工作量越大;反之,如果将作业分类合并,则作业的数量减少,但在成本动因的选择上又会造成很大的麻烦。因此,实施作业成本法所耗费的作业划分成本、成本动因选择成本、账务处理成本等,很可能超过作业成本法带来的收益,这时就需要对实施作业成本法的可行性进行评估,衡量其是否符合成本效益原则。

(三) 作业成本法的适用范围

作业成本法是随着现代高科技的发展而产生的,在国外一些国家已经越来越广泛地运用。为了加强成本核算在管理中的作用,我国《企业产品成本核算制度》中规定,符合条件的企业可以使用作用成本法。一般而言,采用作业成本法的企业应符合以下条件。

1. 产品制造费用在全部成本中的比重较高

在这种情况下,若使用单一的分配率,就会造成成本信息不真实,成本信息的扭曲会比较严重。

2. 产品多样化程度高

多样化包括产品原材料、产量、规模及工艺的多样化等。产品的多样化是造成传统成本法计算不准确的原因之一。

3. 企业面临的竞争十分激烈

传统的成本计算方法是在竞争较弱、产品多样化较低的背景下设计的。当竞争变得激烈,产品的多样化增加时,传统成本计算方法的缺点被放大了,实施作业成本法变得有利。

4. 企业的规模比较大

由于规模大的企业拥有更为强大的信息沟通渠道和完善的信息管理基础,并且对信息的需求更为强烈,所以他们比小企业对作业成本法更感兴趣。

目前,我国大多数企业仍是劳动密集型企业,产品成本中直接材料、直接人工比重较大,制造费用比重较小,科技水平和管理水平还有待提高,因此作业成本法的实施仍然任重道远。

本 章 小 结

本章论述了作业成本法产生的背景及原因,并进一步介绍了作业成本法相对于传统成本法的优点。作业成本法的思想是由美国会计学家埃里克·科勒教授在20世纪30年代末40年代初提出的。近几十年来,在电子技术革命的基础上产生了高

第八章 作业成本法

度自动化的先进制造企业,带来了管理观念和管理技术的巨大变革,产品成本结构发生了重大变化,使得传统的"数量基础成本计算"不能正确反映产成品的消耗,不能为企业决策和控制提供正确、有用的会计信息。作业成本法是一种以作业为基础的成本计算方法,它从根本上解决了传统成本法的缺陷,同时给企业成本管理提供了很好的基础。由传统的以数量为基础的成本计算发展到现代的以作业为基础的成本计算,是成本会计发展的大趋势。因此,在我国研究与推广作业成本法有着重大的理论与现实意义。

作业成本法能够比传统成本法提供更准确的关于经营行为和生产过程以及产品、服务和顾客方面的成本信息,它在许多方面实现了对传统成本核算的改进。作业成本法从传统的以产品为中心,转移到以作业为中心上来,作业成本法将制造费用的分配由统一分配改为若干个具有同质成本动因的成本库分别进行分配,标准也由单一分配改为多标准分配,作业成本法能提供更明细化的成本资料,使成本的可追溯性、可归属性大大增强,从而帮助企业优化生产决策、定价决策和长期投资决策。

知识链接

作业管理

作业成本计算的作用已经从成本的确认、计量方面转移到企业管理的诸多方面,一种新的现代企业管理思想——作业管理(Activity-Based Management,ABM)正在形成。作业管理是把管理重心深入作业层次,对作业链进行分析,消除非增值作业,并使增值作业更有效率,从而将企业置于不断改进的状态之中。作业管理的主要目标是两个:一是尽量通过作业为顾客提供更多的价值;二是从为顾客提供的价值中获得更多的利润。为实现上述两个目标,企业管理必须深入作业水平,进行作业分析。

(1) 分析作业的必要性。作业的分析要从企业和顾客两个角度来分析。如果某项作业对顾客来说是必要的,那么就是必要的作业;如果某项作业对顾客来说不是必要的,则要进一步看该作业对企业是否必要,如果对企业是必要的,即使与顾客无关也是必要作业。

(2) 分析重点作业。在企业中为完成正常的生产经营活动需要很多作业的参与,作业数量成百上千,对每项作业逐一进行分析会消耗大量人力、物力,根据成本效益原则和重要性原则,我们应当对那些重要的作业进行分析,有选择性地进行重点突破。在实际工作中,一个企业的80%的成本通常是由20%的作业引起的,将

(续上)

作业按其占成本比例的大小排列,排在前20%的就是重点作业。

(3) 行业比较。必要的作业不一定就是有效的或最佳的。为了对作业的有效性进行评价,我们可以将企业的作业与其他企业先进水平的作业进行比较,通过比较判断某项作业或企业整个价值链是否有效,从而寻求改进的机会。

(4) 作业增值分析。对构成企业作业链的各个作业进行增值分析,应先从顾客和市场的角度来评判作业的效果,即是否为满足顾客需要创造了价值。如果为顾客创造了价值,则需进行作业的乘数分析和效率分析;如果没有为顾客创造价值,则从企业角度评判作业是否为维系企业生产经营过程必须存在。

对于不必要作业,应确定成本削减或消除的阶段性目标和标准,对于增值和必要作业,则进行作业价值乘数分析,通过分析作业成本及创造价值之间的关系,结合相关因素分析,判定需要进一步改善的目标作业。

一些企业具有很高的增值作业比率,却无法实现预期的获利水平,原因在于企业提供的价值并不等同于顾客愿意支付的价值。作业价值乘数是指增值作业创造的价值与作业消耗资源成本之间的比率,它表明每1元增值作业成本能创造的价值,以评价不同增值作业对价值创造的贡献程度。确定作业价值乘数比较小的作业为需要改善和优化的目标作业。作业价值乘数比较小的判断一般以标杆企业的相同作业为依据。

(5) 作业改进。一旦断定某些作业是非增值的,就必须采取措施予以消除。如果某项作业是增值的,则有时需要作业选择。不同的相互竞争的策略决定不同的作业组,作业引起成本,因此,每一产品设计策略都有相应组作业及相关成本。在其他条件相同的情况下,应选择最低成本的设计策略。这种选择对成本节约有重大的影响。

(6) 作业业绩指标集中于三个主要方面:效率、质量、时间。效率集中体现作业投入与作业产出的比例关系。例如,提高作业效率的一种方法就是用较低的投入成本得到同样的产出。质量关注第一次执行时能否就把作业做好。如果作业产出有缺陷,可能需要重复作业,这样就产生非必要的成本,同时降低了效率。执行作业的时间要求也非常关键。较长的时间通常意味着更多的资源被消耗,即对顾客需要的反应能力较差。时间业绩指标倾向于非财务的,而效率和质量指标既有财务的又有非财务的。因此,作业业绩评价的主要指标应该是:①作业成本的高低。②作业质量的好坏。③完成作业的必要时间。

资料来源:夏鑫,田志莹.成本会计学[M].北京:清华大学出版社,2016.

复习思考题

1. 作业成本法产生的背景是什么?
2. 什么是资源?什么是资源成本库?
3. 什么是作业?什么是作业中心?作业中心与作业成本库是什么关系?如何进行作业层次的分类?
4. 什么是作业链?作业链与价值链是什么关系?
5. 什么是作业动因?作业动因与产品是什么关系?
6. 什么是资源动因?资源动因与作业是什么关系?
7. 如何确定资源动因和作业动因?确定资源动因和作业动因时应注意什么问题?
8. 作业成本法的基本计算程序是什么?
9. 作业成本法的缺点是什么?什么样的企业适合用作业成本法?
10. 作业成本法与传统成本法的主要区别是什么?作业成本法有什么特点?

练 习 题

一、单选题

1. 在作业成本法下,引起作业成本增加的驱动因素称为(　　)成本动因。
   A. 作业　　　　　　B. 资源　　　　　　C. 产品　　　　　　D. 数量
2. 在作业成本法下,引起产品成本增加的驱动因素称为(　　)成本动因。
   A. 作业　　　　　　B. 资源　　　　　　C. 批次　　　　　　D. 数量
3. 传统成本法与作业成本法的区别主要集中在(　　)的分配上。
   A. 直接材料成本　　　　　　　　　　　B. 直接人工成本
   C. 其他直接成本　　　　　　　　　　　D. 间接成本
4. 在作业成本法中,间接成本的分配路径是(　　)。
   A. 资源→部门→产品　　　　　　　　　B. 资源→成本→产品
   C. 资源→作业→产品　　　　　　　　　D. 资源→会计主体→产品
5. 下列关于作业成本法的特点中,正确的是(　　)。
   A. 关注成本结果　　　　　　　　　　　B. 关注成本发生的原因
   C. 将作业作为分配直接费用的基础　　　D. 采用单一数量的分配基础
6. 使单位产品受益的作业是(　　)作业。
   A. 批次　　　　　　B. 产品　　　　　　C. 单位　　　　　　D. 维持
7. 作业成本法的缺点是(　　)。
   A. 实施成本高　　　　　　　　　　　　B. 实施效果较差
   C. 成本决策相关性　　　　　　　　　　D. 间接费用的分配与产量相关性差

8. 机器的准备成本属于与( )有关的成本。
   A. 产品产量　　　B. 产品批次　　　C. 产品性能　　　D. 产品质量
9. 作业成本法适用于( )的企业。
   A. 产品品种单一、制造费用比重小　　B. 产品品种单一、制造费用比重大
   C. 产品品种多样化、制造费用比重小　D. 产品品种多样化、制造费用比重大
10. 企业生产经营过程中发生的材料、能源、人工、设备、资金等耗费,称为( )。
    A. 作业　　　　　　　　　　　B. 作业成本库
    C. 资源　　　　　　　　　　　D. 成本动因

二、多选题

1. 下列各项中,属于作业成本法产生的原因有( )。
   A. 信息化制造环境　　　　　　B. 传统间接成本分配的弊端
   C. 先进的管理理念　　　　　　D. 产品多样化社会需求
2. 在作业成本法中,按照受益对象的不同,将作业分为( )。
   A. 单位作业　　　　　　　　　B. 批次作业
   C. 产品作业　　　　　　　　　D. 维持作业
3. 下列关于作业成本法计算过程的表述中,正确的有( )。
   A. 第一阶段:将作业消耗的资源分配给作业,计算作业的成本
   B. 第一阶段:将作业消耗的资源分配给产品,计算产品的成本
   C. 第二阶段:将产品消耗的资源分配给作业,计算作业的成本
   D. 第二阶段:将产品消耗的作业分配给产品,计算产品的成本
4. 下列各项中,属于作业的有( )。
   A. 包装　　　　B. 运输　　　　C. 质量检测　　　D. 设备维护
5. 下列各项中,不属于产量、批次、产品种类的作业成本有( )。
   A. 产品设计费用　　　　　　　B. 厂房的折旧费用
   C. 厂房设备的维护费用　　　　D. 工厂管理人员的工资费用

三、判断题

1. 作业成本法的指导思想是"产品消耗资源,作业消耗产品"。　　　　　　( )
2. 作业成本法与传统成本法的区别是,传统成本法以数量基础作为分配基础,作业成本法以非数量基础作为分配基础。　　　　　　　　　　　　　　　　　　　　　　( )
3. 在作业成本法下,成本动因是导致成本发生的诱因,是成本分配的依据。　( )
4. 传统成本法与作业成本法最主要的区别是直接费用的分配方法不一样。　( )
5. 作业成本法不仅对制造成本进行核算和分析,还对营销成本进行核算和分析。( )

四、计算题

某厂生产 A、B 两种产品,采用作业成本法进行成本核算。该厂 20×× 年 5 月份有关资料

第八章 作业成本法

如下：

(1) 产量及部分成本资料如表 8-9 所示。

表 8-9

产量及部分成本资料

项 目	A	B
产销量(件)	150	450
售价(元)	9 000	6 000
直接材料(元)	240 000	331 200
直接人工(元)	210 000	30 000
直接人工工时(小时)	45 000	105 000

(2) 作业成本库及作业动因如表 8-10 所示。

表 8-10

作业成本库及作业动因

作 业	作业成本库	B
设备调整准备	54 000	调整次数
机器运行	225 000	机器小时
质量检测	75 000	检验小时
产品包装	30 000	产品数量

(3) 两种产品作业消耗情况如表 8-11 所示。

表 8-11

两种产品作业消耗情况

作业动因	A	B	合计
调整次数	4	5	9
机器小时	180 000	270 000	450 000
检测小时	300	450	750
产品数量(件)	450	1 050	1 500

要求：

(1) 按传统成本法，计算两种产品应分配的间接费用及总成本。

(2) 按作业成本法，计算两种产品应分配的间接费用及总成本。

第九章 其他现代成本核算理念与方法

学习目的与要求 本章主要介绍除作业成本法之外的其他几种现代成本核算理念与方法。通过本章学习,学生应了解现代成本核算理念产生的背景、每种理念的含义、特征及基本成本核算方法;了解战略成本管理的具体方法,包括价值链分析、行业定位分析和成本动因分析;了解产品全生命周期成本管理法下不同生命阶段的成本管理特点;了解质量成本所包含的内容,包括预防成本、鉴定成本、内部损失成本、外部损失成本和质量成本会计的内容;了解环境成本的内容及环境成本会计的确认计量方法。

难　　点 1. 掌握战略成本管理的成本动因分析。
2. 理解环境成本会计的确认与计量。

第一节　战略成本管理

一、战略成本管理的产生与发展

20世纪50年代以前,大多数企业都处在一个相对稳定的外部环境中,这时成本会计的着眼点一般在企业内部,成本会计的主要功能是向企业内部管理人员提供有关经营决策的信息。之后,企业的经营环境开始发生变化,尤其是六七十年代以后,企业所处的政治、经济、文化和自然环境发生巨变,科技高速发展,竞争更加激烈,企业的经营面临着严峻的考验。为此,企业必须对环境进行深入分析,采取新的管理方式谋求生存和发展,强化经营战略等的战略管理应运而生。

战略管理的核心是要寻求企业持之以恒的竞争优势。竞争优势是一切战略的核心,它归根结底来源于企业能够为客户创造的价值,这个价值要超过该企业创造它的成本。竞争优势有三种基本形式:成本领先(低成本优势)战略、差异化(标新立异)战略、聚焦集中(目标集聚)战略。

战略成本管理(Strategic Cost Management,SCM)的思想最早由英国学者西蒙

(Simmonds，1981)在《战略管理会计》一文中提出，他从企业在市场中的竞争地位这一视角对战略成本管理进行研究，并将其定义为："用于构建与监督企业战略的、有关企业及其竞争对手的成本信息的提供与分析"。此后，美国哈佛商学院教授迈克尔·波特(Michael Porter)在《竞争战略》和《竞争优势》两本著作中为我们提供了运用价值链进行战略成本分析的一般方法。美国管理会计学者杰克·桑克(Jack Shank)和戈文德瑞亚(Govindarajan)等人接受了西蒙提出的观点，并在迈克尔·波特研究成果的基础之上，于1993年完成《战略成本管理》一书，他们将战略成本管理定义为"在战略管理的一个或多个阶段对成本信息的管理性运用"，使战略成本管理的方法更加具体化。其内容主要包括：战略价值链分析、战略定位分析、战略成本动因分析。由于这一战略管理模式的可操作性较强，在企业界受到了广泛应用，此时战略成本会计的理论体系也开始形成。1995年，欧洲著名的克兰菲尔德工商管理学院学者托尼·格兰迪(Tony Grundy)等人提出把战略成本管理的工具运用于问题的诊断并提出讨论方案，根据成本效益原则，对方案进行评估和规划，然后开始执行，通过在执行过程中不断改进和学习，开始新的循环。这一模式实质上将战略成本管理作为企业制定竞争战略的工具。1998年，作业成本法的热心倡导者英国教授罗宾·库珀(Robin Cooper)提出了以作业成本制度为核心的战略成本管理模式。20世纪90年代以后，日本成本管理学术界和企业界提出了以"成本企划"为核心的战略成本管理模式，确定目标成本，对企业未来利润进行战略管理，并将这一模式推广到企业。

二、战略成本管理的含义及特征

(一)战略成本管理的含义

战略成本管理是战略管理和成本管理相结合的产物，它是战略管理的重要组成部分。所谓战略成本管理，是指运用专门的方法，提供企业在整个产品生命周期中一系列与价值增值活动及时、相关、准确的成本信息，在结合对竞争对手分析和评价的基础上，帮助企业管理者构建企业的总体战略，从而创造企业长久的竞争优势，使企业有效适应持续变化的外部市场环境。

(二)战略成本管理的特征

战略成本管理有如下特征。

1. 长远性

战略管理旨在取得长期持久的竞争优势，以便企业能够长期生存和发展。战略成本管理是从战略的角度来研究成本的，追求的是在不损害企业竞争地位前提下的成本降低的途径。如果为了成本降低而削弱了企业的竞争地位，这种成本降低的策略就是不可取的；反之，如果成本增加有助于巩固企业的竞争地位，则这种成本增加是值得鼓励的。所以，战略成本管理不是为了追求短期的利润增加而一味地降低成本的。

2. 外向性

战略成本管理跳出了企业内部这一狭小的空间范围,将视角更多地投向了影响企业经营的外部环境。它注重企业所处行业和竞争对手的分析,把企业置身于整个市场环境中,因而更能适应企业战略管理的要求。

3. 综合性

战略成本管理重视成本信息的综合性。它不仅要收集反映企业内部运作效率的成本信息,还要收集企业外部整个行业及竞争对手的信息;既要重视财务信息,还要重视法律法规、各种政策、经济运行情况等非财务信息;既要关注来自生产环节的信息,也要关注来自后期、人力资源、技术管理等其他部门的成本信息。成本信息的综合性拓宽了信息的来源途径,有利于为战略管理提供服务。

4. 动态性

企业的发展一般要经过初创期、成长期、成熟期和衰退期这几个阶段,战略管理需要针对企业不同的发展阶段,制定与之相匹配的战略目标、采取特定的战略决策。战略成本管理要支持战略管理的各项决策,要与各项战略目标相配合,就必然要调整各阶段的成本管理目标,制定不同阶段的成本分析与管理方法。战略成本管理与传统成本管理的区别如表9-1所示。

表 9-1

战略成本管理与传统成本管理的区别

属性	传统成本管理	战略成本管理
目标	把降低成本作为唯一目标	以取得战略竞争优势为目标
范围	只考虑成本效益本身,较狭窄	关注长远的战略效益,较宽泛
时间跨度	短期(1年以内)	长期(企业生命周期)
管理对象	作业链中某一环节	整个价值链
管理频率	定期进行	经常、持续改进
管理思想	注重内部运作效率	关注内部运作效率和外部环境
管理形式	事后反应	事前控制与事后反应兼顾
分析方法	企业作业链分析	企业内部及行业价值链分析

三、战略成本管理的方法

(一)价值链分析

1. 价值链的概念

企业的生产经营过程包括设计、生产、营销、交货等活动,以及各种辅助性活动,这些活动形成一条链条,称为作业链。这个链条既是生产费用的耗费过程,也是产品价值的形成过程。因此,作业链同时也表现为价值链。

价值链(Value Chain)的概念最早是由美国迈克尔·波特教授于1985年在他所著的《竞争优势》中提出的,倡导运用价值链分析进行战略规划和管理,帮助企业构建特有的核心竞争力。价值链是指企业为给顾客生产有价值的产品或劳务而发生的一系列在顾客看来有价值的活动。可以看出,企业进行价值管理的终极目标是实现消费者的价值,提高消费者的满意度,并在这一过程中获取并维持企业的竞争优势。价值链的作用就是要在稀缺资源与消费者之间建立一条高效运转的链条,通过对价值链内部的信息流、物流、资金流的控制,以及企业间的互动和协作,全面提升顾客满意度。企业价值链的基本形式如图9-1所示。

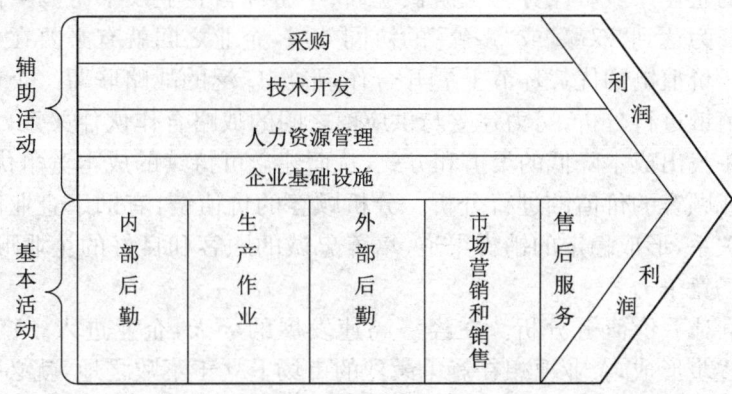

图9-1 企业价值链的基本形式

2. 价值链分析的意义

价值是形成竞争优势的基石,对价值链的分析不仅要分析构成价值链的单个价值活动,而且更重要的是,要从价值活动的相互关系中分析各项活动对企业竞争优势的影响,明确各价值活动之间的联系,提高企业整体价值创造的效率,增加降低成本的可行性,为企业取得成本优势和竞争优势提供条件。

价值链分析是一种策略性的分析工具,用来找出哪些活动可以增加对顾客的价值(Value-added Activities)或降低企业的成本,主要分析从原材料供应商到最终消费者相关作业活动的整合,包括外部供应商和顾客的整合,寻求以整合或一体化方式降低成本的途径;或者确定是否兼并上游或下游企业,寻求利用上、下游价值链以降低成本。企业价值链分析可以帮助公司了解其在行业中所处的竞争地位,了解竞争对手的成本情况和市场份额,评估自己的优劣和劣势,以便制定合适的竞争战略。

3. 价值链分析的种类

(1) 企业内部价值链分析。企业内部存在着很多价值链,既有各业务单元之间的价值链,也有各业务单元内部的价值链。每条价值链既会产生价值,同时也要消耗资源。企业内部的各价值链是有机联系起来的集合体。这种联系表现为某一项价值活动的实施策略与成效影响着其他价值活动的成本效益。因此,企业为了获得竞争优势,既要考虑单项价值活动对企业价值链的影响,也要考虑到各项价值活动的联系对整个企业价值链的综合影响,分析这些价值活动是否是优化的和相互协调的,也就是说,企业要在实现最终效益的目标下对各项价值活动进行取舍,同时,确保各项活动之间沟通顺畅并相互支持。

(2) 行业价值链分析。任何企业都是处于行业价值链中的一个或多个链接。行业价值链中的企业一般可以分为上游供应商、中游经营企业及下游购买商(顾客)三个主要层次。为达到"双赢"或"多赢"的协同效应,企业之间就有必要在各自的关键成功因素——价值链的优势环节上展开合作,形成广泛的战略联盟。企业既要对上游供应商价值链进行分析,努力建立与供应商之间的战略合作伙伴关系,力求在行业价值链的源头找出成本降低的渠道和方式,从而建立可持续的成本竞争优势,也要对下游购买商或顾客的价值链进行分析。分析顾客的价值链,有助于企业同顾客建立起战略合作关系,形成稳定的销售渠道,培养忠诚的顾客和良好的企业形象,从而增强企业的市场竞争力。

(3) 竞争对手价值链分析。在经济高速发展的今天,企业进入了微利的时代,"买方市场"逐步形成,企业要想在竞争激烈的市场上立于不败之地,就必须在与竞争对手的较量中取得优势。行业中竞争者往往生产与本企业相同的产品,或者与企业处于同一价值环节,或者跨越价值链的几个环节。竞争对手价值链分析就是通过对竞争对手价值链的调查、分析和模拟,测算出竞争对手的成本,从而与之进行比较,确定与竞争对手相比的成本优势和劣势,结合分析结果制定扬长避短的战略来战胜竞争对手。竞争对手价值链分析是企业参与市场竞争的前奏和基础,是制定企业战略的重要内容,没有全面的、有效的竞争对手价值链分析过程,就不可能有针对性地制定相应的战略,以增强企业的环境适应性。

(二) 战略定位分析

战略管理的基本原则是企业的战略应该很好地同竞争环境协调起来。如果竞争环境发生了变化,企业应该做出积极反应,采取恰当的战略行动。战略定位分析就是指企业通过战略环境分析,从而确定在其赖以生存的市场上如何选择竞争武器以对抗竞争者,从而明确成本管理的方向,建立与企业战略相适应的成本管理战略。具体来讲,企业首先要对自己所处的内外部环境进行详细周密的调查分析,其次从行业分析中明确企业进入的行业是否是有潜力的,从市场分析中定位企业在立足的市场中

第九章　其他现代成本核算理念与方法

的优势和劣势,从产品分析中定位企业应该开发的产品和市场前景;最后确定以怎样的战略来保证企业在既定的行业、市场、产品中站稳脚跟,击败竞争对手,获取行业平均水平以上的利润。战略定位分析主要包括以下三个方面。

1. 行业战略定位分析

行业战略定位分析主要分析企业所处的行业前景如何,该行业的平均回报是多少,企业在现有行业中的竞争地位如何,现有的回报率是否超过行业平均回报率等等。在进行行业战略定位分析时,我们多采用迈克尔·波特的"五种力量分析法",对影响行业潜在利润水平的五种力量进行评价,五种力量包括现有企业间的竞争、潜在入侵者的威胁、购买商的砍价能力、供应商的砍价能力和替代品生产商的威胁。行业竞争的"五种力量模型"如图9-2所示。

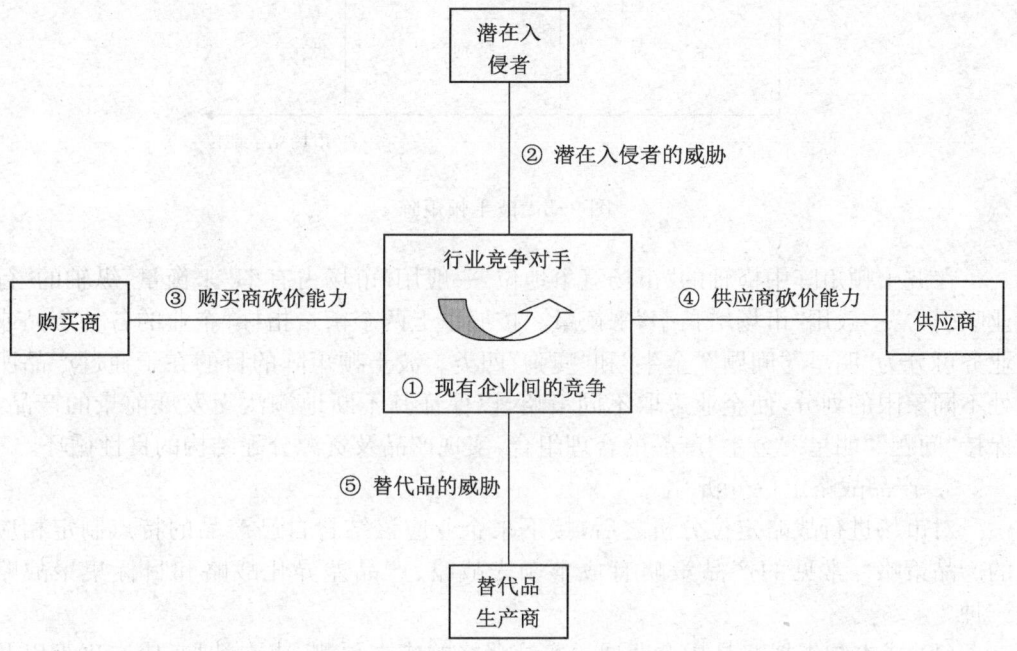

图9-2　行业竞争的"五种力量模型"

"五种力量分析法"作为一种重要的战略分析工具,其目的在于为企业绘制一幅行业竞争态势图,帮助企业清晰地观察到行业内五种力量对企业产生的威胁,进而准确地制定相匹配的战略,抵御五种力量的竞争,建立起持久的竞争优势。

2. 市场战略定位分析

企业确定了准备立足的行业后,接下来要进行的是市场战略定位分析。市场战略分析主要分析企业产品现有的市场占有率是多少,其他对手情况如何,市场增长的前景怎么样,产品处在市场生命周期的哪个阶段等。在进行市场战略定位分析时,我们可以采用波士顿矩阵法。波士顿矩阵如图9-3所示。

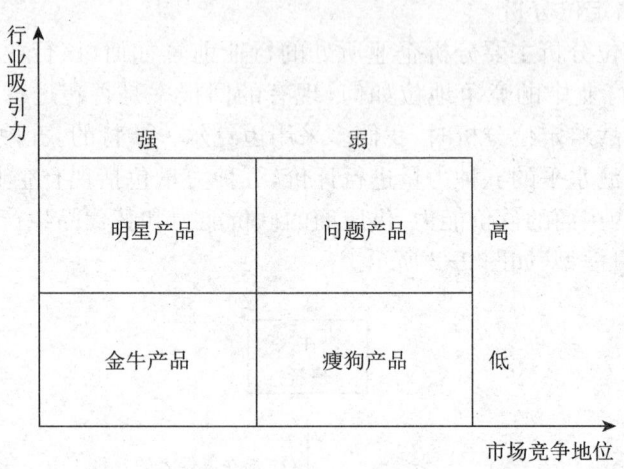

图9-3 波士顿矩阵

在波士顿矩阵中横轴的"市场竞争地位"一般用"市场占有率"来衡量,纵轴的"行业吸引力"一般用"市场增长率"来衡量。按照以上两个衡量指标,企业的各种产品或业务可分为"明星""问题""金牛"和"瘦狗"四类。波士顿矩阵的目的在于通过产品所处不同象限的划分,使企业采取不同策略,以保证其不断地淘汰无发展前景的产品,保持"问题""明星""金牛"产品的合理组合,实现产品及资源分配结构的良性循环。

3. 产品战略定位分析

对市场进行战略定位分析之后,接下来企业应该结合自己产品的特点制定相应的产品策略。常见的产品策略有成本领先战略、产品差异化战略和目标集聚战略三种。

(1) 成本领先战略是指企业通过实施严格的成本预测、成本计划、成本决策以及成本控制等成本管理过程,力求在产品的研发、生产、流通、销售、服务等领域,把成本降低到最低限度的战略。成本领先战略的实质是在产品性能与质量差距不大的情况下,努力降低成本和售价来取得竞争优势。

(2) 产品差异化战略是指企业就顾客广泛重视的一些方面,在行业中做到别具一格,或在成本差距很难进一步拉大的情况下,提供比竞争对手质量更高的产品、更加优质的服务,以获得竞争优势的战略。产品差异化战略的实质是提供与众不同的产品和服务,满足顾客的特殊需求,是赢得竞争优势的积极战略。

第九章　其他现代成本核算理念与方法

（3）目标集聚战略是指企业主攻某一特定的顾客群，或一个细分的市场，以取得在某个目标市场上的竞争优势的战略。成本领先战略和产品差异化战略都需要在整个行业范围内实现竞争优势，而目标集聚战略则是为特定的市场、特定的顾客群提供优质的产品和服务，这样就可以在一个较小的细分市场上取得较高的市场份额。

（三）战略成本动因分析

成本动因是指引起产品成本的原因，即成本驱动因素。成本动因分析是实施战略成本管理的基础。通过前面价值链分析和战略定位分析，企业可以确定成本管理战略，但要进一步明确成本控制的重点，就要找出成本动因，以便对症下药。而成本动因分析可以满足战略成本控制的要求，能将影响企业成本的因素揭示出来，并寻找解决措施来控制这些因素，更好地为战略成本管理系统服务。成本动因按其层次不同可以分为宏观层面的成本动因和微观层面的成本动因，也称战略成本动因和战术成本动因。

1. 战略成本动因

战略成本动因是指从企业整体的、战略成本管理高度出发，研究对企业的成本结构和成本行为产生长期影响的成本驱动因素。战略成本动因分析超出了传统成本分析的狭隘范围，在时间和空间上都大大拓展。波特将这些因素归纳为十个方面：规模经济、学习曲线、生产能力利用形式、联系、相互关系、联合、选择时机、自主政策、地理位置和政体因素。杰克·桑克(Jack Shank)和戈文德瑞亚(Govindarajan)将战略成本动因分解为结构性成本动因(Structure Cost Driver)和执行性成本动因(Executional Cost Driver)。结构性成本动因主要研究企业在现有的技术水平下，如何从资源耗费的源头对企业的基础经济结构进行合理安排，为企业在未来能够充分地利用各种资源，培育和发展竞争优势打下基础；执行性成本动因是在结构性成本动因决定的资源配置方案的条件下，强化企业各种价值活动行为的程序安排，并使之更加有效。因而，结构性成本动因和执行性成本动因是紧密相连、相辅相成的，结构性成本动因是执行性成本动因的基础，执行性成本动因是结构性成本动因的延伸。战略成本管理强调的是对结构性成本动因和执行性成本动因这两个层面的分析。

2. 战术成本动因

战术成本动因是指在结构性成本动因和执行性成本动因既定的情况下，进行具体成本管理操作而引起成本的因素。它是围绕作业展开的最基础的成本动因，是针对企业内部运作效率的作业成本管理。战术成本动因也称作业性成本动因，具体见本书第八章作业成本法，这里不再讨论。

第二节 全生命周期成本管理

一、产品全生命周期成本理论产生的背景

产品全生命周期成本（Whole Life-cycle Costing，WLCC）理论起源于 20 世纪美国国防部对军工产品进行成本控制的研究。1962 年，美国国防部长的报告中披露，美国国防部 1961 年的年度预算中，至少有 25% 是用在维修费上的，并且得出结论认为，把产品全生命周期内的维修费压缩到最低才是产品研制的基本思想。1966 年 6 月，美国国防部开始正式研究 WLCC，并在 1970 年开始使用 WLCC 评价法。美国国防部要求物资供应商按国防部特定的规格和标准对提供的物资进行设计、开发，同时又要求设计和开发产品的全生命周期成本总和最低，力求以最低的成本取得国防所需的军用物资，从而控制国防经费的开支。20 世纪 70 年代起，全生命周期成本管理作为管理会计的实践内容之一，由军用向民用转移。20 世纪 80 年代末 90 年代初，全生命周期成本管理在全球范围内的发展趋势更为明显。

面对竞争日益激烈的全球化环境，高新技术产品大量涌现，社会需求多元化、个性化、产品市场细分化、产品生命周期不断缩短。此外，高新技术产品的使用成本和报废处理成本通常较高，尤其是报废处理时对自然环境会产生一定的影响。在这样的经营环境下，产品成本的概念已经从生产领域延伸到产品设计、研发成本（上游）以及产品的使用、维护、保养、修理甚至废弃（下游）上。因此，对产品进行全生命周期成本管理显得尤为重要。

二、产品全生命周期成本管理的意义

在新产品开发加快，产品生命周期缩短的情况下，进行产品全生命周期成本管理具有重要的价值。

过去，许多企业为了抢占市场，提高市场占有率，常常一味地降低价格，以吸引更多的消费者。产品生产过程中造成的环境破坏，产品报废处置发生的成本以及对环境的影响等这些社会责任问题，企业往往都不去考虑。随着消费观念的改变，消费者在购买商品时，不仅仅关注商品初购时的购买价格，还关心产品的使用、维护及处置成本。这样，单纯地依靠降低售价来占领市场的做法已经不适应企业长期发展的需求。企业只有将产品成本扩展到产品的全生命周期维度上，才能合理地认识到产品各个阶段所发生的成本，以及如何管理不同阶段的成本，从而提高企业的效益。

全生命周期成本将企业对成本的理解由单纯的生产制造阶段，向前扩大到产品的开发设计阶段，向后扩大到顾客的使用阶段，有助于企业克服短期行为，促使企业承担更多的社会责任，从而实现长期发展战略。因此，现代企业要想在激烈的竞争中保持长期的可持续地发展，就必须改变传统的成本管理模式，将成本管理提高到战略

第九章　其他现代成本核算理念与方法

的高度，实施全生命周期成本管理，这样才能保持企业成本领先地位，培养企业的长期竞争优势。

三、产品全生命周期成本的概念

（一）产品全生命周期

产品全生命周期理论由著名思想家西奥多·列维特于 1965 年首次提出。产品全生命周期是指产品从产生直至消亡的整个过程所经历的期间。它一般有下列三种含义：

第一种含义：从产品设计、生产出来到停止生产，这一周期概念是对产品的生产者而言，其空间范围限于企业内部。可以将这种周期理解为狭义的产品生命周期。为了成本计算的需要，可以把这一周期分为两个阶段：设计到正式投产阶段和正式投产到停止生产阶段。根据会计准则的规定，前一阶段的成本分别不同情况予以资本化或费用化，而后一阶段的成本构成产品的制造成本。

第二种含义：从产品进入市场到退出市场，这一周期概念是对某一种产品在市场上存续的时间而言的。某种产品从进入市场到从市场上退出，要经历一个时间跨度，这一时间跨度就是产品的市场生命周期。这一期间仅是站在市场的角度，对某一种产品而言，非指某特定企业，市场营销中的生命周期概念常常指的是这种内涵。产品市场生命周期可以划分为导入期、成长期、成熟期和衰退期。

第三种含义：从购买到报废的整个过程，这一周期概念是只从产品的购入到使用磨损甚至报废的时期。它是站在顾客（消费者）的角度来看的，又称为消费者产品生命周期。这一概念对企业也适用，因为企业既是生产者，同时也是消费者。

（二）产品全生命周期成本

根据产品生命周期成本理论，产品全生命周期成本有狭义和广义两种概念。狭义的产品全生命周期成本是指在企业内部发生的由生产者负担的成本，包括产品从设计、生产、销售到物流过程发生的成本；广义的产品全生命周期成本不仅包括上述由生产者负担的成本，而且还包括消费者购入产品后所发生的使用成本和废弃处置成本以及社会责任成本。其中社会责任成本是指在产品生产、使用、处理和回收等过程中的环境卫生、污染处理等所发生的成本支出，贯穿于产品的整个生命周期。本教材所讨论的是广义的产品全生命周期以及相应的成本，包括产品研发成本、产品生产成本、产品营销成本、消费者购买后的使用成本以及产品废弃成本。对产品的全生命周期进行成本管理，通常被称为"从摇篮到坟墓"的成本管理。产品全生命周期成本的构成如图 9-4 所示。

产品全生命周期成本主要包括如下内容：

(1) 产品研发成本。它包括企业研究开发新产品、新技术、新工艺所发生的可行性研究、市场调查、图样设计、产品试验等方面的花费。在会计处理中，这部分费用一

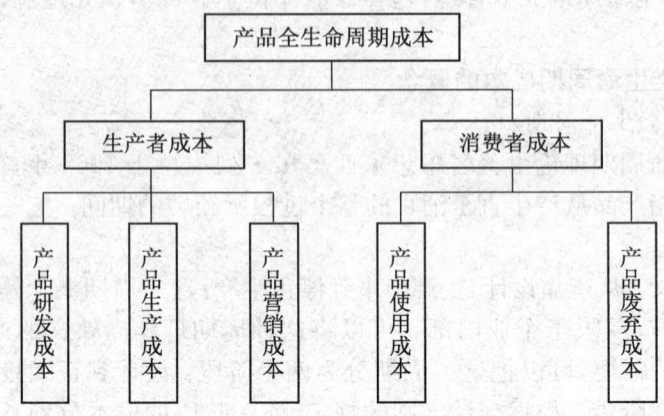

图 9-4 产品全生命周期成本的构成

般在发生时予以资本化或费用化。

（2）产品生产成本。产品生产成本即产品的主要成本构成，包括企业在生产过程中所发生的直接材料、直接人工、半成品与产成品的运输、储存以及转配、调试机器设备、检验产品质量、废品修复等各种费用，是传统成本会计核算的主要内容。

（3）产品营销成本。它是指为了把产品推向市场，从而逐步被消费者接受过程中所发生的成本，主要包括产品包装、存储、运输、产品试销、广告等费用。

（4）客户服务成本。它是指为顾客提供售前、售后服务所发生的咨询、管理、赔偿等成本。

（5）产品废弃成本。它主要是指产品退出使用、报废和再生所发生的处置成本，如汽车的尾气处理、废品报废处理时产生的有毒垃圾给环境带来的环保成本等。

上述（3）～（5）所包含的各项费用，在我国会计实务中，一般作为销售费用处理。

四、产品全生命周期成本管理

产品全生命周期成本管理的目标要与企业的战略目标一致。根据波特的竞争战略理论，企业可以实行三种战略：低成本战略、差异化战略和目标集聚战略。如果企业执行的是低成本战略，则产品全生命周期成本管理的目标就是追求成本最低化，此时，两者的目标都是低成本。但是，如果企业执行的是差异化和目标集聚战略，这时候，全生命周期成本管理的目标就不是追求成本的最低化，而是努力实现在一定成本水平下的收益最大化。产品全生命周期通常划分成四个阶段，即产品研发阶段、产品生产阶段、产品营销阶段、产品售后服务和废弃阶级。不同阶段的成本管理目标和手段各不相同。

第九章　其他现代成本核算理念与方法

（一）产品研发阶段

该阶段通常包括产品在生产之前的市场调研、研究开发和产品设计几个部分。虽然该阶段自身所发生的成本在数量上可能并不大，但是它对产品整个生命周期成本的影响却至关重要。研究表明，一件产品 80%～85% 的成本在其研发设计阶段就已经被确定，这些被确定的成本称作约束性成本，即将来务必发生不能改变的成本。所以，本阶段成本管理的重点不是要降低研发费用，而是要努力研制出既适应市场需求，又不至于生产过剩；功能齐全且具有竞争性的产品。在实务中，该阶段多采用价值工程分析法来权衡产品成本与功能之间的关系。价值工程（Value Engineering，VE）是以产品功能分析为核心，力求用最低的生命周期成本实现产品的必备功能，从而提高价值的一种有组织、有计划的创造性活动和科学管理方法。其计算公式如下：

$$V(价值) = \frac{F(功能)}{C(成本)}$$

式中，V 代表产品的价值，是产品的功能与取得该功能所需成本的比值。由上述公式，可以得出提高产品价值的五种主要途径：

（1）成本不变，功能提高。
（2）功能不变，成本下降。
（3）成本略有增加，功能大幅度提高。
（4）功能略有下降，成本大幅度下降。
（5）成本降低，功能提高。

价值工程的核心是以最低的成本实现产品应具备的必要功能。

（二）产品生产阶段

产品的生产阶段是产品由设计变为现实的阶段，虽然在此阶段产品成本降低的潜力已经不大，但企业仍要给自己树立标杆成本，选择通过自身的努力能够达到的成本作为控制的最佳成本。此阶段，成本管理的策略包括标杆成本的制定、作业成本核算、适时生产管理等。还可以将目标成本和作业成本结合起来对企业日常的生产成本加以控制。此外，还必须建立高效的供应链，加快存货周转效率，不断降低库存水平，并通过与全面质量管理同步实施，实现适时生产管理，降低产品成本。

成本标杆法是企业与同行业中强大的对手进行成本比较的持续过程，是企业掌握竞争对手信息，做到知己知彼的有效手段。在这个持续的过程中，企业可以通过不断同优秀企业的成本信息及其结构进行对比分析，找到标杆，树立标杆，从而达到降低成本的目的。它可以作为企业长期的成本战略，为企业在市场竞争中取得胜利提供支持。

前已述及，作业成本法是一个以作业为基础的管理信息系统。它以作业为中心，把企业的活动划分成从产品设计开始,到物料供应;从工艺流程的各个环节、组装、质检到发运销售全过程的各个作业,通过对作业及作业成本的确认、计量,最终计算出相对准确的产品成本。经过对所有与产品相关联的作业的跟踪,企业可以消除不增值作业,优化作业链和价值链,最大限度地节约资源,最终达到增加企业价值、提升企业竞争力和获利能力的目的。

适时生产(JIT)是指在所需要的时刻,按所需要的数量生产所需要的产品(或零部件)的生产模式,其目的是加速半成品的流转,将库存的积压减少到最低的限度,从而提高企业的生产效益。

(三) 产品营销阶段

现代市场经济条件下,企业的营销手段不断地推陈出新。有的企业甚至在产品还没有生产之前就开始投入大量的宣传,以引导消费者的消费理念。因此,企业应该根据产品的特点以及产品所处的不同生命周期阶段,选择合适的营销手段。对处于初创阶段的产品,企业可以比较多地投入广告宣传费用;对处于成熟期的产品,由于其已建立了一定的声誉和在市场中占有一定的份额,企业可以适当减少宣传费用的投入;而对处于衰退期的产品,企业要注重短期收益,对每一笔支出要考虑成本与效益原则。

在产品的营销阶段,对于越来越追求个性化服务的顾客,包装也是一种很重要的营销策略,对于质量和功能比较接近的产品,个性化的外观设计是有利于提高销售的。

(四) 产品售后服务和废弃阶段

由于考虑的是产品全生命周期的成本,因此企业就必须把顾客的使用阶段的成本考虑进去。要努力降低产品售出以后,由于产品质量问题而造成的各种损失,要减少索赔违约损失,降价处理损失,以及对废品、次品进行包修、包退、包换而发生的客户服务成本等;要考虑到或有成本、机会成本和社会责任成本。

在维护阶段,企业应对为提高客户满意度而支出的大量维护成本进行有效管理,在提高产品质量的基础上降低维护费用支出,并建立有效的信息反馈机制,保证客户需求能够得到及时满足。在产品废弃或升级时,企业应对客户的追加成本及企业的替换成本进行核算,以保证产品生命周期的成本能够得到全面反映,准确核算产品赢利能力。

需要强调的是,产品售后和废弃阶段的环境成本管理也是全生命周期成本管理的关键一环。如果处理得当,便可降低企业成本,提高生产效率;反之,则会提高处理成本。企业可以考虑研究再生循环项目,回收旧产品,进行结构改造或者功能完善后,再以新包装推出,这样可减少原材料投入,降低能源消耗,减少废弃物排放。产品最后阶段产生的污染废弃物可与以上各阶段产生的污染废弃物统一考虑,统一规划,集中处理,从而节省环境成本。

第三节 质量成本管理

一、质量成本的概念及其内容

20世纪50年代初,"质量成本"(Quality Cost)一词由美国通用电气公司质量管理专家菲根鲍姆(Feigenbaum)博士首次提出。在其出版的《全面质量管理》一书中,他认为:"工厂和公司的质量成本包括两个主要方面:控制成本和控制失效成本。这些就是生产者的经营质量成本。控制成本包括预防成本、鉴定成本,控制失效成本包括内部损失成本和外部损失成本。"

继菲根鲍姆之后,美国质量管理专家朱兰(Juran)等提出了"矿中黄金"的概念,所谓"矿中黄金",指的是"质量上可减免成本的总额"。朱兰认为,企业在废次品上发生的成本好似一座金矿,人们完全可以对它进行有利的开采。从此,关于质量成本的概念有了更多的认识,为推动企业有效开展质量管理工作、促进质量管理理论的研究和实践的进一步完善产生了重大影响。

1986年,我国颁布的国家标准GB 6583·1—86《质量管理与质量保证术语》第一部分,明确规定"质量成本是将产品保持在规定质量水平上所需要的费用,它包括预防成本、鉴定成本、内部损失成本和外部损失成本"。

1988年12月,我国颁布的国家标准GB/T 10300·5—88《质量管理和质量体系要素指南》中提出,质量成本是指生产方、使用方在确保和保证满意质量时所发生的费用以及因不能获得满意质量时所遭受的损失。

1990年8月,我国国家技术局拟定的国家标准《质量成本管理导则》(第二稿)把质量成本定义为:将产品质量保持在规定的水平上所需的费用,除预防、鉴定、内部损失、外部损失外,在特殊情况下,还需增加外部质量保证成本。

我们可以对质量成本作如下定义:质量成本是指企业为了保证和提高产品质量所支出的一切费用,以及未达到产品质量标准,不能满足用户和消费者的要求而产生的一切损失。

由于企业产品、工艺及核算制度等的差别,对质量成本的内容构成有着不同的认识和处理。质量成本按经济用途可分为以下四类:

(1)预防成本。预防成本是指用于预防不合格品与故障等所发生的支出。这种成本是用于保证和稳定产品质量,防止不合格品发生与故障发生的各种支出。通常包括质量管理活动费、质量评审费、质量奖励费、质量改进措施费、质量教育培训费和质量情报资料费。

(2)鉴定成本。鉴定成本是指为维护质量标准而对各项作业进行计量、检测所发生的支出。它主要是指质量检验活动过程中所发生的支出,通常包括质检部门行政费用、材料、各工序产品检验试验费、检测设备的维护修理费和折旧。

(3) 内部损失成本。内部损失成本是指产品交货前因不满足规定的质量要求所发生的支出。换言之,产品出厂之前(含入库之后)因产品质量未达到标准规定要求而发生的支出,通常包括废品损失、返工、返修损失、复检费用、因质量问题而造成的停工损失和质量事故处置费用。

(4) 外部损失成本。外部损失成本是指产品交货后因不满足规定的质量要求,导致索赔、修理、更换或信誉损失等所发生的支出,通常包括申诉管理费、产品或用户服务责任、退货和更换损失。在外部损失中,信誉损失是最重要的,有时甚至是致命的,它无法用货币多少来计算。例如,产品被质量监督部门监督抽查时出现质量不合格而被通报批评或被媒体曝光,有些企业因此而陷入困境,甚至破产。

二、质量成本会计的形成

质量成本会计是在美国的一些大公司所普遍推行的全面质量管理的热潮中逐渐形成和发展起来的一门新学科。20 世纪 40 年代以后,工业产品质量的竞争日趋激烈,各国的企业为了保证产品在市场上具有较强的竞争力,普遍开始注重增加提高产品质量方面的投入,加大了产品制造成本中所包含的质量费用的比重。各企业寻找与探索一种既能够保证产品质量,又能够降低产品成本的途径,为质量成本管理工作的不断发展和质量成本会计的出现奠定了认识基础。

20 世纪 50 年代初,菲根鲍姆认为应当把质量预防费用和检验费用与产品不合要求所构成的厂内损失与厂外损失一起来考虑,提出了质量成本观念。这一主张很快就得到了西方国家许多质量管理专家的认同。而后,朱兰提出了"质量成本"是"矿中黄金"的著名观点,更加引起了企业管理者们对于这一问题的重视。

20 世纪 60 年代初期,菲根鲍姆根据其长期研究的结果,将质量成本的构成明确地划分为预防成本、检验成本、厂内损失和厂外损失四大类。20 世纪 60 年代中期,日本的企业界开始把质量成本的概念引入企业管理的实务之中,并特别关注对质量成本信息的收集与考核。20 世纪 70 年代,质量成本指标逐渐演化为西方各国会计对内提供管理信息的重要内容之一。

20 世纪 80 年代,鉴于质量成本内涵的不断发展,菲根堡姆进一步把质量成本范围扩大到整个产品的寿命周期。这一观点得到了国际质量管理界的认同。质量成本观念的形成与其在构成内容认识上的不断演进,随之而来的是成本会计核算内容上的扩充,当把质量成本作为会计信息披露的一个单独的项目时,意味着质量成本会计观念的基本形成。

产品质量是企业参与市场竞争并获取高额利润的有力武器。企业为了不断地提高产品质量,必须付出一定的代价,为了使这种代价的付出更加科学合理,要求以货币的形式对其进行科学的确认和计量，质量成本会计便由此而生。

三、质量成本会计的内容

质量成本会计是指运用会计学、管理学和质量经济学的基本原理和方法对于企业产品质量的形成过程和结果进行预测、控制、核算和分析的一种专业会计。一般认为，质量成本会计应该包括以下内容：质量成本预测、质量成本决策、质量成本计划、质量成本控制、质量成本核算、质量成本分析、质量成本考核、质量成本报告等。

（一）质量成本预测

1. 质量成本预测的意义

质量成本预测是根据企业的历史资料、企业的方针目标、国内外同行业的质量成本水平、产品技术条件和产品质量要求、用户的特殊需求等信息，结合企业未来的发展变化，采用科学的方法，预先分析测算质量成本的未来水平及其变动趋势，为质量成本决策与计划提供信息。质量成本的预测是质量成本决策的基础，是质量成本计划的依据，是质量成本事前控制的前提。

2. 质量成本预测的方法

质量成本预测的方法可以归纳为三类：一是定性预测方法，即通过调查研究，凭借主观判断能力和经验，对未来质量成本状况所进行的描述性分析和推理；二是定量预测方法，即根据历史质量成本资料以及质量成本与影响因素之间的数量关系，通过一定的数学模型来推测、计算未来质量成本的可能情况，或者利用内部因素发展的因果关系来推测未来质量成本变化趋势的预测方法；三是定性与定量相结合的预测方法，即运用定性分析与定量分析两类方法的互逆性和互补性，对质量成本进行综合预测的预测方法。

（二）质量成本决策

1. 质量成本决策的意义

质量成本决策是根据决策目标的要求，对预先测算的多种备选方案进行比较筛选，并结合其他非计量因素，选择最佳质量成本方案的过程。质量成本决策是质量成本管理的核心，是提高企业经济效益的关键，是质量成本预测的继续，是质量成本计划的依据、是事前控制的重点。

2. 质量成本决策的方法

常用的质量成本决策方法有七种：第一种是最低成本法，即在组织实现目标质量成本的各种方案中，选择其质量成本总额最低的方案的一种决策方法；第二种是差量决策法，即将不同方案的预期质量收入、质量成本和质量损益进行对比，以确定最佳方案的一种方法；第三种是量本利决策法，即利用企业经营中业务量、成本额和利润额的相互联系与制约的平衡关系进行决策的方法；第四种是边际贡献法，即利用边际质量收入和边际质量成本确定质量收益从而进行质量成本决策的方法；第五种是决策树分析法,即利用决策树的形式,将方案、概率、结果等因素集于一树,进而选择最优方案的一种决策方法;第六种是长期投资决策法,即在考虑时间价值与投资风险的基础上,比较各方案的现金流量,判定各方案的投资效益,从中选出最优方案的一种方法;第七种为综合决策法,即在多种决策的基础上,通过综合分析而做出决策的一种分析方法。

(三) 质量成本计划

1. 质量成本计划的意义

质量成本计划是以货币形式规定计划期内在保证和提高质量的前提下,对所需质量费用和降低质量成本的要求及其所做的部署和安排。它是企业成本计划的组成部分,是质量成本决策的具体化,是质量成本控制和考核的标准。

2. 质量成本计划编制的方法

为了使质量成本计划切合实际,便于分析和考核,编制质量成本计划要同企业的生产计算、成本计划、成本分析和成本考核的口径一致。由于小型企业一般是一级核算和管理,所以质量成本计划可由财务(计划)部门直接编制;由于大中型企业一般实行两级成本核算和管理,所以质量成本计划一般以财务(计划)部门为主分两级进行编制。

(四) 质量成本控制

1. 质量成本控制的意义

质量成本控制是指以质量成本计划为基础,通过控制手段把质量成本控制在预计的范围之内。它是实现决策计划的保证,是企业成本控制的一个组成部分。质量成本控制是保证各项质量成本管理活动达到预期效果的手段,是完成质量成本计划,在保证质量的前提下实现降低成本的重要方法。

2. 质量成本控制的方法

质量成本控制常用的方法有三种:一是限额费用控制法,即按质量成本项目制定限制额,以此来控制成本的一种成本控制方法;二是目标质量成本控制法,即在对质量成本历史最好水平进行修正的基础上确定目标质量成本,以此来控制成本的一种成本控制方法;三是质量责任成本控制法,即先确定质量责任成本,再进行质量责任成本的计算,最后进行质量责任成本考核,是一种将质量成本核算和经济责任制紧密结合的成本控制方法。

(五) 质量成本核算

1. 质量成本核算的意义

质量成本核算是依据质量成本开支范围,采用专门的方法,对发生的质量费用进行计算、记录、分配和汇总,以提供和报告质量成本信息,反映和监督质量成本计划执行情况的一系列工作。质量成本核算是企业质量成本管理的基础和中心环节。它为

第九章　其他现代成本核算理念与方法

质量成本预测、决策和计划提供实际资料,为质量成本分析和考核提供依据。

2. 质量成本核算的方法

质量成本会计核算方法是将质量成本纳入会计核算系统,通过设置账户、复式记账、填制和审核会计凭证、登记账簿、成本计算和编制会计报表等会计的专门方法,对生产经营过程中发生的质量成本进行连续、系统、全面的记录与反映。这种方法的优点是数据准确、资料完整、核算严密;缺点是核算工作量比较大,程序比较复杂。该方法适应于质量成本管理体系比较健全,核算人员素质较高,并有较好的核算基础的企业。

(六) 质量成本分析

1. 质量成本分析的意义

质量成本分析是综合运用质量成本核算资料,结合有关质量方面的信息,对质量成本形成的原因和效果进行比较、研究,以实现质量成本管理目标所进行的分析。质量成本分析是质量成本管理最重要而又富于创造性的管理环节。通过质量成本分析,可以掌握质量成本变动的趋势,找出影响质量成本的关键因素和管理上的薄弱环节,寻找质量改进和成本降低的有效途径,从而提高企业和社会的经济效益。

2. 质量成本分析的方法

质量成本分析的方法可以分为定性分析方法和定量分析方法。定性分析方法是指质量成本分析人员依靠自己的主观判断对企业质量成本的变动进行评价和分析论证的一种方法。常用的定性分析方法有调查分析法和经验分析法。定量分析方法是运用专门的定量技术,分析质量成本的变化规律,把握质量成本特性的一种方法。常用的定量分析方法有排列图分析法、指标分析法和趋势分析法等。

(七) 质量成本考核

1. 质量成本考核的意义

质量成本考核是企业结合内部责任体制的要求,坚持责权利相结合的原则,对各部门、各单位质量成本计划执行情况予以评价的一种重要方法。质量成本考核与经济责任制密切结合,并和实行"质量否决权"统一起来,根据考核结果实施奖惩,可以达到鼓励先进、鞭策后进、共同提高的目的。质量成本考核是质量成本管理的重要环节之一,是实现最佳质量成本的重要保证,有利于建立健全企业内部经济责任制。

2. 质量成本考核的方法

在质量成本考核中,最基本的方法即定量考核与定性考核相结合。所谓定量考核方法,即要以质量成本核算的结果为依据进行考核;定性考核方法是指运用技术专家会审或群众评议等方法对各部目、各单位质量成本计划执行情况予以综合评定。只有将定性考核和定量考核两种方法结合起来,才能更好地调动责任者降低质量成本,提高产品质量的积极性。

（八）质量成本报告

1. 质量成本报告的意义

质量成本报告是在质量成本分析的基础上写成的书面文件，它们是企业质量成本分析活动的总结性文件，供领导及有关部门决策使用。质量成本报告内容可以繁简各异，形式也可以各种各样，视报告呈送对象而定。按时间可采用定期报告和不定期报告；按形式可采用口头和书面，书面形式可采用报表式、图表式和陈述式。

2. 质量成本报告的编制方法

报告一般需要包括质量成本发生额的汇总数据、原因分析和质量改进对策三个方面，通常包括以下五个内容：①质量成本计划执行和完成情况与基期的对比分析。②质量成本的四项构成比例变化分析。③质量成本与主要经济指标的效益比较分析。④典型事例和重点问题的分析及处理意见。⑤对企业质量问题的改进建议。

第四节　环境成本管理

一、环境成本的概念及产生的背景

随着科技的进步，企业从自然界中攫取的资源越来越多，排出的废弃物也越来越多，环境保护问题引起了全社会的高度重视，要求企业减少环境污染，降低影响环境的物质能源消耗，建立并实施环境成本制度的呼声越来越高。适应这一要求，各国政府和国际性组织都对环境成本进行了规范。

美国环境保护署于1995年发表了题为《作为企业管理工具的环境会计入门：关键概念和术语》的报告，将环境成本划分为传统成本（Conventional Cost）、潜在的隐藏成本（Potentially Hidden Cost）、或有成本（Contingent Cost）、形象关联成本（Image and Relationship Cost）四类，且将一部分社会成本内容，即因环境负荷造成的对第三者或社会的损失也包括在内。

加拿大特许会计师协会（CICA）于1993年对环境成本作了两大基本分类，即环境对策成本与环境损失成本。

日本环境省于1999年规定，环境保护成本的核算对象不仅包括生产企业，还包括能产生环境影响的事业单位；环境成本分为六类：直接降低环境负荷的成本（公害防止成本，地球环境保护成本，产品废弃物及一般废弃物的处理、再利用成本）、间接降低环境负荷的成本（环境管理成本）、产品从使用到废弃降低环境负荷的成本、为降低环境负荷进行研究开发的成本（环境研究开发成本）、支援社会降低环境负荷的支出及其他环境成本。

2005年2月，国际会计师联合会（FAC）发布了《环境管理会计的国际指南——公

第九章 其他现代成本核算理念与方法

开草案》,将环境成本划分为六大类,即产品输出包含的资源成本、非产品输出包含的资源成本、废弃物和排放物控制成本、预防性环境管理成本、研发成本、不确定性成本。

联合国国际会计和报告标准政府间专家工作组第15次会议文件《环境会计和财务报告的立场公告》中提出:"环境成本是指本着对环境负责的原则,为管理企业活动对环境造成的影响而被要求采取措施的成本,以及因企业执行环境目标和要求所付出的其他成本。"

环境成本的定义有多种方式,企业要从其管理和控制经营成本的角度出发,对环境成本进行不同的理解与定义。管理的目的、范围、对象不同,环境成本的概念也会有所区别。

二、环境成本的内容与分类

环境成本的内容十分广泛,从不同的视角研究环境成本,可以对环境成本进行多种分类。

1. 从环境成本控制的角度分类

(1) 事前环境成本。它是指为减轻对环境的污染而事前予以开支的成本。具体包括:环境资源保护项目的研究、开发、建设、更新费用;社会环境保护公共工程和投资建设、维护、更新费用中由企业负担的部分;企业环保部门的管理费用等。

(2) 事中环境成本。它是指企业生产过程中发生的环境成本,包括耗减成本和恶化成本。耗减成本是指企业生产经营活动中耗用的那部分环境资源的成本;恶化成本是指因企业生产经营恶化而导致企业成本上升的部分,如水质污染导致饮料厂的成本上升,甚至无法开工而增加的成本。

(3) 事后环境成本。它是指企业生产完工后对废弃物的处理成本,包括恢复成本和再生成本。恢复成本是指对因生产遭受的环境资源损害给予修复而引起的开支;再生成本是指企业在经营过程中对使用过的环境资源使之再生的成本,如造纸厂、化工厂对废水净化的成本。

2. 从环境成本形成的角度分类

(1) 企业环保系统的研究开发成本。它是指在对环保产品的设计、生产工艺的调整、材料采购路线的变更和对工厂废弃物回收及再生利用等进行研究、开发的成本。它主要包括绿色产品的开发、增加原生产品环保功能的研究、企业生产工艺路线的调整及材料采购的选择等方面所需的成本。

(2) 生产过程直接降低环境负荷的成本。它是指在企业生产过程中直接降低排放污染物的成本。它包括产品废弃物的处理,再生利用系统的运营,对有环境污染影响的材料替代,节能设施的运行等方面的成本。

(3) 生产过程间接降低环境负荷的成本。它是指生产过程环境管理成本,指在生产过程中为预防环境污染而发生的间接成本,包括环保设备的购置、职工环境保护教育费、环境负荷的监测计量、环境管理体系的构筑和认证等方面的成本。

(4) 销售及回收过程降低环境负荷的成本。它是指企业对销售的产品采用环保包装或回收顾客使用后的污染环境的废弃物、包装物等所发生的成本。它主要包括环保包装物的采购、产品及包装物使用后的回收利用或处理等方面的营运成本。

(5) 企业配合社会地域的环保支援成本。它是指有助于企业周围实施环境保全或提高社会环境保护效益的成本。它主要包括企业周边的绿化,对企业所在地域环保活动的赞助与环境信息披露和环境广告有关的成本支出,以及在开征环境税的国家里,支付的环境税成本。

(6) 其他环保支出。它是指在上述范围以外的各种环境保护费用支出,包括由于企业活动而造成对土壤污染、自然破坏的修复成本及公害诉讼赔偿金、罚金等方面的支出。

3. 从环境成本空间范围的角度分类

(1) 内部环境成本。它是指应当由本企业承担的环境成本,包括那些由于环境因素而导致发生的,并且已经明确是由本企业承担和支付的费用,如排污费、环境破坏罚金或赔偿费、环境治理费或环境保护设备投资等。内部环境成本的一个显著特点是能对其做出货币计量(尽管并不精确)。当前可以确认的环境成本一般都属于内部环境成本概念范畴。

(2) 外部环境成本。它是指那些由本企业经济活动所导致但尚不能明确计量的,并由于各种原因而未由本企业承担的不良环境后果成本。正是由于对这部分不良环境后果尚未能做出货币计量,所以不能追加到行为企业,但环境质量确实已经受到影响甚至破坏,即事实上已经发生了环境成本。

三、环境成本的确认与计量

1. 环境成本的确认

关于环境成本的确认,目前一般包括两种情况:

(1) 为达到环境保护法规所强制实施的环境标准所发生的费用。当前,我国的环境标准包括环境质量标准、污染物排放标准,环保基础标准、环保方法标准和环保样品标准。企业要达到这些标准要求,必然要发生一些环保设备投资及营运费用,从而构成环境成本的一部分。

(2) 国家在实施经济手段保护环境时企业所发生的成本费用。例如,有些国家实施的环境税、环境保护基金的征收和对超标准排污企业征收的排污费等,均属于国家运用经济调节手段而发生的企业费用。此外,也有企业与企业之间通过市场交易行为而发生的环境成本费用,如美国实行的"排污权市场交易制度",企业与企业之间可以通过排污权的市场交易买卖排污权,从而发生环境成本费用或环境保护收益。

2. 环境成本的计量

可计量是会计的属性,作为环境成本也必须是可计量或可估计的。但是由于环境成本自身的特点,在对环境成本进行计量时,除了要运用会计的基本计量模式外,还应作如下补充:

(1) 计量单位以货币计量为主,但要适量使用一些实物的或技术的计量形式。

(2) 在计量属性上,环境成本计量虽然仍以历史成本为主,但对诸如涉及可能的未来环境支出和负债、准备金提取进行合理判断时,可采用防护费用法、恢复费用法、政府认定法和法院裁定法等非历史成本计量属性。在实际工作中,企业应当以实际情况为基础,在协调环境成本与生产成本两种核算对象时增加一些特殊的计量方法。

四、环境成本的核算

在传统成本会计核算中,一般假设企业发生的环境成本不大,所以,企业没有对环境成本单独核算,而是将环境成本合并到制造费用或管理费用中。这种做法往往使管理者忽略了环境成本的影响,环境成本得不到应有的重视,不利于管理者做出正确决策。另外,计入制造费用中的环境成本,期末需要在两种或两种以上产品之间进行分配。如果两种产品中有一种是污染产品,另外一种不是污染产品,那么污染产品将会少分摊环境成本,而无污染产品却承担了一部分环境成本。这样,由于分配方法的错误,导致两种产品的成本计算不准确,在一定程度上会给企业的定价策略带来干扰,同时不利于企业的长期经营。即使是两种产品都是污染产品,由于它们对环境的影响不同,应该承担不同的环境成本。然而传统的制造费用分配标准通常采用人工工时、机器工时等作为成本动因,这样的分配标准也会给制造费用的分配带来偏差,最终反馈给管理者的成本信息仍然缺乏有用性。所以说,用传统的成本分配方法处理环境成本是不适当的。随着环境成本在成本项目中的比重不断提高,环境成本不能再当作一般的制造费用来处理了,而是应该有其独特的分配方法。目前,主要的环境成本核算方法有三种:作业成本法、生命周期成本法和完全成本法。

1. 作业成本法

作业成本法是以作业为成本核算对象,通过成本动因来确认和计量作业量,进而以作业量为基础分配间接费用的一种成本计算方法。它的特点是采用多种标准来分配间接费用,通过作业链分析来降低成本。将作业成本法应用于环境成本的计算,不仅可以更加准确地将其分配给引起环境成本发生的作业,而且可以通过作业分析,消除或降低环境成本进而节约产品的总成本,提高企业的盈利水平。使用作业成本法时,首先要从传统的会计系统和其他渠道中过滤出各项环境成本;其次确定引发环境成本发生的作业,并将环境成本按照适当的成本动因,分配到作业上;最后将作业成本库中归集的环境成本选择适当的成本动因,分配到相应产品上,得到产品的总成本。

2. 生命周期成本法

生命周期成本法的概念最初出现在 20 世纪 60 年代中期,是一种对产品在整个寿命周期里的所有成本进行确认和计量的方法。环境成本涉及产品研究开发、产品规划、设计、制造、售后服务、用户使用等阶段,所以适合采用生命周期成本法进行成本计算。按照生命周期法的要求,企业应就产品生产经营过程中所消耗的能源、材料和产生的废弃物进行跟踪检测、就产品在生产、销售、使用过程中所发生的环境支出进行全过程的累计。生命周期成本法下,所要计量的环境成本可分为以下三类:

(1) 普通生产经营成本。这类环境成本是指在生产过程中发生的与产品直接有关的成本,包括直接材料、直接人工、能源成本、厂房设备成本等,以及为保护环境而发生的生产工艺支出、建造环保设施支出等。

(2) 受规章约束的成本。这类环境成本是指由于遵循政府环境法规而发生的支出,包括排污费、检测监控污染情况的成本、因违反环境法规而缴纳的罚款、向政府机构申请废弃物排放许可证的成本等。

(3) 或有负债成本(潜在成本)。这类环境成本是指已对环境造成污染或损害,而按法律规定在将来可能发生的某种支出,包括由于环境污染严重而尚未治理,政府极有可能对企业处以罚款、企业因污染对周围单位或个人的人身财产造成伤害而可能招致的赔偿等。

对于前两类成本,由于它们是过去已经发生的成本,所以可直接从有关账簿中取得。其中第一类成本可按传统方法直接计入有关产品;第二类成本则要结合作业成本法,对成本发生的动因进行分析,按作业成本法分配计入有关产品;第三类成本(或有负债成本)由于其尚未发生而无现成数据,因此企业应采用某些特定的方法(如防护费用法、恢复费用法、替代品评价法等)预测或有环境负债成本的数额,计入有关产品。

生命周期成本法补充了在传统成本法中所没有核算的或有负债成本,保证了产品成本项目的完整性,同时它还符合收入与费用的配比原则和权责发生制原则,有利于产品的正确定价,便于企业对环境成本进行有效的管理。缺点是该方法虽然在理论上是可行的,但在实务应用中可能会有某些所需资料难以取得,或者难以保证资料的质量,而且生命周期成本法在成本的确认上打破了会计期间的限制,使得成本的期间界定不是很明显,某些期间环境成本归集可能不够准确。因此,这种方法在实务应用中操作性不强。

第九章　其他现代成本核算理念与方法

3. 完全成本法

完全成本法与前述作业成本法和生命周期成本法的不同之处在于，它能核算企业的环境会计总成本。加拿大注册会计师协会（CICA）从环境角度将完全成本法（Full Cost Accounting，FCA）定义为：将与企业的经营、产品或劳务对环境产生的影响有关的内部成本（包括内部环境成本）和外部成本综合起来的会计方法。

可见，完全成本法将内部环境成本与外部环境成本均纳入成本会计的范畴，向决策者提供环境信息，使不同职能部门、不同层次的决策者可以了解在生产过程中内部环境成本的成因，从而使决策者可以在充分了解环境信息的基础上，做出有利于企业可持续发展的决策。

内部成本的资料可以从企业自身的成本会计系统获得，外部环境成本的确认与计量则是完全成本法的难点所在。企业需要就其经营活动对环境的影响进行确认与计量。

完全成本法实施的主要障碍在于外部成本。如前所述，随着整个社会环境保护意识的增强，各国政府对环境保护政策力度的加大，以及"3P"原则的普遍实施，越来越多的外部成本将由企业负债而成为内部成本。控制好外部环境成本，将给企业带来可观的长期收益。

本章小结

本章论述了除作业成本法之外的几种现代先进的成本管理理念与方法。

战略成本管理主要论述了战略成本管理的产生与发展，战略成本管理的含义及特征。战略成本管理的方法包括价值链分析、行业定位分析和成本动因分析。

产品全生命周期成本主要论述了该理论的产生背景，产品全生命周期成本管理的意义，产品全生命周期成本的概念及包含的内容。产品全生命周期成本管理在四个阶段的不同策略阶段，包括产品研发阶段的价值功能分析、产品生产阶段的成本标杆法、产品生命周期不同阶段的产品营销策略、产品售后服务和废弃阶段的环境成本管理。

质量成本会计主要论述了质量成本的概念及内容，质量成本会计的产生，质量成本会计的内容，包括质量成本预测的意义及预测方法，质量成本决策的意义及决策方法，质量成本计划的意义及计划编制方法，质量成本控制的意义及控制方法，质量成本核算的意义及核算方法，质量成本分析的意义及分析方法，质量成本考核的意义及考核方法，质量成本报告的意义及报告的编制方法。

环境成本会计论述了环境成本的概念及产生背景，环境成本的内容与分类，环境成本的确认与计量，环境成本的核算，包括作业成本法、生命周期成本法和完全成本法。

> **知识链接**
>
> **倒 推 成 本 法**
>
> 随着市场竞争日趋激烈,新技术、新工艺的不断涌现,管理理论与方法也在不断创新,从而大大促进了成本会计学科的发展并丰富了其内容。下面介绍"倒推成本法"的产生。倒推成本法的理论基础是适时制管理思想。
>
> 适时制(Just In Time System,JIT)是一种严格的需求带动生产制度,要求企业生产经营管理各环节紧密协调配合,原材料、零部件、产成品必须保质、保量并适时地送到后一加工(或销售)环节,其目的是使原材料、在产品及产成品等各类存货保持在最低水平,尽可能实现"零存货",以降低存货成本。在存货水平很低的情况下,会计人员为简化存货计价,可能采用倒推成本法,就是当产品完工或销售时,倒过头来计算在产品、产成品等生产成本。因为在采用JIT的企业,从收到原材料到产品制成所耗用的时间大幅缩短,而且期末存货量也变得很小,使得传统的分批或分步成本法详细记录各类存货的必要性受到怀疑。由成本——效益原则,对少量的存货作详尽精确的追溯,无疑得不偿失。这样倒推成本法便应运而生。

复习思考题

1. 战略成本管理是怎样产生的?
2. 战略成本管理的方法有哪些?
3. 产品全生命周期包含哪几个阶段?不同阶段的成本管理策略是什么?
4. 质量成本会计是怎样产生的?
5. 质量成本会计包含的内容是什么?
6. 环境成本有哪些分类?不同的分类包含什么内容?
7. 如何进行环境成本的确认与计量?
8. 环境成本的核算方法有哪些?

练 习 题

一、单选题

1. 下列各项中,不属于环境成本核算方法的是( )。
   A. 作业成本法　　　　　　　　B. 生命周期成本法
   C. 完全成本法　　　　　　　　D. 变动成本法

2. 下列各项中,不属于预防成本的是(　　)。
   A. 质量评审费　　　　　　　　　　B. 质量奖励费
   C. 复检费用　　　　　　　　　　　D. 质量教育培训费
3. 产品全生命周期通常划分成四个阶段,其中第二个阶段为(　　)。
   A. 产品设计阶段　　　　　　　　　B. 产品研发阶段
   C. 产品生产阶段　　　　　　　　　D. 产品销售阶段
4. 下列各项中,不能确定提高产品的价值的是(　　)。
   A. 成本不变,功能提高　　　　　　B. 功能不变,成本下降
   C. 成本降低,功能提高　　　　　　D. 成本提高,功能提高
5. 行业吸引力强、市场竞争地位低的产品是(　　)。
   A. 明星产品　　　　　　　　　　　B. 金牛产品
   C. 问题产品　　　　　　　　　　　D. 瘦狗产品

二、判断题

1. 环境成本必须以货币为计量单位。　　　　　　　　　　　　　　　　　　(　　)
2. 环境成本计量也可以采用非历史成本计量属性。　　　　　　　　　　　　(　　)
3. 质量成本核算有独特的核算系统,不能并入传统的会计核算系统。　　　　(　　)
4. 质量成本决策是为质量成本预测打基础的。　　　　　　　　　　　　　　(　　)
5. 检测部门的检测设备维护修理费和折旧费属于质量鉴定成本。　　　　　　(　　)
6. 产品售后服务阶段发生的成本不应该计入产品成本中。　　　　　　　　　(　　)
7. 行业吸引力和市场竞争地位都强的产品是明星产品。　　　　　　　　　　(　　)
8. 成本动因按其层次不同可以分为战略成本动因和作业成本动因。　　　　　(　　)
9. 行业战略定位分析通常使用波士顿矩阵图。　　　　　　　　　　　　　　(　　)
10. 行业价值链分析就是要分析行业内竞争对手的价值链。　　　　　　　　(　　)

练习题参考答案

第一章 总 论

一、单选题

1. B 2. D 3. A 4. D 5. B 6. D 7. A 8. B 9. C 10. A

二、判断题

1. √ 2. × 3. × 4. √ 5. × 6. √ 7. √ 8. × 9. × 10. ×

第二章 成本核算的基本原理

一、单选题

1. B 2. C 3. D 4. B 5. B 6. C 7. D 8. A 9. C 10. C

二、多选题

1. BD 2. ABCD 3. BCD 4. ABCD 5. ABCD

三、判断题

1. √ 2. × 3. × 4. √ 5. × 6. √ 7. × 8. × 9. √ 10. √

第三章 生产费用的核算

一、单选题

1. B 2. C 3. B 4. C 5. A 6. D 7. B 8. C 9. D 10. D

二、多选题

1. ABCD 2. ABD 3. ABCD 4. ABCD 5. ABCD

三、判断题

1. × 2. √ 3. × 4. × 5. √ 6. × 7. × 8. √ 9. × 10. √

四、计算题

1. 甲产品材料定额耗用量 $= 120 \times 600 = 72\,000$(千克)

   乙产品材料定额耗用量 $= 100 \times 480 = 48\,000$(千克)

   材料耗用量分配率 $= \dfrac{120\,000}{72\,000 + 48\,000} = 1$

   甲产品应分配的材料费用 $= 72\,000 \times 1 = 72\,000$(元)

   乙产品应分配的材料费用 $= 48\,000 \times 1 = 48\,000$(元)

2. 外购动力费用分配率 $= \dfrac{(387\,000 - 72\,000) \times 0.4}{240\,000 + 180\,000} = \dfrac{126\,000}{420\,000} = 0.3$

   A产品应分配的外购电力费用 $= 240\,000 \times 0.3 = 72\,000$(元)

   B产品应分配的外购电力费用 $= 180\,000 \times 0.3 = 54\,000$(元)

   会计分录如下：

   借：基本生产成本——A产品　　　　　　　　　　　　72 000
   　　　　　　　　——B产品　　　　　　　　　　　　54 000
   　　制造费用(72 000×0.4)　　　　　　　　　　　　28 800
   　　管理费用(153 000×0.4)　　　　　　　　　　　　61 200
   　　贷：应付账款　　　　　　　　　　　　　　　　216 000

3. 甲产品耗用的定额工时 $= 24\,000 \times 76.8 = 1\,843\,200$(小时)

   乙产品耗用的定额工时 $= 19\,200 \times 72 = 1\,382\,400$(小时)

   分配率 $= \dfrac{1\,152\,000 - 43\,200}{1\,843\,200 + 1\,382\,400} = \dfrac{1\,108\,800}{3\,225\,600} = 0.343\,75$

   甲产品应分配的工资费用 $= 1\,843\,200 \times 0.343\,75 = 633\,600$(元)

   乙产品应分配的工资费用 $= 1\,382\,400 \times 0.343\,75 = 475\,200$(元)

   会计分录如下：

   借：基本生产成本——甲产品　　　　　　　　　　　633 600
   　　　　　　　　——乙产品　　　　　　　　　　　475 200
   　　制造费用　　　　　　　　　　　　　　　　　　 43 200
   　　贷：应付职工薪酬——工资　　　　　　　　　1 152 000

4. (1) 按30天计算日标准工资，按月标准工资扣除缺勤工资计算。

   日标准工资 $= 5\,700 \div 30 = 190$(元)

   应付月工资 $= 5\,700 - 190 \times 1 - 190 \times 2 \times (1 - 90\%) = 5\,472$(元)

(2) 按 30 天计算日标准工资,按出勤日计算。

应付月工资 $= 190 \times (17 + 11) + 190 \times 2 \times 90\% = 5\ 662(元)$

(3) 按 20.83 天计算日标准工资,按月标准工资扣除缺勤工资计算。

$20.83 = (365 - 52 \times 2 - 11) \div 12$

日标准工资 $= 5\ 700 \div 20.83 = 273.64(元)$

应付月工资 $= 5\ 700 - 273.64 \times 1 - 273.64 \times 2 \times (1 - 90\%) = 5\ 371.632(元)$

(4) 按 20.83 天计算日标准工资,按出勤日计算。

应付月工资 $= 273.64 \times 17 + 273.64 \times 2 \times 90\% = 5\ 144.432$

5. 应计入生产成本的职工薪酬金额 $= 1\ 000 \times (1 + 10\% + 12\% + 2\% + 10.5\% + 3\% + 2\% + 1.5\%) = 1\ 410(万元)$

应计入制造费用的职工薪酬金额 $= 200 \times (1 + 10\% + 12\% + 2\% + 10.5\% + 3\% + 2\% + 1.5\%) = 282(万元)$

应计入管理费用的职工薪酬金额 $= 360 \times (1 + 10\% + 12\% + 2\% + 10.5\% + 3\% + 2\% + 1.5\%) = 507.6(万元)$

应计入销售费用的职工薪酬金额 $= 100 \times (1 + 10\% + 12\% + 2\% + 10.5\% + 3\% + 2\% + 1.5\%) = 141(万元)$

应计入在建工程的职工薪酬金额 $= 220 \times (1 + 10\% + 12\% + 2\% + 10.5\% + 3\% + 2\% + 1.5\%) = 310.2(万元)$

—— 会计分录如下:

借:基本生产成本	14 100 000
制造费用	2 820 000
管理费用	5 076 000
销售费用	1 410 000
在建工程	3 102 000
贷:应付职工薪酬——工资	18 800 000
——职工福利	564 000
——社会保险费	4 512 000
——住房公积金	1 974 000
——工会经费	376 000
——职工教育经费	282 000

6. (1) 交互分配法:

a. 交互分配率:

机修车间 = $\dfrac{40\,000}{2\,000}$ = 20

供水车间 = $\dfrac{12\,000}{4\,000}$ = 3

b. 交互分配：

机修车间分配的水费 = $1\,400 \times 3 = 4\,200$(元)

供水车间分配的修理费 = $600 \times 20 = 12\,000$(元)

c. 交互分配后的实际费用：

机修车间交互分配后的实际费用 = $40\,000 + 4\,200 - 12\,000 = 32\,200$(元)

供水车间交互分配后的实际费用 = $12\,000 + 12\,000 - 4\,200 = 19\,800$(元)

d. 交互分配后的分配率：

机修车间 = $\dfrac{32\,200}{1\,400}$ = 23

供水车间 = $\dfrac{19\,800}{2\,600}$ = 7.62

e. 对外分配：

基本生产车间应分配的修理费 = $1\,200 \times 23 = 27\,600$(元)

基本生产车间应分配的水费 = $2\,000 \times 7.62 = 15\,240$(元)

行政管理部门应分配的修理费 = $200 \times 23 = 4\,600$(元)

行政管理部门应分配的水费 = $19\,800 - 15\,240 = 4\,560$(元)

会计分录如下：

借：辅助生产成本——机修车间　　　　　　　　　　　　　　　　4 200
　　　　　　　——供水车间　　　　　　　　　　　　　　　　12 000
　贷：辅助生产成本——供水车间　　　　　　　　　　　　　　　　4 200
　　　　　　　——机修车间　　　　　　　　　　　　　　　　12 000
借：制造费用　　　　　　　　　　　　　　　　　　　　　　　　42 840
　　管理费用　　　　　　　　　　　　　　　　　　　　　　　　9 160
　贷：辅助生产成本——机修车间　　　　　　　　　　　　　　　　32 200
　　　　　　　——供水车间　　　　　　　　　　　　　　　　19 800

(2) 代数分配法：

a. 设修理车间实际单位成本为 x，供水车间实际单位成本为 y，建立方程组如下：

$$2\,000x = 40\,000 + 1\,400y$$

$$4\,000y = 12\,000 + 600x$$

解方程组,得:

$$x = 24.69$$
$$y = 6.7$$

b. 费用分配:

基本生产车间应分配的修理费 $= 1\,200 \times 24.69 = 29\,628(元)$

基本生产车间应分配的水费 $= 2\,000 \times 6.7 = 13\,400(元)$

行政管理部门应分配的修理费 $= 200 \times 24.69 = 4\,938(元)$

行政管理部门应分配的水费 $= 600 \times 6.7 = 4\,020(元)$

会计分录如下:

借:辅助生产成本——机修车间	9 380
——供水车间	14 814
制造费用	43 028
管理费用	8 958
贷:辅助生产成本——机修车间	49 380
——供水车间	26 800

(3) 计划成本分配法:

a. 按计划单位成本分配费用:

供水车间应分配的修理费 $= 600 \times 25 = 15\,000(元)$

基本生产车间应分配的修理费 $= 1\,200 \times 25 = 30\,000(元)$

企业行政管理部门应分配的修理费 $= 200 \times 25 = 5\,000(元)$

机修车间应分配的水费 $= 1\,400 \times 7 = 9\,800(元)$

基本生产车间应分配的水费 $= 2\,000 \times 7 = 14\,000(元)$

企业行政管理部门应分配的水费 $= 600 \times 7 = 4\,200(元)$

b. 实际费用:

机修车间 $= 40\,000 + 9\,800 = 49\,800(元)$

供水车间 $= 12\,000 + 15\,000 = 27\,000(元)$

c. 实际与计划之间的差额:

机修车间 $= 49\,800 - (15\,000 + 30\,000 + 5\,000) = -200(元)$

供水车间 $= 27\,000 - (9\,800 + 14\,000 + 4\,200) = -1\,000(元)$

会计分录如下:

借：辅助生产成本——供水车间　　　　　　　　　　　　　　15 000
　　　　　　　——机修车间　　　　　　　　　　　　　　 9 800
　　制造费用　　　　　　　　　　　　　　　　　　　　　44 000
　　管理费用　　　　　　　　　　　　　　　　　　　　　 9 200
　　贷：辅助生产成本——机修车间　　　　　　　　　　　　50 000
　　　　　　　——供水车间　　　　　　　　　　　　　　28 000
借：管理费用　　　　　　　　　　　　　　　　　　　　　 1 200
　　贷：辅助生产成本——机修车间　　　　　　　　　　　　 200
　　　　　　　——供水车间　　　　　　　　　　　　　　 1 000

7．(1) 生产工时比例法：

制造费用分配率 $= \dfrac{36\,000}{10\,800 + 7\,200} = 2$

甲产品分配的制造费用 $= 10\,800 \times 2 = 21\,600(元)$

乙产品分配的制造费用 $= 7\,200 \times 2 = 14\,400(元)$

(2) 生产工人工资比例法：

计时工资分配率 $= \dfrac{12\,600}{10\,800 + 7\,200} = 0.7$

甲产品的计时工资 $= 10\,800 \times 0.7 = 7\,560(元)$

乙产品的计时工资 $= 7\,200 \times 0.7 = 5\,040(元)$

制造费用分配率 $= \dfrac{36\,000}{(2\,940 + 7\,560) + (2\,460 + 5\,040)} = \dfrac{36\,000}{10\,500 + 7\,500} = 2$

甲产品分配的制造费用 $= 10\,500 \times 2 = 21\,000(元)$

乙产品分配的制造费用 $= 7\,500 \times 2 = 15\,000(元)$

(3) 机器工时工资比例法：

制造费用分配率 $= \dfrac{36\,000}{10\,500 + 4\,500} = 2.4$

甲产品分配的制造费用 $= 10\,500 \times 2.4 = 25\,200(元)$

乙产品分配的制造费用 $= 4\,500 \times 2.4 = 10\,800(元)$

制造费用分配率 $= \dfrac{36\,000}{10\,500 + 4\,500} = 2.4$

8．A产品年度计划产量定额工时 $= 2\,000 \times 4 = 8\,000(小时)$

　　B产品年度计划产量定额工时 $= 1\,800 \times 3 = 5\,400(小时)$

制造费用年度计划分配率 = $\frac{67\,000}{13\,400}$ = 5

A产品5月份实际产量定额工时 = 200×4 = 800(小时)

B产品5月份实际产量定额工时 = 150×3 = 450(小时)

A产品应分配的制造费用 = 800×5 = 4 000(元)

B产品应分配的制造费用 = 450×5 = 2 250(元)

会计分录如下:

借:基本生产成本——A　　　　　　　　　　　　　　　　　　4 000
　　　　　　　——B　　　　　　　　　　　　　　　　　　2 250
　　贷:制造费用　　　　　　　　　　　　　　　　　　　　　6 250

9. a. 计算完工率平均约当产量:

第一工序完工率 = $\frac{42 \times 50\%}{60}$ = 35%

第二工序完工率 = $\frac{42 + 18 \times 50\%}{60}$ = 85%

第一工序在产品约当产量 = 60×35% = 21(件)

第二工序在产品约当产量 = 80×85% = 68(件)

约当产量合计 = 21+68 = 89(件)

b. 分配加工费用:

加工费用分配率 = $\frac{3\,135 + 3\,762}{120 + 89}$ = 33

完工产品分配的加工费用 = 120×33 = 3 960(元)

在产品分配的加工费用 = 89×33 = 2 937(元)

c. 分配原材料费用:

材料费用分配率 = $\frac{10\,400}{120 + (60 + 80)}$ = 40

完工产品分配的材料费用 = 120×40 = 4 800(元)

在产品分配的材料费用 = 140×40 = 5 600(元)

d. 完工产品和月末在产品的成本:

完工产品成本 = 3 960+4 800 = 8 760(元)

在产品成本 = 2 937+5 600 = 8 537(元)

10. a. 计算各工序在产品的投料率：

$$第一工序投料率 = \frac{150}{150+250+400} = 18.75\%$$

$$第二工序投料率 = \frac{150+250}{150+250+400} = 50\%$$

$$第三工序投料率 = \frac{150+250+400}{150+250+400} = 100\%$$

b. 计算各工序的约当产量：

第一工序约当产量 = $18.75\% \times 800 = 150$(件)

第二序约当产量 = $50\% \times 1\,000 = 500$(件)

第一工序约当产量 = $100\% \times 500 = 500$(件)

约当产量合计 = $150 + 500 + 500 = 1\,150$(件)

c. 计算完工产品和在产品应分配的材料费用：

$$材料费用分配率 = \frac{70\,000}{850+1\,150} = 35$$

完工产品应分配的材料费用 = $850 \times 35 = 29\,750$(元)

在产品应分配的材料费用 = $1\,150 \times 35 = 40\,250$(元)

11. (1) 各工序在产品的投料率和完工率：

$$第一工序的投料率 = \frac{40 \times 50\%}{100} = 20\%$$

$$第二工序的投料率 = \frac{40+32 \times 50\%}{100} = 56\%$$

$$第三工序的投料率 = \frac{40+32+28 \times 50\%}{100} = 86\%$$

$$第一工序的完工率 = \frac{20 \times 50\%}{40} = 25\%$$

$$第二工序的完工率 = \frac{20+12 \times 50\%}{40} = 65\%$$

$$第三工序的完工率 = \frac{20+12+8 \times 50\%}{40} = 90\%$$

(2) 在产品的约当产量：

a. 分配材料费用的约当产量：

第一工序约当产量 = 20% × 400 = 80(件)

第二工序约当产量 = 56% × 400 = 224(件)

第三工序约当产量 = 86% × 200 = 172(件)

约当产量合计 = 80 + 224 + 172 = 476(件)

b. 分配加工费用的约当产量：

第一工序约当产量 = 25% × 400 = 100(件)

第二工序约当产量 = 65% × 400 = 260(件)

第三工序约当产量 = 90% × 200 = 180(件)

约当产量合计 = 100 + 260 + 180 = 540(件)

(3) 分配费用：

a. 材料费用的分配：

$$分配率 = \frac{37\,640 + 46\,840}{580 + 476} = 80$$

完工产品分配的材料费用 = 580 × 80 = 46 400(元)

在产品分配的材料费用 = 476 × 80 = 38 080(元)

b. 薪酬费用的分配：

$$分配率 = \frac{8\,960 + 24\,640}{580 + 540} = 30$$

完工产品分配的薪酬费用 = 580 × 30 = 17 400(元)

在产品分配的薪酬费用 = 540 × 30 = 16 200(元)

c. 制造费用的分配：

$$分配率 = \frac{12\,590 + 32\,210}{580 + 540} = 40$$

完工产品分配的制造费用 = 580 × 40 = 23 200(件)

在产品分配的制造费用 = 540 × 40 = 21 600(件)

d. 完工产品和月末在产品的成本：

完工产品的成本 = 46 400 + 17 400 + 23 200 = 87 000(元)

在产品的成本 = 38 080 + 16 200 + 21 600 = 75 880(元)

12.

产品成本明细账

金额单位：元

项目		原材料	燃料及动力	薪酬	制造费用	合计
月初在产品成本	定额	63 600	552	552	552	—
	实际	76 320	4 032	6 048	8 064	94 464
本月生产费用	定额	80 400	1 128	1 128	1 128	—
	实际	96 480	6 048	7 392	12 096	122 016
合　计	定额	144 000	1 680	1 680	1 680	—
	实际	172 800	10 080	13 440	20 160	216 480
分配率		1.2	6	8	12	—
产成品成本	定额	115 200	1 200	1 200	1 200	—
	实际	138 240	7 200	9 600	14 400	169 440
月末在产品成本	定额	28 800	480	480	480	—
	实际	34 560	2 880	3 840	5 760	47 040

13.

废品损失计算表

产品名称：A产品　　　　　　　　20××年×月　　　　　　　金额单位：元

项目	实际产量（件）	实际工时（小时）	直接材料	直接人工	制造费用	合计
费用总额	600	7 000	60 000	70 000	14 000	144 000
分配率			100	10	2	
合格品成本	520	6 500	52 000	65 000	13 000	130 000
废品成本	80	500	8 000	5 000	1 000	14 000
减：残料			600			600
废品损失			7 400	5 000	1 000	13 400

根据上表编制会计分录如下：

(1) 转出废品成本：

借：废品损失　　　　　　　　　　　　　　　　　　　　　　　　14 000
　　贷：基本生产成本——A产品　　　　　　　　　　　　　　　　　　14 000

(2) 回收残料价值：

借：原材料　　　　　　　　　　　　　　　　　　　　　　　　600
　　　　贷：废品损失　　　　　　　　　　　　　　　　　　　　　　　　600
（3）结转废品净损失：
　　借：基本生产成本——A产品　　　　　　　　　　　　　　　　13 400
　　　　贷：废品损失　　　　　　　　　　　　　　　　　　　　　　13 400

14.

废品损失计算表

产品名称：B产品　　　　　　20××年×月　　　　　　金额单位：元

项　　目	直接材料	直接人工	制造费用	合计
费用定额	520	380	100	1 000
废品数量(20件)				
废品定额成本	10 400	7 600	2 000	20 000
减：回收残值		400		400
废品净损失	10 400	7 200	2 000	19 600

根据以上废品损失计算表，编制会计分录如下：
（1）转出废品定额成本：

　　借：废品损失　　　　　　　　　　　　　　　　　　　　　　20 000
　　　　贷：基本生产成本——B产品　　　　　　　　　　　　　　　20 000

（2）回收废品残料价值：

　　借：原材料　　　　　　　　　　　　　　　　　　　　　　　　400
　　　　贷：废品损失　　　　　　　　　　　　　　　　　　　　　　　400

（3）将废品损失转入合格品成本：

　　借：基本生产成本——B产品　　　　　　　　　　　　　　　　19 600
　　　　贷：废品损失　　　　　　　　　　　　　　　　　　　　　19 600

15.（1）借：管理费用——公司经费　　　　　　　　　　　　　　　600
　　　　　　贷：库存现金　　　　　　　　　　　　　　　　　　　　600
（2）借：管理费用——劳动保险费　　　　　　　　　　　　　17 000
　　　　贷：库存现金　　　　　　　　　　　　　　　　　　　　17 000
（3）借：管理费用——职工薪酬　　　　　　　　　　　　　　90 000
　　　　贷：应付职工薪酬　　　　　　　　　　　　　　　　　　90 000
（4）借：管理费用——咨询费　　　　　　　　　　　　　　　　2 500
　　　　贷：银行存款　　　　　　　　　　　　　　　　　　　　2 500

(5) 借：管理费用——税金 4 000
　　　贷：应交税费 4 000
(6) 借：管理费用——公司经费 3 500
　　　贷：累计折旧 3 500
(7) 借：管理费用——无形资产摊销 4 000
　　　贷：累计摊销 4 000
(8) 借：管理费用——业务招待费 1 500
　　　贷：银行存款 1 500
(9) 借：销售费用——运输费 2 360
　　　　　　——包装费 5 500
　　　贷：银行存款 7 860
(10) 借：销售费用——广告费 8 500
　　　　　　——展览费 3 000
　　　贷：银行存款 11 500
(11) 借：销售费用——职工薪酬 6 000
　　　贷：应付职工薪酬 6 000
　　借：销售费用——折旧费 2 000
　　　贷：累计折旧 2 000
　　借：销售费用——低值易耗品摊销 500
　　　贷：低值易耗品 500
　　借：销售费用——其他 1 000
　　　贷：库存现金 1 000
(12) 借：财务费用——利息支出 3 500
　　　贷：应付利息 3 500
(13) 借：财务费用——手续费 800
　　　贷：银行存款 800
(14) 借：银行存款 580
　　　贷：财务费用——利息支出 580
(15) 借：本年利润 155 680
　　　贷：管理费用 123 100
　　　　　销售费用 28 860
　　　　　财务费用 3 720

第四章　产品成本计算的基本方法

一、单选题

1. B 2. A 3. C 4. C 5. D 6. B 7. C 8. D 9. C 10. D

二、多选题

1. ABC 2. ACD 3. ACD 4. BC 5. ABCD

三、判断题

1. √ 2. × 3. √ 4. √ 5. × 6. √ 7. × 8. √ 9. × 10. ×

四、计算题

1.

产品成本计算单

车间：基本生产车间　　　　　　　　　　　　　　　完工数量：900 件
产品：甲产品　　　　　　20××年5月　　　　　　在产品数量：90 件
　　　　　　　　　　　　　　　　　　　　　　　　单位：元

项　目	原材料	燃料及动力	薪酬	制造费用	合计
月初在产品成本	—	—	—	—	—
本月发生的生产费用	105 840	22 680	15 120	34 020	177 660
合　计	105 840	22 680	15 120	34 020	177 660
月末在产品成本	5 040	1 080	720	1 620	8 460
完工产品成本	100 800	21 600	14 400	32 400	169 200
单位成本	112	24	16	36	188

原材料费用分配率 $= \dfrac{105\,840}{900+45} = 112$

完工产品分配材料费用 $= 112 \times 900 = 100\,800$（元）

月末在产品分配材料费用 $= 112 \times 45 = 5\,040$（元）

燃料及动力费用分配率 $= \dfrac{22\,680}{900+45} = 24$

完工产品分配燃料及动力费用 $= 24 \times 900 = 21\,600$（元）

月末在产品分配燃料及动力费用 $= 24 \times 45 = 1\,080$（元）

薪酬费用分配率 $= \dfrac{15\,120}{900+45} = 16$

完工产品分配薪酬费用 = 16 × 900 = 14 400(元)

月末在产品分配薪酬费用 = 16 × 45 = 720(元)

制造费用分配率 = $\frac{34\ 020}{900 + 45}$ = 36

完工产品分配制造费用 = 36 × 900 = 32 400(元)

月末在产品分配制造费用 = 36 × 45 = 1 620(元)

完工产品成本 = 100 800 + 21 600 + 14 400 + 32 400 = 169 200(元)

月末在产品成本 = 5 040 + 1 080 + 720 + 1 620 = 8 460(元)

甲产品完工入库的会计分录如下：

借：库存商品——甲　　　　　　　　　　　　　　　　　　169 200
　　贷：基本生产成本——甲　　　　　　　　　　　　　　　　169 200

产品成本计算单

车间：基本生产车间　　　　　　　　　　　　　　　　完工数量：720 件
产品：乙产品　　　　　　　20××年 5 月　　　　　在产品数量：60 件
　　　　　　　　　　　　　　　　　　　　　　　　　　　单位：元

项　目	原材料	燃料及动力	薪酬	制造费用	废品损失	合计
月初在产品成本	—	—	—	—	—	—
本月发生的生产费用	88 500	14 760	11 520	26 280	7 440	148 500
合　计	88 500	14 760	11 520	26 280	7 440	148 500
月末在产品成本	3 540	590.4	460.8	1 051.2	—	5 642.4
完工产品成本	84 960	14 169.6	11 059.2	25 228.8	7 440	142 857.6
单位成本	118	19.68	15.36	35.04	10.33	198.41

原材料费用分配率 = $\frac{88\ 500}{720 + 30}$ = 118

完工产品分配材料费用 = 118 × 720 = 84 960(元)

月末在产品分配材料费用 = 118 × 30 = 3 540(元)

燃料及动力费用分配率 = $\frac{14\ 760}{720 + 30}$ = 19.68

完工产品分配燃料及动力费用 = 19.68 × 720 = 14 169.6(元)

月末在产品分配燃料及动力费用 = 19.68 × 30 = 590.4(元)

薪酬费用分配率 = $\frac{11\ 520}{720 + 30}$ = 15.36

完工产品分配薪酬费用 = 15.36×720 = 11 059.2(元)

月末在产品分配薪酬费用 = 15.36×30 = 460.8(元)

制造费用分配率 = $\frac{26\ 280}{720+30}$ = 35.04

完工产品分配制造费用 = 35.04×720 = 25 228.8(元)

月末在产品分配制造费用 = 35.04×30 = 1 051.2(元)

完工产品成本 = 84 960+14 169.6+11 059.2+25 228.8+7 440 = 142 857.6(元)

月末在产品成本 = 3 540+590.4+460.8+1 051.2 = 5 642.4(元)

发生修复费用时的会计分录如下：

借：废品损失　　　　　　　　　　　　　　　　　　　　　　7 440
　　贷：原材料　　　　　　　　　　　　　　　　　　　　　　5 280
　　　　应付职工薪酬　　　　　　　　　　　　　　　　　　　1 200
　　　　制造费用　　　　　　　　　　　　　　　　　　　　　　960

乙产品完工入库的会计分录如下：

借：库存商品——乙　　　　　　　　　　　　　　　　　　142 857.6
　　贷：基本生产成本——乙　　　　　　　　　　　　　　　142 857.6

产品成本计算单

车间：基本生产车间　　　　　　　　　　　　　　　　完工数量：1 000 件
产品：丙产品　　　　　　20××年5月　　　　　　　产品数量：58 件
　　　　　　　　　　　　　　　　　　　　　　　　　　单位：元

项　　目	原材料	燃料及动力	薪酬	制造费用	合计
月初在产品成本	—	—	—	—	—
本月发生的生产费用	123 480	28 812	25 725	39 102	217 119
合　　计	123 480	28 812	25 725	39 102	217 119
月末在产品成本	3 480	812	725	1 102	6 119
完工产品成本	120 000	28 000	25 000	38 000	211 000
单位成本	120	28	25	38	211

原材料费用分配率 = $\frac{123\ 480}{1\ 000+29}$ = 120

完工产品分配材料费用 = 120×1 000 = 120 000(元)

月末在产品分配材料费用 = 120×29 = 3 480(元)

燃料及动力费用分配率 = $\frac{28\ 812}{1\ 000+29}$ = 28

完工产品分配燃料及动力费用 = 28×1 000 = 28 000(元)

月末在产品分配燃料及动力费用 = 28×29 = 812(元)

薪酬费用分配率 = $\dfrac{25\ 725}{1\ 000+29}$ = 25

完工产品分配薪酬费用 = 25×1 000 = 25 000(元)

月末在产品分配薪酬费用 = 25×29 = 725(元)

制造费用分配率 = $\dfrac{39\ 102}{1\ 000+29}$ = 38

完工产品分配制造费用 = 38×1 000 = 38 000(元)

月末在产品分配制造费用 = 38×29 = 1 102(元)

丙产品完工入库的会计分录如下：

借：库存商品——丙　　　　　　　　　　　　　　　　　211 000
　　贷：基本生产成本——丙　　　　　　　　　　　　　　211 000

2.

产品成本计算单

完工数量：120 件
在产品数量：60 件

产品名称：A 产品　　　　　　　　　　　　　　　　　　单位：元

项　　目	直接材料	直接人工	制造费用	合计
月初在产品成本	250	100	200	550
本月发生的生产费用	2 990	5 000	4 000	12 000
合　　计	3 240	5 100	4 200	12 600
完工产品成本	2 160	4 080	3 360	9 600
月末在产品成本	1 080	1 020	840	2 940

产品成本计算单

完工数量：90 件
在产品数量：20 件

产品名称：B 产品　　　　　　　　　　　　　　　　　　单位：元

项　　目	直接材料	直接人工	制造费用	合计
月初在产品成本	200	120	180	500
本月发生的生产费用	2 000	2 500	2 000	6 500
合　　计	2 200	2 620	2 180	7 000
完工产品成本	1 800	2 358	1 962	6 120
月末在产品成本	400	262	218	880

辅助生产费用分配率 $= \dfrac{3\,200}{600+200} = 4$

基本生产车间分配辅助生产费用 $= 600 \times 4 = 2\,400(元)$

管理部门分配辅助生产费用 $= 200 \times 4 = 800(元)$

人工费用分配率 $= \dfrac{7\,500}{1\,000+500} = 5$

A产品分配人工费用 $= 1\,000 \times 5 = 5\,000(元)$

B产品分配人工费用 $= 500 \times 5 = 2\,500(元)$

制造费用分配率 $= \dfrac{3\,600+2\,400}{1\,000+500} = 4$

A产品分配制造费用 $= 1\,000 \times 4 = 4\,000(元)$

B产品分配制造费用 $= 500 \times 4 = 2\,000(元)$

A产品完工产品和月末在产品之间分配生产费用过程如下：

原材料费用分配率 $= \dfrac{3\,240}{120+60} = 18$

完工产品分配材料费用 $= 18 \times 120 = 2\,160(元)$

月末在产品分配材料费用 $= 18 \times 60 = 1\,080(元)$

直接人工费用分配率 $= \dfrac{5\,100}{120+60 \times 50\%} = 34$

完工产品分配人工费用 $= 34 \times 120 = 4\,080(元)$

月末在产品分配人工费用 $= 34 \times 30 = 1\,020(元)$

制造费用分配率 $= \dfrac{4\,200}{120+60 \times 50\%} = 28$

完工产品分配制造费用 $= 28 \times 120 = 3\,360(元)$

月末在产品分配制造费用 $= 28 \times 30 = 840(元)$

A产品完工产品成本 $= 2\,160 + 4\,080 + 3\,360 = 9\,600(元)$

A产品月末在产品成本 $= 1\,080 + 1\,020 + 840 = 2\,940(元)$

B产品完工产品和月末在产品之间分配生产费用过程如下：

原材料费用分配率 $= \dfrac{2\,200}{90+20} = 20$

完工产品分配材料费用 $= 20 \times 90 = 1\,800(元)$

月末在产品分配材料费用 $= 20 \times 20 = 400(元)$

直接人工费用分配率 $= \dfrac{2\,620}{90+20 \times 50\%} = 26.2$

完工产品分配人工费用 $= 26.2 \times 90 = 2\,358(元)$

月末在产品分配人工费用 $= 26.2 \times 10 = 262(元)$

制造费用分配率 $= \dfrac{2\,180}{90 + 20 \times 50\%} = 21.8$

完工产品分配制造费用 $= 21.8 \times 90 = 1\,962(元)$

月末在产品分配制造费用 $= 21.8 \times 10 = 218(元)$

B产品完工产品成本 $= 1\,800 + 2\,358 + 1\,962 = 6\,120(元)$

B产品月末在产品成本 $= 400 + 262 + 218 = 880(元)$

3.

生产车间：　　　　　　　　　**产品成本计算单**　　　　　　　投产数量：48 件
产品名称：　　　　　　　　　　　　　　　　　　　　　　　　完工数量：48 件
产品批号：0501#　　　　　　　20××年6月　　　　　　　　　单位：元

项　　目	直接材料	直接人工	制造费用	合计
月初在产品成本	56 000	8 000	6 000	70 000
本月发生的生产费用	—	41 040	32 400	73 440
合　　计	56 000	49 040	38 400	143 440
完工产品成本	56 000	49 040	38 400	143 440
月末在产品成本	0	0	0	0

生产车间：　　　　　　　　　**产品成本计算单**　　　　　　　投产数量：72 件
产品名称：　　　　　　　　　　　　　　　　　　　　　　　　完工数量：0 件
产品批号：0502#　　　　　　　20××年6月　　　　　　　　　单位：元

项　　目	直接材料	直接人工	制造费用	合计
月初在产品成本	100 000	12 500	8 000	120 500
本月发生的生产费用	—	20 520	16 200	36 720
合　　计	100 000	33 020	24 200	157 220
完工产品成本	0	0	0	0
月末在产品成本	100 000	33 020	24 200	157 220

生产车间：　　　　　　　　　**产品成本计算单**　　　　　　　投产数量：144 件
产品名称：　　　　　　　　　　　　　　　　　　　　　　　　完工数量：20 件
产品批号：0601#　　　　　　　20××年6月　　　　　　　　　单位：元

项　　目	直接材料	直接人工	制造费用	合计
月初在产品成本	—	—	—	—
本月发生的生产费用	59 400	22 572	17 820	99 792
合　　计	59 400	22 572	17 820	99 792
完工产品成本	40 000	9 000	6 000	5 500
月末在产品成本	19 400	13 572	11 820	44 792

直接人工分配率 = $\dfrac{84\,132}{9\,600+4\,800+5\,280}$ = 4.275

0501# 分配的直接人工费用 = 9 600×4.275 = 41 040(元)

0502# 分配的直接人工费用 = 4 800×4.275 = 20 520(元)

0601# 分配的直接人工费用 = 5 280×4.275 = 22 572(元)

制造费用分配率 = $\dfrac{66\,420}{9\,600+4\,800+5\,280}$ = 3.375

0501# 分配的制造费用 = 9 600×3.375 = 32 400(元)

0502# 分配的制造费用 = 4 800×3.375 = 16 200(元)

0601# 分配的制造费用 = 5 280×3.375 = 17 820(元)

4.

基本生产成本二级账

20××年6月　　　　　　　　　　　　　　　　　金额单位：元

日期	摘要	工时（小时）	直接材料	直接人工	制造费用	合计
6	月初在产品成本和工时	150 000	1 200 000	442 500	367 500	2 010 000
6	本月发生的生产费用和工时	39 600	300 000	126 300	89 436	515 736
	合　计	189 600	1 500 000	568 800	456 936	2 525 736
	分配率			3	2.41	
6	完工转出	108 000	840 000	324 000	260 280	1 424 280
6	月末在产品成本和工时	81 600	660 000	244 800	196 656	1 101 456

产品成本计算单

批号：0101#　　　　　　　　　　　　　　　　　批量：120 件
产品名称：A　　　　　20××年6月　　　　　　本月完工：120 件
　　　　　　　　　　　　　　　　　　　　　　　金额单位：元

日期	摘要	工时（小时）	直接材料	直接人工	制造费用	合计
6	月初在产品成本和工时	51 000	600 000			
6	本月发生的生产费用和工时	9 000				
	合　计	60 000	600 000			
	分配率			3	2.41	

(续表)

日期	摘要	工时（小时）	直接材料	直接人工	制造费用	合计
6	完工产品成本和工时	60 000	600 000	180 000	144 600	924 600
6	月末在产品成本和工时	0	0	0	0	0
6	单位成本		5 000	1 500	1 205	7 705

产品成本计算单

批号：0201#　　　　　　　　　　　　　　　　　　批量：50 件
产品名称：B　　　　　20××年6月　　　　　　本月完工：50 件
　　　　　　　　　　　　　　　　　　　　　　　金额单位：元

日期	摘要	工时（小时）	直接材料	直接人工	制造费用	合计
6	月初在产品成本和工时	42 000	240 000			
6	本月发生的生产费用和工时	6 000				
	合计	48 000	240 000			
	分配率			3	2.41	
6	完工产品成本和工时	48 000	240 000	144 000	115 680	499 680
6	月末在产品成本和工时	0	0	0	0	0
6	单位成本		4 800	2 880	2 313.6	3 993.6

产品成本计算单

批号：0301#　　　　　　　　　　　　　　　　　　批量：150 件
产品名称：C　　　　　20××年6月　　　　　　本月完工：0 件
　　　　　　　　　　　　　　　　　　　　　　　金额单位：元

日期	摘要	工时（小时）	直接材料	直接人工	制造费用	合计
6	月初在产品成本和工时	48 000	300 000			
6	本月发生的生产费用和工时	10 500				
	合计	58 500	300 000			

产品成本计算单

批号：0401#　　　　　　　　　　　　　　　　　　　批量：40 件
产品名称：D　　　　　　20××年 6 月　　　　　　本月完工：0 件
　　　　　　　　　　　　　　　　　　　　　　　　金额单位：元

日期	摘　要	工时（小时）	直接材料	直接人工	制造费用	合计
6	月初在产品成本和工时	9 000	60 000			
6	本月发生的生产费用和工时	7 500				
	合　计	16 500	60 000			

产品成本计算单

批号：0601#　　　　　　　　　　　　　　　　　　　批量：100 件
产品名称：E　　　　　　20××年 6 月　　　　　　本月完工：0 件
　　　　　　　　　　　　　　　　　　　　　　　　金额单位：元

日期	摘　要	工时（小时）	直接材料	直接人工	制造费用	合计
6	月初在产品成本和工时	0	0			
6	本月发生的生产费用和工时	6 600	300 000			
	合　计	6 600	300 000			

产成品成本汇总表

单位：元

日期	摘　要		直接材料	直接人工	制造费用	合计
6	A 产品（0101#）	总成本	600 000	180 000	144 600	924 600
		单位成本	5 000	1 500	1 205	7 705
6	B 产品（0201#）	总成本	240 000	144 000	115 680	499 680
		单位成本	4 800	2 880	2 313.6	3 993.6

完工产品入库的会计分录如下：

　　借：库存商品——A 产品　　　　　　　　　　　　　　924 600
　　　　　　　　　　——B 产品　　　　　　　　　　　　　　499 680
　　　贷：基本生产成本——A 产品　　　　　　　　　　　　924 600
　　　　　　　　　　　——B 产品　　　　　　　　　　　　499 680

5.

产品成本计算单　　　　　　　　　　　完工数量：90 件

车间：第一车间　　　　　　　　　　　　　　　在产品数量：20 件
产品名称：A 半成品　　　　　20××年1月　　　　　　单位：元

项　目	原材料	燃料及动力	薪酬	制造费用	合计
月初在产品成本	13 350	300	750	1 050	15 450
本月发生的生产费用	26 250	3 300	8 850	9 750	48 150
合　计	39 600	3 600	9 600	10 800	63 600
完工产品成本	32 400	3 240	8 640	9 720	54 000
月末在产品成本	7 200	360	960	1 080	9 600
单位成本	360	36	96	108	600

产品成本计算单　　　　　　　　　　　完工数量：80 件

车间：第二车间　　　　　　　　　　　　　　　在产品数量：40 件
产品名称：B 半成品　　　　　20××年1月　　　　　　单位：元

项　目	原材料	燃料及动力	薪酬	制造费用	合计
月初在产品成本	36 000	3 150	4 050	7 050	50 250
本月发生的生产费用	54 000	11 250	14 700	22 800	102 750
合　计	90 000	14 400	18 750	29 850	153 000
完工产品成本	60 000	11 520	15 000	23 880	110 400
月末在产品成本	30 000	2 880	3 750	5 970	42 600
单位成本	750	144	187.5	298.5	1 380

产品成本计算单　　　　　　　　　　　完工数量：100 件

车间：第三车间　　　　　　　　　　　　　　　在产品数量：60 件
产品名称：甲产成品　　　　　20××年1月　　　　　　单位：元

项　目	原材料	燃料及动力	薪酬	制造费用	合计
月初在产品成本	88 320	2 220	3 885	7 875	102 300
本月发生的生产费用	110 400	5 970	8 595	16 305	141 270
合　计	198 720	8 190	12 480	24 180	243 570
完工产品成本	124 200	6 300	9 600	18 600	158 700
月末在产品成本	74 520	1 890	2 880	5 580	84 870
单位成本	1 242	63	96	186	1 587

a. 第一车间完工产品和在产品分配费用如下：

原材料费用分配率 $= \dfrac{39\,600}{90+20} = 360$

完工产品分配材料费用 $= 360 \times 90 = 32\,400(元)$

月末在产品分配材料费用 $= 360 \times 20 = 7\,200(元)$

燃料及动力费用分配率 $= \dfrac{3\,600}{90+10} = 36$

完工产品分配燃料及动力费用 $= 36 \times 90 = 3\,240(元)$

月末在产品分配燃料及动力费用 $= 36 \times 10 = 360(元)$

薪酬费用分配率 $= \dfrac{9\,600}{90+10} = 96$

完工产品分配薪酬费用 $= 96 \times 90 = 8\,640(元)$

月末在产品分配薪酬费用 $= 96 \times 10 = 960(元)$

制造费用分配率 $= \dfrac{10\,800}{90+10} = 108$

完工产品分配制造费用 $= 108 \times 90 = 9\,720(元)$

月末在产品分配制造费用 $= 108 \times 10 = 1\,080(元)$

完工产品成本 $= 32\,400 + 3\,240 + 8\,640 + 9\,720 = 54\,000(元)$

月末在产品成本 $= 7\,200 + 360 + 960 + 1\,080 = 9\,600(元)$

b. 第二车间完工产品和在产品分配费用如下：

原材料费用分配率 $= \dfrac{90\,000}{80+40} = 750$

完工产品分配材料费用 $= 750 \times 80 = 60\,000(元)$

月末在产品分配材料费用 $= 750 \times 40 = 30\,000(元)$

燃料及动力费用分配率 $= \dfrac{14\,400}{80+20} = 144$

完工产品分配燃料及动力费用 $= 144 \times 80 = 11\,520(元)$

月末在产品分配燃料及动力费用 $= 144 \times 20 = 2\,880(元)$

薪酬费用分配率 $= \dfrac{18\,750}{80+20} = 187.5$

完工产品分配薪酬费用 $= 187.5 \times 80 = 15\,000(元)$

月末在产品分配薪酬费用 $= 187.5 \times 20 = 3\,750(元)$

制造费用分配率 = $\frac{29\ 850}{80+20}$ = 298.5

完工产品分配制造费用 = 298.5 × 80 = 23 880(元)

月末在产品分配制造费用 = 298.5 × 20 = 5 970(元)

完工产品成本 = 60 000 + 11 520 + 15 000 + 23 880 = 110 400(元)

月末在产品成本 = 30 000 + 2 880 + 3 750 + 5 970 = 42 600(元)

c. 第三车间完工产品和在产品分配费用如下：

原材料费用分配率 = $\frac{198\ 720}{100+60}$ = 1 242

完工产品分配材料费用 = 1 242 × 100 = 124 200(元)

月末在产品分配材料费用 = 1 242 × 60 = 74 520(元)

燃料及动力费用分配率 = $\frac{8\ 190}{100+30}$ = 63

完工产品分配燃料及动力费用 = 63 × 100 = 6 300(元)

月末在产品分配燃料及动力费用 = 63 × 30 = 1 890(元)

薪酬费用分配率 = $\frac{12\ 480}{100+30}$ = 96

完工产品分配薪酬费用 = 96 × 100 = 9 600(元)

月末在产品分配薪酬费用 = 96 × 30 = 2 880(元)

制造费用分配率 = $\frac{24\ 180}{100+30}$ = 186

完工产品分配制造费用 = 186 × 100 = 18 600(元)

月末在产品分配制造费用 = 186 × 30 = 5 580(元)

完工产品成本 = 124 200 + 6 300 + 9 600 + 18 600 = 158 700(元)

月末在产品成本 = 74 520 + 1 890 + 2 880 + 5 580 = 84 870(元)

d. 成本还原如下：

第三车间成本还原率 = $\frac{124\ 200}{110\ 400}$ = 1.125

其中：B 半成品成本 = 1.125 × 60 000 = 67 500(元)

燃料和动力 = 1.125 × 11 520 = 12 960(元)

薪酬费用 = 1.125 × 15 000 = 16 875(元)

制造费用 $= 1.125 \times 23\,880 = 26\,865$(元)

第二车间成本还原率 $= \dfrac{67\,500}{54\,000} = 1.25$

其中：原材料 $= 1.25 \times 32\,400 = 40\,500$(元)

燃料和动力 $= 1.25 \times 3\,240 = 4\,050$(元)

薪酬费用 $= 1.25 \times 8\,640 = 10\,800$(元)

制造费用 $= 1.25 \times 9\,720 = 12\,150$(元)

e. 完工甲产品成本中：

直接材料成本 $= 40\,500$(元)

燃料及动力费用 $= 4\,050 + 12\,960 + 6\,300 = 23\,310$(元)

薪酬费用 $= 10\,800 + 16\,875 + 9\,600 = 37\,275$(元)

制造费用 $= 12\,150 + 26\,865 + 18\,600 = 57\,615$(元)

6.

产品成本计算单

车间：第一车间　　　　　　　　　　　　　　　产成品数量：320 件
产品名称：甲产品　　　　　20××年1月　　　单位：元

项　　目	原材料	燃料及动力	薪酬	制造费用	合计
月初在产品成本	127 720	2 816	11 264	14 080	155 880
本月发生的生产费用	243 200	5 920	23 680	29 600	302 400
合　　计	370 920	8 736	34 944	43 680	458 280
单位产成品成本份额	843	21	84	105	1 053
产成品成本	269 760	6 720	26 880	33 600	336 960
月末在产品成本	101 160	2 016	8 064	10 080	121 320

产品成本计算单

车间：第二车间　　　　　　　　　　　　　　　产成品数量：320 件
产品名称：甲产品　　　　　20××年1月　　　单位：元

项　　目	原材料	燃料及动力	薪酬	制造费用	合计
月初在产品成本		2 624	12 204	15 488	30 316
本月发生的生产费用		8 240	35 520	45 040	88 800

练习题参考答案

(续表)

项　　目	原材料	燃料及动力	薪酬	制造费用	合计
合　　计		10 864	47 724	60 528	119 116
单位产成品成本份额		28	123	156	307
产成品成本		8 960	39 360	49 920	98 240
月末在产品成本		1 904	8 364	10 608	20 876

产品成本计算单

车间：第三车间　　　　　　　　　　　　　　　　产成品数量：320 件
产品名称：甲产品　　　　　20××年1月　　　　单位：元

项　　目	原材料	燃料及动力	薪酬	制造费用	合计
月初在产品成本		400	1 600	2 000	4 000
本月发生的生产费用		4 880	8 960	19 120	32 960
合　　计		5 280	10 560	21 120	36 960
单位产成品成本份额		15	30	60	105
产成品成本		4 800	9 600	19 200	33 600
月末在产品成本		480	960	1 920	3 360

产成品成本汇总表

产品名称：甲产品　　　　　　　　　　　　　　　　　　　　单位：元

车　　间	原材料	燃料及动力	薪酬	制造费用	合计
第一车间	269 760	6 720	26 880	33 600	336 960
第二车间		8 960	39 360	49 920	98 240
第三车间		4 800	9 600	19 200	33 600
完工产品总成本	269 760	20 480	75 840	102 720	468 800
单位成本	843	64	237	321	1 465

a. 第一车间生产费用在产成品和广义在产品之间的分配：

原材料费用分配率 $= \dfrac{370\,920}{320 + (64 + 8 + 48)} = 843$

产成品分配材料费用 $= 843 \times 320 = 269\,760(元)$

在产品分配材料费用 $= 843 \times 120 = 101\,160(元)$

燃料及动力费用分配率 = $\dfrac{8\,736}{320+(64+8+48\times 50\%)} = 21$

产成品分配燃料及动力费用 = $21\times 320 = 6\,720$(元)

在产品分配燃料及动力费用 = $21\times 96 = 2\,016$(元)

薪酬费用分配率 = $\dfrac{34\,944}{320+(64+8+48\times 50\%)} = 84$

产成品分配薪酬费用 = $84\times 320 = 26\,880$(元)

在产品分配薪酬费用 = $84\times 96 = 8\,064$(元)

制造费用分配率 = $\dfrac{43\,680}{320+(64+8+48\times 50\%)} = 105$

产成品分配制造费用 = $105\times 320 = 33\,600$(元)

在产品分配制造费用 = $105\times 96 = 10\,080$(元)

第一车间产成品成本份额 = $269\,760+6\,720+26\,880+33\,600 = 336\,960$(元)

b. 第二车间生产费用在产成品和广义在产品之间的分配：

燃料及动力费用分配率 = $\dfrac{10\,864}{320+(64+8\times 50\%)} = 28$

产成品分配燃料及动力费用 = $28\times 320 = 8\,960$(元)

在产品分配燃料及动力费用 = $28\times 68 = 1\,904$(元)

薪酬费用分配率 = $\dfrac{47\,724}{320+(64+8\times 50\%)} = 123$

产成品分配薪酬费用 = $123\times 320 = 39\,360$(元)

在产品分配薪酬费用 = $123\times 68 = 8\,364$(元)

制造费用分配率 = $\dfrac{60\,528}{320+(64+8\times 50\%)} = 156$

产成品分配制造费用 = $156\times 320 = 49\,920$(元)

在产品分配制造费用 = $156\times 68 = 10\,608$(元)

第二车间产成品成本份额 = $8\,960+39\,360+49\,920 = 98\,240$(元)

c. 第三车间生产费用在产成品和广义在产品之间的分配：

燃料及动力费用分配率 = $\dfrac{5\,280}{320+(64\times 50\%)} = 15$

产成品分配燃料及动力费用 = 15 × 320 = 4 800(元)

在产品分配燃料及动力费用 = 15 × 32 = 480(元)

薪酬费用分配率 = $\dfrac{10\,560}{320 + (64 \times 50\%)}$ = 30

产成品分配薪酬费用 = 30 × 320 = 9 600(元)

在产品分配薪酬费用 = 30 × 32 = 960(元)

制造费用分配率 = $\dfrac{21\,120}{320 + (64 \times 50\%)}$ = 60

产成品分配制造费用 = 60 × 320 = 19 200(元)

在产品分配制造费用 = 60 × 32 = 1 920(元)

第三车间产成品成本份额 = 4 800 + 9 600 + 19 200 = 33 600(元)

第五章 产品成本计算的辅助方法

一、单选题

1. A 2. C 3. D 4. B 5. D 6. B 7. A 8. A 9. D 10. B

二、判断题

1. × 2. √ 3. √ 4. × 5. × 6. √ 7. × 8. × 9. × 10. ×

三、计算题

1.

系 数 计 算 表

产品名称	单位产品				实际产量（件）	标准产量（件）	
	材料消耗定额（千克）	系数	工时定额（小时）	系数		分配材料费用	分配其他费用
A	18	1	14	1	1 875	1 875	1 875
B	22.5	1.25	11.2	0.8	6 300	7 875	5 040
C	27	1.5	7	0.5	3 750	5 625	1 875
合　计						15 375	8 790

甲类各种产品成本计算表

金额单位：元

产品名称	直接材料	直接人工	制造费用	合计
分配率	3.8	1.5	3.3	
A	7 125	2 812.5	6 187.5	16 125
B	29 925	7 560	16 632	54 117
C	21 375	2 812.5	6 187.5	30 375
合　计	58 425	13 185	29 007	100 617

材料费用分配率 $= \dfrac{58\,425}{15\,375} = 3.8$

A产品分配材料费用 $= 3.8 \times 1\,875 = 7\,125(元)$

B产品分配材料费用 $= 3.8 \times 7\,875 = 29\,925(元)$

C产品分配材料费用 $= 3.8 \times 5\,625 = 21\,375(元)$

人工费用分配率 $= \dfrac{13\,185}{8\,790} = 1.5$

A产品分配人工费用 $= 1.5 \times 1\,875 = 2\,812.5(元)$

B产品分配人工费用 $= 1.5 \times 5\,040 = 7\,560(元)$

C产品分配人工费用 $= 1.5 \times 1\,875 = 2\,812.5(元)$

制造费用分配率 $= \dfrac{29\,007}{8\,790} = 3.3$

A产品分配制造费用 $= 3.3 \times 1\,875 = 6\,187.5(元)$

B产品分配制造费用 $= 3.3 \times 5\,040 = 16\,632(元)$

C产品分配制造费用 $= 3.3 \times 1\,875 = 6\,187.5(元)$

A产品成本 $= 7\,125 + 2\,812.5 + 6\,187.5 = 16\,125(元)$

B产品成本 $= 29\,925 + 7\,560 + 16\,632 = 54\,117(元)$

C产品成本 $= 21\,375 + 2\,812.5 + 6\,187.5 = 30\,375(元)$

2.

产品成本计算单

项目		序号	直接材料	直接人工	制造费用	合计
月初在产品成本	定额成本	①	20 000	4 000	16 000	40 000
	脱离定额差异	②	－1 500	＋200	－1 000	－2 300
	定额成本调整	③	－800	＋400	＋160	－240
	定额变动差异	④	＋800	－400	－160	＋240
本月费用	定额成本	⑤	112 800	25 850	94 940	233 590
	脱离定额差异	⑥	－8 000	＋1 200	－6 000	－12 800
	材料成本差异	⑦	－2 096			－2 096
合计	定额成本	⑧＝①＋③＋⑤	132 000	30 250	111 100	273 350
	脱离定额差异	⑨＝②＋⑥	－9 500	＋1 400	－7 000	－15 100
	材料成本差异	⑩	－2 096			－2 096
	定额变动差异	⑪＝④	＋800	－400	－160	＋240
	差异分配率	⑫＝⑨÷⑧	－0.072 0	＋0.046 3	－0.063 0	
完工产品成本	定额成本	⑬	120 000	27 500	101 000	248 500
	脱离定额差异	⑭＝⑬×⑫	－8 640	＋1 273.25	－6 363	－13 729.75
	材料成本差异	⑮＝⑩	－2 096			－2 096
	定额变动差异	⑯＝①	＋800	－400	－160	＋240
	实际成本	⑰＝⑬＋⑭＋⑮＋⑯	110 064	28 373.25	94 477	232 914.25
月末在产品成本	定额成本	⑱＝⑧－⑬	12 000	2 750	10 100	24 850
	脱离定额差异	⑲＝⑨－⑭	－860	＋126.75	－637	－1 370.25

第六章　其他行业的成本核算

一、单选题

1. C　2. A　3. B　4. B　5. A

二、判断题

1. ×　2. ×　3. √　4. ×　5. √

三、计算题

1. 差价率 = $\dfrac{85\,800}{180\,000 + 600\,000}$ = 11%

   月末结存商品进销差价 = 180 000 × 11% = 19 800(元)

   已销商品进销差价 = 85 800 − 19 800 = 66 000(元)

   已销商品进价成本 = 600 000 − 66 000 = 534 000(元)

   根据计算结果编制会计分录如下：

   借：商品进销差价　　　　　　　　　　　　　　　　　　　　66 000
   　　贷：主营业务成本　　　　　　　　　　　　　　　　　　　　66 000

2.

商品存货明细账

类别：甲类　　　　　　　　　　　　　　　　　　　　　　　　　　单位：元

20××年		凭证		摘要	借方	贷方	结余
月	日	字	号				
4	1	（略）	（略）	月初结余			6 000
	8			购进	8 000		14 000
	15			购进	7 000		21 000
	30			结转成本		10 580	10 420
4	30			本月合计	15 000	10 580	10 420
5	15			购进	15 000		25 420
	28			购进	6 000		31 420
	31			结转成本		23 000	8 420
5	31			本月合计	21 000	23 000	8 420
6	10			购进	3 000		11 420
	20			购进	10 000		21 420
	30			结转成本		15 004	6 416
6	30			本月合计	13 000	15 004	6 416
6	30			季结	49 000	48 584	6 416

4月份商品销售成本 = 11 500 × (1 − 8%) = 10 580(元)

5月份商品销售成本 = 25 000 × (1 − 8%) = 23 000(元)

6月份商品销售成本 = 21 420 − 6 416 = 15 004(元)

第二季度商品销售成本 = 10 580 + 23 000 + 15 004 = 48 584(元)

第二季度商品销售收入 = 11 500 + 25 000 + 18 000 = 54 500(元)

第二季度商品销售毛利 = 54 500 − 48 584 = 5 916(元)

第二季度实际毛利率 = $\frac{5\ 916}{54\ 500}$ = 10.86%

第七章 成 本 报 表

一、单选题

1. A 2. B 3. C 4. D 5. D

二、判断题

1. × 2. √ 3. × 4. × 5. ×

三、计算题

1. (1) 全部商品产品成本计划完成情况分析：

全部商品产品成本分析表

金额单位：元

产品名称	计量单位	产量		单位成本			总成本			降低指标	
		计划	实际	上年	计划	实际	按上年实际	按本年计划	按本年实际	降低额	降低率（%）
可比产品							120 600	114 750	107 280	7 470	6.51
A	件	240	270	240	225	204	64 800	60 750	55 080	5 670	9.33
B	件	600	600	93	90	87	55 800	54 000	52 200	1 800	3.33
不可比产品											
C	件	270	300		150	153		45 000	45 900	−900	−2
全部商品产品								159 750	153 180	6 570	4.11

总成本降低额 = 159 750 − 153 180 = 6 570

总成本降低率 = $\frac{6\ 570}{159\ 750}$ = 4.11%

从表中可以看出,总成本比计划下降了 6 570 元,降低率 4.11%。其中可比产品成本下降了 7 470元,降低率为 6.51%,不可比产品成本超支 900 元,超支率为 2%。企业完成了成本计划,但不可比产品超支,应进一步分析,查明原因。

(2) 可比产品成本降低任务完成情况分析：

可比产品成本计划降低额 $= 240 \times (240 - 225) + 600 \times (93 - 90) = 5\,400(元)$

可比产品成本计划降低率 $= \dfrac{5\,400}{240 \times 240 + 600 \times 93} = 4.76\%$

可比产品成本实际降低额 $= 270 \times (240 - 204) + 600 \times (93 - 87) = 13\,320(元)$

可比产品成本实际降低率 $= \dfrac{13\,320}{270 \times 240 + 600 \times 93} = 11.04\%$

可比产品实际降低额 13 320 元,比计划多降低了 7 920 元(13 320－5 400),可比产品实际成本降低率 11.04%,比计划多降低了 6.28%(11.04%－4.76%),该企业超额完成可比产品的降低任务。

2. $N_1 = 168 \times 42 \times 95 = 670\,320(元)$

$N_0 = 165 \times 45 \times 90 = 668\,250(元)$

分析对象 $= 670\,320 - 668\,250 = 2\,070(元)$

下面按照产品产量、单耗、单价的顺序连环替代：

$N_2 = 168 \times 45 \times 90 = 680\,400(元)$

$N_3 = 168 \times 42 \times 90 = 635\,040(元)$

产品产量的影响 $= N_2 - N_0 = 680\,400 - 668\,250 = 12\,150(元)$

材料单耗的影响 $= N_3 - N_2 = 635\,040 - 680\,400 = -45\,360(元)$

材料单价的影响 $= N_1 - N_3 = 670\,320 - 635\,040 = 35\,280(元)$

分析结果 $= 12\,150 - 45\,360 + 35\,280 = 2\,070(元)$

第八章　作业成本法

一、单选题

1. B　2. A　3. D　4. C　5. B　6. C　7. A　8. B　9. D　10. C

二、多选题

1. ABCD　2. ABCD　3. AD　4. ABCD　5. BCD

三、判断题

1. ×　2. ×　3. √　4. ×　5. √

四、计算题

(1) 按传统成本法计算两种产品总成本：

间接费用分配率 =（54 000＋225 000＋75 000＋30 000）÷（45 000＋105 000）= 2.56

A产品应分配间接费用 = 2.56×45 000 = 115 200（元）

B产品应分配间接费用 = 2.56×105 000 = 268 800（元）

A产品总成本 = 240 000＋210 000＋115 200 = 565 200（元）

B产品总成本 = 331 200＋30 000＋268 800 = 630 000（元）

(2) 按作业成本法计算两种产品总成本：

调整准备作业分配率 = 54 000÷9 = 6 000（元）

A产品应分配调整准备作业成本 = 6 000×4 = 24 000（元）

B产品应分配调整准备作业成本 = 6 000×5 = 30 000（元）

机器运行作业分配率 = 225 000÷450 000 = 0.5

A产品应分配机器运行作业成本 = 0.5×180 000 = 90 000（元）

B产品应分配机器运行作业成本 = 0.5×270 000 = 135 000（元）

质量检测作业分配率 = 75 000÷750 = 100

A产品应分配质量检测作业成本 = 100×300 = 30 000（元）

B产品应分配质量检测作业成本 = 100×450 = 45 000（元）

产品包装作业分配率 = 30 000÷1 500 = 20

A产品应分配产品包装作业成本 = 20×450 = 9 000

B产品应分配产品包装作业成本 = 20×1 050 = 21 000

A产品总成本 = 240 000＋210 000＋24 000＋90 000＋30 000＋9 000 = 603 000

B产品总成本 = 331 200＋30 000＋30 000＋135 000＋45 000＋21 000 = 592 200

第九章　其他现代成本核算理念与方法

一、单选题

1. D　2. C　3. C　4. D　5. B

二、判断题

1. ×　2. √　3. ×　4. ×　5. √　6. ×　7. √　8. √　9. ×　10. ×

主要参考文献

[1] 财政部会计司. 企业会计准则讲解[M]. 北京：中国财政经济出版社，2015.
[2] 中国注册会计师协会. 财务成本管理[M]. 北京：中国财政经济出版社，2015.
[3] 于富生，黎来芳，张敏. 成本会计学[M]. 6 版. 北京：中国人民大学出版社，2012.
[4] 胡玉明，潘敏虹. 成本会计[M]. 3 版. 厦门：厦门大学出版社，2010.
[5] 吕明. 成本会计学[M]. 北京：中国财政经济出版社，2015.
[6] 王立彦. 成本会计学——以管理控制为核心[M]. 2 版. 上海：复旦大学出版社，2011.
[7] 乐艳芬. 成本会计[M]. 4 版. 上海：上海财经大学出版社，2012.
[8] 韩庆兰，骆从艳. 成本会计学[M]. 北京：机械工业出版社，2015.
[9] 万寿义，任月君. 成本会计学[M]. 大连：东北财经大学出版社，2011.
[10] 王志红. 成本会计学[M]. 2 版. 北京：清华大学出版社，2017.
[11] 李玉周. 成本会计[M]. 北京：机械工业出版社，2017.
[12] 赵书和. 成本与管理会计[M]. 4 版. 北京：机械工业出版社，2015.
[13] 董士波. 建设项目全生命周期成本管理[M]. 北京：中国电力出版社，2009.
[14] 夏鑫，田志莹. 成本会计学[M]. 北京：清华大学出版社，2016.
[15] 查尔斯·T·亨格瑞. 成本与管理会计[M]. 王立彦，等，译. 13 版. 北京：中国人民大学出版社，2010.
[16] 孟焰，刘俊勇. 成本与管理会计[M]. 2 版. 北京：高等教育出版社，2016.
[17] 刘相礼，王草香. 成本会计实务与案例[M]. 北京：北京大学出版社，2012.
[18] 胡元木. 成本与管理会计研究[M]. 北京：经济科学出版社，2010.
[19] 夏款云. 战略成本管理[M]. 上海：立信会计出版社，2000.
[20] 傅建设，周丽丽. 成本会计学[M]. 上海：立信会计出版社，2008.